一本就通中國史

李泉・編著

一本就通：中國史

目次

秦朝

西漢和東漢

三國兩晉南北朝

元朝

明朝

清朝

前言

讀史可以使人明智。

中華文明上下五千年，人物眾多，事件紛繁，如何在短時間內讓讀者清晰地了解歷史，感悟歷史，是編寫這樣一本通俗歷史讀物的出發點。

本書按照一定的歷史分期，通過新的體例，採用由面到點、繁簡結合的編排和寫作方式，全面反映從傳說時代到清朝覆亡的歷史全景。每小節一般由三部分內容組成：首先，提供給讀者的是一個大事年表，以編年的方式，將重要事件及歷史演進線索簡要地展示出來。在此基礎上，選取重要的史事或人物，用講故事的形式予以闡釋，雖然不過一兩千字，但作者力圖能夠展示宏大的歷史背景，講清歷史事件的來龍去脈、歷史人物的喜怒哀樂，其中也有作者個人的認識，當然這些評價常常寓於歷史事實的敘述之中。最後，是相關歷史事件連結。三者各自獨立，又有機連為一體，在知識資訊的傳達上層層遞進。此外，還安排了一些歷史小常識，介紹重要典章制度、人物史實等。

書中講述的歷史事件和人物，其內容主要是根據歷史典籍和史學界公認比較可靠的史料寫成，為了避免空泛枯燥，在不影響事實準確的原則下，盡量選擇那些具有一定故事情節的史料。在表述上，也力求做到通俗易懂，生動活潑。但是，在內容上絕無虛構，在語言上也盡量避免過多的鋪敘和描寫。作者只是想通過生動淺顯的文字還原相對準確的歷史真相，而不是用文學的筆法渲染史實，更不是用 u戲說 v的方式加工歷史原料，製作譁眾媚俗的娛樂速食。

這本書適於想要了解中國歷史的一般讀者閱讀，也可以作為中小學生學習歷史的輔助讀物，因為其中講述的都是重要的、基本的歷史知識，而這些知識在一般教科書中往往並未提及，或講得比較簡略。

本書的基本框架是由中華書局大眾讀物編輯室的幾位先生創意擬定的。李洪超先生在編寫體例、內容取捨方面提出許多寶貴的意見和建議，並對全部書稿進行了認真校閱審讀，我的研究生姚樹民幫我搜集整理大量資料，在此一併表示感謝。

李泉　二〇〇八年四月

遠古時代

仰韶文化 彩陶盆

遠古時代就是我們通常所說的原始社會，它包括人類從動物界脫離出來以後直到進入階級社會以前的漫長的歷史時期。大量的古人類化石和豐富的地下文化遺存的發現說明，我國是人類起源的中心之一。大約距今一百七、八十萬年以前，我國的許多地方就有古人類生活著，當時他們使用粗糙的打製石器和木器，過著採集和狩獵生活。大約到了距今一萬年左右的時候，人們開始使用磨製的石器。到距今四、五千年的時候，中國歷史進入了黃帝和炎帝時代，原始農業、手工業和畜牧業產生，並有了一定的發展。到了距今四千多年前的時候，黃河流域出現了堯、舜、禹相繼為首領的部落聯盟。當時生產力水平有了很大提高，勞動產品除消費之外有了剩餘，氏族內部貧富分化日趨嚴重，出現了夯土或用石頭築成的城邑，其中有規模很大的宮殿及各種精緻的禮器，國家逐漸形成，中國歷史走出漫長的氏族社會的荒園，邁進了文明社會的門檻。

龍山文化 薄胎高柄陶杯

紅山文化 玉龍

戰神蚩尤

提起蚩尤，人們腦海裡往往會浮現出一個面目猙獰、兇神惡煞般的魔怪形象。其實在古代，蚩尤也曾長期被人們稱頌。當政者曾把他尊為戰神，民間關於他的各種祭祀活動也十分普遍。

大約距今五千年前，在黃河下游的山東、河南東部到江蘇北部一帶，生活著以風、嬴、偃諸姓為主體的夷人部落群。風姓部落的太昊生活在現在河南淮陽一帶，據說他們是蛇首人身，以龍為官名，看來屬龍圖騰的部落。嬴姓的少昊居住在現在山東曲阜一帶，以鳥為官名，可能是鳥圖騰的部落。據說夷人分為九支，稱為九夷或九黎。他們有過一個著名的首領，名叫蚩尤。「蚩」的本意是蟲，「尤」的本意是優異、與眾不同，「蚩尤」這個名字的意思是優異的、與眾不同的蟲，也隱含著龍的意義。傳說蚩尤「銅頭鐵額」，食沙石，能製造各種金屬兵器，尤其善於製作巨大的弓箭，且能「變化雲霧」。又說他的家族很大，有兄弟八十一人，這大概是說他的部落由八十一個氏族組成，或者說他的部落聯盟由八十一個部落組成。

後來，生活在中國西部地區的炎帝部落不斷向東遷徙，企圖占據蚩尤部落的地盤，結果被蚩尤打敗；又逃到了黃帝居住的地盤上，經過幾番大戰，炎帝歸附了黃帝。炎、黃兩個部落合併後，對蚩尤部落的安全造成了更為嚴重的威脅。蚩尤是個英勇善戰的人，又剛剛打敗了炎帝，便想乘勢征服黃帝部落。蚩尤率領得勝之師趕赴涿鹿（今河北涿鹿南），雙方的大戰開始了。黃帝趁蚩尤立足未穩之機，令人決開江河，想用大水淹死敵人。蚩尤並不懼怕，他針鋒相對，請來風伯雨師，興起狂風暴雨，水淹黃帝的軍隊。黃帝急忙請來女神旱魃，讓她用灼熱的陽光和狂風，驅趕蚩尤的風雨。蚩尤又變換招數，吐出黑煙濃霧，遮天蔽日，三天三夜都沒散去。天黑得伸手不見五指，黃帝的部隊看不清敵人，戰陣也散亂了，連方向都難以分辨。在這十分危急的時刻，

距今五千年前

黃帝與炎帝大戰於阪泉，炎帝戰敗。

黃帝與蚩尤大戰於涿鹿，蚩尤戰敗被殺。此後，黃帝逐漸統一中原。

傳說黃帝時候開始種植五穀，養蠶繅絲，裁製衣裳，製作弓箭，製造舟車等。

■氏族和部落

氏族又稱氏族公社，是原始社會中屬於同一祖先、同一血緣集團的人們結成的社會群體。每一氏族都有特定的名稱，他們往往用一種動物或植物作為本氏族的圖騰標記。氏

黃帝忽然想起，天上北斗星的斗柄隨著季節的變化而不斷轉動，但是斗卻始終沒有動。他根據這個原理發明了指南車，用來確定方向。黃帝靠指南車引導，很快找到了蚩尤所在的位置，大軍從天而降，突然出現在蚩尤大本營前面。蚩尤大概過於輕敵了，根本沒做迎戰的準備，還沒來得及還手，就唏哩呼嚕地做了黃帝的俘虜。

黃帝把蚩尤押解到凶黎之谷，砍頭示眾。九黎部落群龍無首，失去作戰信心，只好認輸投降，從此，他們的地盤納入了黃帝的管轄範圍，其部眾也都併入了黃帝的部落。

黃帝與蚩尤的戰爭是我國古代最早的大規模戰爭。蚩尤是戰敗者，他的形象也逐漸被醜化，被描繪成彪悍、兇殘的惡人。但是在此後的數千年裡，人們對他的尊敬與崇拜卻從未消除。傳說蚩尤死後，天下並不安寧，黃帝沒有辦法，只好畫出蚩尤的像來威服天下，人們以為蚩尤還沒死，所以「八方萬邦」都歸附了黃帝。秦漢時期，上自帝王，下至百姓，祭祀蚩尤更是常見的事情。史書上記載說，齊地自古以來一直祭祀蚩尤，秦始皇到東方巡遊的時候，立祠祭祀名山大川和八神，這八位神當中就有蚩尤，他被稱為「兵主」而位列第三。劉邦聚眾反秦，也首先立祠祭黃帝和蚩尤；他入關稱帝後，又在長安建立蚩尤神祠，專門設置官吏，按時祭祀。南北朝時候，在現在河北一帶地方盛行「蚩尤戲」，以此紀念他。山西也有蚩尤祠。直到宋代，在現在山東東平一帶還有高七、八丈的蚩尤墓，人們在每年十月祭祀他。而在苗族人的傳說中，蚩尤一直是一位大英雄，是他們尊敬和崇拜的祖先神。

中華民族歷史上有許多成功的英雄，但也有失敗的英雄，蚩尤是位失敗的英雄。

族成員地位平等，共同勞動，共同生活，共享財產。由於人口繁衍，氏族向外開拓新的生存空間，於是出現了新氏族，若干新老氏族結合在一起，形成部落。氏族社會先後經過母系氏族社會、父系氏族社會。隨著生產力的提高，勞動產品除用於消費外有了剩餘，私有制產生，社會結構隨之變化，到原始社會後期，氏族制度逐步解體。

相關連結

黃帝統一中原

黃帝部落和炎帝部落原來生活在黃河中上游的關中平原和河東盆地一帶，他們世代通婚，結成部落聯盟，稱為華夏或諸夏。當時，各個部落之間相互侵伐，人民深受其害。炎帝想與黃帝爭雄。黃帝修德整兵，種植五穀，安撫萬民，率領附近的部落，和炎帝大戰於阪泉（今河北涿鹿東南）之野，經過三次大戰，終於征服了炎帝。黃帝部落不斷向東遷徙，在涿鹿與蚩尤展開大戰，最終黃帝戰勝並殺死了蚩尤。此後南方還有很多部落不服，於是黃帝繼續對他們進行征討，經過了五十二次大戰，他們終於歸附了黃帝。從此黃帝取得了中原盟主的地位，所以被後人尊為華夏的始祖。

堯舜禪讓

我國南方有一種馳名中外的稀有珍貴竹種，它的外形呈棕黑或紫褐色，表皮有如淚滴一樣的斑點。這種竹叫斑竹，俗稱淚竹，又有一個動聽的名字叫湘妃竹。據說這湘妃竹的名稱來源於堯舜禪讓時代，上面的斑點是舜的兩個妻子灑下的淚痕。

傳說堯十六歲便擔任了黃河流域部落聯盟的領袖。他很善於治理天下，讓羲、和兩人掌管天和地，羲仲、羲叔、和仲、和叔分別掌管東、西、南、北四方，制訂了曆法，規定一年為三百六十六天，分春、夏、秋、冬四季，使人們根據季節安排農業生產。傳說那時天上出現過十個太陽，地裡的莊稼被曬焦，草木也被烤乾，人們幾乎被餓死。而且各種猛獸出沒，傷害人們的生命。堯派驍勇善射的后羿，射落了其中的九個太陽，趕走了野獸，剷除了禍害。後來，渾敦、檮杌、窮奇、饕餮等「四凶」（周邊的四個部族）又常來侵擾，堯沒有力量抵禦他們，中原地區再次陷入混亂的狀態。堯想找一個年輕有為的部落首領接替他的職位。後來終於找到了舜。

據說舜的母親去世很早，雙目失明的父親給他娶了個後母，後來又有了個弟弟名叫象。象好吃懶做，而且詭計多端，經常在父母面前說舜的壞話。父親分不清是非，經常虐待舜，甚至與後妻、象密謀，想置舜於死地。對於這些，舜毫不介意，仍然孝順父母，愛護弟弟。他的眼瞎心狠的父親並沒有被感化，竟然真的對舜下起了毒手。有一次，他讓舜修房子，舜登上房頂後，他便讓人放起火來，想把舜燒死。舜急忙從房上跳下來，卻安然無恙。瞎老子一計不成，又施一計。過了幾天，他又讓舜去挖井。等挖到井底的時候，他卻讓人用土把井填上，想把舜埋在井下。恰好舜在井底挖了個斜井，可以蔽身，井口被填死後，他便從斜井爬了出來。父母、弟弟多次想害死他，但他卻表現得若無其事，一點都沒怨恨他們。

距今四千多年前

堯設置官職，制訂曆法，平定了周邊部族的叛亂。堯年老的時候，把職位禪讓給舜。

舜耕作於歷山，捕魚於雷澤，製陶於河濱，繼堯之後為部落聯盟首領。

黃帝的後代鯀治理洪水失敗，堯誅鯀於羽山。

禹繼鯀之後治水，三過家門而不入。後繼舜為部落聯盟首領。將中國分為九州。

堯聽說舜的事蹟後，認為他是個品德高尚的人，決定培養他做自己的繼承人。他把自己的兩個女兒娥皇和女英嫁給舜作妻子，並派舜去各地與民眾一起勞動。據說舜曾在今濟南附近的歷山腳下種過地，在雷澤地方捕過魚，又在河濱燒製過陶器。舜每到一個地方，都有很多人追隨他前往，很快形成經濟繁榮的聚落或城邑，而且社會風氣也有大變化，人們和睦相處，相互禮讓。

堯用了三年時間對舜進行考察，後來適逢舜帶領高陽、高辛各部族，聯合伯益領導的部族，同「四凶」展開了激烈的戰爭，最終把他們趕出了中原地區。堯認為舜無論是品德，還是能力，都是無人可與相比的，於是便把部落聯盟首領的職位傳給了他。

舜擔任部落聯盟首領以後，把各種事情辦得井井有條，社會秩序穩定，部族民眾對他十分欽佩。他經常到各地巡視，了解各個氏族部落的情況。晚年，他長途跋涉到蒼梧（今湖南南部和廣西東北部地區）巡視，結果病死在那裡。他的兩個妻子娥皇和女英思念丈夫，悲痛欲絕，常常面對茂密的竹林落淚，淚水灑在竹子上，印出一個個斑點，形成了美麗的花紋。這就是今天我們仍然種植的斑竹，人們為紀念娥皇、女英，又把它稱為湘妃竹。

有關堯舜禪讓的故事常見於古代儒家的各種書籍中，這個故事顯然只是一個美麗的傳說，而且其中也有許多神話的色彩，但是任何傳說都脫胎於社會事實的母體，可以曲折地反映歷史的真實面貌：在我國古代國家正式形成的前夕，部落聯盟首領不是世襲的，而是由上屆聯盟首領推舉或者由各部族首領選舉產生，古人稱其為禪讓。關於堯和舜職位的更替，古時候也有不同的說法。有人說堯死後，舜逼迫堯的兒子離開堯的宮室，篡奪了堯的位置。也有人說堯年老以後，威望大大降低，於是舜乘機囚禁了堯，而且阻止他的兒子與他見面，最終奪取了堯的職位。儘管這些說法沒有更多歷史記載印證，但這種禪讓並非像儒家經典中所說的那樣，都是以「和平」「謙讓」的方式進行的。真實的歷史可能是，每一次部落聯盟首領地位的更替，總是伴隨著一系列的權力爭奪和政治衝突。

■禪讓制

夏朝建立以前，「天下為公」，部落首領的位置不能世襲，而是推舉德才兼備之人擔任。傳說堯年老的時候，部落聯盟會議推選舜作為他的繼承人。舜年老的時候，以同樣的辦法將職位傳給了禹。禹在位的時候，又推皋陶為繼承人。皋陶早死，又以益為繼承人。後來人們把這種推舉部落聯盟首領的制度稱作「禪讓」。實際上，氏族社會末期，世界各地的部族普遍實行過這種制度，通常稱之為軍事民主制。

大禹治水

堯舜禪讓之際，在他們的部落裡，發生了一件驚天動地的大事。一天，一個滿身泥水、蓬頭垢面的老人被捆綁著押上了羽山（古人說在今山東蓬萊，或者說在今江蘇東海縣）的山頂，老人沒有向人們辯解，也沒有祈求人們的寬恕，兩眼看著山下滔滔的洪水，連連發出歎息。隨著舜的一聲號令，老人的頭被砍落下來，接著身體也被拋入山下的深淵中。這個老人就是因治水無功而獲罪的鯀。

那個時候，整個黃河長江流域都暴發了特大的洪水，房屋被沖毀，農田被淹沒。人們紛紛逃到山陵高地躲避。在這危難的時刻，堯召開部落聯盟議事會，討論由誰帶領民眾治理洪水的問題。「四岳」（大概是四個部落的首領）等人都紛紛推薦鯀，堯服從議事會做出的決議，讓鯀帶領大家治理洪水。鯀使用築堤攔水的辦法，這邊的水攔住了，那邊又決了口，結果九年過去了，攔來攔去，一事無成。堯令舜視察鯀的治水工程，舜見鯀在洪水面前束手無策，耽誤了大事，於是按照氏族的規定對他處以極刑。

誰來繼續領導大家治理洪水呢？部落議事會又推舉了鯀的兒子禹。

據說禹接到舜治水命令的時候，結婚剛剛四天。但他二話沒說，即刻辭別妻子塗山氏，奔赴治水的前線。為了弄清父親治水失敗的原因，他首先率領益、后稷等一批助手，走遍水災最為嚴重的地方，測量地勢高低，樹立起木樁作為標記。根據調查來的第一手材料，毅然決定改變父親築堤攔水的方案，採用挖河導水的方法。他指揮部眾挖土開渠，疏通河道，把橫溢漫流的洪水引入江河，經過江河導入大海。

禹在外治水長達十三年時間，多次路過家門都沒有進入，被後世傳為佳話。

河南開封禹王台大禹治水石刻（局部）

禹是治水工程的總指揮，又是一位身先士卒的勞動者。十多年時間裡，他每天搬石挖土，手磨得長滿了老繭；長年累月站在水裡，腳指甲也脫落了。臉顧不上洗，頭髮亂了顧不上梳，整天蓬頭垢面，辛勤勞作，手下人見了無不感動得流淚。

傳說禹率領部眾，在全國各地開挖了許多大河，又開山劈石，疏通了黃河河道，從此水患得到了徹底的治理。當時人們使用著十分簡陋的木石工具，興修大型水利工程是不大可能的。但是可以肯定的是，在那個洪水肆虐的年代裡，我們的祖先經過辛勤的勞動，疏通水道，減輕水患，創造出適於生存的環境，出現了許許多多治水的英雄，而禹就是他們當中最為傑出的代表，他的事蹟因此而世代流傳，他的英名也因此而千古流芳。

相關連結

禹分九州

禹制伏洪水以後，人民十分愛戴他，尊稱他為「大禹」（偉大的禹），並推舉他繼承舜擔任部落聯盟的首領。相傳禹把中國劃分成了九個州，分別是冀州、兗州、青州、徐州、荊州、揚州、梁州、豫州、雍州。從史書記載來看，禹所領導的部落主要活動在黃河上、中游一帶，比以上所說的九州範圍小得多，因此所謂九州可能是大水退後形成的大片陸地，禹把它們作為九個行政區域來管理，建立起按區域組織居民的制度。傳說後來禹又征服了居住在江漢流域的三苗，曾在會稽（今浙江紹興境內）會見各部族首領，禹的活動範圍逐漸擴大了。

夏朝、商朝和西周

商代的玉人

夏朝（約西元前二〇七二—前一六〇〇）是中國歷史上第一個奴隸制王朝。據後代的文獻記載，夏朝確立了王位繼承制度，設置了官吏，建立了軍隊，制定了刑法，說明夏朝的國家機器已經基本完備。夏朝有了曆法，能夠製作青銅器，農業、手工業有較大的發展。商朝（約西元前一六〇〇—前一〇四六）是奴隸制社會發展的時期，臻於完備的國家機構，大而精美的青銅器，相當成熟的甲骨文字，宏大豪華的宮殿建築，說明商朝的奴隸制文明發展到了較高的程度。西周（約西元前一〇四六—前七七一）是奴隸社會進一步發展的時期，建立了龐大而完備的國家機構，擴充了軍隊，確立和完善了包括分封制、宗法制、井田制及刑罰禮樂制度在內的一套完整政治制度。農業、手工業比商朝有了明顯的進步。

四羊方尊

司母戊大方鼎

禹傳子家天下

禹死後，他的兒子啟在鈞台（即今河南禹縣）召開各地諸侯參加的宴會，會上斷然宣布自己為夏王，繼承父親的權力和地位。啟的宣言震動了華夏，這次宴會也成了中國歷史上具有劃時代意義的大會。

啟為什麼能夠改變實行了好幾代的禪讓制度，實行父子相繼的世襲制度呢？這和部落聯盟首領權力的提高有直接的關係。

舜死後，禹做了部落聯盟的首領。禹年老了，也按照這種制度挑選了東夷部落的皋陶作為繼承人。那時皋陶年事已高，不久就病死了。人們又推舉他的兒子益做繼承人。從現存的資料來看，堯舜禹所在的部落聯盟是由居住在黃河中上游的華夏部落和居住在黃河中下游的東夷部落為主體聯合組成的，部落聯盟的首領由兩個部落的首領輪流擔任：堯所在的部落活動於今山西省中南部地區，他應該是諸夏部族的首領；古書中曾明確說舜是東夷人，看來他原是東夷部落的首領；禹都陽城，大概在現在河南登封地方，他是屬華夏部落的首領；他的下一任部落聯盟的首領又該由東夷人擔任了，所以大家推舉了皋陶和益。

大禹陵

禹雖然還是部落聯盟的首領，但是他的晚年卻也有了一些王者風範。據說他曾在今浙江紹興當時叫做會稽的地方召開各部族首領的大會，防風部族的首領遲到了，禹當即把他斬首示眾，儼然是一個操生殺大權的專制君王。傳說禹為了紀念治理洪水的盛舉，用當時九個州出產的銅，鑄造了九個大鼎，以後的上千年裡，這九個鼎一直是王權的象徵。禹不再是一個純正的部落聯盟首

約西元前二〇七〇—前一六〇〇年

禹傳位給兒子啟，建立了夏朝。

啟之子太康即王位，後被羿所逐。經中康、相，到少康才恢復了夏朝的統治。

少康之後，傳十一帝至桀。桀暴虐，夏為商湯所滅。夏曆十三代，十七王，約四百七十年。

領，而是在預演著王的角色。

禹一次到南方巡視，死在了路上。益準備舉行繼位大典。這時啟站了出來，宣稱父親的位子是幾十年辛苦奮鬥得來的，既然如此，便是自家的私有財產，財產應當傳給子孫，所以王位應傳給自己的兒子。眼看到了手的權力被人家平白無故地搶了去，益自然不同意，他據理力爭，但終究無濟於事。啟不願給他多費唇舌，乾脆動用武力，趕走了益。接著，啟在鈞台舉行了盛大的繼位宴會，命令各部族首領前來參加。在宴會上，他宣布父親建立了夏王朝，自己是第二代夏王。從此，舉賢任能的禪讓制度被王位世襲制度所取代，中國歷史進入了新的階段。

新制度的建立，遭到了不少人的反對。有扈氏部族的首領首先站了出來，指責啟不該破壞了老規矩，用武力搶奪王位，要求啟把王位歸還給益。啟當然不會同意，於是雙方在甘地（據說是現在河南洛陽附近的洛河南岸）展開了大戰。有扈氏得到不少地方部族的支援，人多勢大，啟吃了大敗仗。啟的部下建議重整旗鼓，與有扈氏決戰。但啟是個聰明人，他知道戰敗的原因是新制度剛剛建立，人心尚未歸順，王朝的根基還不穩固，如果勉強再戰，仍難免失敗的下場。於是他停止了軍事行動，做起了收攬民心的事情。他生活艱苦樸素，吃普通的飯菜，睡粗糙的床鋪，除了祭祀之外，不演奏音樂，愛護小孩，尊敬老人，禮賢下士，廣攬人才，親自下田耕作，鼓勵農業生產。僅僅過了一年，啟的威信便大大提高，人們對他交口稱讚：啟不愧是大禹的兒子，他嚴於律己，寬以待人，對人熱情而有禮貌，天下就應該交給這樣的人來治理，以後再有人來給他爭奪王位，我們是不答應的。人們逐漸地認同了啟繼承父位的做法，對家天下的制度也沒有了反感。啟見民心已經倒向了自己這邊，於是又一次發動了對有扈氏的戰爭，結果有扈氏被打得潰不成軍，他們的首領做了俘虜，被啟流放到草原上做放牧牛羊的奴隸，部眾全歸附了夏朝，成了夏的臣民。

夏朝是中國歷史上第一個王朝。有關夏朝的歷史，在周族人追述其先人事蹟詩篇和周人較早的文獻中都有明確的記述，東周秦漢時期的諸子書和其他著作中也有關於夏朝的記述。《史記・夏本紀》則比較系統地記載了夏朝的世系和史實。這些記載未必完全可信，但是剔除後人的附會和傳說，我們仍可弄清夏朝歷史的基本情況。

■夏后氏官百

夏朝建立後，王成為最高統治者，王以下設百官，故史籍中有「夏后氏官百」之說。當時的官吏主要有掌管政教和農業生產的羲氏、和氏，掌管軍事的六卿，掌管車輛、畜牧和膳食的車正、牧正和庖正等。據說夏朝有了典章制度，制定了「夏訓」「夏禮」和刑法，最著名的監獄是「夏台」（也叫「鈞台」）。當時還有了簡單的賦稅制度，平民耕種五十畝土地，向政府交納十分之一的貢賦。

少康復國

一個遺腹子長大成人後，奪回了他祖輩失去的天下，振興了整個國家，這不僅在中國，即使在世界歷史上，也是非常少有的事。這個了不起的遺腹子就是夏朝有名的王——少康。

啟死後，他的兒子太康繼承了王位。太康缺乏治理國家的經驗和能力，生活奢侈荒淫，而且喜歡巡遊打獵，常常走出京城，好幾個月都不回來。漸漸地，他失去了諸侯、方國的擁戴。東方夷人的首領羿是繼蚩尤之後又一位英勇善戰的人，他射箭的技術天下無敵。夷人本來就對啟稱王不滿，現在見他兒子不務政事，於是產生了取夏朝而代之的念頭。太康去洛水以南打獵已經三個多月了，羿見有機可乘，於是帶領他的部落迅速趕到夏的都城，奪取了王位。等太康玩盡了興回來的時候，守城的軍士關緊了城門，不再接納他，各地諸侯也不肯前來援助，他只好落荒而逃。後來逃到了陽夏（今河南太康縣），十年後病死在那裡。

太康死後，他的弟弟仲康在京城繼承王位，但仲康不過是羿手中的傀儡。仲康死後，羿乾脆趕走了他的兒子相，自己做起了國王。羿是個赳赳武夫，也耐不住宮中的寂寞，經常外出打獵，將治理國家的大事全交給了家臣寒浞。寒浞是個陰險狡詐的小人，他暗中培植個人勢力，趁羿外出田獵之機將其殺死，自己做了王。寒浞肅清了羿的勢力，但對相還放不下心來。他決定將夏王室斬草除根，派兒子澆帶兵滅掉了收留相的斟灌氏和斟尋氏，並殺死了相。相的妻子緡是有仍氏之女，當時已懷有身孕，在危急的關頭，她偷偷從牆洞中爬了出去，逃歸有仍氏的部落，據說其地在今山東金鄉縣附近。後來緡生下少康，少康長大後，在有仍氏那裡做了負責管理畜牧業的小頭領。

不久，寒浞的兒子澆殺死寒浞，自己做了國王。聽說夏王還有後人，於是帶兵進攻有仍氏，

■二里頭文化

一九五九年以後，考古工作者在今豫西、晉南陸續發現了數十處距今約三千八百年到三千五百年的文化遺址，其中河南偃師縣二里頭遺址最具代表性，後來把這種類型的文化稱作二里頭文化。遺址中發現了許多小件青銅器，其中有兵器和禮器；有成批的工藝水平很高的玉器；有用石、骨、蚌製作的各種生產工具。有些陶器還發現了二十多個刻畫符號，一般認為是早期的文字。另外還有大型宮殿建築群，河南登封發現的古陽城遺址，有可能是禹的都城。

二里頭文化刻畫符號

企圖殺死少康。少康無奈，只得離開有仍氏，投奔了勢力更大些的有虞氏。有虞氏很喜歡這個英俊有為的少年，不僅將自己的女兒嫁給他為妻，而且給了他一大片土地和五百名部眾。少康胸有大志，準備恢復自己的國家。他的力量壯大以後，便想試探澆的兵力虛實。他派兒子季杼帶兵攻澆，澆的弟弟戈殪帶兵抵抗，結果被季杼殺死。少康見有能力與澆對抗，於是發布告示，揭露寒浞父子的罪惡，樹起了恢復夏朝的旗幟。當時，很多諸侯及方國對禹仍十分敬仰，對禹的後代的不幸遭遇充滿了同情，而對於寒浞父子的荒淫殘暴、齷齪行為十分不滿，他們紛紛表示願意出兵幫助少康。少康統率大軍，一路勢如破竹，所向披靡，很快攻下了都城安邑，殺死了澆，恢復了夏王國。

少康知道，他的祖父輩失國，是因為只求享樂、不恤民事。他總結教訓，勵精圖治，政權逐漸鞏固了下來，家天下的制度也漸漸被各諸侯方國所接受，夏朝進入了穩定發展的時期。

對於二里頭文化的性質，目前學術界還沒有取得一致的看法，但從其分布地域、存在時間及其文化面貌和文化發展序列來看，它應該屬於夏文化的範疇。

盤庚遷殷

中國歷史上的王朝，遷都最頻繁、次數最多的，恐怕莫過於商朝了。據說湯建立商朝以前，他的部族遷徙過八次；湯建立商朝起到盤庚即位前的一百多年裡，都城也遷徙過五次。

盤庚是商湯的第九代孫子，商朝的第二十個王。他的父親做商王的時候，將都城遷到了奄（今山東曲阜），這已是商朝第四次遷都了。遷都的目的是便於鎮壓東方夷人的反叛，但後來西北方的外患卻更為嚴重。由於商朝王位繼承實行父死子繼與兄終弟及相結合的辦法，經常發生王位之爭，統治集團內部矛盾尖銳。盤庚的哥哥陽甲即位之後，政治更加混亂，貴族大臣們也更加奢侈腐化，許多方國和部族不再受商朝的節制，加上水澇、乾旱等等自然災害，商朝統治出現了嚴重的危機。陽甲死後，盤庚繼承了王位。怎樣收拾這個爛攤子？盤庚毅然決定，將國都向西遷徙至殷（今河南安陽小屯村附近）。

盤庚為什麼選擇殷地作為新都城呢？原來，這裡地處黃河中游，北依太行山脈，南連黃淮平原，洹水從此流過，水土肥饒，適於發展農業生產，便於控制東方諸侯國，也便於進擊北方的游牧民族。但是貴族大臣們過慣了故都的舒適生活，不願遷到新的地方。盤庚性格剛毅果敢，絕不會因為有人反對就改變主意。他多次把貴族大臣及平民百姓召集起來，對他們進行訓誡。他先是

殷墟鳥瞰圖

約西元前一六〇〇—前一三〇〇年

湯建商朝。

湯之後，傳三世至太甲。太甲無道，被伊尹放逐，三年後太甲改過自新，伊尹迎太甲復位。

■兄終弟及

商代前期，王位繼承制度是傳弟與傳子並行。商王死後按年齡長幼傳位給其弟，稱「兄終弟及」；將王位傳給嫡子，也可以傳給兄之子、弟之子，稱「父死子繼」。這種王位繼承法經常引起王位之爭，商王武丁之後，嫡長子繼承制逐步確立下來，並為以後的朝代所沿襲。

勸告人們，說自己是遵照先王遺訓關心大家，保佑大家，去尋求安樂的地方。如果有人反對這樣做，先王的在天之靈便要責罰他們。後來他又以強硬的口氣，警告貴族大臣們，一定要老老實實地服從遷都命令，否則就要受到嚴厲的制裁。貴族大臣不敢吭聲了，乖乖地跟隨他到了殷地。可是沒過多久，又有人以生活不習慣為理由，吵嚷著要回舊都城。盤庚再次發表訓辭，用強硬的語氣訓斥企圖回遷的人，勉勵大家同心同德，安居樂業。過了幾年，局面漸漸安定了下來。

盤庚遷殷收到了良好的效果，從此商朝結束了政治混亂、頻繁遷都的動盪歲月，出現了百姓安寧、經濟興盛的局面，迎來了商朝歷史上政治、經濟、文化發展的輝煌燦爛的新時期。上個世紀以來，考古工作者在殷墟發現了大批甲骨文、大群宮殿遺址、大型的陵墓和宗族墓地、各類手工業作坊遺址、大而精美的青銅器及玉石陶骨等器物，反映了殷都繁榮興盛的景況。

相關連結

商湯建國

桀是夏的最後一位國王，是我國歷史上有名的暴君。他修築了高大宏偉的傾宮，建造了用玉裝飾的瑤台，生活奢侈浮華，對民眾的剝削壓迫十分殘酷，人們咒罵他說：「你什麼時候才完蛋呀，我們願意和你同歸於盡！」

那時候，東方的商族逐漸強大起來，商的首領湯首先滅掉夏在東方的一些同盟方國，而後大舉攻夏。湯的軍隊順利攻入夏都，桀逃至其舊都安邑，湯乘勝追擊，雙方大戰於鳴條（今河南開封東），桀大敗，逃至南巢（今安徽巢縣），不久死在了那裡，夏朝滅亡。湯在亳地（今河南偃師商城）大會諸侯，並以此地為都城，建立起商朝。湯死後，經過太甲、太戊兩代，政權逐漸鞏固了起來。

約西元前一三〇〇年

第十一位商王仲丁以後，五次遷徙國都。

第二十位商王盤庚將國都遷至殷。

約西元前一二五〇—前一一九二年

武丁在位。武丁用奴隸出身的傅說輔佐，修政行德，商朝進入最興盛的時期。

紂王亡國

商朝的最後一個王名叫帝辛，也就是人人皆知的商紂王。紂王恐怕算得上是中國歷史上最愛喝酒吃肉的國君了，據說他的王宮裡有「酒池肉林」，供他與屬下吃喝狂飲。

紂王的王宮全用玉石砌成，裝飾得富麗堂皇，裡面建有十多丈高的鹿台，旁邊有「酒池」：池中灌滿了酒，人可以在裡面划船，可供三千人狂飲而不竭。池邊有「肉林」：樹上掛滿了肉食，人們伸手便可取食。紂王與屬下常常通宵達旦地在裡邊飲酒作樂。有了美酒還一定要有美人，紂王最喜歡的美人名叫妲己，對她言聽計從，百依百順。這妲己若只是陪紂王飲酒作樂倒也為害不大，她最忌恨那些賢而有才能的大臣——他們妨礙她與紂王狂歡淫樂，所以必欲置這些人於死地而後快。據說她幫助紂王制定了許多殘酷的刑罰，其中就有所謂「炮烙」之刑：在一根大銅柱上塗滿油，周圍燃起大火，讓受刑的人赤足在銅柱上行走，走不多久就滑下來，掉入火海中被活活燒死。紂王與妲己見此樂不可支。

紂王的同父異母哥哥微子啟規勸他，說這樣下去，祖先打下的基業會斷送在你的手裡！紂王根本不理會。微子啟知道這樣下去定會亡國，於是離開了紂王，躲到外地去了。紂王的堂兄弟箕子是個有見識、有才能的人，他也來規勸紂王。紂王下令將箕子關進監獄，箕子裝作瘋傻，才倖免於被殺。紂王的叔叔比干實在看不下去了，於是進宮勸諫，三天三夜不肯離開，紂王惱羞成怒，對大臣說：「比干是聖人喲，我聽說聖人的心有七個竅，今天讓你們看看是不是這樣。」他

商代的玉人

約西元前一一一二—前一一〇二年

文丁在位。武丁之後傳六世至文丁。文丁為其母鑄司母戊鼎。

約西元前一〇七五—前一〇四六年

商紂王在位。紂王剛愎拒諫，大肆對外用兵。商為周所滅。商朝歷十七代，三十一王，約五五三年。

約西元前一〇四六年

周武王伐紂。武王建立周朝。

當場讓人把比干處死，挖出了他的心臟。這樣一來，大臣們一個個噤若寒蟬，誰也不敢再勸紂王了。有的大臣不願與他同歸於盡，便找藉口離開。有的偷偷帶著商朝太廟裡的各種祭祀用具，投奔了準備奪取紂王天下的周武王。

紂王失去了貴族的支持，各地諸侯方國也紛紛宣布脫離他的統治。紂王自恃武力強盛，傾全國之兵，四出鎮壓。早已做好滅商準備的周武王，統率精銳部隊，渡過黃河，打到商的都城朝歌（今河南淇縣朝歌鎮）。紂王無力抵抗，又不想成為周的俘虜，於是登上鹿台，令人在周圍燃起大火，自焚而死。

相關連結

武王伐紂

商朝末年，周族的首領姬昌（周文王）整頓軍事，發展生產，開拓疆土，出現了三分天下周有其二的局面。他的兒子武王即位後，以太公望（姜子牙）為軍師，周公旦為輔佐，繼續發展文王的事業。西元前一〇四六年，商紂王舉全國之兵遠征東南方的淮夷，武王見時機已到，親自率領兵車三百乘，衛軍三千人，甲士四、五千人，聯合歸附他的八個方國和部落，從孟津渡過黃河，浩浩蕩蕩殺奔朝歌。

二月甲子凌晨，大軍抵達距離朝歌只有七十里的牧野，武王在這裡舉行了隆重的誓師大會。紂王聞知，臨時組織軍隊前去抵抗，結果兵士不願為紂王出力，走在前邊的商軍反而回頭攻擊自己的軍隊，商軍大敗，紂王自焚，商朝滅亡。武王班師回到鎬京（今陝西長安西北灃河東），正式建立了周王朝，因為它的都城鎬京地理位置偏西，為了與後來平王東遷後的周朝相區分，稱其為西周。

周公輔政

古人常用「握髮吐哺」說明執政的人在政務繁忙之際，尚且不忘禮賢下士、廣攬人才。而這個成語來源於周公輔佐成王的故事。

周公姓姬名旦，是周文王的第四個兒子，周武王的弟弟，協助周武王伐紂王的功臣，周朝的開國元勳。周建立後，他被封於魯，就是現在的山東曲阜一帶。為了幫助武王治理天下，周公派他的兒子去了封國，自己則留下來繼續輔佐武王。周建立兩年後，武王死去了，他年幼的兒子誦繼承了王位，這就是周成王。成王年齡小，沒有執政的能力，於是便由周公攝政，代替他行使國王的權力。

經歷過商周之際的社會大變革之後，周公清醒地認識到，要鞏固新建立的國家政權，最重要的是起用賢才，爭取民心。當時百廢待舉，很多事情需要他親自打理，但不管政務多麼繁忙，只要是有人求見，周公會馬上停下手頭的事務，即刻接待。正在吃飯的時候，聽說有人求見，他馬上吐出口中的飯（吐哺），出去接見來者，有時出去好幾次才把一頓飯吃完。正在洗頭的時候，有人要商量事情，他立刻把頭髮握在手中（握髮），回答別人提出的問題，有時要停下來幾次才能把頭洗完。

商朝滅亡後，周武王為籠絡商的遺民，把紂王的兒子武庚封到了殷的舊地，同時把自己的弟弟管叔、蔡叔、霍叔分封在他的周圍，用來監視他。周公攝政引起了管叔、蔡叔等的強烈不滿，武庚乘機拉攏他們，聯合

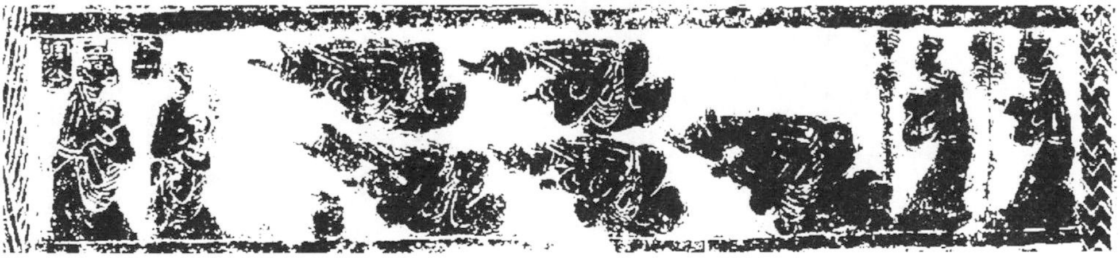

周公輔佐成王圖（江蘇徐州漢畫像石）

約西元前一〇四二—前一〇二一年

武王之子成王在位。成王年幼，由其叔父周公旦攝政。

約西元前一〇二〇—前九六六年

成王之子康王在位，國泰民安，史稱「成康之治」。

約西元前九七七—前九五五年

康王之子昭王在位，昭王攻楚，死於漢水之濱。

東方的幾個方國，發動了叛亂，周的統治受到嚴重威脅。這時，周公果斷的做出決定，親率大軍東征。經過三年的苦戰，最終平定了叛亂。武庚被處死，管叔畏罪自殺，蔡叔被流放到邊遠地方，霍叔被降為普通百姓。為了加強對東方地區的控制，周公主持修建了東都洛邑（今河南洛陽），把那些圖謀不軌的商朝遺民遷到這裡，派駐軍隊進行管理。從此，周的統治穩固了下來。

周公攝政七年後，成王已經長大成人，於是還政於成王，自己回到大臣的位子上。周公握髮吐哺，禮賢下士，為「成康之治」打下了基礎。

相關連結

封邦建國

西周疆域廣大，只靠兩個都城無法實現對全國的有效統治，於是在完成軍事征服以後，周王便派遣自己的子弟姻親和異姓貴族，到指定地點建立起西周的屬國，統治當地的部族和民眾。這叫做「封建親戚，以藩屏周」，也就是我們常說的分封制。周的分封開始於文王，大規模的分封是在武王克商後和周公攝政期間。此後也有分封，但數量不多。周王分封的對象主要是同姓貴族（其中以文王、武王、周公的後代為最多）、異姓親戚（其中姜姓最多）及元老重臣，還有少量的古代聖王之後。在西周的眾多封國中，作為王室支柱的最重要的封國有東方的齊國和魯國、北方的燕國和晉國、中原地區的衛國。封國對王室具有隸屬關係，負有繳納貢品、捍衛王室的義務。

厲王止謗

人們走在路上遇見熟人時，不敢交談，只能相互使使眼色表示自己的不滿。這樣的場景在中國歷史上雖然不少，但最早卻是出現在西周厲王在位的時候。

周厲王是西周的第十代國王。他生活腐化，性格殘暴，而且貪財好利。當時國都及其附近生活著許多平民，他們不是貴族，沒有特權，但有人身自由，有一定的私有財產及生產資料，這些人被稱為國人。國人要服勞役，服兵役，生存環境惡劣，生活沒有保障，常常以砍伐樹木、捕撈魚蝦維持生計。周厲王手下有個叫榮夷公的人，很會揣摩國王的心理，也很有聚斂財富的手段。他向周厲王建議說：「山林河湖中的各種產品都應歸國王所有，老百姓不能去那裡砍材採果、捕撈魚蝦。」周厲王聽了很高興，馬上下達了這樣的命令。一個叫芮良夫的大夫勸諫周厲王說：「天下之物，應讓百姓自由取用，怎麼可以把各種利益專門歸於個人呢？榮夷公這樣的小人只看到眼前的一點小利，而不知道這點小利會對國家帶來多大危害，您若執意按他說的去做，那天下是不可能長治久安的！普通百姓如果『專利』的話，大家會罵他是賊人；您如果『專利』，百姓就不會歸附您。您任用榮夷公這樣的人，天下不久就會大亂了！」周厲王一心想著斂財，對芮良夫的話不予理會。榮夷公建言有功，被升任為卿士，專門負責搜刮百姓。

周厲王的做法斷絕了國人的生路，使他們生活更加困苦，他們個個怨恨，熟人見了面都要談論這件事，謾罵之聲不絕於耳。召公見狀，又去規勸厲王說：「百姓已經不堪忍受您的這種做法了，您趕快收回成命吧。」厲王聽說有人罵他，大為惱火，於是找來衛巫，讓他去對付那些敢於批評國王的人，而且發布命令，發現有議論朝政、批評國王者，馬上報告，一律處死！百姓哪有不怕殺頭的？於是熟人見了面，都不敢說話，只好相互遞個眼色，表達自己的不滿，這就是古書

約西元前八七七—前八四一年
周厲王在位。厲王殘暴，引起平民的不滿。

前八四一年
國人發生暴動。

■「共和行政」
厲王逃到彘地以後，朝中一片混亂，於是周定公、召穆公兩人共同主持朝政，號稱「共和行政」。另一種說法是，衛國的國君共伯和在國人中享有很高的威信，厲王逃走後，諸侯推舉他主持朝政，故稱「共和行政」。共和元年相當於西元前八四一年，是中國歷史上有

上說的「國人莫敢言，道路以目」。

周厲王見大家都不敢議論朝政了，於是又把召公招來，得意洋洋地說：「我有辦法防止老百姓議論朝政，你看，現在有誰還敢批評我？」召公聽了，憂心忡忡地說：「您是堵住了老百姓的嘴，但是堵老百姓的嘴是很危險的。封堵江河，大水勢必衝決堤防，封堵百姓之口，後果是一樣的。善於治理江河的人要疏導障礙，善於治理天下的人要讓百姓講話。百姓把心裡的話講出來，您根據情況斟酌取捨，事情就會辦得好。堵住老百姓的嘴，使他們敢怒而不敢言，這樣的局面又能維持多久呢？」

果然，剛剛過了三年，也就是西元前八四一年，國人就再也無法忍受下去了，成千上萬的人如同洪水一樣衝進王宮，攻擊厲王。厲王見大勢不妙，逃了出去，躲到了現在的山西省霍縣、當時叫彘的地方，後來死在了那裡。

相關連結

宣王中興

國人暴動時，周厲王的兒子靜被藏於召穆公家，得免於難。共和十四年（前八二八），周厲王死於彘，諸侯擁立太子靜即位，這就是周宣王。宣王汲取前王的教訓，刷新政治，勵精圖治，任賢使能，行文、武、成、康之法，內整吏治，外攘四夷，統治秩序穩定，社會生產恢復，西周出現中興的局面。

宣王晚年，頻繁的戰爭耗盡了國力，在與北方戎人的戰爭中連續失敗，宣王為補充兵力，開拓財源，加緊了對民眾的徵發與搜括，引起了民眾的反抗，社會矛盾又逐漸激化起來。他的兒子幽王宮涅即位以後，荒淫昏庸，寵愛褒姒，廢嫡立庶，終於引起了一場大戰。

確切紀年的開端。

前八二八年

周厲王死於彘，太子靜繼承王位，是為宣王，諸侯共同執政歷十四年，至此結束。

前八二四年

周宣王以秦仲為大夫攻西戎，秦仲戰死。乃以其子莊為大夫，統兵七千，攻破西戎。莊被封為西垂大夫。此為秦立國之始。

前八〇六年

宣王封其庶弟友於鄭，即今陝西華縣一帶，友就是鄭桓公。

前七八九年

宣王攻姜氏之戎，在今山西介休南吃了大敗仗。宣王在位時，西周出現了短暫的強盛，故號稱「中興」。

幽王烽火戲諸侯

周幽王有個年輕貌美的妻子名叫褒姒，褒姒跟了幽王多年，已經為他生了兒子，但卻從來沒有笑過。幽王很想看看她笑時的嬌媚模樣，可想盡了辦法，褒姒還是不笑。這可難壞了周幽王，於是他出重金懸賞：誰能想法讓褒姒一笑，立即賞給千金。很多人想得到這個獎賞，但他們的辦法都沒有奏效。幽王手下有個極會拍馬屁的大臣，名叫虢石父，他設計出一個膽大妄為、曠古未有的大鬧劇，結果還真的把褒姒逗笑了，可也給幽王招來了殺身之禍。這個鬧劇就是所謂「烽火戲諸侯」。我們先從褒姒的出身說起。

據說褒姒是周王後宮的宮女所生，宮女不敢養活她，把她丟到了外邊。一對賣弓箭的老夫婦夜裡趕路，聽到了嬰兒的哭聲，於是抱走了她。後來他們到了褒國定居下來。這女孩一天天長大，竟出落成了一個絕世無雙的美女。後來褒國君主犯了罪，將她進獻給周幽王以贖罪。因為這女子來自褒國，所以人們稱她為褒姒。

起初周幽王娶了申侯的女兒為王后，生了個兒子取名宜臼。幽王即位以後，宜臼被立為太子。褒姒入宮以後，也生了個兒子，取名叫伯服。幽王喜歡褒姒，愛母及子，於是想廢掉太子宜臼，立伯服為太子。周朝的制度規定，只有王后生的大兒子才能做太子繼承王位，妃子生的兒子是庶子，沒有這種資格。怎麼讓伯服取得這種資格呢？那就只有立褒姒為王后了。幽王狠了狠心，廢掉了太子宜臼和他的母親申后，然後立褒姒為后。儘管如此，這褒姒還是沒有個笑容。

西周時候，在鎬京附近的驪山一帶修建了許多高大的平臺，叫烽火臺。臺上堆放木材、狼糞，有軍士日夜據守。遇有敵人來犯京城，守台的士兵便舉火報警，夜裡點木材以火報警，白天則燃狼糞，以煙報警，因此古書上把敵人大舉來犯稱為「狼煙四起」。這烽火傳達的是敵人來犯

前七八二年

周宣王死，其子宮涅即位，是為幽王。

前七七一年

太子宜臼的外祖父申侯聯合繒、犬戎進攻周的都城鎬京，幽王被殺。諸侯擁太子宜臼即位，是為平王。西周自武王始，至幽王止，共經歷十三王，兩百七十五年。

驪山烽火臺遺址（周幽王烽火戲諸侯處）

的信號，也是國王向各地軍隊下達前來京城勤王的命令。虢石父建議點燃烽火，讓各路諸侯趕來京師，讓褒姒看到這千軍萬馬受騙前來的宏大場面而發笑。結果幽王下令兵士點燃了烽火，各地諸侯率領大軍日夜兼程趕到了京城。褒姒坐在城樓上，看著那熊熊燃起的烽火狼煙，再看看那受騙而來的狼狽不堪的將士，嫣然一笑。幽王有說不出的得意，虢石父也受了重賞，可各路勤王的軍士知道受騙，心中不由得燃起了憤怒的烈火。

再說太子宜臼被廢之後，知道自己處境危險，於是逃到了他的外祖父申侯那裡。幽王大怒，派兵到申侯那裡要人，申侯不理，幽王決定派遣大軍前去征討。申侯勢弱，倉促之際，只好向犬戎請求援助，犬戎正想進攻鎬京，於是做了個順水人情，舉大兵與申侯一起朝鎬京殺去。幽王見狀大驚，趕快下令點燃烽火，向諸侯求救。剛剛受到戲弄的各路諸侯哪裡還聽從幽王的命令，任憑你火光沖天，狼煙四起，諸侯們全都按兵不動。結果鎬京被犬戎攻破，幽王急忙帶著褒姒逃跑，犬戎軍隊窮追不捨，趕到驪山腳下將幽王殺死，褒姒也被擄了去。犬戎將鎬京搶掠一空，又放起了大火。繁華的京城在大火中毀滅了，而西周王朝的統治大廈也在幽王自己燃起的烽火中轟然倒塌了下去。

相關連結

平王東遷

周幽王被殺後，諸侯立太子宜臼為王，是為周平王。經過這場戰爭之後，關中地區一片殘破，宮殿也成為廢墟，西部邊陲的少數部族勢力崛起，對王室形成了很大威脅，平王決定放棄舊都，向東遷移。東都洛邑處於諸大國之間，可得到他們的保護，於是平王即位的第二年，便在秦襄公、鄭武侯的護送下來到這裡，定洛邑為都城。因為洛邑在西周的都城鎬京東面，所以歷史上稱為東周。

春秋和戰國

戰國　武士鬥獸紋銅鏡

平王東遷洛邑後，中國歷史進入了東周時代，東周分為春秋（前七七〇—前四七六）和戰國（前四七五—前二二一）兩個時期。「春秋」之稱來源於魯國的史書《春秋》，因為這本書所記史事的年代與東周前期的年代大體相符，所以後人借用了這個名稱。戰國本來是指當時相互攻伐兼併的七個國家，西漢後期劉向編《戰國策》的時候，開始把「戰國」作為這個時代的名稱使用。春秋時期，社會各個領域都發生了明顯的變化：鐵器和牛耕發明，水利工程興修，大片荒地被開墾，農業與手工業發展速度加快。奴隸制衰落，封建生產關係萌生；王室衰微，權力下移，大國爭霸，戰爭頻繁，社會矛盾尖銳，下層民眾的起義暴動不斷發生；宗教迷信思想受到衝擊，人們對天的信仰發生動搖，出現了老子、孔子兩位著名的思想家。戰國時期封建生產關係逐漸確立，幾個強大的諸侯國政權相繼為新興的地主階級所掌握，他們運用政權的力量，進行了自上而下的變法、改革。這個時期，社會經濟迅速發展；思想文化領域中出現了百家爭鳴的局面；爭霸戰爭演變為強國兼併弱國的戰爭，秦奮六世之餘烈，十年之中，吞併六國，完成了統一大業。

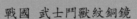

越王勾踐劍

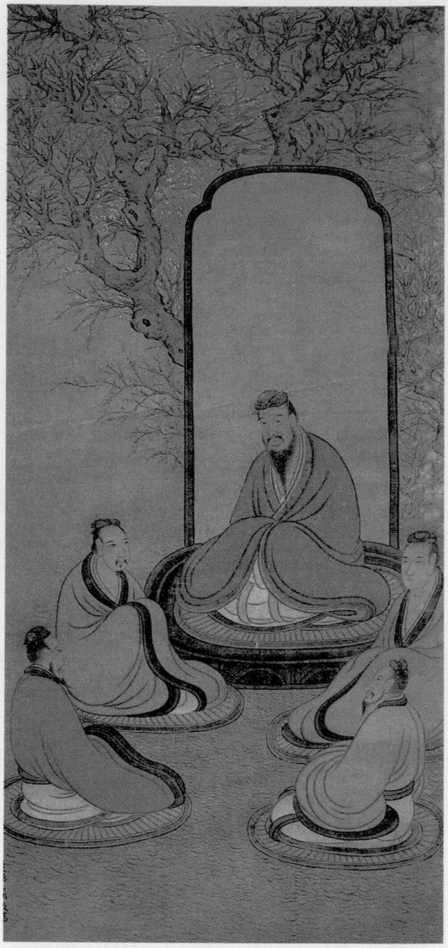

孔子講學圖

齊桓公首霸中原

齊桓公登上君位不久，魯國軍人便押解著一輛囚車風馳電掣地奔向齊國，車上囚禁的犯人不是別人，就是齊桓公指名索要的仇人、赫赫有名的政治家管仲。齊桓公與管仲有何仇怨，他為什麼指名索要管仲？這要從此前齊國發生的政治動亂說起。

齊桓公名叫小白，是齊僖公的兒子。他的哥哥齊襄公在位的時候，荒淫暴虐，不理政事。公子小白和公子糾兄弟兩人認為這樣下去終究要出現災禍，於是商議逃到外國去避難。後來管仲護衛公子糾逃到了魯國，鮑叔牙則護衛公子小白逃到了莒國。過了不久，齊國果然發生了動亂，齊襄公被手下的人殺死。襄公沒有兒子，大臣們決定從他的兩個弟弟——小白和糾當中選一人繼承君位。小白聽說這個消息，馬上帶鮑叔牙從莒出發，趕往齊國。魯國的君主莊公也派了三百輛兵車，護送公子糾回國。管仲覺得這浩浩蕩蕩的大隊人馬行走太慢，說不定會讓小白提前趕到國都，於是帶了三十輛兵車，火速趕往都城，攔截公子小白。走到即墨（今山東平度東南），看見小白一行人就在前頭。管仲假意趕上前去與小白寒暄，冷不防抽出弓箭，射向小白。只見小白大叫一聲，口吐鮮血，晃了兩晃，倒在了車上。隨從的人圍了上去，見小白雙目緊閉，全都大哭了起來。管仲見小白被射死，高高興興地回到公子糾身邊，跟隨他慢慢悠悠地向齊國趕去。當他們走到齊國邊境的時候，隨即有人走上前來，告訴他們公子小白已經即位為君。這消息真如晴天霹靂，驚得管仲半天沒說出話來，只好跟著糾垂頭喪氣地回到了魯國。

人們不禁要問，小白不是被管仲射死了嗎？怎麼還會回國當上了國君呢？原來管仲那一箭正好射在了小白胸前的帶鉤上，他並沒有受傷。小白心想，如果管仲知道他沒有被射中，肯定還會放第二箭，到那時就不會這麼幸運了。於是他急中生智，咬破了舌頭，倒在車上。等管仲一走，

前七七〇年

周平王元年。周平王東遷洛邑（今河南洛陽）。此後，王室權威開始衰落，諸侯勢力逐漸增大。

前七〇七年

周王率軍伐鄭，雙方戰於繻葛（今河南長葛境內），鄭軍放箭射傷了周王的肩膀。

前六八六年

齊桓公即位，任用管仲為相，進行改革。

前六五八年

晉獻公「假虞滅虢」。晉國疆土大大開拓。

他們火速趕往國都。大臣貴族們都知道小白賢而有才能，於是馬上簇擁他登上了君位，這就是中國歷史上有名的君主齊桓公。

公子糾絕望了，可魯莊公還不死心，他想趁齊桓公剛剛即位，給齊國來個下馬威，於是帶兵殺向齊國，讓桓公把國君之位讓給公子糾。齊桓公正想找魯國算帳，於是迅速發兵迎戰，兩軍在乾（今山東淄博東北）相遇，魯軍大敗，莊公差點做了俘虜。齊軍乘勝進擊，攻入魯國國境。魯莊公只得屈從求和。齊桓公開出的議和條件是：殺了公子糾，交出管仲和公子糾的另一位謀臣召忽。魯莊公無奈，只得照做，殺了糾。召忽認為被送到齊國處死，還不如死在魯國，於是自殺身亡。管仲則被押上了囚車，押送回齊國。

人們都認為，到了齊國，管仲肯定會遭受極刑，可他一路上談笑風生，毫無憂傷。剛剛進入齊國國境，就有一支人馬火速趕了上來，押送的人都以為是來捉拿管仲的。可是一位高官走上前來，命令打開管仲的囚車，恭恭敬敬地把他迎上了自己的車子。這位高官正是護送齊桓公歸國的功臣鮑叔牙。原來鮑叔牙與管仲是十分要好的朋友，他深知管仲是難得的治國良才。齊桓公即位伊始，他就極力推薦管仲，說您要想成就大業，那就得重用管仲。當時齊桓公正為那一箭之仇憤恨不已，恨不得捉住管仲，把他碎屍萬段，如今鮑叔牙卻提議重用管仲，他一時還接受不了，但他慢慢冷靜下來，心想：當時管仲為他的主人著想，射我一箭，如果我信任他，他同樣會為我著想的。於是他聽從了鮑叔牙的建議，嚴令魯國送回管仲。

管仲回到齊國後，齊桓公馬上任他為相。管仲深深地被齊桓公寬大的胸懷所感動，他宵衣旰食，鞠躬盡瘁，極力為桓公謀劃「通貨積財，富國強兵」之道，很快推出了一系列新政策，對行政機構、經濟制度、軍事制度進行了徹底的改革。這些措施的推行使齊國積累了雄厚的經濟力量，具備了充當霸主的經濟與軍事實力。

齊桓公首先制伏了與之相鄰的魯、鄭兩個大國。西元前六八一年，為平定宋國內亂，他與宋、陳、蔡、邾等國諸侯在北杏（今山東東阿）舉行會盟，開啟了以諸侯身分主持會盟的先例。兩年後，他又召集宋、陳、衛、鄭四國會盟於鄄（今山東鄄城）。

前六五一年

齊桓公在葵丘大會諸侯，周天子派人參加，正式承認了齊桓公的霸主地位。

前六三八年

宋襄公欲接替齊桓公做中原盟主，楚大敗宋軍於泓水（今河南柘城北），襄公中箭。

前六三二年

晉文公聯合齊、秦救宋，與楚交戰。晉軍「退避三舍」，至城濮大敗楚軍。晉文公大會諸侯於踐土（今河南滎澤），周天子派人參加。晉文公成為中原霸主。

前六三〇年

晉文公約秦穆公伐鄭，鄭國派燭之武說服秦穆公退兵，晉軍也隨之撤退，鄭國得以保全。歷史上稱當時周天子的力量已經大大衰落，但還是天下的共主，齊桓公樹起了「尊王」的旗幟，「挾天子以令諸侯」。北方和南方的少數民族時常入侵中原，中原各國深受其害。於是，齊桓公又以「攘夷」相號召，他率領大軍北伐山戎，制止了山戎對燕國的侵擾。狄人侵邢，齊桓公出兵救邢，趕走了狄人。這時，邢國首都已遭破壞，他把邢人遷到夷儀（今山東聊城西南），另築新城。狄人伐衛，殺了衛懿公，衛亡。齊桓公把衛國逃出來的人口遷到楚丘（今河南滑縣），另立國君，使衛復國。由於齊桓公的妥善安排，以至於「邢遷如歸，衛國忘亡」。齊桓公「存邢救衛」，使得他在諸侯國中的威信大大提高。這時，南方的強楚不斷北侵，威脅中原。西元前六五六年，齊桓公率齊、魯、曹、衛、宋、陳、鄭、許八國聯軍伐楚，觀兵於召陵（今河南偃城）。楚國雖強，但也不敢與八國大軍爭鋒。齊迫使楚國訂立「召陵之盟」，暫時阻止了楚國的北進。齊桓公曾九次大會諸侯，中原地區的諸侯國都聽從他的指揮。西元前六五一年，齊桓公大會諸侯於葵丘（今河南蘭考東），參加會盟的有齊、魯、宋、衛、鄭、許、曹等國，周天子也派代表參加。會上訂立盟約，申明凡是參加同盟的國家，都要和睦相處。這次會盟正式承認了齊桓公的霸主地位，齊桓公的霸業達到了頂峰。

臨淄齊國故城排水道口遺址

之為「燭之武退秦師」。

前六二七年

鄭國商人弦高假借鄭君的名義犒勞前來偷襲的秦國軍隊，秦只好撤軍。晉設伏於淆山（今陝西潼關東），秦全軍覆沒。

前五九七年

楚與晉戰於邲（今河南滎陽東北），晉軍大敗。

前五七九年

宋國大夫華元約合晉、楚在宋訂立弭兵的盟約。

前五四六年

宋國大夫向戌約合晉、楚、齊、秦等十四個諸侯國在宋再次訂立弭兵的盟約。

相關連結

諸侯爭霸

進入東周以後，王室的勢力大大衰落，幾個強大的諸侯國之間展開了激烈的爭奪霸主的戰爭。齊桓公制伏了北方的幾個諸侯國，迫使南方的楚國屈服，率先成為中原地區的霸主。後來，晉文公平定王室的內亂，又在城濮大敗楚軍，一度稱霸中原。楚莊公在邲大敗晉軍，飲馬黃河，雄視北方，一時成為霸主。秦穆公向東發展受挫，轉而向西擴張，開地千里，稱霸西戎。春秋後期，東南地區的吳國、越國也紛紛向北發展，爭做中原霸主。爭霸戰爭給人民帶來了沉重的災難，但卻加速了中國統一的步伐，加速了新舊制度的更替，促進了中華民族的大融合。

孔子周遊列國

孔子是我國古代偉大的思想家、政治家、教育家，儒家學派的創始人。孔子從小勤奮好學，掌握了六藝，熟悉古代的典章制度，年輕時就以知識淵博而聞名。他三十歲時開始授徒講學，中年以後擔任過魯國的中都宰（管理中都的長官，中都在今山東汶上縣）和司寇（掌管司法、刑獄的高級長官）等官職。魯定公是個貪圖享樂的國君，孔子的政治才能得不到發揮，於是他在五十五歲的時候，率領弟子們離開魯國，周遊天下，希望能夠找到一個接受他的政治主張的國君。

孔子一行首先來到了衛國，當時孔子名氣很大，衛靈公很尊重他，發給他當初在魯國時所享受的俸祿，但卻不給他安排官職，不讓他參與政事。時間長了，有人在衛靈公面前說孔子的壞話，靈公是個沒主見的人，對孔子也起了疑心。孔子知道後，毅然帶領弟子離開衛國，這時他們已經在衛國待了十個月了。

孔子一行打算去陳國，路過匡城時，匡人誤認為孔子是曾經騷擾過匡地的陽虎，把他們圍困起來。五天之後，匡人知道認錯了人，才放他們前行。

離開匡城，到了蒲地，孔子和弟子們碰上衛國貴族公叔氏發動叛亂，又一次被圍困在那裡，交涉了好半天，蒲人才讓他們離開。孔子沒有繼續往前走，而是返回了衛國。衛靈公聽說後，非常高興，親自出城迎接。孔子依然享受著優厚的待遇，但還是沒有參政的機會。衛靈公只是偶爾讓孔子陪他一起坐車出行，招搖過市，以顯示自己尊重人才。為了謀上個官職，孔子費了不少心機。衛靈公的夫人南子性情淫蕩，名聲很壞，她想見見孔子。孔子大概想讓她在衛靈公面前多說幾句好話，於是便前去見了她。孔子回來以後，子路覺得太丟臉面了，心裡很不痛快。孔子一肚子委屈沒處訴說，又怕弟子們誤解了自己，於是對天盟誓說：「我要是做了不合道義之事的話，

前四九七年
孔子開始周遊列國。

上天會厭棄我！」孔子和弟子們在衛國住了兩年，始終沒有謀上個官職，只好離開。

孔子打算去陳國。他們一行路過曹國，在這裡，既沒人接待他們，也沒有人難為他們。他們又到了宋國，當時宋國大夫桓魋生活十分腐化，為了死後繼續過這樣的生活，他竟讓工匠們給他鑿一口石棺，鑿了三年還沒完成。孔子聽說後十分不滿，給弟子們講課的時候，把他狠狠批評了一陣。桓魋知道這事後，十分惱火，心想孔子太愛管閒事了，竟敢在這裡批評我！孔子正帶領弟子們在大樹下演習禮儀，桓魋派些人過去，就把大樹砍掉了。弟子們覺得再待下去太危險了，於是催孔子快些離開。孔子覺得很沒面子，於是悻悻地說：「是老天給了我這樣的道德，你桓魋能把我怎麼樣呢？」

離開宋國，他們朝著鄭國走去。可到了鄭國都城，弟子們卻與他走散了。孔子知道弟子們會找他，於是站在城門口等待。子貢四處打聽，問人是否見過孔子。有人告訴他，城東門口有個人，長得相貌不凡，但卻十分狼狽，像是喪家狗似的。子貢估摸是他老師，結果找到了孔子。子貢把別人的話向老師重複了一遍，本來想乘這個機會損老師兩句，誰知孔子聽了，笑了笑說：「他描述我的形像，實在不敢當，但說我像喪家之犬，是這樣啊，是這樣啊！」

孔子終於到達了陳國，在那裡一住就是三年。後來吳國準備攻打陳國，陳國十分弱小，根本不是吳國的對手，孔子怕有危險，便帶領弟子離開了。

眼看要到蔡國邊界的時候，又遇上了吳、楚兩國交戰，孔子他們被圍在當中，無法前行。在這十分危險的情況下，孔子仍每天堅持教育學生，他說：「君子處在窮困的境地也不會改變操守，小人可就不同了，他們遭遇窮困就要亂來。」他派長於交際、能言善辯的弟子子貢找楚軍交涉。楚國也有人知道孔子的大名，他們特別派了一支隊伍，護送孔子師徒到了楚國。

楚昭王想重用孔子，但大臣們紛紛反對。國相子西說：「孔子有實現周公事業的志向，他的弟子們也很有才能，如果封給他一塊土地，一定會對楚國構成威脅。」楚昭王只好作罷。孔子知道再待下去也是徒勞，只好向北走去。

孔子在途中遇到楚國一個名叫接輿的狂人，接輿唱歌諷刺孔子說：「鳳啊！鳳啊！你的德行

■六藝

周代要求學生掌握的六種基本知識和技能，即禮（各種制度及儀節規範）、樂（音樂）、射（射箭技術）、御（駕車技術）、書（書法，即文學）、數（演算法，即數學）。後來人們又用六藝代指六經，即《易》《書》《詩》《禮》《樂》《春秋》。

何以如此衰敗？過去的事情無法挽回，未來的事可來得及呀。算了吧！算了吧！現在從政的人太危險了！」孔子向前走了幾步，想和他談談，他卻揚長而去。

孔子何嘗不知道從政的艱險呢，但他是個「知其不可為而為之」的人，為了實現自己的理想，施展自己的抱負，他根本不把艱險苦難放在心裡。孔子還是想到衛國再試一試。當初衛靈公的兒子蒯聵想謀害南子，事敗後逃跑到國外，靈公死後由他的孫子輒繼承了君位。可後來蒯聵又偷偷回到衛國，從兒子手中奪回了君位。面對這樣蠅營狗苟的君主，孔子哪裡還有當官的欲念？他的弟子經過多年的教誨，已經成熟了起來，他們各拈高枝，有的在衛國從政，有的回魯國做了官。

孔子幾次出入衛國，後來又到過曹國、宋國、鄭國、陳國、蔡國和楚國。遊歷的範圍大體相當於現在的山東、河南到安徽一帶。孔子所到之處，常與國君、大夫討論治理國家的政策方略，他大力宣揚仁義德政，認為只有用周禮約束人們的行為，社會才能達到穩定和諧。可是，那個時候，大國忙於爭霸戰爭，小國面臨著被併吞的危險，所以，儘管大多數國家的國君都十分尊敬他，但卻沒有人願意採納他的主張。

孔子在衛國又住了五年，這時他已是六十八歲的老人了。在外奔波十四年之後，滿懷著對故鄉的思念，孔子終於回到了魯國。他把精力放到了整理古代文化典籍上，編《詩》《書》，訂《禮》《樂》，作《春秋》，贊《周易》，這些典籍後來大都被儒家奉為經典，對後代的政治思想和文化都產生了極其深遠的影響。

孔子是一位偉大的教育家，他第一個打破「學在官府」、貴族壟斷教育的局面，開創私人講學的風氣。他極力提倡「有教無類」，主張人人應受教育，並付諸實踐，培養了大批學生。他善於因材施教，提倡實事求是的治學態度，倡導學思結合，融會貫通，溫故知新，舉一反三。這樣的治學態度和治學方法，歷來為人們提倡和實踐。

前四七九年

孔子卒。後來，他的言論被弟子記了下來，集錄成書，名為《論語》。

明　聖蹟圖・孔子不仕退修詩書

勾踐臥薪嘗膽

身為一國之君，卻住著破舊的房子，晚上睡在柴草上；在房子中間懸掛一個苦膽，每當做事倦怠的時候，便抬起頭來咬口苦膽，以提醒自己不要忘記過去的苦難與恥辱。這就是所謂「臥薪嘗膽」的故事，故事的主人翁是春秋戰國之際一度稱霸中原的越王勾踐。

越國是越族人建立的國家，其政治中心在現在的浙江紹興一帶。越族是生活在我國東南地區的古老民族，傳說他們是大禹的後代。他們披散著頭髮，身上畫著各種各樣的花紋，古人把這種風俗稱為「斷髮紋身」。到春秋後期，越國已成為一個比較強大的國家，有了與其他大國抗衡的力量。

西元前四九五年，越王允常死了，他的兒子勾踐繼承王位。建都於今江蘇蘇州的吳國與越國是近鄰，早就想吞併越國以擴大地盤。吳國的國君闔閭認為越國剛立新君，政權不穩，親率大軍攻打越國，不料卻在混戰中被越軍砍掉了大腳趾，在回軍的途中死去了。他的兒子夫差繼承王位後，發誓要滅掉越國，為父親報仇。後來雙方大戰於夫椒山，勾踐大敗，被吳軍包圍在越國國都附近的會稽山。為保全性命，勾踐只得向吳王卑辭求和，吳王把勾踐夫婦押到了吳國做人質。

勾踐夫婦及大夫范蠡到了吳國，負責給闔閭打掃墳墓，飼養馬匹。他們穿的是破爛衣服，吃的是糠秕野菜，蓬頭垢面，整天勞作。過了三年，勾踐被放了回去。

勾踐回國後，時刻不忘振興越國、報仇雪恥，他臥薪嘗膽，以激勵自己的鬥志。對死傷的士兵及家屬厚加撫恤；百姓有婚喪之事，他親自前去祝賀、弔唁；百姓遠出或歸來，他親自送迎；百姓憎惡的事，就即刻清除，百姓急需的事，就及時辦好。連年戰爭，越國的人口大量減少，勾踐便下達鼓勵生育、繁衍人口的命令：女子到了十七歲不出嫁，男子到了二十歲不娶妻，他們的

前五一五年
吳公子光刺殺吳王僚自立，是為吳王闔閭。闔閭重用伍子胥、孫武，改革政治、軍事，吳國強大起來。

前五〇六年
吳在柏舉（今湖北麻城境內）大敗楚軍。後五戰五勝，攻入楚都郢（今湖北江陵紀南城），楚昭王倉皇出逃。越乘機攻入吳都，吳撤軍。

前四九四年
吳王夫差大敗越軍於夫椒（今江蘇太湖洞庭山），勾踐卑辭求和，稱臣歸附。

前四八六年
吳開挖邗溝，連接江淮水道，以通糧運兵。邗溝是我國最早的南北運河，是京杭大運河的開端。

父母就要被判刑。孕婦臨產時，官府派醫生去看護。生男孩的賞兩壺酒，一條狗；生女孩的賞兩壺酒，一頭豬；一胎生三個孩子的由官家派給乳母，一胎生兩個孩子的由官家供給口糧。嫡子為國事戰死的免去全家三年的徭役；庶子戰死的免去全家三個月的徭役。鰥寡孤獨者及貧窮患病的人家，官府收養他們的孩子。知名之士，官家供給衣食房舍。外國的名士來到越國，一定在朝堂上接見，以示尊重。勾踐還親自到各地巡視，遇到漂泊在外的年輕人，就供給他們飲食，還要詢問他們的姓名。勾踐鼓勵百姓積極勞動，發展生產，他本人率先示範，不是自己種出來的東西不吃，不是自己妻子織的布不穿。越國十年沒向百姓徵收賦稅，百姓每家都儲存了三年的口糧。

勾踐讓文種幫助自己處理政事，讓范蠡負責訓練軍隊。他採納了兩人的建議，與齊、楚、晉幾個大國結好，以牽制吳國。對吳國更是表現得十分恭敬順從，以避免吳國的征討。勾踐經常賄賂吳國的大夫伯嚭，讓他在夫差面前多說好話。同時採納文種的計謀，向夫差進獻美女西施和鄭旦。夫差見到西施，喜不自勝，連誇勾踐忠誠，他決定為西施修建高大豪華的姑蘇台。勾踐聽說後，馬上送來上等木材，以慫恿夫差耗費民力財力。據說夫差經過了八年的時間才把姑蘇台建好，真可謂勞民傷財。

夫差連年北上爭霸，窮兵黷武，國力一天天衰落下去。經過五年大戰，越國最終滅亡了吳國。勾踐記取了當年夫差的教訓，想到自己臥薪嘗膽的艱難，於是對夫差說：「先前上天把越國送給吳國，可是吳國不接受；現在上天又把吳國送給了越國，我可不能不接受啊！不過我可以給你一條生路，把你送到東方遙遠的山地居住。」夫差知道勾踐不會饒過自己，自縊而死。

前四八二年

夫差大會諸侯於黃池。越國乘機攻吳。

前四七三年

越大舉伐吳，夫差自殺，吳國滅亡。

相關連結

吳越戰爭

吳相傳是周太王的兒子太伯、仲雍建立的國家，地處今江蘇南部，都姑蘇（今江蘇蘇州市）。吳王闔閭在位的時候，重用伍子胥、孫武等人，改革政治與軍事，國勢漸強，一度攻破楚的都城郢。越王勾踐在位的時候，越國強大了起來。吳、越同處長江下游，他們都想征服對方，占其地為己有。經過幾次大戰後，吳王夫差大敗勾踐，勾踐歸附稱臣。勾踐不忘恥辱，立志復仇，經過十多年的努力，越國力量逐漸恢復。夫差幾度北上征伐齊、魯、陳、衛諸國，西元前四八二年，大會諸侯於黃池（今河南封丘西南），與晉爭奪霸主地位，只留老弱兵士由太子統領守衛都城。越王勾踐見時機成熟，出兵攻吳，大敗吳軍，殺吳太子，夫差倉皇回軍，但為時已晚。從此吳在對越的戰爭中一直處於劣勢。西元前四七三年，越最終滅了吳國。而後勾踐揮師北上，在徐州（今山東滕州市南）與齊、晉、宋、魯等國會盟，周王派代表參加，承認了他的霸主地位。

趙、魏、韓三家分晉

春秋時期，晉國是北方數一數二的強國，它多次打敗楚、齊、秦等國家，稱霸中原。進入戰國以後，齊、楚、秦還都活躍在戰爭的舞臺上，晉國卻銷聲匿跡了。

原來，春秋中期以後，晉國國君手下卿大夫勢力不斷增大，他們掌握了國家大權，國君成了他們的傀儡。當時掌握國家權力的卿大夫共有六家，即韓、趙、魏、范、中行、智氏，人們稱其為「六卿」，又稱「六將軍」。六卿都擁有自己的軍隊，而且在自己的地盤上進行了改革，廢除原來的公田制度，實行封建的地稅制。此後，六卿之間展開了激烈的鬥爭。范氏和中行氏聯合鄭國、齊國進攻趙氏。西元前四九三年，趙鞅宣布了獎勵作戰的政策：凡是立有軍功者，平民以上的獎給數量不等的土地，奴隸則免為平民。後來趙氏打敗了中行氏和范氏。智、韓、趙、魏四家瓜分了他們的地盤。

此後智氏力量最強，晉國政權掌握在他的手裡。智氏很想廢掉晉國國君，取而代之，但又怕韓、趙、魏三家與他爭權，便想辦法削弱三家的力量。他藉口說國君要去攻打越國，要求三家各獻出一百畝土地給國君。如果三家答應了他的要求，那麼智氏就可以毫不費力地取得三百畝土地；如果三家不答應他的要求，他便可以名正言順地討伐他們了。這就是智氏打的如意算盤。

韓康子和魏桓子害怕智氏，乖乖地交出了一百畝地，趙襄子卻不買帳，他說：「土地是祖宗留下來的，我不能隨便拿來送人情！」如果三家都不答應，智氏就不好辦了，現在只有趙氏不答應，豈不正中了智氏的計謀？智氏馬上帶領韓、魏兩家的軍隊攻打趙氏，而且許諾韓、魏兩家，一旦滅掉趙氏，三家平分他的土地。趙襄子不敢與他們正面對抗，退守晉陽（今山西太原）。晉陽城池堅固，糧草充足，趙氏命人打造刀槍弓箭，準備打一場持久戰。

前四五三年
晉國大夫韓、趙、魏三家滅智伯。韓、趙、魏三家分晉的形勢基本形成。

前四〇三年
周天子正式承認韓、趙、魏三家為諸侯。

前三七九年
齊康公死，太公望所建之姜齊至此絕嗣而亡。

智氏與韓、魏兩家的軍隊來到晉陽，圍城攻打，但趙氏早有防備，軍民同心，過了三個多月，城池完好如初。智氏急得團團轉。一天，智氏去城西北的山上觀察地形，看到晉河從城邊流過，不禁喜上眉梢，心想：我何不築壩攔河，水淹晉陽城呢？回到軍營，智氏馬上將韓、魏兩家召來，高興地對他們說：「我已經有了破敵的好辦法，如今晉河水量不大，我們可以築條攔河壩，等到夏天山洪爆發的時候，就把河堤決開，水灌晉陽，到時候不費一兵一卒，晉陽城就可攻下了！」韓、魏兩人也都說是好主意。於是他們指揮士兵很快在河中築起了大壩，晉河水被攔在了晉陽城外。不久下起了大雨，河水猛漲，智伯讓人挖開河堤，滔滔洪水衝向晉陽城，雖然有城牆阻擋，但城內的水還是有一尺多深。趙襄子帶領部眾，加緊防守，毫不懈怠，誓死不降。

雙方相持了三年的時間，到了西元前四五三年，趙襄子實在有些吃不消了：城內房子塌了許多，糧食也就要吃完。智伯看著殘破不堪的晉陽城，心裡盤算：看你還能撐多久，你即使不投降，也會被餓死！

趙襄子憂心忡忡，整天琢磨擺脫困境的辦法。一天，大臣張孟談來見他，獻計說：「韓、魏兩家和智氏本來就是面和心不和，他們只是害怕智氏才來圍攻我們的，我可以去說服他們與我們聯合對付智氏。」趙襄子也沒有其他更好的辦法，只得同意讓他去試一試。

當天夜裡，張孟談偷偷來到韓、魏兩家的軍營，見到了韓康子和魏桓子。張孟談對他們說：「智伯帶領你們來攻打我們趙家，趙家眼看要不行了，可是唇亡齒寒，趙氏亡後，智氏便會收拾你們！」韓襄子和魏桓子也知道智氏常打自己的主意，即使平分了趙家的地盤，最強大的還是智氏，那時候我們肯定不得安寧，說不定會落得像趙氏一樣的下場。而趙氏與自己勢力相當，即使趙家不滅，對自己也構不成多大的威脅。於是，韓氏和魏氏答應為此事保守秘密，慢慢商量對付智氏的辦法。

一天，智氏會同韓、魏兩家察看軍情，智氏指著被水圍困的晉陽城說：「你們都知道洪水的厲害了吧，它可以幫我消滅一個國家！這水只要再漲下去，晉陽城就全被淹沒了。」韓、魏兩人聽了，膽戰心驚。原來，韓、魏兩家的都城也是臨河而建，智氏要用同樣的辦法對付他們，豈不

前三六九年

韓、趙遷晉惠公於屯留，晉絕嗣而亡。

前三六七年

韓、趙乘周王室內亂，將周分為東周、西周兩小國。東周都鞏（今河南鞏義）。

是與趙家一樣被消滅嗎！他們堅定了聯合趙家對付智伯的決心，連夜與趙家取得聯繫。智氏的軍營駐紮在晉陽河北，他們決定以其人之道還治其人之身，水淹智氏。

到了深夜，韓、魏兩人帶領親信悄悄來到晉河北岸，不久就在河堤上掘出一個大缺口，大水即刻湧進智氏的軍營。智氏從睡夢中驚醒，急忙帶人堵水。此時，韓、魏兩家帶領軍隊從兩側攻來；趙襄子則帶兵從正面殺入智氏營寨，大聲喊道：「捉住智氏者重賞！」趙家的軍隊被圍困了三年，如今絕處逢生，打起仗來，無不以一當十。智氏毫無準備，一下子亂了陣腳，將士們拚命外逃，智伯也混在亂軍之中逃了出去。他打算乘船上岸，再到秦國請求救兵。但趙襄子早就料到了這一點，帶軍隊守在岸邊，專等智伯的到來。智伯剛上岸，趙氏的軍隊一擁而上，把他捉住殺了。智伯死後，韓、趙、魏三家瓜分了他的地盤。

沒過多久，趙襄子病死，侄子趙浣繼承了他的職位。這時晉國國君幽公也剛剛即位，趙浣與韓、魏兩家商議，把國君的土地也給瓜分了，只給他留下了兩座小城勉強維持生存，這樣晉國的國君成了一個徒有虛名的君主，沒有任何政治權力，只能在三家的卵翼下苟延殘喘。韓、趙、魏三家實際上都已經在獨立行使諸侯國的權力，成為三個國家。因為他們都是從晉國分出來的，所以歷史上把他們稱為「三晉」，把這件事稱為「三家分晉」。

「三晉」雖然成了三個獨立國家，但他們還沒有取得

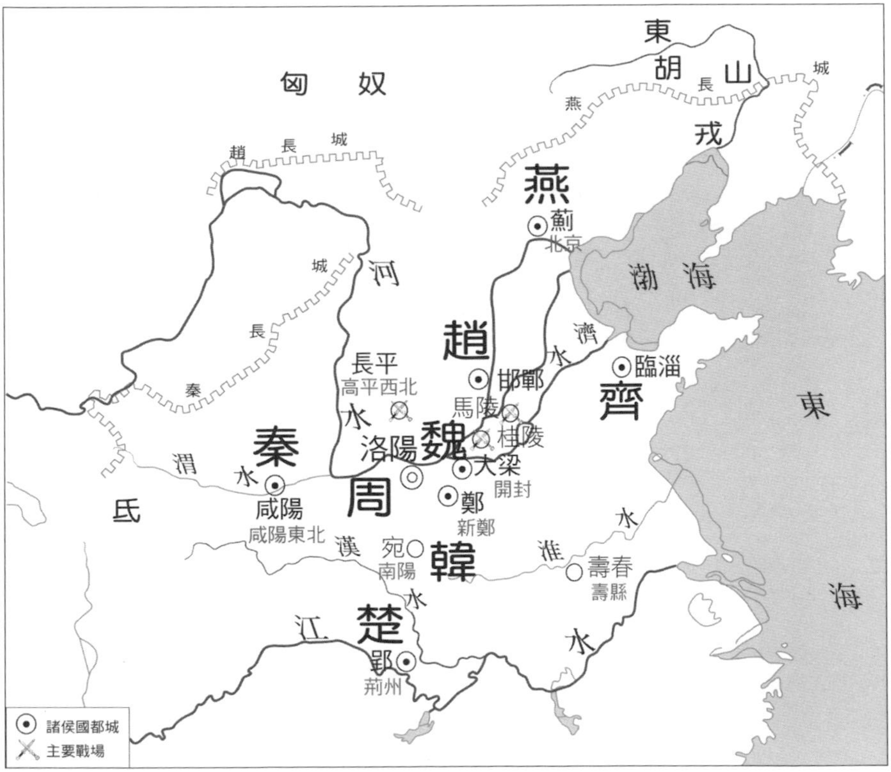

戰國七雄形勢圖

諸侯的封號，名義上還是「卿」。當時儘管周天子只是一個空架子，日子過得和晉國國君差不了多少，但沒有人能代替他來分封諸侯。所以，到了西元前四〇三年，韓、趙、魏三家思前想後，還是決定派人去周天子那裡討個名號。而周天子正巴不得有人來找他討封賞，三家的使者一到，周烈王便笑臉相迎，馬上封三家為諸侯——韓虔被封為韓侯，趙籍被封為趙侯，魏斯被封為魏侯。其他諸侯國見他們羽翼已經豐滿，勢力十分強大，也都承認了他們諸侯國的地位。這樣，韓、趙、魏三家終於成為與齊、秦、燕、楚等國家分庭抗禮的諸侯國了。

相關連結

七國爭雄

經過春秋時期長時間的弱肉強食的戰爭，到了戰國時期，原來的一百多個諸侯國只剩下了二十多個，其中又以秦、齊、楚、韓、趙、魏、燕七個國家最為強大，後來人們把這七個國家稱為「戰國七雄」。為了在兼併戰爭中取得主動地位，各國紛紛利用政權的力量，推行自上而下的政治、軍事方面的變法、改革。魏國是變法最早的國家，因此它最先強盛了起來，到魏惠王時達到了頂峰，後來與齊國兩次大戰均告失敗，乃走向了衰落。秦自商鞅變法以後，國力日增，一躍成為西方大國。齊在與韓、趙、魏的戰爭中乘機擴張，成為東方大國。他們各自約合其他國家，爭戰對抗，出現了「合縱」（東方六國聯合抗秦）與「連橫」（秦與東方國家聯合攻打某國）之爭。後來齊在與燕的戰爭中大傷元氣，無力與秦抗衡。趙國經過武靈王的改革，成為戰國後期唯一能與秦對抗的東方大國，但在後來的長平之戰中，趙國四十萬大軍戰敗被殺，從此趙國也一蹶不振了。秦王政掌握政權後，經過八年的大戰，以秋風掃落葉之勢，滅亡了山東六國。

商鞅移木立信

戰國初年，秦國政治混亂、兵弱主卑，常年受楚、魏侵擾，在外交上地位很低，東方國家把它當作夷狄，不邀其國君參與盟會。為改變這種局面，秦孝公即位後，下令求賢變法。商鞅聽說這個消息後，從魏國趕到了秦國。商鞅是衛國貴族的後裔，姓公孫，歷史上稱他為衛鞅、公孫鞅，後來因變法有功而封於商（今陝西商縣東南），所以人們習慣上稱他為商鞅。

秦孝公聽從商鞅的建議，決心改革舊制度，實行商鞅提出的新法令。貴族大臣們知道後，都表示反對，勸阻孝公不要聽信商鞅。面對這麼多的反對派，孝公也感到事情難辦，他把大臣們召集到一起，開了個辯論會。反對變法的大臣陳說了許多理由，都被商鞅一一反駁，他們雖然心裡不服，但卻說不出什麼道理來。孝公非常高興，當即任命商鞅為左庶長，授予他推行新法令的大權，叫他盡快把變法方案制訂出來。並且宣布：誰再反對變法，就治誰的罪。這樣，那些大臣都不敢作聲了。

商鞅知道，要使新法在全國順利推行，必須取得百姓的信任。怎麼才能取信於民呢？他深知要對全國民眾講清楚變法的道理，是十分困難的事情，於是想出了一個簡單易行的辦法。

有一天，他讓人在都城的南門豎了一根三丈長的木頭，旁邊貼了張告示：誰能把這根木頭扛到北門去，賞給十金。不久，木頭周圍就圍滿了人。大家心裡直犯嘀咕：這根木頭誰都能扛得動，從南門到北門也不算遠，怎麼會給這麼多的賞金呢？會不會是當官的開開玩笑？大家你看看我，我看看你，誰都不去扛。商鞅見沒人相信，又把獎賞提高到了五十金。這樣一來，人們更覺得不近情理，也更加猜不透這位新上任的左庶長葫蘆裡到底賣的什麼藥。正在大家議論紛紛的時候，人群中走出一個人來，扛起木頭就走。他想，將這木頭扛到北門，費不了多大力氣，就是不

前三五九年
秦孝公任商鞅為左庶長，主持變法。

給賞金也損失不了什麼，不如試上一試，看官府是不是講信用。許多看熱鬧的人，好奇地跟著，想看個究竟。到了城北門，只見新上任的左庶長正在那裡等著。他看了看那個扛木頭的人，就把準備好的五十金獎給了他。這件事很快傳開了，大家都相信商鞅是個講信用的人。商鞅於是把新法公布了出去。

新法令實行十年以後，秦國變成當時最富強的國家。周天子派人給孝公送來禮物，封秦孝公為諸侯，東方各國為討好秦國，紛紛前來祝賀。

西元前三三八年，秦孝公死去，太子即位，是為秦惠文王。惠文王以前反對過商鞅的新法，商鞅不便給他定罪，就把他的兩個老師判了刑，所以他們對商鞅一直懷恨在心。被商鞅判過刑的公子虔乘機誣告商鞅謀反，秦惠文王不問青紅皂白，便下令逮捕商鞅。商鞅逃到了魏國，魏國人和他有刻骨的仇恨，怎麼會收留他？他只好返回封地商邑，組織一批人馬準備抵抗秦軍，但寡不敵眾，被秦惠文王抓回咸陽，處以車裂的酷刑。

相關連結

商鞅變法

西元前三五九（一說前三五六）年和前三五〇年，秦孝公先後兩次任用商鞅實行變法，其主要內容是：獎勵軍功，建立軍功爵制，根據軍功的大小授予不同的爵位、官位和土地；廢除土地國有制，承認土地私有，允許土地買賣；重農抑商，獎勵耕織；推廣縣制，實行什伍連坐，加強中央對地方的控制；將國都從櫟陽（今陝西富平縣）遷到咸陽，以便於向東發展。商鞅變法促進了秦國政治、經濟、軍事的發展，使秦國成為戰國七雄中實力最強的國家，為統一六國創造了條件。

掘開土地的舊疆界

蘇秦遊說六國

有這樣一個年輕人，他把自己關在屋子裡，不分晝夜，苦苦攻讀。夜深了，人們都已進入夢鄉，這年輕人也十分困倦，昏昏欲睡。無論他怎樣強打精神，總也無法趕走討厭的瞌睡蟲。猛然間，他睜大了眼睛，拿起身邊的錐子，朝著自己的大腿狠狠刺了一下，鮮血頓時流了出來，一直流到了腳跟。劇烈的疼痛掃去了他的睡意，他重新振作起精神，繼續讀起書來。這個故事中的年輕人就是戰國時期遊說六國的蘇秦。

是什麼原因促使他如此刻苦讀書的呢？

蘇秦是洛陽人，到齊國跟隨鬼谷子學習過縱橫之術。幾年以後，他覺得學已有成，於是去見周顯王，周顯王的大臣們認為他沒什麼本事，很看不起他。蘇秦只好去了秦國。見到秦惠王後，極力鼓動惠王出兵征戰，併吞天下，稱帝而治。當時惠王剛剛殺了商鞅，對東方六國遊說之士十分反感，所以任憑他說得天花亂墜，秦王總是不理不睬。時間長了，他的黑貂做的皮袍破了，帶來的大量金錢也花了個精光，只好打道回府。他綁著裹腿，穿著草鞋，背著書箱，挑著行李，形容憔悴，臉色黝黑，面帶羞愧地走進了自己的家門。妻子正在織布，見他來了，只裝沒有看見。嫂子知道他已是飢腸轆轆，卻故意不做飯給他吃。父母見了，連句話都不肯跟他說。不少人還背地裡恥笑他：咱們周地的風俗是從事產業，致力工商，你卻放棄本業，想憑口舌做官致富，如今落到這步田地，也是活該呀！

蘇秦的心真是寒透了，他長歎一聲道：妻子不把我當丈夫，嫂嫂不把我當小叔，父母不把我當兒子，都是因為我自己不爭氣啊！於是他把自己關在小屋裡，連夜翻檢書籍，找出姜太公的兵書《陰符經》，夜以繼日，反覆研讀。過了一年時間，他覺得已經領會了兵書的精髓，揣摩透了

前三五三年

齊軍用孫臏「圍魏救趙」之計，設伏於桂陵（今河南長垣西南），大敗魏軍。

前三四一年

孫臏設伏於馬陵（今山東莘縣東南），大敗魏軍，魏太子申被俘，魏將龐涓自殺。

前三三四年

魏惠王與齊威王會於徐州（今山東滕州東南），相互尊對方為王，史稱「徐州相王」。

前三一九年

公孫衍（犀首）為魏

君主們的心理，於是離開了家鄉，又踏上遊說征途。聽說燕昭王下詔求賢，廣攬人才，便興匆匆來到燕國。見了燕昭王，他首先將燕國誇耀了一番，說燕疆域廣大，兵強馬壯，國家富足，話題一轉，又說起燕國的隱患。他說：「燕國為什麼沒有受到強秦的侵擾？那是因為有趙國作為屏障，秦趙連年大戰，燕國得以安寧。如果有一天趙國與秦國休戰，出兵攻打燕國，燕國就很危險了！所以只有結好趙國，才可免除禍患。」他的話深深打動了燕昭王，被昭王委以重任。燕昭王即位之前，齊曾出兵攻打燕國，差點將燕國滅掉。燕昭王一直將此事視為奇恥大辱，決心報復齊國。他決定派蘇秦到齊國去，想辦法削弱齊國。蘇秦為感謝燕昭王的知遇之恩，風塵僕僕來到了齊國。

當時齊湣王剛剛即位，孟嘗君相齊，制定了聯合趙國、南伐楚國、西抗秦國的策略，形成強國互相制約抗衡的局面，齊國的地位得到鞏固。蘇秦在齊國活動了五年，雖然時時尋找機會，破壞齊與趙的聯盟，但總是無法得逞，他只好勸齊湣王不要攻打燕國。燕國經過了幾年的恢復，國力有所增強，燕昭王急不可待，匆匆出兵伐齊，結果被齊所敗，只好把自己的弟弟襄安君送到齊國作了人質。

後來齊湣王罷免了孟嘗君的相位，改變了聯趙抗秦的政策，反過來與秦通好。西元前三〇〇年，齊與秦同時稱帝，一為東帝，一為西帝。這樣一來，趙國與齊國的關係惡化了，韓、魏夾在齊、秦之間，也對齊心存芥蒂。燕昭王感到了潛在的威脅，於是令蘇秦再次到達齊國。蘇秦極力說服齊湣王放棄帝號，聯合東方六國共同抗秦，借此機會滅掉受秦保護的宋國，擴大自己的地盤。齊湣王聽從了蘇秦的建議，決定對宋國用兵。他先帶領蘇秦與趙國在阿地（今山東陽谷縣東北）會盟，齊王宣布不再稱東帝，趙國則答應支持齊國進攻宋國。燕國也假意幫助齊國攻打宋國。齊湣王出兵攻宋，取得了勝利。

齊湣王知道，要想滅亡宋國，必須制伏秦國，他便打算聯合東方五國攻打秦國。為了說服強大的趙國加入聯盟，齊王答應以趙國的李兌作為聯軍的主帥，趙國答應派出駐上黨的軍隊加入聯軍隊伍。燕國為達到削弱齊國的目的，也積極鼓動齊國伐秦，主動提出派出兩萬人的軍隊歸齊國

相。次年，聯合齊、楚、燕、趙、韓合縱攻秦，至函谷關（今河南靈寶東北），失利而回。燕王噲將君位「禪讓」給其相子之。

前三一四年

子之攻殺燕太子平等，齊乘燕內亂出兵攻燕，殺子之及燕王噲，五十日占領燕國全境。燕人反抗，齊被迫撤軍。燕公子職即位，是為燕昭王。

前二九九年

楚懷王受騙入秦，被扣留。楚立太子橫被為王（頃襄王）。頃襄王初年，屈原被流放。

前二九八年

趙惠文王以其弟勝為相，封平原君。平原君好

指揮。蘇秦代表齊王出使韓、魏、楚，韓、魏表示願意出兵助齊伐秦。楚國雖然沒有派出軍隊，但也對合縱伐秦表示支持。

聯軍進駐韓國的滎陽（今河南滎陽東北）、成皋（今河南成皋西北）一帶。當時，齊想滅亡宋國，燕想削弱齊國，魏與宋是鄰國，也不希望強大的齊國把宋滅掉。他們各自打著自己的小算盤，所以表面上看聯軍聲勢浩大，實際卻沒有戰鬥力，也沒有對秦發動大規模的進攻。儘管如此，還是對秦造成了很大的壓力，秦被迫取消了西帝的稱號，並把侵占的趙國、魏國的土地歸還給了兩國。

據說東方六國合力攻秦的時候，蘇秦被尊為「縱約長」，一人佩戴著六個國家的相印。當他率眾經過洛陽的時候，大隊人馬簇擁著他，各國都派使者護送他。周王聽說了，惶恐不安，派人為他清除道路，派使者到近郊迎接他。蘇秦的父母為他打掃房屋，清掃道路；妻子不敢正眼看他，恭敬地聽他講話；嫂子更是匍匐在地，向他跪拜。蘇秦笑著問嫂子說：「您為什麼以前對我那樣傲慢，而現在卻對我這樣恭敬呢？」嫂子低著頭回答說：「因為您現在地位高金錢多！」蘇秦十分感慨地說：「同樣是一個人，富貴的時候親戚會懼怕他，貧賤的時候會瞧不起他，更何況是其他人呢？假若我在洛陽只有二頃良田，又怎麼能佩戴六國的相印呢！」他拿出千金，送給了家人和朋友。當初，他剛到燕國的時候，窮得連飯也吃不上，只得向人借了一百個銅錢，後來他做官有了錢，便以百金償還。凡是對他有過幫助的人，他都予以報答。

蘇秦感謝燕昭王的知遇之恩，他的合縱抗秦，也完全是為了燕國利益，其中最直接的意圖就是削弱齊國，為燕攻齊製造條件。西元前二八六年，宋國發生內亂，齊國乘機滅掉了宋國。秦國則以此為藉口，約合燕、韓、趙、魏、楚五國，大敗齊國。齊完全陷入孤立無援的地步，早已做好攻齊準備的燕昭王馬上派樂毅統兵大舉攻齊，幾乎滅亡了齊國。後來齊湣王聽說這一切都是蘇秦的預謀，於是將他車裂處死。

客，與齊孟嘗君、魏信陵君、楚春申君並稱「戰國四公子」，各有門客三千餘人。

前二八七年

蘇秦發動趙、楚、魏、韓、齊五國軍隊，「合縱」攻秦。

前二八四年

燕將樂毅約合秦、韓、趙、魏諸國軍隊攻齊，破齊國都城臨淄。次年攻下齊七十餘城，齊僅保有莒、即墨。

相關連結

合縱連橫

戰國中期以後，齊、秦兩國最為強大，東西對峙，互相爭取盟國，以圖擊敗對方。其他五國也不甘示弱，與齊、秦兩國時而對抗，時而聯合。在這樣的情況下，出現了合縱和連橫的鬥爭。

當時除秦、齊兩國外，其他五國的地理位置呈南北縱向分布，因此所謂合縱就是中原地區的魏、趙、韓與北方的燕、南方的楚之間的縱向聯合。他們共同抗擊秦、齊，阻止其兼併弱國，即所謂「合眾弱以攻一強也」。秦和齊也拉攏一些國家，共同進攻另外一些國家。他們與其他五國的聯合是東西橫向聯合，所以被稱為「連橫」，即所謂「事一強以攻眾弱也」。大國紛紛拉攏弱國，弱國紛紛聯合與大國對抗，於是在外交和軍事上產生了合縱和連橫的活動。後來，秦國的勢力不斷強大，成為東方六國的共同威脅，所以合縱變成了六國聯合抵抗強秦的活動，而連橫成為秦與東方某些國家聯盟，打擊其他國家，以求各個擊破的策略。

策動合縱的代表人物有公孫衍和蘇秦，而策動連橫最有成效的人物是張儀。公孫衍曾組織魏、趙、韓、燕、楚，推楚懷王為縱長，出兵攻秦，結果失敗。不久，張儀拉攏楚國，破壞齊、楚連盟的連橫活動卻取得了成效。後來，蘇秦曾組織韓、趙、魏、燕、齊五國攻秦，結果是無功而返。

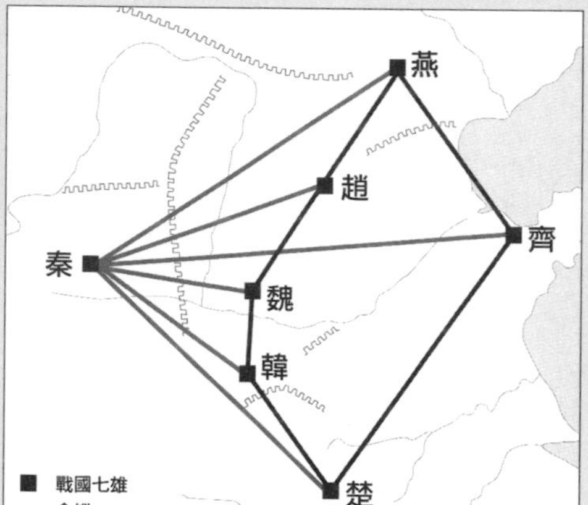

合縱連橫示意圖

趙括紙上談兵

大家都熟知「紙上談兵」的故事，趙括紙上談兵的直接代價是趙國的四十萬兵士被俘活埋！趙國滅亡的歷史進程因此而大大加快。

趙國經過武靈王的改革，成為北方大國，由於齊、楚等國衰落，趙國成為北方唯一能夠勉強與秦對抗的國家。秦昭王任用范雎為相，採用「遠交近攻」的策略，交好齊、楚，進攻三晉。西元前二六二年，秦攻取了韓國的野王（今河南沁陽），韓向趙求救，趙派大將廉頗率兵進駐長平（今山西高平）。秦軍大舉向長平進攻。廉頗採用堅壁固守、以逸待勞的策略，秦軍久攻不下，兩軍相持一年多時間，不分勝負。

秦昭王十分著急。丞相范雎對昭王說：「要想打敗趙軍，必須讓趙國把廉頗調回。」昭王不禁發笑說：「趙王怎麼會聽從我們的安排？」范雎胸有成竹，說您就等著好消息吧。

沒過多長時間，趙孝成王就聽到周圍的人議論說：秦國最怕讓熟讀兵書的趙括為將，廉頗歲數大，不中用了，說不定哪天會向秦人投降！趙王立即把趙括找來，問他能不能打退秦軍，趙括滿口應承，大講了一番攻秦的構想。趙王聽了很高興，決定任趙括為大將，接替廉頗。

趙括是何許人？原來他是趙國名將趙奢之子，從小愛學兵法，讀的兵書很多，談起用兵來頭頭是道，有時候他的父親都說不過他。於是趙括自以為天下沒有他的對手。

趙國的上卿相藺相如是個很有見識的人，聽說趙王要任趙括為將，十分吃驚，當即對趙王說：「趙括這人讀了些兵書，只會紙上談兵，沒有實戰經驗，不知變化，您只是按名聲用人，這就如同膠柱而鼓瑟！」趙王根本聽不進去。

趙括的母親也請求趙王不要派自己的兒子代替廉頗。趙王請她說明原因，趙母說：「他父親

前二七九年

秦與趙相會於澠池，藺相如冒死逼秦王屈服。燕惠王中齊國的反間計，以騎劫代樂毅，樂毅奔趙，齊將田單在即墨大敗燕軍，收復齊國城邑。

前二六〇年

趙中秦反間計，以只會紙上談兵的趙括代替廉頗守長平，趙軍戰敗，四十萬趙軍被坑殺。

前二五八年

秦將王齕攻趙都城邯鄲，趙派平原君求救於楚。平原君的隨從毛遂說服楚王，楚派兵救趙。魏信陵君用侯嬴之計，竊得

在世的時候曾經對我說過，帶兵打仗是死裡求生的事，但趙括卻把它看得很容易，說起作戰來，誇誇其談，目空一切，將來大王不用他最好，如果真的用他帶兵作戰，趙軍定會斷送在他手裡。」趙王還是聽不進去。

西元前二六〇年，趙括到了長平，他把廉頗規定的制度全部廢除，撤換了各級軍官，準備向秦軍發起進攻。

秦王得知反間計成功了，於是派名將白起為上將軍，帶了很多援軍，偷偷趕到長平。白起作了周密安排後，率一支軍隊出戰，但很快就敗退了下去。趙括求勝心切，帶大軍合力追趕。這時，白起的另外兩支軍隊正悄悄地向趙軍背後迂回運動。等趙軍趕到險要之處，只聽白起一聲令下，三支軍隊一起向前，將趙軍團團圍住。白起一面派兵切斷趙軍糧道，一面派出精兵直衝趙軍大營，把趙軍切成兩段。趙括帶人左衝右突，怎麼也衝不出秦軍的包圍圈，只好築起營壘，等待救兵。

趙軍內無糧草，外無救兵，守了四十多天，兵士叫苦連天。趙括不想坐以待斃，組織軍士四面突圍，但一次次都被秦軍打回，趙括只好親自帶兵朝外衝，忽然秦軍營中萬箭齊發，趙括中箭而死。聽到主將被殺，趙軍陣勢大亂，秦軍乘機進攻，趙軍紛紛投降。秦將白起僅在趙軍中挑出二百四十多名年幼體弱者，釋放回家，把其餘四十萬人全部坑殺。

長平之戰是戰國時期規模最大的一次戰爭，通過這次戰爭，秦國戰勝了最後一個強大的對手，此後東方六國再也沒有力量與秦抗衡了。

兵符，率軍救趙。

■竊符救趙

西元前二五八年，秦圍趙國都城邯鄲，趙求救於魏。魏派大將晉鄙率十萬大軍前往。秦揚言魏若救趙，拔趙後則攻魏。魏王恐，令晉鄙駐兵觀望。魏安釐王之弟信陵君無忌聽從侯嬴之計，通過魏王寵妃如姬偷得兵符，帶勇士朱亥前往，晉鄙生疑，拒不交出兵權，朱亥用鐵椎擊殺晉鄙，然後率兵救趙，適楚援軍來到，秦軍大敗，遂解邯鄲之圍。

相關連結

胡服騎射

趙武靈王是趙國的第六代君主，他即位以後，為了提高趙國軍隊的戰鬥力，對軍事制度進行了改革。當時，各國軍隊均以步兵、車兵混合編隊組成，騎兵尚未廣泛用於戰爭。趙武靈王認為騎兵具有機動、靈活、快速的優點，要想在戰爭中立於不敗之地，必須大力發展騎兵。他說服了以公子成為首的反對派，得到了大臣們的贊同。西元前三〇二年，趙武靈王和大臣們脫下袍大袖寬的華夏服裝，改穿短衣、束帶的胡人（北方少數民族）服裝，教練士兵騎馬射箭的技能，很快組建成一支騎兵隊伍。在以後的短短幾年中，趙國滅掉了中山國，擊敗了北方的林胡、樓煩，拓地千里，成為東方六國中軍事力量最強大的國家。

荊軻刺秦王

春秋戰國時期出現了不少刺客，荊軻是其中最有名的一個。

荊軻的祖上是齊人，後來遷徙到衛國。他喜歡讀書，精通劍術，曾去遊說衛國的國君，但國君沒任用他。後來到了燕國，窮困潦倒，鬱鬱不得志，每日與高漸離等人在鬧市喝酒，酒酣之際，高漸離擊筑（一種敲擊的絃樂器），荊軻則跟著曲子放聲高歌，以此取樂。唱到悲傷處，則相對哭泣。或歌或泣，旁若無人。

荊軻是個酒徒，但不是醉鬼，他性格深沉，喜歡思考問題，常與豪俠之士及名流長者結交。燕國有一位叫田光的高士知道他非同常人，與他交情頗深。可見荊軻是一個有謀略、有抱負的豪俠之士，絲毫沒有刺客的陰冷、兇狠的品格，那麼他是怎麼成為刺客的呢？這還要從燕國太子丹的經歷說起。

燕太子丹早年曾作為人質居住在趙國都城邯鄲，後來做了秦王的嬴政早年也出生、居住在那裡，兩人還成了很要好的朋友。嬴政被立為秦國國君後，燕太子丹又被當作人質送到了秦國。太子丹以為秦王政會對他另眼看待，誰知秦王完全不念舊日的交情，對他態度粗暴，肆意凌辱。太子丹滿懷怨憤，逃回了燕國，這時秦國已是虎視眈眈，時刻準備吞併燕國。公仇私恨加在一起，使得太子丹與秦王政勢不兩立，但燕國作為一個弱小的國家，怎樣才能對抗強大的秦國呢？太子丹想起他的老師鞠武是個很有見識的人，於是便去請教。鞠武重彈了一番縱橫家聯合抗秦的老調，並沒有什麼新見解。他見太子丹不滿意，只好舉薦田光以自代。田光也沒有好主意，又向太子丹推薦了荊軻。

太子丹見到荊軻後，「再拜而跪，膝行流泣」，使荊軻大為感動。聊到投機處，太子丹便對

前二五七年
信陵君在邯鄲大敗秦軍。秦以李冰為蜀守。後李冰在蜀修都江堰，使川西平原數百萬畝土地得到灌溉。秦太子的兒子異人在趙國為人質，得到大商人呂不韋的幫助，逃回秦國。

前二四七年
秦莊襄王（異人）死，其子政即位，年十三歲。呂不韋執政，號為「仲父」。

前二三八年
秦王政行加冠禮。嫪毐作亂，戰敗而死。嫪毐為宦官，得寵於秦王之母趙太后，被封為長信侯，權勢很大。

前二三七年
呂不韋受嫪毐牽連免相，後自殺。

荊軻說明自己的打算：與秦國硬拚，無異是以卵擊石，聯合東方各國抗秦，也是遙遙無期的事情，而今只有一個辦法可行，那就是請一位機智勇敢的人充當使者前往秦國，乘機刺殺秦王。太子丹接著說出了拜見荊軻的目的，苦於找不到一位智勇雙全的人擔任使者。荊軻聽出了太子丹的話外之音，知道他想讓自己充當刺客。荊軻沉思許久，還是沒有答應。太子丹頓首再拜，苦苦懇求。荊軻只好答應下來。於是太子丹將荊軻封為上卿，把他安置在上等的館舍裡，天天用美酒佳餚招待他，送來奇珍異寶、車馬美女，讓他盡情享樂。

過了很長時間，荊軻絕口不提出使秦國的事情。是他懼怕秦王？還是不想冒此風險？這時候，秦軍滅亡了趙國，大軍已經到達燕國的邊界。燕國君臣惶恐萬分，寢食難安，太子丹實在沉不住氣了，只好來找荊軻。荊軻告訴太子丹，出使秦國的事已經考慮好了，但要接近秦王，必須送他最希望得到的東西：一是樊於期將軍的人頭，二是督亢（今河北涿州、定興、新城、固安一帶）地區的地圖。樊於期是秦國的大將，因得罪秦王政而逃到燕國，秦王曾懸「金千斤、邑萬家」的重賞捉拿他。而燕國的督亢是十分富庶的地方，秦王做夢都想得到它。太子丹說，督亢地區的地圖好辦，拿去就是了，但樊於期將軍是在走投無路的情況下來到燕國的，我怎能忍心殺死他呢！

荊軻知道太子丹是個重情義的人，不會加害樊於期，於是私下裡找到樊，把自己刺殺秦王的打算告訴了他。樊於期聽罷，毫無為難之色，他咬牙切齒地說：「我時時刻刻都想著殺秦王報仇，今天您終於為我想出了好辦法！」說完，拔出寶劍自刎而死。

太子丹聞訊趕來，伏在樊於期的屍體上號啕大哭。事後，他讓人做了一個精美的盒子，將樊於期的頭裝在裡面，同時拿出一把用藥浸過的匕首，交給了荊軻，催促他上路。荊軻說：「我要帶一個好朋友做助手，他現在還沒來到。」太子丹向他推薦了勇士秦舞陽，荊軻雖然不滿意，但也不好再說什麼了。

荊軻動身那天，太子丹等人穿戴白衣白帽，一直把他送到易水河邊，擺下酒席給他餞行。高漸離擊起筑來，荊軻跟著節拍放聲高唱：「風蕭蕭兮易水寒，壯士一去兮不復還！」歌聲激昂悲

前二三三年

韓公子韓非入秦，被李斯害死。韓非與李斯同為荀況的學生，是戰國後期法家的代表人物。

前二三〇年

秦內史騰攻韓，俘韓王安，韓亡。

前二二八年

秦將王翦攻破趙都邯鄲，俘趙王遷，趙亡。趙公子嘉奔代（今河北蔚縣東北），稱代王。

前二二七年

燕太子丹派荊軻行刺秦王，未遂。秦派王翦伐燕，在易水以西大敗燕、代軍隊。

前二二六年

王翦攻破燕都薊，逼燕殺死太子丹。燕王喜逃往

壯，來送行的人無不熱淚橫流。荊軻唱完，跳上車去，頭也不回，直奔秦國的都城咸陽。

秦王聽說燕國派人進獻樊於期的人頭和督亢地圖，喜不自勝，下令在咸陽宮舉行隆重的儀式接見使者。荊軻捧著裝有樊於期人頭的盒子，秦舞陽拿著督亢地圖，兩人一前一後走進了咸陽宮。快要登上宮殿臺階的時候，秦舞陽嚇得兩腿發抖，臉也變了顏色。秦國的大臣都用疑慮的眼光看著他。荊軻笑了笑，回頭看著秦舞陽說：「他是北方蠻夷之地來的粗人，沒見過大場面，所以感到害怕，請大王諒解。」秦王令荊軻一人進見，荊軻從秦舞陽手中接過地圖，一個人走上前去。來到秦王面前，荊軻打開盒子，讓他驗過樊於期的人頭，然後又把地圖獻了上去。

秦王對周圍的人防範甚嚴，大臣們上殿不准帶任何武器，更不要說外國的使者了，那麼荊軻是怎樣把太子丹交給的匕首帶在身邊的？原來他把匕首卷在了地圖裡。

秦王打開地圖，慢慢觀看，當地圖完全展開的時候，一把閃閃發光的匕首出現了。沒等秦王反應過來，荊軻已伸出左手拉住他的袖子，右手順勢抓住匕首。秦王大吃一驚，用力掙脫，袖子被扯斷了，他急忙拔自己佩戴的長劍，但劍入鞘很緊，一時拔不出來。荊軻上前追趕秦王，秦王繞著宮殿的柱子躲避。大臣們嚇得目瞪口呆，一個個僵在了那裡。大臣們身邊沒有武器，殿下的衛兵有武器，但卻離得太遠，而且沒有秦王的詔令他們是不能上殿的，秦王躲避唯恐不及，哪有機會下詔？所以荊軻追逐秦王，秦王只能赤手空拳和他搏鬥。侍候秦王的醫生夏無且將手中的藥袋子向荊軻擲去，被荊軻擋到了一邊。這時，大臣們喊叫起來：「陛下快把劍推到背後去！」秦王把長劍推到背後，一下子便拔了出來，順勢朝荊軻砍去，砍斷了荊軻的左腿。荊軻倒地，血流如注，無法行走，於是將匕首擲向秦王，但只是擊中了殿中的銅柱。秦王走上前來，連砍了荊軻八劍。荊軻倚著柱子大笑一聲，罵道：「之所以沒早動手，是因為想活捉你，讓你退還侵占別國的土地，以報答燕太子。」這時候，秦王的武士們一擁而上，殺死了荊軻。

荊軻刺殺秦王這件事情本身沒有多少積極的意義，但荊軻的俠義之心及過人的膽識實在非同尋常，人們沒有把他看作一般的刺客，而是把他當成反抗暴力的英雄，世代傳頌。

遼東。

前二二五年

秦將王賁攻魏，決水灌魏都大梁，魏王降，魏亡。王翦率六十萬大軍攻楚。

前二二三年

王翦、蒙武攻破楚都壽春，楚王負芻被俘，楚亡。

前二二二年

王賁攻遼東，俘燕王喜，燕亡。俘代王嘉，代亡。

前二二一年

秦滅齊，統一全國。

相關連結

秦滅六國

戰國末年，秦統一全國的主客觀條件日漸成熟。西元前二三八年，秦王嬴政親政，六國的勢力都已經十分弱小。他加強了君主的權力，虛心聽從大臣們的意見，重用李斯、尉繚等人，憑藉強大的軍事實力，積極推進統一戰爭的進程。從西元前二三〇年開始，到西元前二二一年，在短短的十年中，秦次第滅亡山東六國，完成了統一大業，結束了春秋戰國以來長達五百多年的諸侯割據混戰局面，建立起我國歷史上第一個專制主義中央集權的統一皇朝。

墨子止楚攻宋

墨子名翟，魯國人，生活的年代比孔子略晚，大約為春秋戰國之交。他早年曾經學儒，後來發現儒家所講的禮過於煩瑣，於是脫離儒家，獨樹旗幟，創立了墨家學派。

墨子主張「兼愛」（平等的、無差別的愛）「非攻」（反對非正義的戰爭）；提倡「尚賢」（破除親疏、貴賤、貧富等一切界限，不拘一格選用人才）「尚同」（下級認同、服從上級）；論證「天志」（天有人格和意志）「非命」（天不決定人類的命運）。他自稱「賤人」，生活簡樸，精於木工，傳說他做過一隻木鳥，在天上飛了三天沒落下來。他的弟子眾多，結成一個嚴密的組織團體，首領稱「鉅子」，有嚴格的組織紀律。墨者多有俠義之風，「皆可使赴火蹈刃，死不旋踵」。

楚惠王時候，公輸般（魯班）從魯國來到楚國，為楚國製造戰船上使用的器械鉤拒，打敗了越國。他又為楚國設計製造雲梯，準備攻打宋國。墨子聽說後，急忙從齊國趕來，走了十天十夜，才到達楚國的都城郢。公輸般見他風塵僕僕而來，問道：「您來找我一定有什麼重要的事情吧？」墨子說：「北方有個人侮辱了我，我想讓您替我殺了他！」公輸般聽了滿臉不高興。墨子說：「我會給您千金的報酬。」公輸般憤憤地說：「我是講道義的，不管你給多少錢，我都不會幫你殺人！」墨子聽了心裡暗自高興，起身再次拜謝，說：「我還有話要對您說。聽說您為楚王製造雲梯，準備攻取宋國。宋國有什麼罪呢？

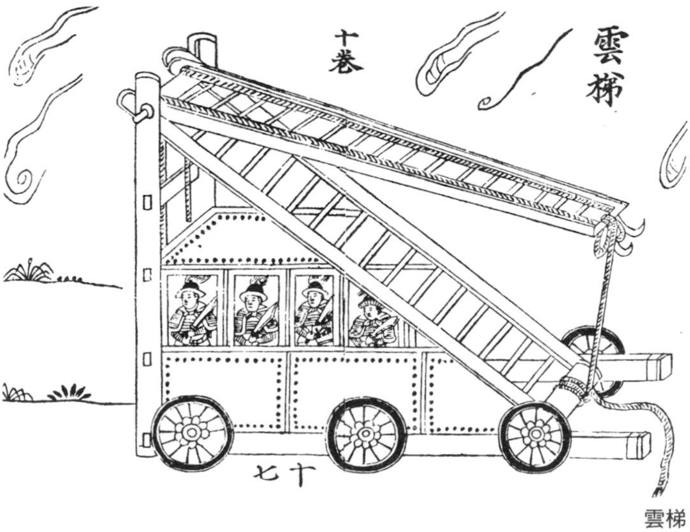

雲梯

墨子像

楚國疆域遼闊，而人口不足，現在要犧牲不足的人口去奪取多餘的土地，這是很不明智的。宋國無罪而去攻打它，不能叫做仁；明明知道楚王的做法不合於仁義卻不諫諍，這不能算是義；諫諍而不能制止他，也不能算是有能力。你講求義，不願殺一個人，現在卻幫助楚王殺眾多的人，這是什麼邏輯？」一番話說得公輸般啞口無言。

墨子勸公輸般馬上制止楚王出兵，但公輸般很為難，因為他已經向楚王保證可以幫他攻下宋國。墨子讓公輸般帶他去見楚王，公輸般答應了下來。

見到楚王以後，墨子說：「現在有這麼一個人，自己有華麗的車子、錦繡服裝、美味佳餚，但卻不去享用，見了鄰居的破車、爛衫、糟糠之食，卻想偷了來。你說這是什麼人呢？」楚王說，這人一定是得了盜竊病。墨子把話頭一轉，接著說起楚國攻宋的事來：「楚國方圓五千里；宋國只有五百里，這就好比香車與破車吧。楚國有雲夢之澤，各種動物充滿其中，有長江、漢水，魚類之多沒有任何國家比得上；宋國連野雞、兔子、魚類都沒有，這就好比佳餚和糟糠啊。楚國有各種名貴木材；而宋國連棵像樣的大樹都沒有，這就好比錦衣與破衫呀。您以強盛富庶的楚國攻打弱小窮敝的宋國，這不和患盜竊病的人一樣嗎？您這樣做，只會傷害仁義而得不到宋國。」

楚王自知理虧，但還是強辯說：「您說得對，但公輸般為我造了雲梯，我還是要攻取宋國。」墨子說：「那就讓我和公輸般較量較量吧。」於是解下腰帶，圍成城的樣子，用木片當作攻守的器械。公輸般九次變換攻城的方法，墨子九次打退了他的進攻。公輸般攻城的器械用完了，而墨子守城的方法還多著呢。

公輸般只好認輸，但卻狡黠地說：「我知道用什麼辦法對付你，但我不說。」墨子說：「我知道你的伎倆，我也不明說。」楚王問：「你們兩個人在說什麼，我怎麼不明白？」墨子說：

「他的意思，不過是想殺了我。殺了我，宋國沒人能守城，您就可以放心進攻了。但你們可別高興得太早，我的學生禽滑釐等三百多人，已經手持我設計的器械在宋國城牆上等著你們了！你們殺了我，卻不能斷絕我守城的方法。」楚王對墨子大加讚賞，馬上下達命令，取消攻打宋國的計畫。

墨子見楚王打消了攻宋的念頭，於是離開了楚國。在經過宋國的時候，天下起了大雨，墨子想到城門洞裡避避雨，誰知宋國的守門人卻把他拒之門外。

墨子歷盡千辛萬苦，冒著生命危險，止楚攻宋，不為貪圖報答，不為名聲利祿，只是為了救世，為了實踐他的「非攻」的哲學大義。

相關連結

百家爭鳴

戰國是個社會大變革時期，各種社會矛盾錯綜複雜，對於複雜的社會矛盾和社會問題，各階級、階層和社會集團都有自己的見解和主張。這是百家爭鳴的階級基礎。當時官府壟斷文化教育的局面已被打破，屬於知識分子階層的「士」大量出現，由於出身、政治見解和思想方法的不同，他們分別依附於不同的階級和社會集團，充當了他們在思想文化領域中的代言人，士構成了百家爭鳴的主體。當時諸侯割據，政治上不統一，無法在文化上實行專制，各國的國君及貴族官僚為壯大自己的勢力，紛紛招攬人才，養士成風，士奔赴於各國之間，「合則留，不合則去」，有相對的自由，有發表自己意見的場所，這是百家爭鳴的社會基礎。

戰國時候的士大約有一百四、五十種，所以當時就有了「百家」之稱。這些士分屬於若干大的派別，後來人們把一個大派別稱為一家。這些大派別中，最著名的是儒、墨、道、法、名諸家，另外還有兵家、陰陽家、農家等。儒家的創始人是春秋時期的孔子，戰國時期儒家的代表人物是孟軻及荀卿。孟子持性善說，政治上主張施仁政；荀子持性惡說，主張治國禮法並重。墨家的創始人是戰國早期人墨翟，他提出了「兼愛」「非攻」「尚賢」「尚同」等主張。道家的創始人是春秋後期的老聃，戰國時期道家的代表人物是莊周，他提出了唯心主義的宇宙觀和相對主義的認識論。法家的代表人物有戰國早中期的李悝、吳起、商鞅，戰國後期的代表人物是韓非。他們的理論和實踐對當時的變法、改革起到了重要的推動作用。名家是探討名、實關係的一個學派，他們的代表人物是宋國的惠施和趙國的公孫龍。秦始皇統一中國後，百家爭鳴的局面宣告結束。百家爭鳴是我國歷史上第一次思想解放運動，它促進了古代思想學術的繁榮，對後代也產生了重大的影響。

秦朝

秦始皇陵兵馬俑坑

秦朝（前二二一—前二〇六）是中國歷史上第一個統一的多民族的中央集權的皇朝。秦朝的疆域，東南到大海，西到今甘肅、四川，西南到今雲南、廣西，北到陰山，東北達遼東。秦朝的統一為社會政治、經濟、文化的發展開闢了廣闊的道路，也為我國以後的長期統一奠定了基礎。秦朝統一後實行的皇帝制、三公九卿制、郡縣制等政治制度及軍事、法律制度，在中國兩千多年的封建社會中產生了極其深遠的影響。為鞏固統一，秦在全國範圍內確認土地私有，統一文字、貨幣和度量衡，統一車軌，修築馳道，修建長城，遷徙豪強，對於消除分裂割據因素，加強各地之間的經濟文化交流，對於華夏民族的形成與發展，都具有重要意義。秦朝是一個短暫的朝代，它之所以「二世而亡」，與當時的社會條件有一定關係，但最根本的原因是賦稅、徭役沉重，刑罰殘酷，把人民逼到了絕路，引起了農民起義。秦末農民起義是我國歷史上第一次農民大起義，對後代的農民起義有很大影響。

秦始皇像

千古一帝秦始皇

秦代書體「始皇帝」

秦昭王四十八年（前二五九）正月，也就是長平之戰後的幾個月，趙國都城邯鄲城裡一個冷清的小庭院裡，一個嬴姓的男嬰呱呱墜地了。他的父親異人十分高興，但家裡卻沒有什麼喜慶的色彩，也沒有人前來道賀。原來，異人是長期被扣押在趙國的秦國人質，他的妻子則是朋友送來的女子。因為男嬰出生於正月，所以取名「政」。大家不要小看這個命運不濟的男孩，他就是後來被人稱為「千古一帝」的秦始皇嬴政。

嬴政出生在與秦勢不兩立的趙國，天生便是個人質，從記事開始，只要走出這個小院，他所見到的就都是仇恨、敵視的目光。屈辱、艱難的生活，使他形成了偏執的心理、孤僻的性格。那麼，出生在異國他鄉、賤為人質的嬴政，後來怎麼會登上秦王的寶座呢？這事要從呂不韋說起。

呂不韋是陽翟（今河南禹縣）家累千金的大商人，長年在邯鄲經商，結識秦國的人質異人。當時異人的父親剛剛做了太子，以後肯定會做秦王，他的夫人沒有兒子，所以異人雖然是庶子，但只要想辦法爭取，也有繼承王位的可能。呂不韋認為異人「奇貨可居」，決定在他身上搞一次政治投機。一次，異人在呂家喝酒，看上了他身邊能歌善舞的侍女趙姬。呂不韋雖然有些捨不得，但還是把趙姬送給了他。一年以後，趙姬生下了嬴政。

這異人本來是沒有可能繼承父親王位的，但呂不韋憑藉雄厚的資金投入，再加上三寸不爛之舌，竟然說服太子，立異人為子嗣。因為太子夫人是楚國人，為了討好她，異人便改名叫子楚。西元前二五〇年，異人的父親繼位為秦王，是為孝文王，但過了三天，便病死了。異人名正言順地登上了王位。

子楚即位之後，為了回報呂不韋，讓他做了丞相，封為文信侯。可是剛剛過了三年，子楚也

前二二一年

秦統一六國。秦王政稱「始皇帝」。廢除分封制，在全國設三十六郡。統一文字、貨幣和度量衡。

前二二〇年

秦始皇巡視隴西（今甘肅東南部）和北地（今寧夏境內）。修馳道，通燕、齊、吳、越。

前二一九年

秦始皇東巡，到達山東沿海，向南渡過淮水，到南郡（今湖北江陵），由武關（今陝西商南縣南）歸。

撒手人寰。他的長子嬴政即位，這年才十二歲。呂不韋擔任相國，號稱「仲父」，國家的軍政大權都掌握在他的手裡。這時候，嬴政的母親雖然已是太后，但年齡不過三十幾歲，後宮的生活很寂寞，她眷戀呂不韋，兩人長期保持著秘密的情愛關係。嬴政的年齡越來越大，呂不韋也害怕事情不好收場，便找了個名叫嫪毐的人送入宮中以自代。太后很喜歡嫪毐，嫪毐逐漸獲得了很大的政治權力，朝廷和後宮的事情，都由他來決定。他家的門客多達上千人，依附他求取官職的人絡繹不絕。

關於嫪毐和太后的私情，秦王早有耳聞，但只是秘密調查，沒有聲張。儘管如此，狡猾的嫪毐還是有所覺察，西元前二三八年，他趁秦王政離開都城的時候，盜用秦王及太后的印信，調動軍隊和警衛，發動叛亂。秦王立即調遣軍隊鎮壓。雙方在咸陽展開激戰，嫪毐戰敗逃走。秦王政號令全國：活捉嫪毐，賞錢一百萬；殺死嫪毐，賞錢五十萬。嫪毐和參與反叛的衛尉竭、內史肆等人全部被抓獲，斬首示眾並夷滅宗族。嫪毐的門客舍人，罪重的處死，罪輕的服刑，受牽連被剝奪爵位、遷徙蜀地的達四千多家，太后也被囚禁在雍地。

嫪毐政變的事情和呂不韋多少有些牽連，秦王政忌恨他多年專權，大概也聽說過他和母親的緋聞，打算一併殺死他。但呂不韋的功勞太大了，不少人為他說情，所以秦王政只是罷免了他的相國職務，命他回到封地洛陽。然而，東方各國派來的使者照舊去洛陽求見呂不韋，秦王政如芒刺在背，他再次下達命令，將呂不韋遷徙到蜀地。呂不韋知道自己的政治投機生涯已經結束，任何努力都是徒勞，便飲鴆自殺了。秦王政以極其嚴厲的手段鎮壓清洗了呂不韋勢力，大批官員被免職和流放。

秦王政親政不久，韓國的水工鄭國來到秦國，幫助秦國興修水利工程。後來，秦國聽說這是韓國人搞的「疲秦之計」，鄭國就是韓國間諜。秦王政一怒之下，命令搜捕並驅逐所有來自東方各國的賓客。鄭國向秦王上書說：「興修水渠雖能使韓國多存活幾年，但對於秦國來說，可是萬世之功啊！」李斯是楚國人，也在被驅逐之列，他給秦王呈上了〈諫逐客書〉，指出各國客卿對

鄭國渠

前二一八年

秦始皇東巡。張良隱伏於博浪沙（今河南原陽境內）襲擊秦始皇。

前二一五年

秦始皇東巡到碣石（在今河北昌黎縣北），巡視北部邊郡後回咸陽。遣將軍蒙恬擊匈奴。

秦國發展壯大發揮著非常重要的作用，勸秦王重用人才，不要把這些人趕到敵國去。秦王嬴政採納了李斯的建議，不但廢除了驅逐賓客的命令，而且更加重用來自各國的人才，鄭國渠也最終得以修成。

這時，大梁人尉繚來到秦國，勸秦王廣施財物，賄賂各國權臣，破壞他們聯合攻秦的計畫。秦王聽從了他的建議，並且每次接見他都以平等的禮節相待，衣服、飲食也與他一樣。不過，尉繚還是打算離開秦國。別人都感到不理解，尉繚說：「秦王這個人，高高的鼻樑，細長的眼睛，鷙鳥一樣的胸膛，豺狼一樣的聲音，刻薄寡恩，心如虎狼，處於困境時，容易禮賢下士；一旦得志，天下人都要成為他的俘虜，不能與他長期相處啊！」秦王誠心誠意挽留他，讓他做秦國國尉。

不久，秦王身邊聚集了李斯、尉繚、王翦、王賁等一批謀臣武將，統一中國指日可待。根據李斯和尉繚的建議，秦採取軍事、外交雙管齊下的策略。軍事上由近及遠，各個擊破；外交上用重金賄賂，離間六國君臣，破壞各諸侯國之間的關係，使得他們不能結成聯盟攻秦。

秦軍的矛頭首先對準近鄰三晉，秦王政十七年（前二三〇）滅韓，設潁川郡；十九年滅趙，設邯鄲郡；二十二年滅魏。二十三年，在攻楚的戰爭中，秦軍受到了挫折。年輕的將軍李信對秦王說：「只要有二十萬軍隊，就可以滅掉楚國。」秦王問名將王翦，王翦說：「非六十萬軍隊不可。」秦王以為王翦年老膽怯，於是派李信攻楚，結果秦軍大敗而歸。這時，老將王翦以有病為由回老家頻陽（今陝西富平東北）休養，秦王認識到自己決策的失誤，親自駕車到頻陽，向王翦道歉，說：「寡人因為不聽從您的意見，所以吃了敗仗。當今楚軍正在西進，你雖然有病，也不忍心不幫助寡人啊！」秦王政再三請求王翦出戰，王翦提出還要六十萬軍隊，秦王政毫不猶豫地答應了他。楚國也很快被秦攻占了。以後秦又滅掉了燕、齊，統一了天下。

秦滅六國後，北驅匈奴，設九原郡；南伐百越，設桂林、南海、象三郡。這樣，秦的版圖，東至大海，西到臨洮，南至南海，北迄陰山，成為中國歷史上第一個統一的幅員遼闊的大帝國。秦始皇也成為中國歷史上第一位偉大的皇帝，被稱為「千古一帝」。

■徐福求仙

方士徐福上書秦始皇，說東海三座神山中有仙人居住，可求其賜長生不老之藥。秦始皇令其帶三千童男女、五種工匠及大量珍寶入海求之。耗資巨萬，終無結果。徐福怕秦始皇加罪，遂逃之夭夭。後有文獻記載說徐福率眾逃至瀛洲；也有人說徐福逃到了今日本大阪附近，在那裡定居下來，繁衍生息，今其地有徐福墓。

秦始皇鞏固統治的措施

秦統一中國後，秦王嬴政認為「王」這個稱號與他的功德和地位不相稱，乃取三皇五帝中的「皇帝」二字作為自己的尊號，為確保皇帝擁有至高無上的權力，還制定了一整套法規制度。在中央，實行分工明確、各司其職的三公九卿制；在地方，普遍實行郡縣制。專制主義中央集權的政治體制確立下來，這些制度對中國整個封建社會都產生了很大的影響。秦始皇為鞏固統一，在政治、經濟、文化方面採取了一系列措施，消除分裂割據因素，加強各地經濟文化聯繫，對於華夏民族的形成與發展也具有重大的意義。

西元前二一六年，發布「令黔首（百姓）自實田」的法令，讓百姓如實申報自己擁有田地的面積，據此徵收賦稅。這樣，國家就以法令的形式確定了土地私有權。戰國時候，各國的文字字形不同，筆劃繁簡不一。秦統一後，秦始皇令丞相李斯等人對現行文字進行整理，製作出以小篆體為標準的全國通用文字，使政令發布更為暢達。統一以前，各地貨幣形狀、大小、輕重、單位不同，秦統一後，規定以黃金為上幣，以鎰（一鎰為二十兩）為單位；以銅製圓形方孔錢為下幣，錢重半兩，所以後來又稱「秦半兩」。以前，各國的度、量、衡制度相當混亂，統一後命令在全國範圍內使用統一的度、量、衡標準和單位，製造了各種標準器頒發各地。另外，為了防止六國貴族叛亂，秦始皇將各地豪強遷徙到咸陽附近，加強對他們的控制。南征百越，北擊匈奴，加強了對邊疆地區的有效管理。

秦始皇像

孟姜女哭長城的傳說

長城是我國古代人民辛苦勞動和聰明智慧的結晶。它有效地阻擋了匈奴人南下侵擾，保護了長城以南漢民族的生命財產安全。但是，當時生產力和生產技術水平十分低下，興建這樣大型的工程項目，對於勞動人民來說無異是一場大災難。那幾十萬修築長城的青壯年男子，每日掙扎在死亡線上。他們的父母妻兒生活失去保證，精神也受到嚴重摧殘。正是出於對長城役夫的同情和對秦朝暴政的指責，民間逐漸形成了「孟姜女哭長城」的傳說。

傳說書生萬喜良為了逃避官府的徭役徵發，四處躲藏。有一天，他逃到了孟家，善良的孟姜女和父母把他藏了起來。兩位老人很喜歡萬喜良，就把孟姜女許配給他作了妻子。新婚不幾天，萬喜良就被官府徵發去修長城了。孟姜女苦苦地等待丈夫歸來，幾年過去了，卻沒有一點消息。深秋季節，北風四起，蘆花泛白，天氣一天比一天冷。孟姜女想丈夫遠在北方，一定十分寒冷，於是親手縫製好寒衣，啟程上路，尋找修築長城的萬喜良。

孟姜女跋山涉水，風餐露宿，經歷了千辛萬苦，才來到了長城腳下。她沿著望不到頭的長城走啊走啊，怎麼也找不到自己的丈夫。後來，修城的民工告訴她，萬喜良已經死了，為修長城而累死的人很多，他們的屍骨都被埋進了城牆裡。聽到這個消息，孟姜女只覺得天昏地暗，一下子

姜女石（傳說孟姜女哭倒長城後投海自盡，海中遂長出巨石）

前二一四年
開挖靈渠。修築長城。

昏倒在地，醒來後，她傷心地痛哭起來。她每天到丈夫修築的長城前放聲大哭，只哭得陰風怒號，日月無光。不知哭了多久，忽聽得天搖地動，一聲巨響，長城崩塌了八百里。

千百年來，這個故事在民間廣泛流傳，它反映了勞動人民對封建暴政的痛恨，對自由幸福生活的渴望與追求。

秦萬里長城第一台遺址

相關連結

修築長城

戰國時候，燕、趙、秦三國都在自己的北部邊疆修起了長城，防止匈奴人的侵擾。秦統一全國後，派蒙恬率領三十萬大軍開往北方抗擊匈奴，同時徵調幾十萬民工，在原來三國長城的基礎上，修建新的長城。他們除加固原來的長城外，又修了很多新城牆，經過十餘年時間，終於修成了一條橫亙東西、長達萬餘里的長城。秦朝的長城可分為兩段。黃河以南的一段，西起臨洮（今甘肅岷縣）向北到隴西郡的狄道（今甘肅臨洮），然後向東經過今甘肅渭源，向東北至今寧夏固原，再向東北過陝北直到今內蒙古托克托南的黃河岸邊。黃河以北的一段西起今內蒙古杭錦後旗西，向東經今呼和浩特市北，一直向東至遼東郡。

李斯之死

秦二世二年（前二〇八）七月，李斯受趙高誣陷被腰斬於咸陽。在走向刑場的路上，他回頭看了看將要一同被處死的兒子，說：「我真想和你再牽著咱們家的大黃狗，走出老家上蔡（今河南省上蔡縣）東門去追野兔，現在看來是辦不到了！」父子相對大哭。李斯父子被殺後，他的父族、母族、妻族也全都被殺光了。

李斯後悔自己做了高官，臨死的時候，才羨慕起平民百姓閒散安逸的生活來。不過，李斯從年輕的時候起，便不想做平民百姓，而醉心於政治權力的追求。他年少時做過郡裡的小吏，看到廁所裡的老鼠吃的是髒東西，見有人來，便驚慌逃跑；後來他又看到糧倉裡的老鼠，吃的是屯積的粟米，住在大屋之下，也不受人的驚擾。於是他十分感慨地說：「一個人是賢明還是沒出息，就如同老鼠一樣，關鍵看處於什麼樣的位置。」

李斯力圖改善自己的處境，投奔荀子，學習幫助帝王治理天下的學問。學業完成之後，西行到了秦國，投在相國文信侯呂不韋門下，極力鼓動秦王一統天下、成就帝業。秦王任命他做了長史，並根據他的計謀，派人到各國搞收買和暗殺活動，離間了諸侯國君臣關係之後，接著就派精兵強將攻打他們。秦王任命他為客卿。後來他又力勸秦王不要驅逐客卿，提出了不論國別、用人唯賢的主張。李斯的計謀和建議不斷被採用，他的官位也逐步提升，不久便做了廷尉，秦統一後升任為丞相。

秦始皇三十四年（前二一三），秦始皇在咸陽宮設宴招待群臣，僕射周青臣等人稱頌秦始皇，說他將諸侯國變成了郡縣，自古以來沒有人能夠比得上他的威德。秦始皇心裡十分得意。但博士齊人淳于越卻當頭潑了一盆冷水。他指責周青臣當面阿諛奉承，加重君主的過失，提議學習

前二一三年

下達焚書令。

前二一二年

徵發七十餘萬人修阿房宮和驪山墓。坑殺儒生。

■阿房宮

秦始皇役使數十萬人修建規模宏大的朝宮建築群，其中建在上林苑中的前殿最為雄偉，東西五百步，南北五十丈，裡面可坐萬人，樹立五丈高的大旗。但直到秦二世時，宮殿尚未建成，亦未正式命名，因修建前殿之地名阿房，故稱阿房宮。後項羽入咸陽，將其焚毀。

古代的統治經驗，分封子弟功臣為王。秦始皇的臉當即沉了下來，把這種意見交由大臣們討論。李斯認為淳于越論點是荒謬的，主張徹底廢棄分封制，全面實行郡縣制，同時提出了焚燒詩書的建議。秦始皇當即批准了他的建議。

李斯是著名的書法家，他幫助秦始皇做了統一文字的工作。他又是法律方面的專家，制定嚴苛的法律，以鎮壓民眾及舊貴族的反抗。他迎合秦始皇盡情享樂的心理，大興土木，在全國各地修建離宮別館。秦始皇喜歡巡視各地，每次出巡都由他跟隨同行。

李斯的兒子和女兒們都與秦國的皇族相婚配，長子李由擔任三川郡守。一次他在家舉行酒宴，文武百官都來敬酒祝賀，門前車馬數以千計。這時的李斯頭腦倒還清醒，他想起了老師的教導，歎息道：「荀卿說過，事物發展到極點就要開始衰落，我真不知道結局會怎樣啊！」

秦始皇三十七年（前二一〇），秦始皇第四次出巡。李斯、中車府令兼符璽令趙高及秦始皇的小兒子胡亥隨同前往。七月，秦始皇到達沙丘時病危，命令趙高寫下詔書，派人火速趕往北方邊疆，送給在那裡監軍的大兒子扶蘇，讓他趕回咸陽主持葬禮。趙高扣留了始皇賜給扶蘇的詔書，準備逼殺扶蘇，立胡亥為太子。李斯禁不起趙高的威逼利誘，最後依從了趙高。趙高、胡亥與李斯一同偽造了秦始皇給李斯的「立胡亥為太子」及要求扶蘇與蒙恬自殺的詔書。回到咸陽後，胡亥被立為二世皇帝。趙高任郎中令，掌握大權。秦始皇的十個兒子、十二個女兒及不少大臣都被殺死。

秦二世即位的第二年，起義的烈火燃遍了東方各地，李斯多次想找機會進諫，總是見不到二世的面，而趙高卻責備李斯父子不能盡職。李斯擔心自己的職位不保，便曲意順從二世的心意，上書請求實行「督責之術」。二世非常高興，下令嚴厲地實行督責。收稅多的官被認為賢明，殺人多的官被認為忠誠，於是向百姓收稅越來越多，被殺的人也越來越多。當時，路上的行人，有一半是犯人，街市上每天都堆積著剛被殺死的人的屍體。

二世深居宮中，不接見大臣，一切公務全由趙高代為處理。每到二世玩到最高興的時

秦始皇陵外景

候，趙高便通知李斯進諫，連續幾次都是這樣。二世非常生氣，趙高乘機誣陷李斯，說他想割地封王，又說他的大兒子李由與陳勝等人有來往。二世半信半疑，派人去三川郡調查。李斯得知這個消息，十分害怕。

李斯意識到趙高想把自己置於死地，於是上書揭發趙高的短處，說他遲早要發動叛亂。二世不予理會，但擔心李斯會殺死趙高，就把李斯的話全部告訴了趙高。趙高說：「李斯一旦除掉了我，馬上就會篡奪國家大權了。」二世將李斯交給趙高查辦。趙高給李斯父子加上謀反的罪名，將其賓客和家族全部逮捕。李斯熬不過拷打，招認了下來。他想找機會上書二世進行辯解，但奏書都被扣在了趙高手裡。趙高把李斯父子「謀反」的罪狀交給了二世，二世十分高興，連誇趙高能幹。不久，李斯和他的次子一起被處死，而且被滅了三族。

相關連結

焚書坑儒

西元前二一三年，秦始皇接受李斯的建議，頒布了焚書的命令，規定：除《秦記》之外，六國的史書全部燒毀；《詩》《書》和百家語，除博士官以外，其他人不得收藏，全部上交燒毀；在一起談論《詩》《書》的處死，以古非今的滅族，官吏知情不報同罪處罰；命令下達三十天內不燒的，在臉上刺字並罰四年勞役；醫藥、卜筮、種樹的書不在焚燒之列；如果有人想學法令，可以拜官吏為老師。命令下達後，全國到處燃起了燒書的烈火。

次年，有些方士欺騙秦始皇並對他進行人身攻擊，始皇大怒，讓御史捉拿審問。御史沒有捉住方士，於是拿文人儒生開刀，以散布妖言惑亂百姓的罪名，逮捕了四百六十名儒生，全部在咸陽給活埋了。秦始皇「焚書坑儒」的目的是為了統一思想，但這種做法是十分殘暴而愚蠢的，對文化典籍及文化發展造成極大損失。

前二一〇年

秦始皇南巡。北行，七月至沙丘（今河北廣宗縣境）病死。九月，葬於驪山。

陳勝、吳廣揭竿而起

古時候，帝王自稱上天之子，把上帝鬼神作為維護其統治的工具。勞動者早就看透了這套把戲，他們也利用鬼神，散布反對黑暗統治的預言。早在秦始皇在世的時候，民間就流傳著「亡秦者胡（指胡亥）也」，「祖龍（指秦始皇）死而地分」的讖語。據說秦始皇把前一條讖語中的「胡」理解為胡人（匈奴），這是他派兵抗擊匈奴的重要動因，而後一條讖語則引發了他對民眾的大屠殺。陳勝、吳廣也利用鬼神預言的形式發動群眾，組織起了轟轟烈烈的武裝暴動。

陳勝字涉，陽城（今河南登封）人。吳廣字叔，陽夏（今河南太康）人。陳勝家境貧苦，靠做雇工為生。一次，在田間休息的時候，他對同伴說：「以後如果有誰富貴了，可一定不要忘記一起受過苦的夥伴啊。」同伴都取笑他無端妄想，他歎了口氣說：「燕雀哪裡知道鴻鵠的志向啊！」

秦始皇當政時，賦稅徭役沉重，刑罰殘酷，人民被逼到了死亡的邊緣。秦二世即位後，變本加厲，大肆徵發徭役，極力搜刮民財，舉國上下到處都是罪犯刑徒，

陳勝墓

前二〇九年
秦二世出巡。繼續修建阿房宮。陳勝、吳廣在大澤鄉起義。項梁在會稽（今浙江紹興）、劉邦在沛（今江蘇沛縣）起義。

前二〇八年
陳勝被莊賈殺死。

人民實在生活不下去了，紛紛走上了武裝反抗的道路。秦二世元年（前二〇九）七月，陳勝、吳廣和九百名農民被徵發去戍守漁陽（今北京市密雲縣西），當他們來到大澤鄉時，天下起了大雨，道路泥濘，無法行走。秦朝的法律規定，戍卒如不按期到達指定的地點，一律處死。陳勝和吳廣私下商議道：「繼續趕路，到達漁陽後肯定會因超過期限而被處死；逃跑被抓住，也要被處死；起來造反，頂多也不過是個死。同樣都是死，還不如起來造反為國家而死呢！」他們以為，用秦始皇的大兒子扶蘇和楚國的名將項燕的名義相號召，鼓動全國百姓反對二世，百姓一定會響應。

陳勝、吳廣心裡還有些不踏實，便找人卜了一卦。卜卦的人也恨透了秦朝，鼓動他們說：「你們做的是有益於天下的事，一定能成功，但最好能得到鬼神的幫助。」陳勝、吳廣仔細琢磨了一下卜者的用意，心想：借助鬼神的力量，鼓動大家起來反對秦朝，可以讓大家樹立起信心來，這倒是個不錯的辦法。那麼，怎麼才能讓大家相信鬼神的「意圖」呢？

一天早上，戍卒買魚回來，準備做飯，剖魚時發現魚腹中有塊布，拿出來一看，上面有「陳勝王」三個字。這件奇怪的事情很快在九百名戍卒中傳開了。到了晚上，附近的一個祠廟旁邊忽然燃起了一堆篝火，過了一陣子，又傳來狐狸的叫聲：「大楚興，陳勝王。」原來，「魚腹丹書」是陳勝搞的把戲，而「篝火狐鳴」則是吳廣所為。

第二天一早，大家指指點點，眼睛都盯著陳勝。陳勝見起義的時機已經成熟，決定殺死押送他們的兩個軍官。吳廣故意對軍官說：「去漁陽送死，還不如逃跑呢。」那軍官一聽，火冒三丈，當即笞打吳廣，並拔劍要殺他。這時吳廣猛地奪下軍官的寶劍，揮劍將他斬為兩截，陳勝也趁機殺死了另一個軍官。他們召集眾人說：「我們已經耽誤了到達漁陽的期限，到了那裡會被殺頭。即便不被殺，戍邊的人又有幾個能活著回來？大丈夫不死則已，死就要幹出一番轟轟烈烈的事業來。難道王侯將相都是天生的嗎？」眾人齊聲高呼，表示聽從他的指揮。戍卒們「斬木為兵」，「揭竿為旗」，轟轟烈烈的秦末農民大起義爆發了。

相關連結

秦末農民起義

陳勝、吳廣領導九百名戍卒在大澤鄉（今安徽宿縣東南）起義後，首先攻占了蘄縣城。而後揮兵西進，攻占了陳（今河南淮陽）。這時他們已有戰車六、七百輛，兵士幾萬人了。起義農民推陳勝為王，定國號為「張楚」（意思是張大楚國），此後各地豪傑紛紛舉起義旗，六國貴族及其後人也都據地稱王。陳勝以陳作為根據地，採取主力攻秦、分兵略地的方針。周文率領的義軍主力到達了離咸陽不到百里地方，秦二世急令章邯率領三十萬大軍前往鎮壓，幾經大戰，義軍潰敗。章邯乘勝西進，吳廣領導的義軍隊伍被消滅。秦二世二年（前二〇八）十二月，章邯率軍進攻陳，陳勝孤軍作戰，寡不敵眾，在退軍的途中被車夫莊賈殺死，起義最終失敗。此後，項羽、劉邦繼續高舉反秦的義旗，項羽在河北與章邯大戰，消滅了秦軍主力；劉邦則由武關直逼咸陽，秦王子嬰投降，秦朝最終被推翻。

劉邦鴻門赴宴

劉邦到項羽軍隊的駐地鴻門拜見項羽。項羽設下宴會，他的謀士范增準備在宴會上殺死劉邦。後來，人們把這種暗藏殺機或不懷好意的宴會稱為「鴻門宴」。結果，項羽並沒有將劉邦殺死，范增的計畫落空了。

陳勝、吳廣起義失敗後，項羽、劉邦領導的兩支軍隊成為反秦戰爭的主力軍。後來，劉邦乘項羽與秦軍主力在鉅鹿激戰時，率軍西進，從武關進入關中。這時，秦王子嬰剛剛殺死趙高，朝廷一片混亂，咸陽空虛，無兵把守，子嬰只好向劉邦投降。劉邦進入咸陽後，約法三章，得到關中各階層的支持，人們都希望他能在秦地為王。不久，項羽消滅了秦軍主力，進入關中，兵臨函谷關，但關上已有劉邦的軍隊把守，不准他進入。項羽勃然大怒，立即派兵攻破函谷關，來到戲下的鴻門（陝西臨潼附近）。此前，劉邦的下屬曾有人到項羽那裡告狀，說劉邦想在關中稱王。項羽的謀士范增勸項羽說：「劉邦本來是貪財好色之徒，但進入咸陽後，秋毫無犯，他有做天子的野心，必須及早消滅他。」項羽聽後，立即傳令，第二天清晨，便向劉邦發起進攻。但是，項羽的叔父項伯很快就把這一情況透露給了劉邦。

原來，項伯曾因殺人受到官府的追捕，張良冒死把他藏了起來，救了他的性命，所以他和張良成了生死之交。項伯知道項羽要進攻劉邦，劉邦肯定不是項羽的對手，他連夜趕到劉邦軍中，告訴張良快些離開，免得玉石俱焚。張良聽說後，大吃一驚，但卻裝作鎮靜的樣子，說劉邦待自己很好，在這緊要關頭，如果不和他道個別就走，會被人恥笑不講道義。憨厚仗義的項伯根本不知道張良去見劉邦的用意，就答應了。張良把情況如實告訴了劉邦，劉邦一聽著了慌，不知如何是好。當時項羽有兵士四十萬，而劉邦只有十萬，力量懸殊。張良提醒劉邦說，只有項伯能幫這

前二〇七年

項羽在鉅鹿（今河北平鄉）大敗章邯率領的秦軍。八月，劉邦率軍進入武關。趙高殺秦二世，立子嬰。九月，子嬰殺趙高。

前二〇六年

十月，劉邦率大軍至霸上，子嬰投降，秦朝滅亡。十二月，項羽進入咸陽，殺死子嬰，火燒秦朝宮殿。

■約法三章

劉邦入關後，聽從樊噲、張良的建議，封存秦的府庫財寶，還軍灞上。然後安撫父老豪傑，宣布

個忙。劉邦是個十分機敏的人，他問清了項伯的情況後，讓張良即刻將項伯請來。

項伯原打算與張良一起離開，可禁不住張良盛情挽留，只得跟隨張良來到劉邦帳中。劉邦以兄長之禮接待他，親自給他把盞敬酒，並把自己的女兒許給他做兒媳。沒過多久，項伯就被捧得有些飄飄然，竟同情起劉邦來了。劉邦見時機成熟，便向項伯解釋說，自己入關以後，金銀財寶一無所取，安撫秦地民眾，目的是請項羽前來處置。之所以派兵守函谷關，是為了防止盜賊和意外情況發生，絕不是阻止項羽，自己日夜盼項羽到來，絕無背叛他的意思，並請求項伯在項羽面前替自己說情辯解。項伯信以為真，便應承下來，並建議劉邦明天一早親自去對項羽說清楚。劉邦滿口答應。項伯回到營中，把劉邦的話告訴了項羽，並說劉邦先進入關中，是立了大功的，如果這時進攻他不合道義，不如以禮相待，借此收買人心。項羽聽了項伯的話，火氣消了大半，準備接待劉邦。

第二天一大早，劉邦帶著張良、樊噲和百餘名衛士來到鴻門。劉邦畢恭畢敬地對項羽說，自己根本沒想到能夠先入關中破秦，現在有小人挑撥咱們的關係，請您務必不要聽信小人的謠言！項羽性情耿直，見劉邦謙卑恭順，話說得也有道理，心頭的怒火很快煙消雲散了。令人安排宴席，招待劉邦。

宴會上，項羽和項伯面向東坐主人位，謀士范增面向南相陪，劉邦面向北坐客人位，張良面向西相陪。席間，項羽、項伯頻頻舉杯，開懷暢飲，劉邦卻始終提心吊膽，小心應對。范增本來跟項羽說定，在宴會上殺死劉邦。他見項羽遲遲不動手，一再給項羽使眼色，又舉起身上佩戴的裝飾品玉玦，示意項羽下令，但項羽只裝作沒看見，不予理睬。范增知道項羽已打消了除掉劉邦的念頭，只得另想殺死劉邦的辦法。他藉故離席，找到項羽的堂弟項莊，讓他進去敬酒，並請求舞劍助興，找機會殺死劉邦。項莊依計行事，敬完了酒，拔出佩劍在席間起舞，劍鋒不時向著劉邦逼來，嚇得劉邦渾身直冒冷汗。「項莊舞劍，意在沛公」，這句俗語就來源於此。

在這危急的時刻，項伯站了出來，說項莊一個人舞劍太沒意思，不如兩個人對舞。沒等項羽說話，項伯便持劍站到了劉邦面前，擋住了項莊的劍鋒。項莊想逼近劉邦，而項伯則向前護住劉

廢除秦朝的嚴苛法律，與他們相約制定了三條法規：「殺人者死（殺人者處死），傷人及盜抵罪（傷害人及盜竊者判罪）。」秦人大喜，爭相帶著牛羊酒食，慰勞劉邦的軍隊。後來人們用「約法三章」代指臨時規定的共同遵守的一些簡單條款。

前二〇五年

楚漢戰爭開始。劉邦至彭城攻打項羽，為項羽所敗。退守滎陽（今河南滎陽），與項羽相持。

前二〇三年

項羽東歸，劉邦率兵追擊。

邦。張良趁機趕緊離席，去見樊噲。樊噲聞言，推開門前的衛兵，闖入大帳，手持寶劍，怒氣衝衝，逼視項羽。項羽暗自吃驚，忙問是何人，張良告訴他是劉邦的駕車人樊噲。項羽賜給他一碗酒，樊噲一飲而盡。項羽又令人賜他豬腿，侍從故意給了他一條生豬腿。樊噲用盾牌作墊子，將生豬腿放在上面，拿劍一塊一塊切著吃。項羽大為讚歎，又賜他一大碗酒，樊噲毫不推辭，又喝了下去。接著對項羽說：「當初沛公和您一起反秦，楚懷王曾和大家約好，先入關破秦者為關中王，如今沛公先進入關中，封存秦的財寶宮室，還軍灞上，等大王前來處置，又派兵守函谷關，防備盜賊。像沛公這樣立了大功的人，大王不加封賞，卻聽任小人挑撥，想誅殺他，這與秦王有什麼兩樣？這不會是大王的主意吧？」一番話說得項羽無言以對，只是讓樊噲坐下來。樊噲坐到張良身邊，依然滿臉怒氣。項莊見無法下手，也只好退了下去。

過了一會，劉邦以上廁所為藉口走了出去，張良、樊噲也跟了出去。他們勸劉邦趕緊離開，劉邦認為不辭而別，不合禮數。樊噲說：「只要合乎大禮就行，不要管那些小禮數了，現在我們就像菜板上的魚肉，任人宰割，為什麼還要辭別呢！」劉邦覺得樊噲說得有理，於是跨上馬，樊噲等四人跟在後邊，從驪山腳下抄小路趕回灞上，只留下張良向項羽告別。

張良估計劉邦一行已經回到了灞上，才進去向項羽告辭，並獻上了劉邦帶給項羽、范增的禮物。項羽問：「劉邦怎麼沒進來呢？」張良說：「劉邦酒量小，已經喝醉了，聽說您有責備他的意思，便獨自離開了，估計現在已經回到了灞上軍中。」項羽把劉邦獻給他的玉璧放到座位上觀看，范增則把劉邦送給他的玉斗扔到地上，一劍砍了個粉碎，氣憤地說：「唉！這小子（指項羽）不值得共謀大事，將來奪取天下的一定是劉邦，我們早晚要成為他的俘虜啊！」

劉邦鴻門赴宴，有驚無險。不久，楚漢戰爭便揭開了序幕。

前二〇二年

十二月，劉邦將項羽包圍於垓下（今安徽靈璧縣東南）。項羽自刎於烏江。

相關連結

楚漢戰爭

秦朝被推翻後，項羽自封為西楚霸王，都彭城（今江蘇徐州）。劉邦被封為漢王，都南鄭（今陝西漢中）。秦國的三個降將被封到關中，六國貴族之後及起義首領等也被封到東方各地。不久，諸侯之間因分封不均發生了戰爭。劉邦占領關中以後，乘項羽攻齊之際，聯合五個諸侯攻入彭城，項羽回軍大敗劉邦。劉邦與項羽相持在滎陽、成皋之間。後來劉邦派韓信攻取趙、齊之地，派彭越居梁地切斷項羽的運糧路線。項羽雖然經常取得局部戰爭的勝利，但腹背受敵，戰略上卻處於被動的地位。西元前二〇三年，乃與劉邦講和，以鴻溝為界，以東屬楚，以西屬漢。項羽東歸，劉邦背棄和約，帶兵向東追擊。因韓信、彭越沒有按期到達，遂為項羽所敗。西元前二〇二年，劉邦再次約韓信、彭越合圍項羽於垓下，項羽兵敗後自刎於烏江。經過長達四年的大戰，劉邦取得了最後勝利。

西漢和東漢

敦煌壁畫　張騫出使西域

西漢（前二〇六—西元二五）是繼秦以後出現的又一個統一的多民族的封建皇朝，建都於長安。為了與後來劉秀建立的建都於洛陽的漢朝相區分，故稱西漢或前漢，而後者則稱東漢（二五—二二〇）或後漢。西漢初年，當政者致力於重建國家機器，無為而治，實行與民休息政策，經濟逐漸恢復發展起來。漢武帝「罷黜百家，獨尊儒術」，儒家思想取得了獨尊的地位；開拓疆土，邊疆與內地的經濟文化交流加強；開闢中西交通路線，加強了對外經濟文化交流。封建制度和中央集權的政治體制進一步鞏固、完善和發展。西漢後期，社會矛盾激化，釀成了農民起義，王莽發動的統治集團的自救運動成為歷史的悲劇，宣告了西漢歷史的終結。東漢在政治經濟制度方面與西漢有直接的聯繫，經濟文化在西漢的基礎上有所發展，民族融合進一步加強，對外交流逐步擴大。東漢中期開始，宦官、外戚交替專權，黨人集團反對宦官，統治集團內部矛盾加劇，政治腐敗、土地兼併嚴重，使得階級矛盾激化，終於導致黃巾起義爆發。東漢皇朝受到致命打擊，名存實亡。一九六年曹操遷漢獻帝於許昌，此後，中國歷史進入了三國分立的時期。

昭君墓

王莽貨幣

高祖白登被圍

劉邦一生戎馬倥傯，身經百戰，但與匈奴只打過一仗，而且成為他晚年敗得最為慘烈的一仗。這次失敗，對漢初幾十年間漢匈關係產生了直接的影響。

秦始皇派兵抗擊匈奴後，匈奴退到了長城以北的地區，北方邊境暫時平靜了下來。秦漢之際，中原地區連年大戰，匈奴乘虛而入，又開始向南擴張勢力。西元前二〇〇年，也就是劉邦稱帝後的第七年，匈奴冒頓單于率領四十萬大軍包圍了韓王信（劉邦所封異姓王，韓國貴族，名信）的封地馬邑（今山西朔縣）。韓王信自知不敵，只好向匈奴求和。劉邦聞訊大怒，即派使者責問韓王信。韓王信怕劉邦治其罪，便投降了匈奴。冒頓占領馬邑之後，與韓王信合兵一處，順利向南推進，很快圍困了晉陽。

劉邦像

解救晉陽，阻止匈奴繼續南下，事關邊境安寧及都城安全，劉邦決意全力抗擊匈奴。當時劉邦手下能征善戰的大將已被他誅殺殆盡，而匈奴騎兵異常剽悍，一般將領不是他們的對手。別無良策，劉邦只好親率大軍趕到晉陽，與匈奴決戰。可是，劉邦的軍隊剛一趕到，匈奴軍隊便向北敗退，一直退到了代谷（今山西代縣西北）。

劉邦進駐晉陽，派人偵察匈奴人虛實，派出的偵探有十餘批，回來以後都說冒頓的軍隊全是老弱殘兵，戰馬羸瘦，乘勢出擊，肯定能夠取勝。劉邦久經沙場，知道敵人常會自示羸弱，誘敵深入，然後設伏殲擊。他放心不下，

前二〇二年

劉邦即皇帝位於定陶（今山東定陶西北），都洛陽。罷兵歸田，遷都長安。

前二〇〇年

劉邦率領三十二萬大軍北擊匈奴，被圍於平城白登山，後突圍逃歸。

前一九八年

派婁敬出使匈奴，與匈奴和親。

便派做事沉穩、善察虛實的劉敬到匈奴營地刺探。劉敬回來報告說，匈奴部隊的確是兵殘馬弱，但冒頓似乎故意把精兵隱藏了起來，他勸劉邦不要貿然出擊，以免中匈奴之埋伏。劉邦聽後大為震怒，斥責劉敬妄言生事，把他囚禁了起來。

當時漢軍雖然有三十多萬人，但大都是步兵，而且正值隆冬季節，大雪鋪天蓋地，氣候十分寒冷，兵士們沒經歷過這樣冷的天氣，不少人凍壞了腳，凍掉手指者十之二三。劉邦率領先頭部隊趕到平城（今山西大同市東北），剛剛駐紮在平城東面的白登山，突然，匈奴大軍從四面湧來，都騎著高頭大馬，身強體壯，原來的老弱殘兵全不見了蹤影。匈奴四十萬精兵把白登山團團圍住，周圍的漢軍無法靠近救援。劉邦整整被圍了七天，無法脫身。

劉邦突圍不成，只好讓謀士陳平施展計謀。一天早晨，單于忽然下令軍士撤出一條通道，放漢兵出去。劉邦又驚又喜，急忙逃出了匈奴的包圍圈，快馬加鞭趕到廣武（今山西代縣西南）。

漢高祖的長陵

陳平到底使用了什麼計謀，使得單于放了劉邦一條生路？原來，陳平派使者帶著大量黃金、珠寶秘密拜見冒頓的閼氏（王后）。當天晚上，閼氏便到了冒頓那裡，說我們占領了漢朝地方，也無法長期居住，再說，漢朝的援軍說不定什麼時候就趕過來，不如早點撤兵為好。單于聽從了閼氏的勸告。

事情辦得如此順利，真是出乎人們的意料。後人說，閼氏見了這麼多寶物，非常高興，在單于面前替劉邦說了好話。也有人說，使者告訴閼氏，如果單于捉住劉邦，漢朝肯定會進獻大量珍寶美女給單于，到時候，單于愛戀漢家美女，你閼氏之位可就保不住了，故閼氏為之動容。當然，更重要的原因是，冒頓曾事先與韓王信有約，韓王信答應派兩員大將前來協助冒頓圍攻劉邦，但韓王信的軍隊卻遲遲沒有到來，冒頓生性多疑，怕韓王信與劉邦合謀攻擊他，於是做了個順水人情，聽從了閼氏的勸告。

劉邦回到廣武，沒顧上休息，便讓人把劉敬放出來，說了些追悔莫及的話，然後封劉敬為建信侯，給了他兩千戶的食邑。

白登山之戰的失敗，從主觀上說是劉邦輕敵冒進所致，但從客觀上來看，當時漢朝兵疲國弱，缺乏戰馬，還不具備擊敗匈奴的實力。漢初幾代君主吸取了戰爭失敗的教訓，採取與匈奴和親的政策，在安撫匈奴的同時，積極防禦，努力備戰，為抗擊匈奴做準備。

相關連結

劉邦稱帝

項羽在烏江自殺以後，漢高祖五年（西元前二〇二）二月，楚王韓信、淮南王英布、梁王彭越等上疏劉邦，請登帝位，上尊號。劉邦再三推辭後，乃擇定吉日，即皇帝位於定陶，仍以漢為國號，定都洛陽，不久聽從齊人婁敬的建議，遷都於長安（今西安市西北）。後來，劉邦意識到異姓諸侯王有擁兵割據的傾向，乃中央政府的心腹之患，於是先發制人，除長沙王吳芮之外，將其餘異姓王全部翦除，同時先後封同姓子弟十一人為王，稱為同姓王。劉邦曾北擊匈奴，但被圍於白登山，大敗而歸，於是採取了與匈奴和親的政策。他派陸賈出使南越，說服南越內附。高祖十一年（前一九六），劉邦在平定英布的戰爭中受了箭傷，久治不癒，次年死於長安。

蕭規曹隨

西漢初年「布衣將相」局面在中國歷史上是不多見的，蕭何、曹參就是「布衣將相」的傑出代表。「蕭規曹隨」不僅僅是一段歷史佳話，它對漢代社會發展的影響更不容忽視。

蕭何和曹參早年都是沛縣的小吏，後來他們跟隨劉邦起兵反秦。蕭何出身文吏，很有計謀，楚漢戰爭中常年留守後方；曹參是武將，身經百戰，功績顯赫。但是劉邦論功行賞的時候，蕭何卻總排在曹參前頭，曹參心裡很不服氣。本來是很要好的老朋友，卻因此有了隔閡，不能在一起共事。劉邦稱帝後，蕭何做了相國（丞相），劉邦把兒子劉肥封到齊地為王，叫曹參去做了齊相。曹參與蕭何兩人地位懸殊，加上以前有過芥蒂，後來就更沒有什麼來往了。

漢惠帝即位的第二年（前一九四），相國蕭何年老，身患重病。惠帝親自去探望，問將來誰可接替他做相國。蕭何只是搪塞幾句，沒有明說。惠帝追問說曹參如何？蕭何當即表示贊同，說曹參是難得的人才，由他接替，我死也安心了。

當初曹參到齊國任相職以後，便召集齊地父老和儒生上百人，詢問安撫百姓的辦法。這些人各陳己見，說法不一，曹參也拿不定主意。後來，他聽說當地有一位叫蓋公的人，精通黃老之學，便把他請了來，向他討教。蓋公告訴他，治理天下應該清靜無為，少打擾百姓，讓他們自行安定地生活。曹參就把自己辦公的正廳讓蓋公居住，常聽他講黃老無為之學，並且以這種理論為指導治理齊地。他做了九年齊相，齊國所屬七十多個城池都十分安定，人們稱讚他是位賢相。

曹參聽到蕭何去世的消息後，馬上催促家人整理行裝，說自己要入朝當相國了。別人正在疑惑不解的時候，惠帝派遣的使者已經來到。曹參接替蕭何做相國以後，凡事不作任何變更，一概遵循蕭何制訂的章程辦。他從各地挑選質樸而不善文辭的人擔任相國的屬官，聽說誰舞文弄墨、

前一九六年

呂后用計殺韓信。劉邦殺彭越。

前一九五年

劉邦卒。太子劉盈即位，呂后掌權。

■黃老之學

「黃」指黃帝之學，「老」指老子之學，它們是形成於戰國時期的兩個學派。漢初的思想家把兩者糅合在一起，作為統治階級的政治指導思想。黃老之學以老子「清靜無為」的思想為理論基礎，摒棄其小國寡民的政治見解，吸收儒家的大一統主張，提出「無為而治」的政治

蕭何像

追求聲譽，就把他斥退。大臣們見曹參整天無所事事，沒有什麼作為，有些看不下去。有人乾脆找到他家裡，想幫他出主意。而曹參馬上請他們喝酒，誰提國家之事，他便灌誰酒，最後客人喝得酩酊大醉，找不到勸他的機會。曹參住宅的後園靠近相國府屬吏的房舍，官舍裡整天飲酒歡歌，大呼小叫。曹參的隨從官員們不好直接干預，於是請曹參到後園中遊玩，聽聽那些官吏們狂呼亂叫的聲音，希望曹參出面制止。誰知道曹參到了後園，也叫人取來美酒，陳設座席，喝到高興處，歡呼喊叫，一點不比官舍中的聲音小。隨從的官員們一個個大眼瞪小眼，沒有任何辦法。

漢惠帝見曹參不理政事，以為他是貪圖安逸，看不起自己。曹參的兒子曹窋當時也在朝廷做官，惠帝託囑他探問曹參，為什麼整天喝酒，不考慮國家大事。曹窋休假回家，陪父親閒聊時，把惠帝的意思變成自己的話規勸曹參。曹參一聽大怒，打了曹窋兩百板子，而且訓斥說：「你小孩子懂得什麼，國家大事也輪到你來議論了！」惠帝實在忍不住了，一次上朝的時候責備曹參說：「是我讓你兒子勸你的，你為什麼要打他？」曹參向惠帝謝過罪，接著問惠帝：「你與高祖相比如何？」惠帝說：「我怎麼敢跟先帝相比呢！」曹參又問：「我和蕭何誰更賢能？」惠帝說：「您好像不如蕭何。」曹參說：「陛下說得對啊。高祖與蕭何平定了天下，給我們制訂好了法令章程，我們只要謹守職責，遵循原有的法度辦事，不出什麼差錯就行了。」惠帝這才恍然大悟。

曹參做了三年相國，當時正值長期戰爭之後，社會需要安定，百姓需要休息，他這樣做只是想減輕百姓的負擔。因此，當時老百姓編了歌謠稱讚蕭何和曹參：「蕭何為法，顜若畫一。曹參代之，守而勿失。載其清淨，民以寧一。」蕭何與曹參都有寬廣的胸襟，他們儘管有過矛盾和摩擦，但相互了解，相互信任，為國事而不計私怨，從而成就了「蕭規曹隨」的千古美名。

思想。當政者據此制定了「順民之情，與之休息」的政策，對人民輕傜薄賦，減輕剝削，使之安居樂業，促進了社會穩定和經濟的恢復發展。

前一八八年

惠帝劉盈死，呂后臨朝稱制。

前一八〇年

呂后卒。周勃、陳平用計殺死掌握軍權的呂后的侄子呂產、呂祿等，迎立劉邦的兒子代王劉恒為帝，是為文帝。

呂后臨朝

呂太后臨朝

呂后名雉，字娥姁，單父（今山東單縣）人，早年嫁給劉邦。楚漢戰爭初期，曾為項羽所俘，數年後被放回。劉邦稱帝後，被立為皇后，歷史上稱其為呂后。漢朝建立後，曾幫助劉邦剷除異姓王。劉邦死後，太子劉盈即位，是為惠帝，呂后為其生母，被尊為皇太后。惠帝生性懦弱，呂后握有實權。惠帝立七年而死，丞相陳平為避免朝政動盪，乃請求任呂后的侄子呂台、呂產、呂祿為將，統率保衛京城及皇宮的南軍和北軍，立宮女所生之子為少帝，此後朝廷大權全歸入呂后之手。呂后掌權十五年間，任用蕭何、曹參、陳平為丞相，廢除秦朝苛法，鼓勵發展生產。但呂后生性妒忌而殘忍，她摧殘劉邦寵愛的戚夫人為人彘，連續殺死三位趙王，廢殺少帝，給西漢帶來了嚴重的危機。呂后死後，周勃、陳平等大臣聯合劉氏宗室，誅滅呂后族人，立代王劉恆為帝，是為文帝。此後，西漢社會進入了穩定發展的時期。

緹縈救父

漢文帝廢除肉刑頗為後人所稱道，但你也許不知道，這個決定是受了齊地一個名叫緹縈的少女為救父上書的啟發而作出的。

緹縈的父親淳于意是臨淄（今山東淄博東北）地方的名醫，做過管理庫房的小官——太倉長，所以人們又把他稱作倉公或太倉公。倉公年輕時喜歡醫術，先從淄川（今山東壽光南）人公孫光受學，後公孫光將其轉薦於臨淄人陽慶。陽慶授他以秘方醫術，傳以黃帝扁鵲之書、以面部五種顏色診斷五臟之疾的醫術、判定疑難病症之法及精妙的醫藥理論。三年後，倉公獨立行醫，通過切脈及觀察人的氣色便能預知病人的死，凡可治癒的，一經投藥，立即見效。齊地有個叫成的侍御史患頭痛病，倉公為他診脈，診斷為疽症，病發於腸胃之間，因貪酒所致，五日當腫脹，八日便會嘔膿而死。果然，成於第八天因嘔膿死去。倉公診治過許多這樣的疑難病症。由於前來求醫的人很多，而倉公喜歡交遊，病家經常找不到他，失望而歸。名醫多半都有些怪脾氣，有時不肯給人看病，有時對病人提出的要求置之不理，因此也招致了一些怨恨。漢文帝十三年（前一六七），有人告發倉公，說他借行醫欺人，輕視生命。地方官吏判他有罪，要處以肉刑。當時最輕的肉刑是在臉上刺字，重一些的要割去鼻子，最重的是砍去一隻腳，而且做過官的人受肉刑必須押送到京城長安去執行。

淳于意有五個女兒，沒有兒子。他被押解離開家門的時候，女兒們都傷心落淚。淳于意歎了口氣說：「生女兒有什麼用？如果有個兒子，遇到這樣危急的事，也能幫幫忙啊！」聽了父親的話，幾個女兒更是泣不成聲。正在大家悲痛欲絕的時候，淳于意最小的女兒緹縈擦乾眼淚，挺身站了出來，說：「女兒怎麼就沒用呢，我要陪父親去京城。」家裡人再三勸阻，但始終拗不過

前一七九年
文帝派陸賈出使南越，南越王趙佗稱臣納貢。

前一六七年
緹縈上書願代父受刑。文帝詔廢肉刑。

她，只好同意她去。

經歷了千辛萬苦，緹縈終於和父親一起到了長安。她聽說漢文帝曾下過詔書，百姓如有冤情，可以直接向皇帝上書申訴，於是找人幫忙，寫了篇書信，上奏給皇帝。她除陳述父親的冤情外，還對肉刑提出異議，說一個人受了肉刑以後就成了殘廢，砍去了腳不能復生；割去了鼻子不能再長上去，以後就是想改過自新，也沒有辦法了。為此，她要求到官府充當奴婢，為父親贖罪，免除他的肉刑，給他改過自新的機會。

漢文帝看過奏書，知道上書的是個年僅十五歲的小姑娘，心中大為感動。原來，漢文帝的母親薄太后出身低微，嫁給劉邦之後，只是一個不得寵的妃子，文帝也因此被封為代王，到了邊遠的代郡。他在那裡和下層民眾接觸的機會多，知道百姓的艱難，也知道百姓受刑後的苦痛。所以當上皇帝不久，就下了一道詔書，說：「一個人犯了法，治他自己的罪就可以了，為什麼把他的父母妻兒也要一起治罪？」他認為這種法令沒好處，要求大臣討論更改。大臣們全都同意他的意見，於是文帝宣布，廢除了一人犯法全家受牽連的「連坐法」。

漢文帝看了緹縈的奏書以後，覺得這小姑娘說得有道理，令大臣們商議更改的辦法。根據大臣們的意見，最後文帝決定，把肉刑改為笞刑（打板子）：該判砍腳的，改為打五百板子；該判割鼻子的，改為打三百板子；該在臉上刺字的，改為罰勞役。從此，肉刑被廢除了。不過，打板子的刑罰也不輕，而且很不好掌握，不少犯人打不到三百板、五百板，就一命嗚呼了，這樣一來，刑罰反而加重了。後來，漢景帝又把打板子的刑罰減輕了許多。

相關連結

文景之治

漢文帝即位以後，多次發布勸農的詔令，農業生產有了較大發展，兩次下令在全國範圍內免除田租之半，後來全部免徵田租達十二年之久。實行輕徭薄賦的政策，把算賦（人口稅）由每人每年一百二十錢改為四十錢，丁男每年服役一次改為三年服役一次。在生活上，他躬行節儉，壓縮工程項目開支，減省宮廷費用。此外，減省刑罰，廢除妻孥連坐、誹謗妖言之法，廢除殘害人體的肉刑。對匈奴採取積極防禦、和睦相處的政策，不輕易用兵。景帝即位以後，繼續沿襲文帝的政策，把田租三十取一作為固定的制度，又減輕笞刑。他們在位的四十年間，田租輕微，徭役減少，刑罰寬減，農民得到了休養生息，出現了社會安定、經濟繁榮的景象，歷史上稱其為「文景之治」。

周亞夫軍細柳

漢文帝親自去慰勞周亞夫的軍隊，但到軍營前卻吃了閉門羹，這也著實讓皇帝感到難堪。但是，文帝不僅沒有處罰周亞夫，反而稱讚他，重用他。周亞夫軍細柳講的就是這件事。

周亞夫是丞相周勃的兒子。周勃隨劉邦起兵，屢立戰功，被封為絳侯。周勃死後，周亞夫繼周勃之嗣，被封為條侯。漢文帝後元六年（前一五八），匈奴大規模侵入漢朝邊境。文帝任命宗正劉禮、祝茲侯徐厲、河內郡守周亞夫為將軍，分別駐軍於灞上、棘門（今陝西咸陽市東北）、細柳（今陝西咸陽市西南）。不久，文帝親自去慰勞軍隊。到了灞上和棘門兩地軍營，文帝都是長驅直入，將軍及其屬下騎著馬迎來送往。接著文帝來到了細柳軍營，只見官兵披掛整齊，戒備森嚴。文帝的先行衛隊到了營門，通告說皇帝馬上到來。把守營門的將官回答說，將軍有令：軍中只聽將軍之令，不聽天子之詔。把他們攔在了營門之外。不久，文帝駕到，同樣不給面子。文帝只好派使者拿著符節傳達他的詔令，說是要進營勞軍。周亞夫這才傳令打開軍門。守衛營門的官兵告知：將軍規定，軍營中不准車馬奔馳。於是文帝只好讓車馬慢慢行走。到了中軍大帳前邊，只見周亞夫手持兵器，長長地作了一揖，說盔甲在身的將士，不能跪拜，只能以軍禮參見。文帝為之動容，神情嚴肅地俯身靠在車前橫木上以表尊敬，並派人致意說：「皇帝敬重地慰勞將軍。」勞軍禮儀完畢後，文帝便離開了軍營。

出了軍營大門，大臣們都驚詫萬分。文帝說：「周亞夫才是真正的將軍啊！剛才到灞上、棘門的軍營，如同兒戲一般，敵人若來偷襲肯定會俘虜他們。像周亞夫那樣軍紀嚴整，誰又能夠侵犯他呢？」過了好長時間，文帝還在稱讚他。一個多月以後，三支軍隊撤防，文帝任命周亞夫做了中尉官，負責京城的治安。文帝臨終時囑咐他的兒子劉啟（景帝）：國家遇有危難，可令周亞

前一五四年

以吳、楚為首的七個諸侯國反叛。四個月後平定叛亂，殺吳王濞。

前一三五年

派王恢、韓安國帶兵進攻閩越，閩越王的弟弟余善殺死閩越王，投降漢朝。唐蒙出使夜郎（今貴州西北一帶）。設置犍為郡。

■**夜郎自大**

漢武帝得知由蜀地經夜郎可出兵襲南越（今廣東、廣西及越南北部一帶），於是派唐蒙率千人

夫率兵迎敵。景帝即位後，任命周亞夫為車騎將軍。

吳楚七國之亂爆發後，景帝即遵其父遺囑，任周亞夫為太尉，統率三十六位將軍東擊吳楚。周亞夫設防固守，以避吳、楚大軍鋒芒。吳、楚攻梁國（漢文帝的次子、景帝的同母弟劉武被封為梁孝王，都睢陽，即今河南商丘），梁軍大敗，屢次向周亞夫求援，周按兵不動。梁孝王上書景帝，景帝派使者前往，下令周亞夫救梁，周仍堅壁不出。梁軍只得死戰，最後擊退了吳、楚之兵。吳、楚轉攻周亞夫軍，周仍堅守不戰。吳、楚兵士疲憊，欲速戰速決，乃以聲東擊西的辦法襲擊周亞夫軍營，結果被周識破。周率大軍出擊，吳、楚之軍大敗，吳王等或被殺，或自殺，其他諸國也被打敗，七國之亂被平定。

此後，周亞夫升任丞相。其性執拗，與景帝意見不合，屢有爭執。梁孝王恨周亞夫，常在太后處說他的短處。後來有人告發他的兒子盜買皇家武器以作其父之陪葬品，周亞夫被牽連入獄，憤而絕食，五天後吐血而死。

相關連結

七國之亂

漢初，劉邦剷除異姓王之後，大封同姓子侄為王。王國大者跨州連郡，轄城數十座。王國的封地幾乎占據國土的大半。諸侯王在其國內可以自行任命御史大夫以下的官吏，自徵租賦，自鑄錢幣。到文帝、景帝時，諸侯王的勢力有了較大發展，對中央政府的威脅日益顯露，所以多有大臣上疏，提出削奪諸侯王的政治經濟權力。景帝前元三年（前一五四），採納御史大夫鼂錯的建議，對犯有過錯的楚、吳、趙、膠西四國進行削藩。吳王劉濞實力最強，且早有謀反之心，於是，他乘機挑動楚、趙、膠西、膠東、濟南、淄川諸王，打著「誅

出使夜郎。夜郎首領見到唐蒙問道：「漢朝與我們相比，誰大？」唐蒙宣喻漢朝威德，並送上豐厚的禮物，夜郎首領乃願歸附。其地以夜郎為最大，其他小國也相率歸漢。漢在其地置犍為郡，西南地區相繼歸入漢朝版圖。

殺鼂錯，以清君側」的旗號，聯合反叛。景帝斬鼂錯以謝七國，但七國仍不罷兵。景帝乃派周亞夫為大將前往平叛，周亞夫屯兵昌邑（今山東金鄉西北），堅壁固守，待其兵力疲憊，乃率精兵出擊，吳、楚軍隊大敗，吳王逃至東越被殺，楚王自殺，其餘諸國也相繼被平定，諸王均自殺。七國之亂平定後，景帝乘機削奪諸侯國的政治經濟權力，諸侯王的力量大為減弱。後來漢武帝進一步採取措施，剝奪諸侯王的權力，此後王國雖然存在，但已與郡縣沒有什麼差別了。

漢武帝獨尊儒術

提到「獨尊儒術」，人們自然會想到漢武帝和董仲舒。他們兩人是這場政治思想變革運動的中堅，但是，儒學由一般學說到取得獨尊地位，並不是一蹴而就的，也不是一兩個人所能做到的，而是經歷了十分漫長的過程。

早在漢文帝時，儒學便受到當政者的重視。漢文帝到處尋求能夠講授《尚書》的學者，聽說濟南有個叫伏生的人在秦朝做過博士，精通《尚書》之學，便想把他招到京城。但伏生當時已經九十多歲，年老不能行走。文帝下詔派晁錯到濟南跟隨伏生學習《尚書》。秦始皇焚書時，伏生曾把《尚書》藏在房子的牆壁裡，但後來還是為亂兵所毀。漢朝建立後，他到處搜求，只求得二十九篇，還有數十篇沒有找到。當時伏生年老，口齒不清，而且說的是當地方言，很多字晁錯聽不清楚，伏生只好讓他的女兒擔任翻譯，晁錯也只是粗明大意而已。後來，文帝請魯人申公、燕人韓嬰到京城來，任命他們做《詩》學博士。又任用精通《禮》的魯人徐生為禮官大夫。

景帝時，徵招齊人轅固生為《詩》學博士，齊人胡母生、廣川人董仲舒為《春秋》博士。有一天，轅固生與治黃老之學的黃生在景帝面前討論關於商湯、周武王攻滅夏桀、商紂王的問題。黃生說：「商湯、周武王並非受命討伐桀紂，而是以下犯上，是弒君！」轅固生說：「不對！桀紂荒淫無道，天下之人心皆歸於湯武，湯武是順應民心誅殺桀紂，桀紂的臣民都擁護湯武為君主，這不是受命又是什麼？」黃生接著反駁說：「帽子再破也要戴在頭上，鞋子再新也只能穿在腳上。這是因為有上下的名分。桀紂雖然荒淫，但畢竟是君上；湯武雖然是聖賢，但卻是臣民。君上有了過失，臣民不去幫他改正，反而趁火打劫去進攻他，且取而代之，這不是弒君又是什麼？」黃生的話有理有據，從理論上不好反駁。於是轅固生把話頭一轉拿現實說事，他說：「如果按你

前一三四年
董仲舒上「天人三策」，提出「罷黜百家，獨尊儒術」的建議，為漢武帝所採納。

的說法，那麼高皇帝（劉邦）伐秦即天子之位，也是不應該的了？」一下子把黃生問得目瞪口呆，無言以對。漢景帝覺得這個問題不能再繼續討論了，於是馬上發話調和說：「吃肉者不吃馬肝，不能叫不知味。治學問的人不討論湯武革命，不能說是癡愚。以後不要再討論這個問題了！」

漢景帝的母親竇太后是黃老之學最忠誠的信徒，逼迫景帝、太子及竇氏宗親讀《老子》之書，崇信黃老之學。太后對儒家學說十分反感，聽說轅固生做了博士，想教訓教訓他，也順便敲打敲打自己的兒子。一天，她把轅固生叫了來，問他說：「你看《老子》這本書怎麼樣？」轅固生是個書呆子，不會迎合太后，直率地說：「那是居家的婦女及小孩子讀的書！」竇太后氣得兩眼發火，大怒道：「難道比不上那些司空（治獄）城旦（刑罰）書嗎？」又狠狠地說：「這些儒生，只會搖唇鼓舌，沒什麼真本事。」下令把轅固生投入野豬圈裡，讓他和野豬搏鬥。景帝知道太后發怒，不好制止，只得將一把利劍扔給了轅固生。轅固生居然一劍刺中了野豬的心臟，把野豬刺死了。太后沒了話說，只好作罷，沒再治轅固生的罪。

武帝即位後，好黃老之學的丞相衛綰便建議將治申不害、商鞅、韓非等法家理論和蘇秦、張儀等縱橫家理論的學官全部罷黜。同年，武帝免去衛綰的職務，讓喜歡儒術的竇嬰（竇太后堂兄之子）做了丞相、田蚡（武帝之舅）做了太尉；他們又推薦精通《詩經》的趙綰做了御史大夫、王臧為郎中令，把一些儒生招到京師；按儒家的學說，設立明堂（皇帝頒發政令、接受朝覲及祭祀天地的建築），制定禮儀，欲行尊儒改制之事。趙綰還要求武帝親政，處理政務不必請示太后。酷好黃老的竇太后逼武帝將趙綰、王臧投入監獄，又給他們加了些罪名，迫使他們自殺了；竇嬰和田蚡則被免職。

漢武帝像

建元元年（前一四〇），武帝下詔令各地推舉賢良方正直言極諫之士，被舉薦而上書的人多達上千人。董仲舒三次上書，提出了「罷黜百家，獨尊儒術」的思想。建元五年（前一三六），漢武帝下令將儒家的《詩》

《書》《易》《禮》《春秋》五種經書列為學官，各設博士。次年，竇太后死去，武帝馬上起用田蚡為丞相。田蚡將學官中治黃老刑名百家之學者全部罷黜，招來儒生數百人，給予優厚的待遇。元朔五年（前一二四），武帝令丞相公孫弘擬定了培養儒學人才的方案，在中央設置太學，招收博士弟子，能通一經者即授予官職。從此，儒家經典成為政府培養選拔人才的法定專門教材，讀經書成為知識分子進仕的階梯，儒術取得了獨尊的地位。從此，儒家思想獨占政治舞臺，成為歷朝政府的統治思想。

相關連結

董仲舒上〈天人三策〉

董仲舒是治《春秋》公羊學的大師，漢景帝時到京城任博士。建元元年（前一四〇），武帝詔令各地推舉有才德、有學問的人，詢問關於古今治亂等方面的問題。董仲舒三次上書應對武帝提出的問題，集中回答了武帝提出的天人關係問題，這就是歷史上有名的〈天人三策〉。他在對策中反覆闡述儒家的天命思想，提出「天人感應」學說，主張君主效法天道進行統治，陰陽相兼，刑德並用。同時建議武帝在首都長安興辦太學，請有學問的儒家學者做老師，為國家培養人才。朝廷從太學生中選拔通經書、有才幹的人擔任各級政府的官員。同時提出了政治大一統的理論，認為天下一統是歷史發展的正道，現在學者們都有自己的一套理論，各有不同的主張，國家沒辦法把這些理論、主張統一起來，執行政策的官員們無所適從，這樣國家便難以長治久安。他提議凡不是孔子的學問、不在儒家「六藝」（禮、樂、射、御、書、數）範圍內的學科，都不能讓它傳播，更不能作為執政的理論。漢武帝很重視董仲舒的建議，決定採納他的主張，於是做出了「罷黜百家，獨尊儒術」的決定。

霍去病馬踏匈奴

一個奴婢所產的私生子，不到二十歲便立功封侯，升任大將軍，揚名於後世，這在中國歷史上恐怕只有霍去病一人。

霍去病的一生很富傳奇色彩。他的父親霍仲孺是平陽縣的一個小吏，在漢武帝的姊姊平陽公主那裡當差的時候，與公主府中的女奴衛少兒產生了感情，後來衛少兒懷孕生了個兒子，但霍不敢承認自己跟女奴的關係，於是霍去病便以女奴私生子的身分降臨到人世間。

有一次漢武帝到平陽公主家做客，看中了衛少兒的姊姊衛子夫，她也在公主家做女奴。後來武帝竟將她帶進宮中，封為夫人，地位僅次於皇后。衛子夫的弟弟、跟隨平陽公主當馬夫的衛青也跟著沾了光，當上了武帝的侍衛。這個女奴產下的剛滿周歲的私生兒，一下子變成了皇親國戚。更重要的是，在以後的二十幾年裡，隨著衛青、霍去病的成長，漢朝與匈奴之間的攻守形勢也發生了根本的變化，他們在漢與匈奴對抗的大戰中，充當了三軍統帥的重要角色。

漢武帝是一個有雄才大略的皇帝，他一改以往對匈奴消極防禦的戰略，屢派大軍，深入大漠，進擊匈奴。元光六年（前一二九），漢武帝任命衛青為車騎將軍，和另三員將領各率一支軍隊進攻匈奴。結果三路大軍都被匈奴打敗，老將李廣竟做了匈奴的俘虜，好不容易才逃回來，而第一次帶兵打仗的衛青，卻直搗龍城，斬敵七百。從此，人們對衛青刮目相看，漢武帝也屢屢派他出征，幾乎每次都是得勝而還。

大概是受舅舅的影響，霍去病從小就喜歡騎射，而且胸有大志，不願意在長安城中過皇家恩賜的安逸生活，總想著奮戰沙場，殺敵立功。元朔六年（前一二三），漢武帝準備發動對匈奴更大規模的征討，不滿十八歲的霍去病主動請戰，漢武帝答應他跟隨衛青出征。到了前線，霍去病

前一二四年

衛青率兵十餘萬進擊匈奴，俘虜匈奴五千餘人。為博士置弟子五十人，自此公卿多為文學之士擔任。

前一二三年

衛青出定襄（今內蒙古和林沁爾北）進擊匈奴。兩個月後再次率軍出定襄擊匈奴。

封霍去病為冠軍侯。

前一二一年

霍去病自隴西出發進擊匈奴。數月後再次率領大軍出擊匈奴，一直到達祁連山。

再三請戰，衛青只好給了他八百騎兵。血氣方剛的霍去病帶著這支人馬，在茫茫大漠裡奔馳數百里，終於找到了匈奴的部隊，一場大戰，殺死敵人兩千餘人，匈奴單于的兩個叔父一個斃命，一個被活捉。而霍去病的八百騎兵卻沒有什麼損失。漢武帝大喜過望，稱讚他勇冠三軍，封他為「冠軍侯」，漢家的一代名將也因此嶄露頭角。

兩年後的一個春天，漢武帝任命霍去病為驃騎將軍，讓他獨自率領精兵萬人出征匈奴。霍去病在千里大漠中閃電奔襲，六天中打了五仗，最後與匈奴展開生死決戰，結果殺敵近九千人，匈奴的盧侯王、折蘭王被殺死，渾邪王子及相國、都尉做了俘虜，匈奴的祭天金人也成了漢軍的戰利品。當然霍去病的部隊損失也十分慘重，只有三千人回到了長安。這年夏天，漢武帝再次令霍去病等出兵抗擊匈奴，收復河西之地。在戰爭中，配合霍去病作戰的公孫敖在大漠中迷了路，而老將李廣則被匈奴左賢王包圍。霍去病再次孤軍深入，越過居延，追趕匈奴至祁連山，斬敵三萬餘人，俘虜匈奴王五人、王母五人及大小閼氏、匈奴王子五十九人、高官將領等六十三人。這次大戰後，匈奴不得不退到焉支山北，漢王朝收復了河西平原。

這年秋天，匈奴單于想誅殺一敗再敗的渾邪王，渾邪王聽說後便和休屠王商議投降漢朝。漢武帝恐怕其中有詐，派霍去病前往察看。當霍去病率部渡過黃河的時候，有些匈奴部眾見了漢軍，不想投降，而欲逃跑。霍去病率眾衝進匈奴軍中，見到渾邪王，殺死想要逃跑的匈奴兵士八千人。率領匈奴部眾渡過黃河，降者達數萬人，號稱十萬人。

元狩四年（前一一九），為徹底消滅匈奴主力，漢武帝令衛青、霍去病各帶五萬騎兵，對匈奴發起又一次大規模的戰爭。霍去病率部奔襲兩千多里，殲敵七萬多人，俘虜匈奴王三人，將軍、相國、當戶、都尉八十三人。在狼居胥山和姑衍山舉行了祭祀天地的典禮。爾後，繼續北進，一直到達了翰海（今貝加爾湖），方才回兵。從此之後，匈奴遠遁西北，大漠以南再沒有匈奴的王庭。

僅僅過了兩年，元狩六年（前一一七），年僅二十四歲的驃騎將軍霍去病不幸病逝。漢武帝非常悲傷。他調來邊地的鐵甲軍，列成長陣，從長安一直排到茂陵霍去病墓地。他還下令將霍去

前一一九年

衛青擊匈奴於窴彥山（今外蒙古杭愛山脈），霍去病擊匈奴到達狼居胥山（今外蒙古肯特山脈）。自此匈奴向西遷徙，對內地的威脅大為減輕。

■飛將軍李廣

早在漢文帝時，李廣便參加了抗擊匈奴的戰爭，後參與平定吳楚七國之亂，漢武帝時多次率兵打敗匈奴，曾任右北平（治今遼寧凌源南）太守，匈奴人皆懼其威名，稱「漢之飛將軍」。西元前一一九年，率部從大將軍衛青出塞，因道遠無嚮導而迷路，按漢法當治罪，李廣一生與匈奴作戰七十餘次，已六十多歲，因不願受辱，乃自刎而死。

病的墳墓修成祁連山的形狀，以彰顯他力克匈奴的功績。

霍仲孺當初不敢承認霍去病是自己的兒子，衛少兒也從來不曾提起過他有這麼個父親，但當霍去病立功封侯以後，還是知道了自己的身世。升任驃騎將軍不久，他來到了平陽，跪在這位敢做不敢當的父親面前說：「去病早年不知道自己是大人之子，沒有盡孝。」霍仲孺羞愧難當，不敢應聲。後來，霍去病為他置辦田宅，並將同父異母的弟弟霍光帶到長安，培養成了輔佐皇室的人才。

霍去病平時寡言少語，但氣盛果敢，漢武帝曾想親自教他孫武兵法，他回答道：「打仗應該隨機應變，用不著學習古代的兵法。」漢武帝為他修建了豪華的府第，讓他親自去看一看，他拒絕前往，說：「匈奴未滅，何以家為也？」這短短的幾個字，震撼了當世人的心靈，更激勵了後世將士們保家衛國的鬥志。

相關連結

漢武帝抗擊匈奴

經過漢初六、七十年的休養生息，到漢武帝即位的時候，經濟繁榮，國力強盛，抗擊匈奴的條件已趨成熟。元光二年（前一三三），漢設伏於馬邑（今山西朔縣）謀擊匈奴單于，事洩而未果，漢匈大戰的序幕就此拉開。在最初的十幾年當中，漢對匈奴的戰爭取得了決定性的勝利：元朔二年（前一二七），衛青率兵擊敗匈奴，收復河套以南地區；元狩二年（前一二一），霍去病兩次擊敗匈奴，漢置酒泉、武威、張掖、敦煌四郡；元狩四年（前一一九），衛青、霍去病分兵兩路擊匈奴於漠北，匈奴主力遠徙西北，對漢邊境的威脅基本解除。在以後的二十多年中，漢一方面與匈奴爭奪西域地區，以控制商路；另一方面繼續進兵漠北，與匈奴主力作戰，雙方互有勝負。征和三年（前九〇），貳師將軍李廣利出兵漠北，敗降匈奴，漢損失將士數萬人，此後沒有再主動出兵抗擊匈奴。武帝與匈奴作戰前後達四十餘年，晚年下詔與民休息，發展生產，與匈奴的大規模戰爭宣告結束。

張騫通西域

敦煌莫高窟第三二三窟北壁西端有幅壁畫，一位帝王騎著高頭大馬，群臣跟隨其後，與使者告別。這幅畫描繪的是「張騫出使西域」的故事，圖中的使者就是張騫。畫面中間是榜題，上書：「前漢中宗既得金人，莫知名號，乃使博望侯張騫往西域大夏問名號。」有人據此圖論證說，霍去病攻打匈奴時獲得了兩個祭天金人，漢武帝想知道這兩個金人的名號，所以派張騫赴大夏國詢問。這種說法未免牽強，那麼，張騫出使西域的真正目的是什麼呢？

漢朝與匈奴進行了幾次大規模的戰爭以後，漢武帝從匈奴俘虜那裡了解到，西域有個大月氏國，國王被匈奴單于殺死，頭顱被匈奴人製成了酒器。月氏人被迫遷徙到天山北麓，卻又受到烏孫國的攻擊，只好再向西南遷到嬀水（今中亞阿姆河）流域。武帝想，如果能與大月氏聯合，就等於斬斷了匈奴的右臂，匈奴就好對付多了。他決定派使者出使大月氏。出使大月氏，肯定要經過匈奴的地盤，所以這個使者必須是有膽有識、智勇兼備、能文能武的全才。漢武帝下令公開招募。當時張騫正在做郎官（皇帝的侍衛），報名應募，結果被選中了。

建元三年（前一三八），張騫由匈奴人堂邑父作嚮導，率領一百多人，浩浩蕩蕩從隴西（今甘肅臨洮一帶）出發了。這是一條前人從未走過的荒僻之路，其艱難兇險，是可想而知的。當時的河西走廊一帶被匈奴人占據著，但這又是必須經過的地方，他們小心翼翼地前行，但還是被匈奴騎兵發現了。張騫一行被俘，被押送到匈奴單于面前。單于說：「月氏在我的北邊，我怎麼會允許漢朝人經過我的地盤去那裡呢？我如果想派人出使南越，漢朝肯讓我們經過嗎？」單于把張騫等人扣留了下來。為了防止他逃離匈奴，單于給他娶了個妻子，後來還生了個兒子。可是，張騫仍每天拿著漢武帝給他的符節，不失使者身分，而且一直在尋找時機，逃離匈奴，完成自己的

前一三〇年
司馬相如出使邛（今四川西昌一帶）、筰（今四川漢源一帶）等地，設置都尉進行管理。

前一二六年
張騫出使西域歸來，升任中大夫。

前一一五年
張騫第二次出使西域歸來，烏孫等國的使者數十人跟隨張騫前來答謝。自此西域與漢相互往來密切。

使命。十一個年頭過去了，張騫變老了許多，兒子也已長大，匈奴人覺得他已經融入了自己的部落，對他的看管放鬆了一些。一個月黑之夜，張騫趁匈奴人不備，帶領他的部屬逃了出去。一路上他們只能走偏僻的小道，找不到東西吃，便捕捉飛禽野獸，飲血解渴，食肉充飢，一直奔波了幾十天，才越過茫茫戈壁，翻過冰凍雪封的蔥嶺（今帕米爾高原），來到了大宛國（今烏茲別克斯坦費爾干納盆地）。

大宛國王知道漢朝是一個富饒的大國，早就想和漢朝來往，但總是沒有機會，聽說漢朝派來了使者，喜出望外。張騫告訴他自己的意圖與經歷，請求大宛國王派個嚮導，送他們去大月氏。大宛國王覺得張騫勇敢而誠實，給他們派了翻譯和嚮導，送他們西行。到了康居（今哈薩克斯坦錫爾河中下游），康居人又專門用車馬把他們送到大月氏。

到達大月氏後，張騫一行人非常高興，以為終於不負皇帝重託，可以完成使命了。但沒有料到，大月氏國王被匈奴殺死後，另立了他的夫人為王，他們征服並統治了大夏國（今阿富汗北部），那裡土地肥沃，物產豐富，不受外族侵擾，生活安定舒適，完全沒有了向匈奴報仇的意向。另外大月氏國王認為自己距離漢朝太遠，即便關係親密也得不到什麼利益。不管張騫怎麼鼓動遊說，大月氏國王始終沒有明確的態度。眼看一年過去了，張騫覺得再留在這裡也沒什麼意義，便返程回國了。為避開匈奴控制的地區，他們改道向南走。翻過蔥

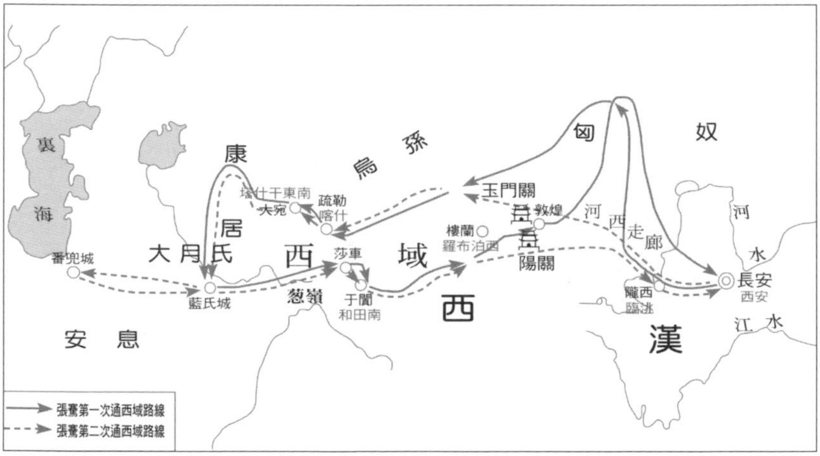

張騫通西域圖

前一一二年

南越國相呂嘉殺南越王、王太后及漢朝使者。漢朝派兵出擊南越。次年，南越投降，設置南海等九個郡。並在西南夷之地設置五個郡。

前一〇九年

派楊僕、荀彘率兵進攻朝鮮。次年，設置樂浪等四個郡。

前一〇五年

以江都王之女細君為公主嫁烏孫國王。西域各國使者來長安。

嶺，沿崑崙山北麓而行，經過莎車（今新疆莎車）、于闐（今新疆和闐）、鄯善（今新疆若羌）等地，進入羌人居住地區。不料又被匈奴人截獲了，苦苦挨過了一年多時間，碰巧單于死了，匈奴國內混亂，張騫帶著他匈奴籍的妻子回到了漢朝。

張騫走過天山南北和中亞、西亞許多地方，是中原地區有史以來到達西域諸國的第一人。自出使至歸來，前後用了十三年的時間，當初帶去了一百多人，最後只剩下他和堂邑父兩個人了。漢武帝聽他講了這些年的經歷，很受感動，任命他為太中大夫。

後來，張騫曾跟隨大將軍衛青出征匈奴，因功被封為博望侯。又過了幾年，他和李廣一起進擊匈奴，因延誤軍期應斬首，他用自己的爵位贖免死罪，成為一介平民。

元狩四年（前一一九），漢武帝想聯絡烏孫夾擊匈奴，再次派張騫出使西域。這次使團共三百多人，每人配備兩匹馬，趕著上萬頭牛羊，帶著價值億萬的金銀絲帛。那時，匈奴勢力已被逐出河西走廊，道路暢通無阻，他們順利到達了烏孫。張騫極力說服烏孫東返故地，但烏孫人談起匈奴來就怕得要命，又認為漢朝離得太遠，幫不了自己的忙，不想移徙。張騫住在烏孫，派遣許多副使，分別到達了大宛、康居、大月氏、安息、身毒、于闐、扜彌等國，最遠到達了地中海沿岸的羅馬帝國和北非。

元鼎二年（前一一五），烏孫國王派遣數十名使者，帶著翻譯和嚮導，與張騫一同來到漢朝。這是西域使者第一次來到中原，他們向漢武帝獻上了幾十匹好馬。張騫也因此升官到大行令（負責外交及周邊屬國交往事務的官職）。第二年，便去世了。他所派遣的副使陸續帶領各國使者來到長安，漢朝和西域諸國的友好關係建立起來了。

此後，漢朝的使者不斷往來於西域諸國，多則一年十幾次，少則一年五、六次，都用博望侯的名義，以獲得各國的信任。烏孫國見漢朝軍威遠播，財力雄厚，很重視與漢朝的關係，要求和親。武帝將江都王劉建之女細君公主嫁給烏孫王昆莫。細君死後，武帝又把解憂公主嫁給烏孫王岑陬。兩國長期通婚友好。漢朝「鑿空西域」，張騫創立首功，他所開闢的道路成為後世中原通往西域的重要商道，也是雙方經濟、文化往來的主要通道。

前一〇四年

頒布「太初曆」，以正月為一年的開始（秦以十月為一年的開端，漢初沿用此制）。是年，司馬遷開始寫作《史記》。

■司馬遷著《史記》

司馬遷幼讀古文，年輕時遊歷名山大川，遍訪民間軼聞，西元前一〇四年繼其父任太史令，遍覽皇家藏書及各種檔案資料，乃遵父遺囑撰寫《史記》。後因替投降匈奴的李陵辯解，觸怒漢武帝，身受腐刑，忍辱寫作，終於完成了不朽的歷史名著《太史公書》，東漢以後定名《史記》。該書記事，上起黃帝，下至漢武帝時，有十二本紀、十表、八書、三十世家、七十二列傳，共一百三十篇，是我國第一部紀傳體通史。

劉徹下罪己詔

在中國古代，當社會矛盾十分尖銳、國家處於危難之際時，有的帝王便要下罪己詔，對自己的過錯進行自責與反省，目的是消除民怨，籠絡民心。漢武帝劉徹的「輪臺罪己詔」是中國歷史上完整保存下來的最早的正式的罪己詔。英氣勃發、剛毅勇武的漢武帝犯了什麼過錯，為什麼要下罪己詔呢？

原來，漢武帝自即位以後，便大肆對外用兵，征討匈奴，平定南越，出兵西域，進攻朝鮮；大興土木，擴建上林苑，修建宮殿樓臺。三、四十年裡，把文帝、景帝兩代積累下來的財物消耗殆盡，國家財政拮据。為了擺脫財政困境，武帝下令國家壟斷鹽和鐵的經營權，增加人口稅，向工商業者徵收過量的財產稅，出賣官爵，允許以錢贖罪。人民不堪重負，流民遍地，農民起義此伏彼起。武帝晚年，政治危機十分嚴重，他開始擔心自己權力不保，於是嚴刑峻法以馭臣下，文帝時廢除的「誹謗罪」「妖言罪」又隨意恢復了起來，甚至有所發展。有位大臣對幣制改革有意見，不敢講話，只是嘴唇動了動，就被定為「腹誹罪」而處死。他盛怒之下，隨意殺人，連高官也不能倖免，光宰相被殺的就有好幾位。他連自己的兒子也不相信，太子被誣，含冤而死。這時朝廷上下，怨聲載道、危機四伏。他的作為，他的處境，與秦始皇已經沒有什麼兩樣了。但是，漢武帝沒有走秦始皇的老路，西漢政治也沒有因此而衰亡，這又是什麼原因？

漢武帝畢竟是君主中的英傑，在看到國家政權岌岌可危的時候，他及時反省了自己的行為，下定決心調整政策，改弦更張。征和四年（前八九），擔任搜粟都尉的桑弘羊與丞相田千秋、御史大夫商丘成聯名上疏，要求在輪臺（今新疆輪臺東南）開展大規模屯田，同時加派軍隊戍守，修建軍事設施，招募內地居民到那裡定居，以此為基地經營西域。這時，漢武帝遙望著為懷念受

前一〇一年

李廣利攻破大宛後還師長安，封海西侯。武帝派兵在西域屯田。

前九一年

武帝使江充治「巫蠱」獄，京師及各地受牽連而死的前後數萬人。太子據受誣，殺江充，發兵與丞相劉屈氂在長安城中混戰五天，死者數萬。後太子據逃亡到至東湖（今河南靈寶西北），被圍後自殺。

前八九年

封丞相田千秋為富民侯，頒布「罷輪臺屯田罪己詔」，宣稱不再出兵作戰。

誣而死的太子剛剛建成的「思子宮」，回想起自己幾十年來頻繁對匈奴、西域用兵的往事，頭腦冷靜了下來，意識到了自己的過失。他沒有同意大臣們的提議，也沒有責怪大臣們的冒失，而是寫下了一篇深懷悔恨的詔書，這就是「輪臺罪己詔」。

漢武帝在詔書中說，前些時候有關部門要求增加民眾的賦稅，以滿足邊地之用，加重了百姓的困苦。而今又有人請求屯田、戍守輪臺。輪臺在車師之西千餘里，以前我們攻打車師雖然取得了勝利，但因為路遠乏食，光是在路上餓死的就有幾千人，如果戍守更遠的輪臺，後果不更為嚴重嗎？接著，他開始陳說自己的過錯，說自己從即位以來，所作所為狂妄而不合情理，使得天下民眾愁苦不堪，現在真是追悔莫及啊。自今以後凡是有害百姓、浪費天下錢財的事，一律作罷！最後，他宣布了新的政策：當務之急是禁止苛暴，停止隨意向民眾徵收賦稅，致力於農業之根本，鼓勵百姓養馬，不使武備鬆懈即可。

從此，漢朝的統治方針發生根本轉變，回到了漢初與民休息、重視生產的軌道上，因而避免了亡秦的覆轍。兩年過後，漢武帝去世了，這時社會已安定下來，經濟逐步得到恢復，政治危機也已度過。他的後繼者昭帝和宣帝繼續推行這種政策，使西漢出現了「中興」的局面。司馬光曾說漢武帝「有亡秦之失，而免亡秦之禍」，原因就在於秦始皇拒絕承認錯誤，一意孤行；而漢武帝卻是知錯認錯，及時改正。

相關連結

昭宣中興

武帝死後，年僅八歲的漢昭帝即位，大將軍霍光受詔輔政，繼續推行漢武帝在「輪臺罪己詔」中提出的政治經濟政策，輕徭薄賦，與民休息，社會生產得到恢復和發展。始元六年（前八一），昭帝下詔詢問民間的疾苦，丞相田千秋等召集郡國推舉的「賢良文學」六十餘人，對武帝實行的各種經濟政策進行全面檢討和評論，這就是有名的「鹽鐵會議」。會後對此前的經濟政策進行了局部調整。宣帝即位後，繼續奉行與民休息政策，謹慎選拔地方官吏，平理刑獄，將公田租給或分給貧民耕種，免除因災歉收的農民的租賦。昭帝、宣帝均曾派兵抗擊匈奴，但戰爭的規模、費用比武帝時小得多。宣帝時，呼韓邪單于歸附漢朝，邊境地區安定了下來。總之，昭帝、宣帝兩代，漢代社會再度出現興盛的景象，史學家們稱之為「昭宣中興」。

昭君出塞

自古以來因和親而遠嫁邊疆少數民族首領的女子甚多，其中王昭君的事蹟流傳最廣，文士吟誦，藝人謳歌，家喻戶曉，婦孺皆知。

昭君姓王名嬙，南郡秭歸（今屬湖北省）人，漢元帝在民間挑選宮女，昭君被選入宮。當時，大漠以北的匈奴人分裂為東、西兩部，東部的呼韓邪單于歸附漢朝，西部郅支單于與漢為敵。後來，漢西域都護甘延壽等擊殺郅支單于於康居，呼韓邪單于統一了匈奴東西兩部。建昭五年（前三四年），呼韓邪單于上書，願朝見漢皇。獲准後，於次年自單于庭（今外蒙古烏蘭巴托附近）至長安謁見漢元帝。元帝以隆重的禮節接待他，同時贈送給他大量財物。呼韓邪單于提出要做漢家的女婿，以便與漢朝保持親近關係。元帝應允，決定挑選一宮女，充作公主嫁給他。

當時後宮中有很多從民間選來的宮女，有些雖然不想在皇宮中過如同囚徒一樣的生活，但也不願意嫁到匈奴那蠻荒的地方去。這時，有一個宮女毅

宮中畫像圖

前一〇〇年

蘇武出使匈奴被扣留。

前八一年

蘇武自匈奴回國，任典屬國之職。

■**蘇武牧羊**

西元前一〇〇年，漢武帝任蘇武為中郎將，率使者百餘人出使匈奴，值匈奴內亂，副使張勝捲入其中，蘇武受到牽連，匈奴單于欲脅迫其投降，百般折磨，後徙其至北海（今貝加爾湖），蘇武持漢朝符節牧羊，始終不肯投降。昭帝時，漢匈關係緩和，蘇武在匈奴歷十九年，方得回到漢朝。

明　仇英《明妃出塞圖》（絹本）

然站了出來，表示願意遠嫁匈奴單于。這個不同尋常的女子便是王昭君。

據說，呼韓邪單于見昭君端莊美麗，又很有見識，大喜過望，馬上給了她「寧胡閼氏」的封號。但是當單于伴隨昭君向元帝告別的時候，漢元帝愣了半天，一臉懊喪，怎麼也高興不起來。

原來，元帝後宮中女子很多，他讓畫師們給每個女子畫張像，然後按畫像挑選中意的人前來見他。宮女們為了能見到皇帝，紛紛賄賂畫師，讓他們把自己畫得漂亮些。只有昭君不肯行賄，於是畫師毛延壽把她畫得很醜，元帝自然不會召見她了。昭君向元帝辭行的時候，元帝見昭君舉止優雅，善於應對，容貌之美，後宮無人可比，追悔莫及。他很想把昭君留下，但又不能失信於單于，只好忍痛割愛，戀戀不捨地目送昭君離開。

昭君離開後，元帝即刻火冒三丈，讓人查明昭君容貌與畫像不相符合的原因，得知此事乃毛延壽所為，命令將毛延壽斬首示眾。元帝還是有些不解氣，後來將其他宮廷畫師也都殺死了。

昭君出嫁匈奴單于以後，漢匈和睦相處四十多年，長城附近的邊境上，牛羊遍野。昭君與呼韓邪單于生有一子，後被封為匈奴右日逐王。呼韓邪死後，根據匈奴族的習俗，昭君又嫁給了呼韓邪單于的長子復株累若鞮單于，生有兩個女兒。昭君死後，被埋於歸化（今呼和浩特市附

前六〇年　以鄭吉為西域都護，治烏壘城。

前五三年　呼韓邪單于降漢，派兒子右賢王入侍漢朝。郅支單于也派兒子右大將入侍。匈奴分為南北兩部，對內地的威脅基本解除。

前三三年　呼韓邪單于朝漢。漢元帝以宮女王昭君嫁呼韓邪單于。

近），不管大漠如何乾旱，她的墳墓上始終草色青青，所以人們又把昭君墓稱為「青塚」。後來草原上各族人民修建了許多這樣的青塚，以紀念這位平民出身的和平使者。漢族人民同樣懷念這位不同尋常的女子，從馬致遠的《漢宮秋》到曹禺先生的《王昭君》，以昭君出塞為題材的戲劇就有二十幾齣，而歷代詠王昭君的詩詞則多達五、六百首。

相關連結

漢匈和親

漢高祖白登山被圍以後，匈奴勢力正盛，而漢政權初建，經濟尚待恢復，無力反擊匈奴，於是高祖接受了劉敬提出的「和親」的建議，把宗室的女兒充作公主嫁給匈奴單于，與匈奴約為兄弟，每年送給匈奴大量絮、繒、酒、米等物品，並與匈奴進行貿易，借此緩解匈奴的侵擾，換取邊境的安寧。呂后時，單于曾寫信侮辱呂后，呂后因國力不足，忍辱實行和親政策。文帝、景帝時，一方面堅持和親政策，一方面積極進行抗擊匈奴的準備。武帝大規模抗擊匈奴，漢匈和親中止。昭帝、宣帝時，匈奴衰落，呼韓邪單于內附，元帝以王昭君嫁呼韓邪單于，宣告了漢、匈奴長達上百年戰爭的結束。

西漢初期的和親是一種屈辱性和親，而元帝時的和親則變成了羈縻性和親。和親緩和了民族間的衝突和對抗，促進了雙方的經濟文化交流，為邊地提供了安定的社會環境，有利於社會經濟發展。

新朝代漢

王莽是中國歷史上第一個用和平方式奪取政權、改朝換代做皇帝的人。古人罵他「篡漢」，今人多用中性詞曰「代漢」。其實篡奪不應該成為評判王莽歷史功過的標準，關鍵是看他的行為對歷史發展起到了什麼樣的作用。

王莽是漢元帝的皇后王政君的侄子。元帝、成帝時候，王氏一家多人身居要職，有九人封侯，五人做過大司馬。王氏子侄大都驕奢淫逸，專橫跋扈，只有王政君二弟王曼的兒子王莽與眾不同。王曼早死，王莽自幼跟隨著母親，孤苦貧困，地位低下。但王莽很有志氣，他勤奮讀書，知識淵博，生活簡樸，孝敬母親，尊敬長輩，待人彬彬有禮，交結了不少有才能的朋友。西漢後期，大司馬大將軍是權力最大、地位最高的官職，王莽的伯父王鳳就身居此職。王鳳病重的時候，王莽不分日夜地守在他身邊，親手為他煎藥，蓬頭垢面，好幾個月都沒有脫衣睡覺。王鳳深受感動，臨死前囑託王太后和漢成帝，要他們多照顧王莽。不久，王莽當上了黃門郎（皇帝的侍從官）。後來他的叔父王商上書成帝，願意將自己的封邑分出一些給王莽。當時許多官員、名士也都上書稱道王莽品德高尚，於是成帝封王莽為新都侯。王莽官位越高，就越謹慎謙遜，所以官府內外、朝野上下，沒有人不稱讚他。他的叔叔王根年老，想從大司馬的位子上退下來，成帝就任命王莽做了大司馬，這一年，他才三十八歲。

為了提高自己的威信，王莽擔任大司馬以後，大力起用賢才，極力糾正當時奢侈浮華的風氣。有人到他家去，見到一個女子穿著短衣布裙，以為是他家的奴婢，一問才知道是王莽的夫人。人們聽說後都很吃驚。

成帝死後，漢哀帝即位，哀帝的外戚丁氏、傅氏掌權，王莽受到排擠，辭職回到了封地新

前一年

漢哀帝卒。立成帝的侄子中山王劉衎為帝，是為平帝。平帝年幼，王莽的姑母太皇太后王政君臨朝，王莽掌握實權。

西元五年

王莽毒死平帝。

六年

立漢宣帝的玄孫年僅兩歲的劉嬰為皇太子，號孺子。王莽稱假皇帝。

八年

王莽自稱皇帝，國號新。

都。漢哀帝只做了六年皇帝便死去。在太皇太后王政君主持下，年僅九歲的漢平帝即位，王莽被召入朝，重新做了大司馬。此後，太后臨朝，大權歸於王莽。他積極培植私人勢力，順之者提升官職，逆之者則被誅殺。他想得到什麼好處，便會暗示其黨羽親信上奏請求，他則一再推辭，最後才答應下來。這樣做既可迷惑太后，又能讓朝廷大臣相信他。他沽名釣譽，積極為奪取政權做準備。

王莽立孺子嬰為君

元始元年（西元一年），王莽授意心腹買通越裳氏（南方少數民族）前來進貢。接著大做文章，幾個大臣說少數民族歸附，是王莽的功勞，說只有他才能保證漢朝的安定，請求加封他為「安漢公」。王政君批准了大臣們的請求。王莽卻上書說這是幾個大臣的功績，先封賞了幾個大臣，又假意推辭了一番，才接受了封號。但是，他仍堅持不接受封地，幾個大臣又鼓動各地官吏、民眾等上書稱頌王莽的「功德」。幾天當中，上書的人就達到四十多萬。

第二年，王莽提出自己拿出錢百萬、地三十頃賑濟災民；擴建太學，增加博士與太學生名額，在各地網羅人才；恢復久已廢棄的宗室與功臣後裔分封爵位的制度，以此博得統治集團及社會各階層人們的支持。許多官僚、士人為討好王莽，紛紛假託符命、圖讖，為王莽奪權製造輿論。王莽把自己的女兒嫁給漢平帝做了皇后，他的地位更加顯赫。這時，又有人上書說：周成王小的時候，稱為孺子，周公攝政，當今皇帝還很年輕，應該讓安漢公行天子之事，如同周公一樣。大臣們都隨聲附和。

元始五年（五），王莽發現平帝漸漸長大，對自己專制獨裁感到不悅，便借臘月祭祀的時候，將毒藥置於椒酒中，進獻給平帝，平帝飲後發病。王莽假意替他禱告，自己願代他而死。平帝不久死去。這時大臣們又來請求王莽像周公旦那樣攝政，太皇太后只好批准，給王莽加上了「攝皇帝」的尊號，祭祀時則稱「假（代理）皇帝」，年號也改成了「居攝」。王莽選了個年僅兩歲的劉嬰作為劉氏皇位的繼承者，因為有了攝皇帝，劉嬰就不能稱帝了，只好立為「皇太子」，號為「孺子」。

此後各地不斷有人迎合王莽，裝神弄鬼，在石器、銅器上刻上「安漢公莽為皇帝」、「漢高祖讓位給王莽」等字樣，進獻給王莽。初始元年（八）十二月，王莽正式稱帝，因為他曾被封為「新都侯」，所以國號稱「新」。

相關連結

王莽改制

西漢後期，土地兼併加劇，階級矛盾激化，社會危機嚴重。為了解決社會問題，王莽建立新朝前後，進行了「托古改制」。

他宣布頒行「王田私屬制」，土地叫「王田」，奴婢叫「私屬」，皆不准買賣，規定每人占有土地不得超過百畝。這種按照古代井田制一夫百畝的理想制定的措施，根本無法付諸實施。他同時推行「五均」「六筦」及「賒貸」法，國家控制和壟斷工商業活動，避免富商大賈謀取暴利，同時增加政府的經濟收入，但由於用人不當，也沒有收到好的效果。他多次變更幣制，稱錢幣為「寶貨」，寶貨由五種材料做成，有六類名稱，總共二十八種。幣制變更過於頻繁，貨幣種類太多，各種貨幣間兌換比值極不合理，造成了經濟秩序的混亂。他恢復了五等爵制，任意改變官制、官名、地名及少數民族首領的名稱，純屬徒滋紛擾的愚蠢做法。王莽改制沒有起到解決社會矛盾的目的，反而使得「農商失業，食貨俱廢」，百姓「搖手觸禁，不得農桑」。這些措施後來大都被廢止，而由此引發的社會矛盾卻逐步激化，最終爆發了全國規模的農民大起義。

王莽貨幣

昆陽之戰

昆陽之戰是綠林起義軍推翻王莽政權的一次戰略性決戰，也是我國歷史上以少勝多的一個典型戰例。

地皇四年（二三）初，王莽軍隊主力東攻赤眉軍，中原空虛。綠林軍揮師北上，沘水（今河南泌陽境）一戰，消滅了王莽荊州兵甄阜、梁丘賜部。接著又擊敗王莽軍嚴尤、陳茂部。綠林軍發展到了十餘萬人。二月，更始政權建立後，以主力部隊北上圍攻戰略要地宛城（今河南南陽）。同時派王鳳、王常、劉秀等人統率軍隊，迅速攻占昆陽（今河南葉縣）、定陵（今河南舞陽北）、郾縣（今河南郾城南）等地。

王莽聞訊大驚，急忙改變軍事部署，將進攻赤眉軍的主力部隊調回，轉攻綠林軍。三月，王莽派大司空王邑、司徒王尋趕赴洛陽，徵發各郡精兵四十二萬，號稱百萬，向南進攻綠林軍。

五月，王邑、王尋率軍西出洛陽，南下潁川，與嚴尤、陳茂會合後，直逼宛城。途經昆陽，即以全部兵力，將昆陽重重包圍，務求攻克。當時昆陽城中綠林軍僅有八、九千人。面對數十倍於自己的敵軍，綠林軍將領意見發生了分歧。不少將領認為敵我兵力懸殊，戰則必敗，主張化整為零，棄城出走，回到根據地，再圖恢復。劉秀極力反對，主張鼓舞士氣，堅守昆陽，消耗王莽軍兵力，然後伺機破敵。諸將同意了劉秀的建議，決定由王鳳、王常等率眾堅守，劉秀出城調集援軍。劉秀、李軼等率十三騎衝出昆陽南門，趕赴郾縣、定陵一帶求援。

王莽部將嚴尤向王邑建議：昆陽城易守難攻，應當繞過昆陽，迅速進攻宛城，擊敗宛城的綠林軍主力，昆陽城則可不戰而下。王邑等人自恃兵多勢眾，不聽勸告，堅持先攻昆陽。且揚言道：「以我百萬之師，所過之處自當殘滅，等屠滅此城後，踏著他們的血跡前進，前歌後舞，豈

一七年

荊州飢民王匡、王鳳聚集在綠林山（今湖北大洪山）起義，後號稱綠林軍。

一八年

琅琊郡樊崇在莒縣起義，轉戰於青州、徐州間。後來他們將眉毛染成紅色，稱赤眉軍。

二三年

綠林軍將領擁立漢宗室劉玄為皇帝，國號漢，年號更始。劉秀大破王莽軍於昆陽，殺司徒王尋。赤眉軍攻入長安，商人杜吳殺王莽於漸臺。

不是很痛快的事嗎！」王邑令軍士挖掘地道，製造雲車，加強攻勢。昆陽守軍眾志成城，合力抵抗，多次擊退王邑軍的進攻。

昆陽城屢攻不下，嚴尤再次向王邑建議網開一面，使城中守軍逃出一部分，然後散布輿論，動搖其軍心，瓦解其士氣。剛愎自用的王邑依然不予採納。

劉秀等人抵定陵、郾縣後，說服本不願出兵的起義軍將領，於六月初一日率領步騎萬餘人馳援昆陽。劉秀親率千餘人為前鋒，奮勇進攻，斬殺王邑軍數十人，士氣大振。這時更始軍主力已攻占宛城三日，但戰報尚未傳到昆陽。劉秀為了鼓舞士氣，動搖敵人軍心，製作義軍已攻占宛城的戰報，用箭射入昆陽城中；又故意遺失此戰報，讓其在敵人軍隊中傳播。

接著，劉秀挑選出勇士三千人，迂迴到敵軍側後，出其不意，向王邑大本營發起極其猛烈的攻擊。王邑下令各營按兵不動，自己和王尋率領萬人迎戰。一經交手，王邑軍陣勢大亂，敗潰，王尋被亂軍所殺。昆陽城內守軍乘勢出擊，內外夾攻，殺聲震天動地。適逢雷電交加，暴雨如注，河水激漲，王莽軍自相踐踏，溺水而死者無數，全軍一敗塗地。王莽軍主力損失殆盡，只有王邑、嚴尤等率數千人逃回洛陽。

昆陽之戰殲滅了王莽軍隊主力，宣告新莽政權即將覆滅。

相關連結

綠林赤眉起義

王莽統治後期，荊州地區連年災荒，農民大量流亡。天鳳四年（一七），饑民們在王匡、王鳳兄弟領導下起義，起義軍以綠林山（今湖北大洪山）為根據地，故稱綠林軍。隊伍很快發展到上萬人。地皇三年（二二），綠林山爆發瘟疫，起義軍離開那裡。次年二月，王匡、王鳳等擁立漢宗室劉玄為帝，恢復漢朝國號，建元更始。六月，劉秀等在昆陽大敗王莽軍隊主力，奠定了推翻王莽政權的基礎。八月，綠林軍攻入長安，王莽被殺。

早在綠林起義的第二年，琅邪（今山東諸城）人樊崇也在莒縣率眾起義，部眾多達數萬人。起義軍將眉毛染成紅色，以便與官兵區別，故稱赤眉軍。赤眉軍在成昌（今山東東平西）攻殺王莽軍萬餘人，軍威大振，乃轉戰於今魯、豫、皖交界處。攻下洛陽後，分兵西進，大敗劉玄的軍隊。更始三年（二五），赤眉軍攻入長安，劉玄投降，更始政權滅亡。次年底，赤眉軍離開長安東歸，為劉秀所敗，樊崇投降後被殺，起義失敗。

劉秀得隴望蜀

秦在今甘肅省東南部地區設置隴西郡，後人以「隴」代指這一帶地方。蜀，古國名，秦滅之置蜀郡，後人們以「蜀」代指今四川中部地區。古代蜀地與中原地區的聯繫，水路則由長江入湖北，陸路則必須經隴西進關中，故隴與蜀實為緊密相連的兩個地理區域。蜀地田土肥沃，物產豐富，乃天府之國，所以中原地區封建皇朝建立後，無不出兵取蜀。劉秀自然也不例外，他指示部將，攻取隴西後，便可直指蜀地。這便是「得隴望蜀」一詞的由來。

劉秀稱帝後陸續鎮壓了各地起義軍，採用拉攏與打擊並用的手段，先後平定了漁陽彭寵、南郡秦豐、梁郡劉永、齊地張步、廬江李憲等割據勢力，然後揮兵西向，以取隴、蜀。

新莽末年，天水成紀（今甘肅秦安）人隗囂聯絡當地豪強起兵反對王莽，占據隴西、武威直到酒泉、敦煌一帶。曾一度投靠劉玄，有功於漢。建武六年（三〇），劉秀派耿弇等七位將軍經隴地征討蜀地的公孫述。隗囂怕被吞併，乃反漢，且大敗漢兵，乘勝窺視關中。劉秀命征西大將軍馮異、征虜將軍祭遵擊敗之。次年，隗囂向割據蜀地的公孫述稱臣。建武八年（三二），劉秀的部將來歙攻取略陽城（今甘肅莊浪西南），隗囂出重兵包圍略陽，公孫述亦派兵相助。劉秀親自出兵征討，大敗隗囂，其部眾多投降。劉秀部將岑彭與吳漢圍困隗囂於西城（今甘肅天水西南）。隗囂部將田弇、李育則固守上邽（今甘肅天水），亦被漢軍所包圍。

劉秀包圍兩城，日久不能攻克，於是東歸洛陽，留下岑彭、耿弇等人繼續圍城。劉秀臨走時下詔書給岑彭說：「這兩座城如果能攻下，便可以率兵往南攻打蜀地了。人心苦於不知足，既平定隴地，又盼望得到蜀地。每一次發兵，頭髮鬍鬚都因憂慮而變白。」

後來蜀地公孫述的救兵趕到，漢軍糧盡，只得退兵，隗囂復占有隴西等地。建武九年（三三）

二五年

劉秀於鄗稱帝。後定都洛陽。

赤眉軍立劉盆子為帝，入長安。

四〇年

交趾麊泠縣（今越南河內西北）女子徵側、徵貳反漢，九真、日南、合浦等地少數民族響應。徵側自立為王。後為劉秀大將馬援所殺。

五七年

倭奴國王派使者來漢，中日交通正式開始。

楚王英崇尚「浮屠」（後譯作「佛圖」）。這是中國關於佛教傳入的最早記載。

春，隗囂憂憤而死，部將立其子為王，次年被劉秀部將來歙等攻殺。隴西等地為漢所占有。

早在更始二年（二四），公孫述就在成都自立為蜀王，次年稱帝，盡占益州之地。公孫述不想蝸居蜀地，不時染指隴西。建武九年（三三），公孫述眼看隴西被劉秀所占領，派部將率兵順長江而下，直至荊門（今湖北宜昌），意欲占據長江中游地區。次年劉秀派岑彭出擊，公孫述的軍隊退到江州（今重慶嘉陵江北岸）。岑彭統兵逆江而上，包圍江州，攻克武陽（今四川彭山東），逼近成都。公孫述沒想到漢兵如此神速，大為吃驚。同時劉秀又令來歙等出隴西南進，攻克下辨（今甘肅成縣西北），以便與岑彭軍合圍成都。

據說岑彭駐軍的地方叫做「彭亡」，岑彭聽了很不高興，便想移軍他處，適逢天黑不便行動。就在這天夜晚，蜀地的刺客假扮成逃亡的家奴來降，岑彭未加防備而被刺殺。

建武十二年（三六），劉秀部將吳漢攻占廣都，兵臨成都，連戰連捷，公孫述親率大軍出城迎戰，蜀軍大敗，公孫述戰死，蜀地被平定。又過了四年，武原的盧芳投降劉秀，至此各地的割據勢力均被削平，實現了全國的大統一。

「得隴望蜀」是歷史的必然。當時劉秀說這話，含有所求過分的意思，那是為了表達對將士常年征戰的歉意。但後來，隨著詞語使用環境的演變，「得隴望蜀」成了過於貪婪、所求無厭的代名詞，這是劉秀所萬萬沒有想到的。

相關連結

劉秀稱帝

綠林赤眉起義爆發後，漢宗室劉秀與其兄劉縯乘機於舂陵（今湖北棗陽東南）起兵，加入到綠林軍中去。後來，劉縯對劉玄稱帝不滿，被劉玄、王匡等殺死，劉秀因兵力薄弱，深自韜晦，表示順從劉玄。後劉玄派其略地河北，劉秀乘機北上，獨立發展自己的勢力。他每

六七年
蔡愔取佛經回，西域沙門迦葉摩騰、竺法蘭同來。建白馬寺於洛陽。

七三年
班超鎮撫西域諸國，西域諸國與漢隔絕六五年，至此恢復往來。

七九年
十二月，召集大臣、諸儒會於白虎觀，討論「五經同異」，章帝親臨。班固據討論紀錄整理編撰成《白虎通德論》，簡稱《白虎通》或《白虎通義》。

九四年
班超出兵攻殺焉耆王，西域五十五國全都向漢納貢內附。

九七年
班超派遣甘英出使大

到一處，就以恢復漢家政權為旗幟，以推翻王莽相號召，察檢吏治，釋放囚徒，廢除王莽苛法，恢復西漢官名，取得吏民擁戴。不久便平定銅馬、青犢等農民起義，占據了河北。赤眉軍西進長安時，劉秀也出兵西向以爭天下。當他率兵圍困洛陽時，部下便請其稱帝，但劉秀以為時機尚未成熟，堅持不從。後來儒生強華帶著〈赤伏符〉從關中趕來，符上說劉秀乃皇天降命的真命天子，當光復漢家天下。劉秀乃於西元二五年六月，在鄗（今河北柏鄉北）稱帝。十月，移都城於洛陽。後經過十多年的戰爭，逐步平定了各地的割據勢力，完成了全國的統一。

秦、條支，至安息（今伊朗一帶）西界而還。

「五侯」殺梁冀

宦官勢力是依附在封建皇權肌體上的一顆毒瘤。宦官受過腐刑，生理上存有缺陷，容易引起心理變態。他們當中許多人出自社會底層，其中不乏地痞無賴之徒，為追求物質享受會不擇手段。所以他們得勢後，對國家政治和社會秩序的破壞性很大。外戚與皇家有裙帶關係，又有後宮作為內援，一旦入朝為高官，往往挾持皇帝，專政弄權。東漢中期以後，宦官與外戚相互傾軋，使朝政混亂不堪。「五侯」殺梁冀，便是宦官與外戚傾軋的典型事例。

東漢和帝依靠宦官鄭眾剿滅了外戚勢力，鄭眾因此升官為大長秋（皇后的卿），永元十四年（一〇二），被封為剿鄉侯，宦官封侯自此開始，此後宦官封侯者代不乏人。

桓帝即位後，外戚梁氏飛揚跋扈，權傾朝野。梁冀身為大將軍執政，他的兩個妹妹，一個是皇太后，一個是皇后。他安插宦官為親信，皇帝完全處於其監控之下，生命安全也掌握在他的手中。凡朝廷百官升遷，先到梁家求見謝恩，然後才敢去政府部門報到任職。梁氏大肆修建豪華宮室、苑林。宮室如皇宮般富麗堂皇，苑林在首都附近，逶迤千里，專闢獵場，設兔苑養兔，綿延數十里。曾有一西域商人不知禁令，誤殺苑中一隻兔子，結果十餘人被牽連處死。各地獻給皇帝的貢品，上等選送梁府，剩下的才送交皇宮。梁氏一門先後有女子七人封君，三人為皇后，六人為貴人；男子七人封侯，兩人為大將軍，娶公主為妻者三人，任文武大臣者五十七人，掌權二十餘年，擁立三位皇帝。東漢的外戚專權至此達到頂峰，這也為宦官的權力再度膨脹準備了條件。

桓帝如同傀儡，心中憤懣不平。延熹二年（一五九），梁皇后死，桓帝對宦官唐衡說：「我身邊誰與皇后有矛盾？」唐衡回答說，宦官當中單超、左悺與梁冀的弟弟不和，徐璜、具瑗也都痛恨外戚專權。於是桓帝把這五個宦官叫到面前，對他們說：「梁冀兄弟專權，朝臣大都依附

九二年
和帝與宦官中常侍鄭眾合謀逼殺竇憲。鄭眾升官任大長秋，宦官專權自此開始。班固乃竇憲賓客，故被捕入獄而死。他的妹妹班昭續寫《漢書》。

一〇二年
鄭眾被封為剿鄉侯，宦官封侯自此開始。

一〇五年
蔡倫發明造紙技術。

一三二年
太史令張衡製作候風地動儀，又曾製作渾天儀。

他，我想誅殺梁冀，你們認為怎麼樣？」單超等人一聽，喜上眉梢，齊聲說：「早就應該除掉他了！」桓帝讓他們想辦法。他們說，除掉梁氏並不難，就怕陛下您下不了決心。桓帝把單超拉到身邊，抓住他的手臂，用牙咬出血來，歃血立盟，密謀收捕梁冀及其黨羽。五個宦官聯合與梁氏不睦的朝臣，即刻發動宮廷政變，派羽林軍千人包圍梁冀住宅。梁冀毫無準備，自知無法抵抗，便與妻子一起自殺了。梁氏一門不分老少長幼，都被處死，公卿大臣被處死的數十人，免官者三百多人，朝廷的高官幾乎被罷黜一空。被沒收的梁冀家財，拍賣後得錢三十多億，拿來充裕國庫，當年朝廷租稅徵收因此而減半。宦官單超、徐璜、具瑗、左悺、唐衡五人誅梁氏有功，同日封侯，世稱「五侯」。單超任車騎將軍，位同於三公。小黃門劉普、趙忠等八個宦官也被封為鄉侯。

掌權的宦官把宗族親戚安排到地方上擔任刺史、太守，他們本是些地痞無賴，又有朝中宦官作後臺，故為官貪贓枉法，胡作非為，榨取民財，如同盜賊。徐璜之侄徐宣為下邳令，求聘已故汝南太守下邳人李暠之女，李家不同意，徐宣便命令手下官吏將其女捉至衙署，用箭射死。宦官侯覽之兄為益州刺史，霸占他人房舍三百八十一所，良田萬畝，新建府第十六座，式樣如同皇宮，見有富足人家，便誣其有罪，抓來殺死，沒收其財產為己有，累計達億萬。其賓客僕從為非作歹，魚肉百姓，劫掠旅客，地方官如加干涉，即被罷官。宦官及其親族強取豪奪、為害鄉里，百姓無法生存，於是小規模農民起義頻繁發生，也引發了黨人反對宦官的政治運動。

蔡倫墓

■蔡倫造紙

蔡倫字敬仲，桂陽（今湖南耒陽）人，漢明帝末年入宮為宦官，後升任尚方令，主管宮廷手工作坊。到漢和帝時候，他通過對造紙生產工藝的研究和實踐，用樹皮、麻頭、破布、破魚網等作材料，造出便於書寫的新紙來。當時人們把這種新紙稱「蔡侯紙」。此後，造紙工匠均採用他所發明的新技術，紙張成了最常用的普通書寫材料。

外戚宦官專權

劉秀建立東漢以後，接受西漢外戚專權以致敗亡的教訓，不讓外戚居樞機要位。但三世以後，情況發生了變化。和帝即位時年僅十歲，竇太后臨朝，其兄竇憲任大將軍，兄弟子侄並居要位，東漢外戚專權自此始。和帝年稍長，對竇氏弄權不滿，乃與宦官鄭眾密謀，捕殺竇氏兄弟及其同黨。竇太后被迫歸政於和帝，鄭眾因功封侯，參與朝政，宦官專權自此始。和帝二十七歲死，其子剛生下百餘日便即位為帝，是為殤帝。殤帝立不到一年死去，安帝繼立，鄧太后臨朝，其兄鄧騭為車騎將軍掌權，鄧太后聽政十餘年，對外戚嚴加管束，政治較為清明。鄧太后死，安帝的乳母王聖與宦官勾結誣鄧氏有廢立之謀，鄧氏族人或被殺，或被免官。宦官江京等受到重用，與皇后兄閻顯共同掌握朝政。安帝三十二歲死，後來，宦官孫程等合謀殺死宦官江京與閻顯，迎立順帝，孫程乃被封侯掌權。不久，外戚梁氏掌權，梁皇后之父梁商、兄梁冀先後任大將軍，執政順帝、沖帝、質帝、桓帝四朝，外戚專權至此為最盛。桓帝時，梁氏勢力為宦官所清除，宦官單超等執政，直到靈帝，權力一直為宦官所壟斷。在鎮壓黃巾起義的過程中，地方軍閥勢力膨脹，東漢朝廷名存實亡。袁紹誅滅宦官後，東漢的外戚宦官專權就此終結。

明　仇英《漢宮春曉圖》（局部）

張儉望門投止

張儉在逃亡的路上，只要看見有民戶的大門，便前去投靠，沒有一戶人家不收留他。這就是「望門投止」的由來。張儉為什麼要逃亡？為什麼家家都肯收留他？

張儉字元節，東漢山陽郡高平（今山東鄒城西南）人。他的先祖張耳跟隨劉邦反秦，曾因功被封為趙王。父親張成官至江夏太守，頗具政績。張儉年輕時即被地方官推舉為茂才（即秀才，為避光武帝劉秀之諱改稱茂才），中央政府安排他到州刺史屬下為官，他認為那位刺史不具備做官的品德和才能，就以有病為由拒不就職。延熹八年（一六五），張儉任職山陽郡東部督郵，負責督察糾舉當地官民違法之事，宦官侯覽的家就在他管轄的區域之內。侯覽在桓帝時任中常侍，後因參與誅殺梁冀而封侯。他依仗權勢，大事聚斂，強占民田，殘害百姓，侯覽的家人、姻親等亦恃勢妄為，稱霸鄉里。侯覽的母親還在世，便大修墳塋，拆毀別人家的房屋，挖開別人家的墳墓，建起的殿廡有上百尺高。張儉查得事實，毅然上書朝廷，揭發侯覽及其家人的劣跡罪行，請求治其罪而誅殺之。張儉幾次上書都落到了宦官手裡，侯覽盡知其情，對張儉恨之入骨。但張儉並未退縮，他見上書無效，便親自帶領屬下抄沒侯覽的家，鏟平了他母親剛修的墳塋。又上書言侯覽的罪行及其母親干涉郡國事務，橫行鄉里之事。

侯覽終日耿耿於懷，尋找機會報復張儉。張儉的同鄉有個叫朱并的人，是個陰險狡詐而又善於逢迎拍馬的小人，張儉很看不起他，朱并也因此忌恨張儉。後來，侯覽唆使朱并上書，誣告張儉和本郡二十四人結為朋黨，圖謀不軌。當時正逢黨錮之禍最烈的時候，漢靈帝不作調查，便下詔捉拿張儉等「黨人」。張儉聞訊潛逃，窘急之中，看見前面有座大門，便敲門投宿。人們佩服張儉的品德與膽量，十分看重他的行為與聲譽，都冒著被抄家滅族的危險收留他。張儉所到之

一六六年

宦官誣告並逮捕李膺等人，桓帝下令搜捕「黨人」，此為第一次黨錮之禍。

一六九年

李膺被宦官囚死於獄中，受牽連而死、徙、廢、禁者六、七百人。此為第二次黨錮之禍。

處，前後有十餘戶人家受到牽連，宗族皆被殺戮。

後來張儉逃到了東萊，住在李篤家。外黃縣縣令毛欽聽說後，帶兵前來搜捕。李篤把毛欽叫到一邊，對他說：「張儉是天下敬重的名人，現在他雖然逃亡，但並沒犯什麼罪，你可能會捉到他，但你忍心帶走他嗎？」毛欽趕忙站起身來，對李篤說：「春秋時期衛國的大夫遽伯玉把獨自為君子作為恥辱，難道你也想將仁義都歸到自己頭上嗎？」李篤回答說：「你不逮捕張儉，那麼我的仁義有一半已經被你得到了。」毛欽歎息一聲，帶兵離去。李篤護送張儉逃到了塞外。

黃巾起義爆發後，黨錮解除，張儉返回了故里。朝中三公及大將軍都徵辟他為官，他總是推辭不去任職。皇帝派公車接他出任少府，他也拒不成行。漢獻帝初年，他的家鄉發生了大災荒，張儉傾盡家產，賑濟災民，依賴他而存活的有上百人。後來，張儉不得已做了衛尉，見到曹操勢傾朝野，大權在握，於是閉門謝客，不再過問政事。不久死於許昌，年八十四歲。

相關連結

黨錮之禍

外戚宦官專權把東漢政權推到了崩潰的邊緣，面對嚴重的政治危機，許多開明的官僚、士大夫為此而擔憂。外戚宦官堵塞了士人、太學生的政治出路，引起了他們的強烈不滿。於是一些開明官僚，聯合太學生及郡縣儒生，掀起了一場反對宦官專權的政治運動。他們一方面從輿論上批評宦官政治，樹立士人領袖的地位，用「清議」的形式，靠社會輿論的力量打擊宦官。另一方面在政治上打擊宦官勢力，逮捕、處死胡作非為的宦官親屬黨羽。宦官不會聽任別人批評打擊，他們利用手中的權力，操縱皇帝，鎮壓士大夫反對派。雙方的鬥爭愈演愈烈，終於爆發了「黨錮之禍」。

桓帝延熹九年（一六六），宦官黨羽張成教唆其子殺人，司隸校尉李膺逮捕其子，適逢國家有赦令，李膺仍將其處死。於是宦官乃指使張成的弟子誣告李膺豢養太學生，結成朋黨，誹謗朝廷，敗壞風俗。桓帝大怒，下令逮捕李膺等兩百餘人。次年黨人雖被赦出獄，但皆禁錮終身，永不得入仕為官。這是第一次黨錮。靈帝即位後的第二年（一六八），外戚、大將軍竇武與太尉陳蕃重新起用李膺等人，合謀誅除宦官勢力，事洩後竇武被殺。接著宦官曹節等誣告「黨人」謀反，李膺等百餘人被捕，死於獄中。其餘牽連受害而被處死、徙、廢、禁等刑罰者六、七百人。熹平五年（一七六），靈帝又下詔，凡是黨人的門生、故吏、父子兄弟及五服以內的親屬一律免官禁錮。這是第二次黨錮。黃巾起義爆發後，靈帝下詔赦免黨人，黨錮才被解除。

皇甫嵩鎮壓黃巾軍

靈帝中平元年（一八四）三月黃巾起義爆發後，農民軍主力集中到了冀州、潁川、南陽三個地區，進攻的矛頭直指洛陽。東漢朝廷十分驚慌，令各郡縣修築城池，整理器械，通往洛陽的各個關口都派都尉率兵把守。靈帝急忙召集大臣會議，商議如何鎮壓黃巾軍。當時統治集團矛盾重重，軍隊羸弱，國庫空虛，哪有力量鎮壓起義大軍。大家面面相覷，都沒有什麼好辦法。這時，皇甫嵩站出來說：「首先應該赦免黨人，起用他們當中的賢才。同時拿出皇宮倉庫中的錢財、西園中的馬匹，裝備軍隊。」靈帝儘管不情願，但也只好答應下來。於是招募軍隊，博選將帥。大臣們個個畏敵如虎，不願出戰。靈帝只得派皇甫嵩為左中郎將，帶著皇帝的符節，與右中郎將朱·一儁，率領駐紮京城的騎兵及招募來的兵士共四萬人前去鎮壓潁川黃巾軍，以解除對京師的威脅。同時令董卓、盧植等人率軍進攻冀州黃巾軍。

四月，皇甫嵩、朱儁率軍趕到潁川，剛一交戰，朱儁軍便被打得大敗，皇甫嵩不敢向前，退到了長社（今河南長葛）。黃巾軍將領波才趕上前去，把長社城團團圍住。皇甫嵩兵少，軍中人人驚恐。他登上城牆，遠遠望去，農民軍漫山遍野，鬥志高昂，吃驚不小。但他又仔細觀看，不由得喜上心頭，急忙把將領們召集起來，說：「指揮作戰，貴在變化，不在人數多少。我看敵人兵營都駐紮在樹林草叢中，我們夜裡前去縱火，他們必然慌亂，我們全力出擊，大功便可告成了！」當天夜裡，狂風大作。皇甫嵩令軍士背著柴草墜下城牆，悄悄趕到波才軍營邊，一起放起火來，城牆上的兵士同時舉起火把，一時間，火光沖天。皇甫嵩大開城門，擊鼓進攻。起義軍猝不及防，一時大亂，四散奔走。這時候，騎都尉曹操也率兵趕到，皇甫嵩、曹操與朱儁合力進攻，義軍大敗，被殺者數萬人。潁川黃巾軍的失敗使整個戰局發生了根本變化，黃巾軍對洛陽的

一八四年
黃巾起義爆發，全國回應，京師震動。半年後張角病死，起義主力被鎮壓。

一八九年
何進召董卓進京。宦官張讓等殺何進，袁紹帶兵入宮，殺宦官兩千餘人。

威脅解除，東漢政府乃騰出手來鎮壓其他地區的起義軍。

在皇甫嵩與波才軍大戰的同時，盧植也率軍到達了冀州。連續幾仗，張角領導的黃巾軍均遭敗績，農民軍犧牲上萬人，張角只好退守廣宗（今河北省威縣東），被盧植軍包圍。這時靈帝派宦官來視察軍情，有人勸盧植送厚禮給宦官，盧植不肯。宦官回到京城對靈帝說：「廣宗的起義軍不堪一擊，但盧植不肯出戰，等著您親自出兵呢！」靈帝大怒，派人把盧植關進囚車，解送京城。靈帝派董卓前往，在下曲陽（今河北晉縣西）被義軍打得潰不成軍。靈帝又派剛剛戰勝波才軍的皇甫嵩趕往冀州。張角派張梁迎戰皇甫嵩軍，兩軍在廣宗展開大戰。張梁軍作戰英勇，皇甫嵩招架不住，只好緊閉營門。正當黃巾軍與漢軍決戰的關鍵時刻，張角得病而死。皇甫嵩見義軍軍心動搖，防備鬆弛，命令官軍連夜準備，天色微明，突然發動進攻，雙方戰至傍晚，黃巾軍大敗，張梁陣亡，義軍三萬多人戰死，五萬多人赴河而死。皇甫嵩掘開張角的墳墓，開棺戮屍，把他的人頭送到京師。接著，皇甫嵩移兵進攻張寶部，張寶戰死，黃巾軍死傷、被俘者十萬餘人。皇甫嵩把義軍屍體堆積在城南，遠遠看去像座小山，謂之「京觀」，以炫耀自己的武功。不久，南陽的黃巾軍也被朱儁等率兵鎮壓下去。

黃巾起義軍主力經過九個多月的奮戰，最後失敗了。

相關連結

黃巾起義

東漢末年，宦官、外戚專政弄權，社會極端黑暗。連年水、旱、蝗災，加重了農民的苦難，他們背井離鄉，四處逃亡，武裝起義時常發生。這些起義雖然都被鎮壓了下去，但人民的反抗情緒卻日益高漲。有首歌謠這樣唱道：「髮如韭，剪復生；頭如雞，割復鳴。吏不必可畏，小民從來不可輕。」道出了農民誓死抗爭的心聲。這時，鉅鹿（今河北平鄉西南）人

一九〇年

關東州郡推袁紹為盟主討伐董卓。董卓焚燒洛陽宮殿房舍，挾獻帝西遷長安。

一九二年

司徒王允殺董卓。董卓部將李傕、郭汜攻陷長安，殺王允。曹操破青州黃巾軍，收編其部眾三十餘萬人，號青州兵。

張角創立太平道，借為人治病之機，十幾年間，發展信徒至三十萬人。張角按軍事編制把他們分成三十六方，每方設一渠帥，統一歸張角指揮。張角提出「蒼天（指東漢政權）已死，黃天（指起義軍）當立，歲在甲子（一八四年為甲子年），天下大吉」的口號，決定這一年三月五日，八個州同時起義。由於叛徒告密，起義計畫洩露。張角連夜派人馳告各方，立即起義。二月，三十六方同時舉兵。起義軍用黃巾裹頭作為標識，當時政府稱其為「黃巾賊」，後人稱其為黃巾軍。漢靈帝即派皇甫嵩、朱儁、盧植等前往鎮壓。農民軍初戰獲勝，但由於缺乏戰爭經驗，潁川、南陽、冀州三支義軍先後被鎮壓下去。後來黃巾軍餘部仍堅持作戰達三十年之久。黃巾起義是一次有周密計畫、經過長期準備並利用宗教形式組織和發動的農民起義。它瓦解了腐朽的東漢政權，掃蕩了腐朽的外戚、宦官勢力，衝擊了東漢後期土地兼併的嚴重局勢，對社會的發展起到了促進的作用。

三國兩晉南北朝

顧愷之《洛神賦圖卷》（摹本）之曹植像

三國時期（二二〇—二八〇）是繼東漢以後出現的一個社會分裂割據的時代。一九六年曹操遷漢獻帝於許昌，取得「挾天子以令諸侯」的地位，標誌著三國時代的開始。赤壁之戰以後，三國鼎立的格局逐漸形成。經歷了八、九十年的分裂之後，司馬氏取代曹魏建立晉，國家重新走向了統一。西晉（二八〇—三一六）政治腐朽，大封子弟為王，建國不久便出現了內亂，統一局面只維持了三十多年，歷史便進入了東晉（三一七—四二〇）和十六國（三一六—四三九）的社會大分裂時期。在南方，晉王室司馬睿依靠南遷的北方士族、聯合南方士族建立了東晉，在此後的上百年裡，雖然經歷了多次北伐，但始終無力實現全國統一。在北方，內遷的各少數民族及部分漢族人先後建立起二十多個政權，建立政權的主要是五個少數民族，維繫時間較長的政權有十六個，所以歷史上稱其為「五胡十六國」。南朝（四二〇—五八九）和北朝（四三九—五八一）是東晉十六國分裂局面的繼續，南朝共經歷了宋、齊、梁、陳四個朝代。宋建立之初，政治經濟上均呈上升趨勢，但北伐失敗後，國勢轉衰。齊、梁政治腐朽，賦役繁重，社會矛盾比較尖銳。陳偏居江南，勢力更為弱小。宋政權建立不久，鮮卑貴族建立的北魏統一了北方。孝文帝時，進行了以漢化為中心的全面改革，加速了民族融合，促進了社會發展。北魏後期，統治集團內部因爭權而混戰，農民起義不斷發生，北魏政權分裂為東魏、西魏，不久又分別為北齊、北周所取代。北周進行了一系列改革，國勢增強，滅掉了北齊，再次統一了北方，為隋的大統一奠定了基礎。

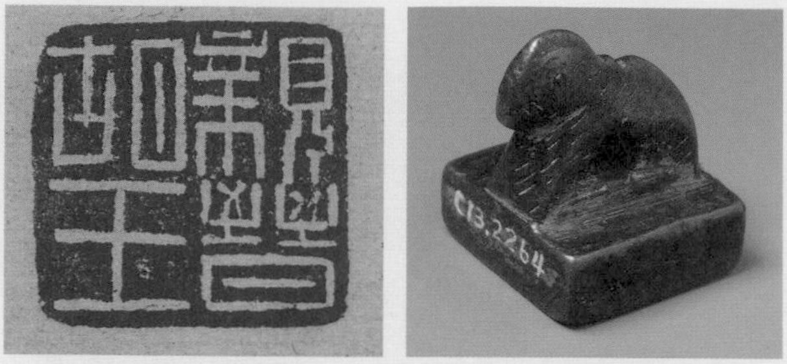

「親晉胡王」銅印

雲岡石窟佛像

挾天子以令諸侯

提到「挾天子以令諸侯」，人們自然會想到曹操。自曹操遷漢獻帝於許到他死去的二十多年裡，曹操一直奉行這條原則，但是最早提出這個主張的並不是他本人。

興平二年（一九五），大臣董承等人擁漢獻帝自長安前往殘破不堪的洛陽，君臣一行如同喪家之犬，急於謀求安身之所。這時，謀士沮授向占據冀州的袁紹提出，應該乘機迎獻帝至鄴（今河北臨漳西南，冀州的治所），這樣便可以「挾天子而令諸侯，畜士馬以討不庭」。可袁紹手下其他謀士不贊成，說皇帝現在只是個擺設，把他迎到這裡來沒什麼意義。袁紹也怕會受漢獻帝的約束限制，沒有採納沮授的建議。早在三年前曹操占據兗州時，謀士毛玠也向他提出類似的建議，叫做「奉天子以令不臣」，曹操覺得是個好主意，時時記在心裡。如今機會來了，袁紹不肯這樣做，善於捕捉機遇的曹操則不會輕易放過。

曹操像

曹操字孟德，小名阿瞞，沛國譙縣（今安徽亳縣）人。祖父曹騰是宦官，父親曹嵩是曹騰的養子，任過司隸校尉、大司農等高級官職。曹操自幼勤奮好學，聰明機警。名士許劭評價他是「治世之能臣，亂世之奸雄」，太尉橋玄也說他是「命世之才」。

曹操二十歲的時候，被推舉為孝廉，從此步入仕途。黃巾起義爆發後，天下響應，京師震動。曹操被任命為騎都尉，隨皇甫嵩鎮壓潁川黃巾軍，因功升任濟南相。後來又被任命為東郡（今河南濮陽西南）太守。當時，宦臣專政，外戚橫恣，曹操不願違心迎合他們，但得罪他們又怕家族受累，於是託病不赴任。他回歸鄉里，春夏讀書，秋冬打獵，等待機會，施展才能。

一九六年

曹操遷獻帝於許（今河南許昌市），「挾天子以令諸侯」。曹軍許下屯田。

二〇〇年

曹操解白馬之圍，在官渡大敗袁紹。

二〇六年

曹操平定并州。自此，冀州、青州、幽州、并州皆為曹操所有，北方統一。

後來，漢靈帝為加強京師禁軍力量，組建西園新軍，設置西園八校尉，曹操擔任了典軍校尉，成為東漢皇室衛軍的武裝將領之一。董卓作亂的時候，關東州郡紛紛起兵討伐他，曹操到了陳留（今河南陳留），組建了一支由宗族、賓客、部曲組成的五千人的軍隊，加入以袁紹為盟主的討伐董卓的關東聯軍行列。當時，青州黃巾軍和河北黑山軍發展迅速，袁紹派曹操帶兵入東郡進攻黑山軍，且任其為東郡太守。掃清黑山軍以後，曹操繼續向兗州進軍，被兗州地方官吏推舉為兗州牧。不久他大敗青州黃巾軍，收編了降兵三十萬人，組建成「青州兵」，成為他手下最精銳的部隊。後來，呂布被推為兗州牧，一年後曹操打敗呂布，鞏固了在兗州的統治地位。正是在這時候，他選拔毛玠為治中從事。毛玠認為當時天下分崩離析，百姓饑饉，要成就霸業，除了恢復生產、積極蓄糧外，還要把皇帝控制在手裡，用皇帝的號令去討伐敵對勢力。曹操聽了大為贊許。馬上派使者前往長安，向漢獻帝上奏章，表忠誠。

被董卓劫持到長安的漢獻帝歷盡千辛萬苦，回到了都城洛陽。這時的洛陽已經是一片廢墟，破敗不堪，皇帝和百官食宿無著，就像一幫乞丐。曹操親自趕到洛陽，將獻帝控制起來，而後連哄帶騙，先是說到洛陽附近富庶的地方，以便籌措糧食，等獻帝一出城，便被裹挾至許。隨後，定許為國都，稱許都。

曹操遷獻帝到許以後，營立漢室宗廟社稷。獻帝以曹操為大將軍，封武平侯。曹操總攬朝政，漢獻帝完全淪為他手中的傀儡。袁紹非常後悔，提出要把獻帝遷到離自己較近的鄄城（今山東鄄城縣），曹操斷然拒絕，並用漢獻帝的名義，指責袁紹依仗地大兵多，私樹黨羽，四處征伐，完全不為朝廷著想。袁紹怕遭眾怒，只好上書自責。獻帝任命他為太尉，位於曹操之下，袁紹怨憤填胸，但無處發作，只能用不接受表示抗議。曹操為緩和與袁紹之間的矛盾，減緩外部壓力，把大將軍職位讓給了袁紹，自任司空，行車騎將軍事。儘管這樣，袁紹也高興不起來，因為這只是一個空頭銜。

此後，曹操不斷加強對漢獻帝的控制，嚴厲誅除支持皇帝、危害自己的勢力。車騎將軍董承等受獻帝衣帶詔謀誅曹操，事情洩露後被曹操所殺，株連三族。後來皇后伏氏在寫給其父伏完的書信中，透露了獻帝對曹操誅董承的不滿，結果被廢殺，其父兄宗族被殺者數百人。獻帝太醫吉本、少府耿紀等數人聯合，趁曹操不在許都，企圖發動政變。結果被曹操鎮壓，許多人株連被殺。後來曹操乾脆把自己的女兒立為皇后，直接監視獻帝。

同時，曹操打著獻帝的旗號，以朝廷的名義，開始了統一中國的事業。在二十多年的南征北戰中，他先後以武力消滅了陶謙、呂布、張繡、袁術、袁紹、劉表、馬騰等割據集團，平定了幫助袁紹作戰的遼東、遼西、右北平三郡烏桓人，擊退鮮卑族的侵擾。憑藉著「挾天子以令諸侯」的政治地位，再加上個人的政治軍事才能，曹操逐步消滅了大河南北的敵對勢力，此後向南發展，企圖一統華夏。赤壁戰敗後，曹操統一南北的宏願落空。此後，他用兵關中，平定叛亂；西征張魯，占領漢中，統一了北方地區。

曹操總攬朝政，職位也一天天提高，先後任司空、丞相、魏公、魏王。廢獻帝而自立，不過是舉手之勞了，但他卻沒有這樣做。他一生奉行「挾天子以令諸侯」的策略，在政治上占據著別人無法比擬的優勢，這是他事業成功的最重要原因之一。

曹操死後，他的兒子曹丕認為再供奉獻帝已無意義，於是把獻帝一腳踢開，自己登上了皇帝的寶座，徒有虛名的東漢皇朝由此亦成為歷史。

相關連結

官渡之戰

東漢獻帝建安初年，北方逐漸形成兩大軍事集團，袁紹擁有冀、青、幽、并四州。曹操占有豫、兗二州。建安五年（二〇〇），袁紹滅公孫瓚後，即準備進攻曹操的根據地許縣（今河南許昌市），曹操進軍黎陽（今河南浚縣東南），分兵屯於官渡（今河南中牟東北）。當時袁紹擁兵十萬，戰馬萬匹，曹操只有一兩萬人，且糧草缺乏。但曹操具有「挾天子以令諸侯」的政治優勢，善於用兵，用人重才，賞罰分明；而袁紹用人唯親，法令鬆弛，賞罰不明，內部爾虞我詐。曹操用聲東擊西之計，先斬袁紹大將顏良，解白馬（今河南滑縣附近）之圍，又斬其大將文醜。雙方相持於官渡。後袁紹謀士許攸降曹，曹操用許攸之計，親率五千精兵，偷襲淳于瓊，焚燒了袁紹儲存於烏巢（今河南延津東南）的糧食和其他重要軍事物資，袁部將張郃、高覽降曹。袁軍大亂，全線崩潰。袁紹和他的兒子袁譚率八百騎兵北渡黃河逃跑，七萬多降兵被曹操坑殺。此後不久，袁紹病死，其子袁譚、袁尚相互火併，曹操各個擊破之，遂占有袁紹四州之地。

赤壁之戰

赤壁之戰是中國歷史上著名的以少勝多、以弱勝強的戰役。一千多年來，政治軍事家們在總結戰爭雙方勝負的原因，文學藝術家們在寫作吟誦它的故事遺跡，一般民眾也常把它作為飯後的談資。在歷史發展的長河中，它曾是一朵引起後人注目的浪花，是一處對社會發展產生過重大影響的淺灣。

建安十三年（二〇八），曹操統一北方、平定烏桓後，即率領大軍南下，企圖一舉統一全國。當時南方主要有江東的孫權與荊州的劉表兩大勢力，另外依附於劉表的劉備屯兵於樊城（今湖北襄樊市）。七月，曹操率二十萬大軍逼近荊州。八月，劉表病死，次子劉琮繼位，屯兵襄陽。九月，曹操兵至新野，劉琮尚未看見曹軍的影子，便派人秘密送上了降書。這時劉備還被蒙在鼓裡。曹軍進到宛（今河南南陽），劉備方知內情，立即向江陵撤退。江陵是軍事要地，積儲有大量軍用物資，此地若被劉備占領，便是為虎添翼了。於是曹操丟下輜重車輛，率領五千精銳騎兵火速追趕。一個晝夜行軍三百多里，在當陽的長阪坡趕上了劉備的隊伍。劉備丟下老婆兒子，與諸葛亮、張飛、趙雲等十多人逃走，民眾和輜重全都留給了曹操。曹操先行到達江陵，劉備與劉表的長子劉琦則抄近路逃奔至漢水下游的一個渡口，恰巧碰到關羽的船隊，才渡過沔水，到達夏口（今湖北漢口），接著又退到了樊口（今湖北鄂城西）。劉備自知不是曹操的對手，便派諸葛亮速速趕往江東，說服孫權聯合抗曹。

孫權知道，曹軍南下，絕不單單是為了消滅劉備，奪取荊州，而是要一舉占領江南。這時曹操也寫信給孫權，說自己帶領大軍八十萬，要與孫權會獵於吳。這明明是在威嚇孫權，逼他投降。大軍壓境，孫吳內部有了分歧，有的主張抵抗，有的主張投降，孫權一時沒了主意。

二〇八年
孫權與劉備聯合，在赤壁大敗曹操。

二一四年
劉備入成都，以諸葛亮為軍師將軍。

二一九年
劉備取漢中。七月，自立為漢中王。
吳將呂蒙襲江陵，擒殺關羽，孫權全部占有荊州。

二二〇年
曹操卒，其子曹丕稱魏王。十月，曹丕廢漢獻帝，自立為帝，東漢滅亡。

諸葛亮見到孫權，談了劉備的處境，又試探孫權對聯合抗曹的態度，說：「您應該估計自己的力量來應付目前的局面，假如能夠與曹操對抗，不如趁早和他斷絕關係；假如力量不濟，就乾脆放下武器，歸順了他。現在您表面上服從他，內心裡卻遲疑不決，緊急關頭不能當機立斷，大禍就要臨頭了。」孫權覺得諸葛亮在譏諷他，面子上有些過不去，於是追問說：「劉備為什麼不歸順曹操呢？」諸葛亮說：「田橫不過是齊國的一個壯士，尚能堅守氣節而不屈服受辱，何況劉備是皇室後裔，才能蓋世，民心歸順，怎能屈服於曹操呢？」

儘管諸葛亮拿話激孫權抗曹，但孫權還是拿不定主意，於是召集群臣商議對策。以張昭為首的投降派勸孫權歸附曹操，魯肅不同意，建議孫權召回領兵在外的周瑜，共商抗曹大計。周瑜回來後，力勸孫權抵抗，說：「江東土地數千里，部隊精銳，物資豐富，英雄豪傑都樂意為國效勞，怎麼可以束手投降呢？」

諸葛亮與魯肅、周瑜等對當時的形勢作了精闢的分析，指出劉備手下尚有關羽的水軍精兵萬餘人，劉琦的部隊上萬人，如果孫、劉聯合作戰，兵力相當可觀。曹軍號稱八十萬，實際上只有二十多萬人，加之後方不穩，遠征疲憊，不服水土，不習水戰，只要善於利用曹軍這些弱點，同心協力，定能取勝。孫權終於下定了抗曹的決心，命周瑜、程普為左右都督，魯肅為贊軍校尉，率領三萬精銳水師，與劉備軍會合後約五萬人，到達赤壁（今湖北嘉魚境長江南岸），與自江陵順江東下的曹軍相遇了。

正如周瑜所估計的那樣，曹軍不習南方水土，軍中瘟疫流行，剛一交手，曹軍便遭敗績，退回到江北岸，屯軍於烏林（今湖北洪湖縣東北），與孫吳軍隔江對峙。為了減輕戰船顛簸，克服北人不習水戰的弱點，曹操下令用鐵鏈將戰船連在一起，首尾相接。周瑜部將黃蓋針對曹軍「連環船」移動緩慢的弱點，建議採用火攻，周瑜接受了他的建議。

黃蓋給曹操寫了封信，說：「您擁兵百萬，江東將士都知道不是您的對手，只有周瑜和魯肅不知天高地厚，硬逼大家與您交戰。我誠心誠意歸順您，決心利用前鋒之便，相機行事，助您取勝。」曹操根據自己對形勢的分析，認定黃蓋的投降是可信的。

二二一年
四月，劉備稱帝於成都，國號漢，因居蜀地，故後人稱其為蜀漢或蜀。諸葛亮為丞相。七月，劉備率軍東下伐吳，張飛為部下所殺。

二二二年
六月，吳將陸遜大敗劉備，劉備退兵永安。十月，孫權稱吳王。

二二五年
諸葛亮平定南中，七擒孟獲。

二二七年
三月，諸葛亮上〈出師表〉，屯兵漢中以圖攻魏。

二二九年
四月，孫權稱帝，都建業（今南京市）。

黃蓋準備了十艘大船，裝載乾蘆葦、枯柴，灌上膏油，蒙以篷布。同時準備輕快小船，繫於大船之後，以便點火後撤離。當時正值東南風急，船至江心拉起風帆，飛速向前。離曹軍兩里左右的時候，同時點火。十艘火船像箭一樣衝向曹軍，曹船很快成了一片火海，風大火猛，岸上的營寨也燒了起來。南岸孫劉聯軍乘勢進攻，曹軍措手不及，潰不成軍，人馬燒殺溺死者不計其數。曹操帶領殘兵敗將，由陸路經華容道狼狽撤回江陵。孫劉聯軍趕來將江陵包圍。曹操無心戀戰，乃放棄江陵，回到了襄陽、樊城一帶。

赤壁戰後，孫權在江東的地位更加穩固，劉備乘勢取得武陵、長沙、桂陽、零陵（均在今湖南境）等四郡，繼而奪得劉璋的益州，三國分立的局面形成了。

後代的小說家們以極大的熱情，從赤壁之戰中演繹出許多膾炙人口的故事，在民間廣泛流傳，大旨是稱頌諸葛亮、周瑜的聰明才智，指斥曹操的狂妄失策，但冷靜審視歷史會發現，這次大戰對古代社會的最大影響是，它使三國分立成為事實，統一的步伐就此緩慢了下來。

相關連結

三國鼎立

黃巾起義失敗後，關東地區出現了許多擁兵自重的軍事集團，經過多年的相互混戰、兼併，逐漸形成了幾個較強大的割據勢力。在軍閥混戰中，曹操的勢力發展最快，於建安十二年（二〇七）統一了北方。孫權繼承其兄孫策的基業，統治了江東六郡。劉備狼狽投奔、依附劉表，後與孫權聯合抗曹，大敗曹操於赤壁，有了立足之地。赤壁之戰奠定了三國鼎立的局面。在此後的十幾年裡，曹操取得了關中之地，統治了黃河流域的廣大地區，孫權在江東的統治更加鞏固，劉備則取得荊州和益州。

二三〇年

孫權派將軍衛溫、諸葛直率甲士萬人赴夷洲（今臺灣省）。

■**衛溫尋夷洲**

孫權聽說東南海中有夷洲、亶洲，於是令將軍衛溫、諸葛直率甲卒萬人出海尋訪。船隊向東南尋求未果，準備返航時發現澎湖列島，繼續東航至夷洲。在島上逗留數日，擄數千人而回，所率兵士，病死者亦十之八九。衛溫、諸葛直以「違詔無功」入獄被殺。此後臺灣與大陸聯繫逐漸密切起來。

二三四年

二月，諸葛亮率十萬大軍伐魏，進兵五丈原；八月，卒於軍中。

二二〇年，曹操的兒子曹丕廢漢獻帝自立，建立魏國，都洛陽。次年劉備在成都稱帝，國號漢。二二九年，孫權稱帝，國號吳，都建業（今南京市）。三國鼎立的局面正式形成了。此後，雖然兼併戰爭仍舊繼續進行，但三國統治者為了鞏固和發展自己的勢力，都比較重視發展經濟、穩定秩序。曹魏大興屯田，修建水利工程，使黃河流域社會經濟得到了恢復和發展。蜀漢重視興修、管理都江堰等水利工程，改善了與西南少數民族的關係。孫吳引進北方先進的生產技術和生產經驗，促進了長江下游地區的開發。三國鼎立是對東漢腐朽政治的否定，是由東漢末年的大分裂走向局部統一，進而實現全國大統一的過渡階段。

司馬昭圖謀篡魏

據說曹操曾做過一個夢，見到三匹馬在一個槽裡吃草，生性多疑的曹操把這個夢解釋為「三馬吃一槽（曹）」，對司馬懿父子三人戒心陡增，於是對太子曹丕說：「司馬懿很有才幹，難以居於人下，將來一定會破壞曹家的事業。」曹丕與司馬懿交往甚密，哪裡會擔心司馬懿父子篡奪曹家的政權？所以把曹操的話當成了耳邊風。

早在建安十三年（二〇八），曹操就徵辟司馬懿做了丞相府文學掾，但後來始終沒有重用他。曹丕稱帝後，司馬懿的職位漸漸重要起來，曹丕臨死，下詔司馬懿與曹真共同輔政。他的兒子曹睿即位後，讓曹真駐守關中，司馬懿駐守南陽。曹真死後，司馬懿獨掌軍權，主持對蜀作戰，勢力逐漸強大。曹睿死後，年方八歲的曹芳即位，宗室曹爽削奪司馬懿的權力，獨掌朝政。

司馬懿像

司馬懿自稱年老，臥病在家，暗中積蓄力量，豢養死士。正始十年（二四九）曹芳出謁明帝的陵墓高平陵（洛陽南九十里），曹爽兄弟隨行。司馬懿突然發動政變，控制洛陽城，誅殺曹爽及其黨羽，奪回了軍政大權。司馬懿死後，他的兒子司馬師掌權，廢掉曹芳，立年僅十四歲的曹髦為帝，繼續剪除曹氏勢力。正元二年（二五五），司馬師病死，他的弟弟司馬昭繼任為大將軍、錄尚書事，掌握朝廷大權。

甘露二年（二五七），魏國鎮東大將軍諸葛誕殺揚州刺史，起兵反對司馬昭。司馬昭率軍二十萬東征。諸葛

二四九年

正月，司馬懿殺曹爽掌握魏國大權。司馬懿死後，其子司馬師、司馬昭相繼為大將軍掌權。

誕自知不敵，乃向孫吳稱臣，送兒子為人質請求救援。孫吳派將軍全懌、全端等率兵三萬前往救援。結果全懌、全端等受司馬昭離間，棄諸葛誕，出城投降。第二年，壽春被攻陷，諸葛誕被殺，株及三族。從此，司馬昭更加橫行無忌，自封為晉公，加九錫（即九種禮器，是天子賜給諸侯、大臣有殊勳者的九種器用之物，為最高禮遇的表示，包括車馬、衣服、弓矢等），後來又自稱相國。

景元元年（二六〇），已經成年的魏帝曹髦見自己的親信被司馬氏或殺、或貶，權威日漸削弱，感到十分憤恨。曹髦實在無法忍受任人宰割的屈辱生活了，五月初七日這天召見侍中王沈、尚書王經、散騎常侍王業，對他們說：「司馬昭之心，路人皆知，我今天要與你們一起討伐他。」

王經勸他說：「司馬氏掌握大權已經很久了，朝廷內外都為他效命，他們不行為臣之道，也不是一天兩天了。現在宮中宿衛空缺，武器盔甲既少又差，陛下憑藉什麼去討伐他？您這樣做後果可不堪設想啊，還是等待時機再說吧。」年輕氣盛的小皇帝根本聽不進去，他從懷裡拿出黃絹詔書扔在地上說：「我已經決定這樣做了！即使死了也不怕，何況不一定會死。」說完便進內宮稟告太后。王沈、王業怕日後連累自己，跑去報告司馬昭，王經不肯與他們同行，也不想在這裡等死，於是自己逃跑了。

曹髦走出內宮，拔劍登上輦車，率領宮中宿衛、僮僕等人，呼叫著衝了出去。中護軍賈充率兵士趕往宮中，在南殿下包圍了曹髦。曹髦親自揮劍拚殺，賈充的部下不敢還手。太子舍人成濟問賈充：「這事該怎麼辦呢？」賈充說：「司馬公平常善待你們，正是為了今天，還有什麼可問的！」成濟立即持戈上前，將曹髦殺死在輦車之下。

司馬昭裝作吃驚的樣子，馬上召集群臣一起討論此事。尚書左僕射陳泰不肯前往，家人苦苦相逼，才來到朝堂上。陳泰悲慟欲絕，司馬昭也陪著擠出幾滴眼淚，說：「你替我出出主意，這事可怎麼辦呢？」陳泰說：「殺掉賈充，向天下人謝罪。」賈充是司馬昭的心腹，司馬昭豈肯殺他，他讓陳泰再想其他的辦法，但陳泰堅持要殺賈充。司馬昭怎麼都不肯表態。

事後，司馬昭借太后的名義，列舉了曹髦的許多罪狀，把他貶為庶人，以平民的喪禮安葬了

二六〇年

五月，曹魏君主高貴鄉公曹髦討伐司馬昭被殺，司馬昭另立曹奐為帝。

二六三年

八月，魏派鍾會、鄧艾分兩路攻蜀。

十一月，劉禪投降，蜀亡。

二六五年

八月，司馬昭卒，其子司馬炎繼位為晉王。十二月，司馬炎廢曹奐，自立為帝，國號晉，魏亡。

他，想這樣把事情掩飾過去。不過人們還是議論紛紛，談論司馬昭為什麼不懲辦兇手，司馬昭怕引起眾怒，於是把殺害皇帝的罪責全推到了成濟身上，給他定了個大逆不道的罪名，把他滿門抄斬。

曹髦被殺以後，司馬昭立曹奐做了皇帝，曹魏政權完全被司馬氏控制。司馬昭發兵滅蜀後，沒來得及做皇帝就病死了。西元二六五年，他的兒子司馬炎廢掉曹奐，自己做了皇帝，建立了西晉政權。

相關連結

三分歸晉

曹魏後期，隨著統治集團腐朽、官僚群體內部矛盾激化，世家大族勢力逐步增長。正始十年（二四九），河內溫縣（今河南溫縣）世家大族出身的司馬懿發動政變，掌握了曹魏的實權。其子司馬師、司馬昭繼續攝政，逐漸消滅了曹氏勢力。

當時曹魏占據北方廣大地區，經濟實力雄厚，軍事力量強大。蜀漢偏居一隅，經濟軍事力量較弱。孫吳保守江東，後期皇室內爭，國勢衰微。南北抗衡的基礎逐漸消失，北方統一南方的條件日趨成熟。

景元四年（二六三），司馬昭派鍾會、鄧艾分兵伐蜀，鄧艾越險而進，直趨成都，蜀主劉禪投降，蜀漢歷二帝共四十三年，至此滅亡。咸熙二年（二六五），司馬昭的兒子司馬炎廢魏帝自立，國號晉，仍都於洛陽，曹魏歷五帝四十六年，為晉所取代。咸寧六年（二八〇），西晉大軍進逼吳都，吳主孫皓投降，東吳歷四帝五十九年，至此滅亡，地歸於晉。東漢末年以來延續了九十年的分裂割據局面至此結束，中國重新走向了統一。

二八〇年
晉將王濬率舟師進入建業，吳主孫皓投降，吳亡。至此，三國皆歸於晉。

賈南風干政

在中國歷史上難以計數的皇后當中，賈南風恐怕要算是品貌最差的了。她相貌醜陋，身材矮小，皮膚黝黑，性情忌妒狡詐、兇狠毒辣。這麼一個醜而無德的女子，怎麼會當上了皇后呢？

賈南風是平陽襄陵（今山西襄汾）人，西晉開國元勳賈充的女兒。賈充是司馬氏的心腹重臣，晉朝建立前曾兩次指揮平定反對司馬氏的叛亂，起初司馬昭想傳位給他的次子，由於賈充極力堅持，才將王位傳給了長子司馬炎。司馬炎當了皇帝之後，對賈充感激不盡。後來賈充受人排擠要去地方任職，乃決定將女兒嫁給太子，以保住朝臣的職位。司馬炎對這位準兒媳的相貌很不滿意，但念及與賈充的舊情，也想通過政治聯姻鞏固司馬氏政權，便答應了這門婚事。

晉武帝像

賈南風嫁給司馬炎的兒子、後來的晉惠帝司馬衷，倒也十分般配。晉惠帝是個十足的白癡，智商比起劉備的兒子阿斗來都要差得遠。他當皇帝時已經三十多歲，對很多事情都不懂。有一次到花園裡遊玩，聽見青蛙在叫，他問隨從說：「這青蛙是為公叫，還是為私叫？」弄得隨從啼笑皆非，不知如何回答。又有一次，大臣們上奏說，許多地方發生災荒，老百姓餓死了很多。惠帝問為什麼會餓死人，大臣說因為沒糧食吃。這位白癡皇帝忽然想起自己早就吃厭了的肉粥，於是自作聰明，說：「這老百姓怎麼不吃肉粥呢？吃

二九〇年
四月，晉武帝司馬炎卒，其子司馬衷即位，是為惠帝。惠帝弱智，皇后賈南風當權。

了肉粥也不會餓死呀！」這麼個尤物做皇帝，就是任人擺布的傀儡。

賈后儘管十分醜陋，但晉惠帝不僅不嫌棄她，反而對她有三分的寵愛，七分的懼怕。因為關鍵的時候賈南風能幫他出主意，掩飾傻相。惠帝作太子的時候，武帝和朝臣們都懷疑他的執政能力，有人甚至主張另立太子。為了堵住大臣們的嘴，也為了檢驗一下太子的辦事能力，咸寧四年（二七八）十月的一天，晉武帝煞有其事地安排了一次測試。他設下宴席，召來東宮的所有官員，只留太子一個人在宮中。然後密封一道公文，內書疑難問題，派人送給太子，讓他獨立作出處置。賈南風見了，趕緊從宮外找來人代替太子作答，然後讓太子抄了一份送去。武帝看了答卷，非常高興，又轉給主張另立太子的大臣看，大臣們心裡明白，但又不敢戳穿，從此再不提另立太子的事了。

賈南風耍弄手腕，保住了太子的地位，但她的妒忌卻差點斷送了自己太子妃的名分。自從與太子成婚以後，賈妃一直沒能懷孕，這使她對太子的其他侍妾十分妒忌，尤其對懷了孕的侍妾更是恨之入骨。她曾親手殺了幾個，又用手戟投擲懷有身孕的，致使這個侍妾流產。武帝得知後大怒，要將賈妃廢掉。荀勖等人為她說情，楊皇后也說：「賈充有大功於朝廷，賈妃是他的親生女兒，不可以這麼快就忘記賈氏的功德。」武帝只得作罷。

晉惠帝即位以後，賈南風被立為皇后。這時，大權掌握在楊太后的哥哥、太傅楊駿手中，賈后想干預政治，卻遭到楊駿的抑制。楊駿把自己的宗親黨羽安排在要害的職位上，這幫人行政能力低下，辦事常出差錯，造成朝野上下，怨聲載道。賈后見有機可乘，便暗中指使親信散布輿論，說楊駿要謀反。然後派人通知汝南王司馬亮，讓他發兵討伐楊駿，司馬亮沒有理她。賈后又派人找到都督荊州諸軍事的楚王司馬瑋，司馬瑋欣然答應。

元康元年（二九一），司馬瑋帶兵進京，賈后挾持惠帝下詔，殺死楊駿及其宗親黨羽數千人，把楊太后廢為庶人，她母親也要被處死。臨刑前，楊太后與母親抱頭痛哭，要求見賈后，甘願稱妾，以保全母親的性命，但心狠手辣的賈南風豈能答應！

除掉楊駿以後，賈后大肆起用其親屬參政，賈氏權勢日盛。但汝南王亮、司空衛瓘等元老重

三〇〇年

四月，趙王司馬倫殺賈皇后等，自任相國。

三〇一年

正月，司馬倫廢晉惠帝，自立為帝。

四月，成都王司馬穎等攻殺司馬倫，晉惠帝復位。「八王之亂」自此開始。

臣還在，賈后仍然不能專權。於是她再次挾持惠帝下詔，讓司馬瑋殺死司馬亮和衛瓘。接著，又給司馬瑋加上一個假借皇帝命令誅殺大臣的罪名，司馬瑋也成了刀下之鬼。從此，賈后完全掌握了朝政。

此後，賈后重用名士張華、世族裴頠及其族兄賈模等人，政治較為安定。但過了七、八年時間，賈后又不安分起來，開始施行新的政治陰謀。惠帝的兒子司馬遹乃謝氏所生，自幼聰明，深得武帝喜歡，以為兒子雖然愚癡，但孫子聰明懂事，定能延續西晉的統治。惠帝即位後，司馬遹被立為太子。賈后知道這聰明的孩子一旦做了皇帝，自己的權力肯定會被限制。外戚賈謐知道她的心思，也經常向她進讒言，勸她早日除掉太子。賈后無子，將來立誰為太子呢？於是賈后謊稱自己有了身孕，一天天將肚子襟大，到了「臨產」的時候，偷偷把妹妹賈午的兒子抱過來，冒充自己所生。一切籌畫就緒，賈后開始對太子下毒手了。

持鞭陶俑（西晉）

元康九年（二九九）十二月，賈后謊稱惠帝病危，把太子騙入宮中，命侍婢將他灌得酩酊大醉，讓他抄寫一段文字，開頭幾句話大意是：「陛下自行了斷吧，不然，我就要入宮了斷。皇后也應從速自行了斷，否則，我要親手了結。」醉眼朦朧的太子勉強寫了一半，賈后把剩下的一半補齊，隨即讓惠帝召公卿大臣入朝，展示了太子所寫的書信，提議將太子賜死。「證據」確鑿，大臣們沒人敢提出異議。只有張華、裴頠力保太子無辜，但太子最終被廢為庶人，不久便囚禁而死。

賈后誣陷害死太子，群情怨憤。永康元年（三〇〇）四月，太子死後不到一個月，趙王司馬倫約請梁王司馬肜、齊王司馬冏，率領軍隊衝入宮中。賈后猝不及防，仍故作鎮靜責問司馬冏說：「你來幹什麼？」司馬冏答道：「奉聖上詔書，來捉拿你！」賈后又強辯道：「詔書都是從我這裡發出的，你們哪來的詔書？」但一切都已無濟於事。賈后被抓以後，司馬倫又挾持惠帝下了道詔書，把她廢為庶人，不久便用藥酒把她毒死。張華、裴頠及她的死黨全部被殺。第二年，司馬倫廢惠帝，自立為帝。至此，由白癡皇帝與野心家皇后共同演出的宮廷鬧劇結束了，擁兵自重的軍閥們之間更慘烈的爭鬥——「八王之亂」隨之拉開了帷幕。

相關連結

八王之亂

晉初大封同姓宗室為王，允許王國設置軍隊，且陸續以諸王率領中央軍隊鎮守要地。晉惠帝在位的時候，掌握禁軍的趙王倫殺賈后，廢惠帝，自立為帝，激起諸王反對。鎮守許昌的齊王冏起兵討倫，鎮守鄴地的成都王穎與鎮守關中的河間王顒舉兵回應。結果趙王倫為禁軍所殺，惠帝復位，齊王冏以大司馬入京輔政專權。於是權力之爭再起，顒自關中起兵討冏，長沙王乂舉兵回應，入宮殺冏，政權落入乂手。顒、穎合兵討乂，屢為乂所敗。洛陽城裡的東海王越與部分禁軍合謀，擒殺乂。穎入洛陽為丞相，以皇太弟身分專政，挾惠帝居鄴城。顒派兵占領洛陽，并州刺史司馬騰（司馬越弟）與幽州刺史王浚聯兵攻破鄴城，穎與惠帝投奔洛陽，轉赴長安。越從山東起兵進攻關中，擊敗顒。光熙元年（三〇六），越迎惠帝回洛陽，穎、顒相繼為其所殺，大權落入越手中。不久越毒殺惠帝，另立懷帝。

參加混戰的主要是汝南王亮、楚王瑋、趙王倫、齊王冏、長沙王乂、成都王穎、河間王顒、東海王越，故史稱「八王之亂」。八王之亂中，人民大量被殺，生產遭到嚴重破壞，各族起義頻頻發生，北方少數民族乘機內遷，西晉政權陷入分崩離析的局面。

祖逖北伐

西晉末年，北方出現了世家大族南遷避亂的狂潮，在江淮一帶的交通大道和沿江的渡口上，到處可以看到結隊南行的人群。這些人群大都以宗族為單位，跟隨其後的是同鄉、賓客及僕從。他們要到南方地廣人稀的地方尋找一塊遠離戰場的淨土安家落戶。但也有人想暫時躲避戰亂，伺機重返北方，恢復被異族蹂躪的家園，祖逖就是其中的一個。

祖逖字士稚，范陽遒縣（今河北淶水北）人，出身於世家大族，父親曾任西晉上谷太守。他幼年喪父，性情慷慨豁達，輕財仗義，經常借兄長的名義以家產接濟貧困人家，因此為鄰里宗族所推重。

祖逖與劉琨是好朋友，兩人都有遠大志向。他們時常縱論天下大事，討論如何匡扶晉室，報效國家，有時到了深夜還沒有睡意。他們時常同榻而眠，有一天半夜裡，祖逖聽到了荒野中的雞叫聲，把劉琨蹬醒，披衣起床，要與他一起舞劍，劉琨欣然同意。於是，兩人習以為常，每當聽見雞叫聲，便拔劍起舞，以振作精神，激勵鬥志，由此留下了「聞雞起舞」的千古佳話。

永嘉五年（三一一），劉聰派兵攻陷了西晉的都城洛陽，祖逖帶領宗族鄉里等數百人來到淮、泗一帶避亂。在逃難的途中，祖逖把車馬讓給老弱乘坐，把糧食、衣服分給大家食用，再加上他組織有方、富於謀略，因此大家都十分敬重他，推他做首領。

到了泗口（今江蘇清江市北），祖逖手下已經聚集了一批背井離鄉的北方人。鎮守建業的琅邪王司馬睿聽說祖逖有才能，便給了他一個徐州刺史的空頭銜，不久又徵召他為軍諮祭酒。於是，祖逖率領宗族人等移居到了京口（今江蘇鎮江）。祖逖不甘故國傾覆，常懷振興恢復之志。他多次請纓，要求領兵北伐。他對司馬睿分析當時的形勢，認為只要迅速出兵，聯絡北方志士，

三〇四年

十月，李雄據成都，稱成都王，兩年後稱帝。內遷匈奴族人劉淵據左國城，稱漢王，四年後稱帝，國號漢。

三一一年

六月，劉曜、王彌攻陷洛陽，俘虜晉懷帝。北方士族大量渡江南遷。晉懷帝的年號為「永嘉」，故史稱「永嘉之亂」。

恢復中原，指日可待。當時司馬睿正忙於鞏固偏安政權，無意恢復北方，但聽了祖逖的話，又不好推辭，於是勉強搪塞，送他一個豫州（在今河南東部和安徽北部）刺史的廉價頭銜，撥給一千人吃的軍糧和三千匹布，至於人馬和武器，叫他自己想法籌措。

建興元年（三一三），祖逖帶領舊部數百人毅然渡江，船到江心的時候，祖逖拿著船槳，拍打著船舷，向大家發誓說：「如果不能掃平占領中原的敵人，我就如這滾滾東流的江水一樣，一去不回。」他的激昂聲調和豪壯氣概，使隨行的壯士十分感動，人人激奮。這就是人們常講的「中流擊楫」的故事。

到了淮陰，他們一面製造兵器，一面招兵買馬，很快聚集了兩千多人，接著向北進發，由於得到沿途民眾的支援，很快收復了許多失地。當時，江北沒有南遷的世家大族，紛紛築起堡塢，擁兵自衛，也互相爭戰。祖逖派人曉以利害，進行調解，說服他們停止內爭，隨同北伐；對不聽號令、依附敵人者，則予以堅決打擊。

大興二年（三一九），陳留豪強地主陳川投降後趙國石勒，祖逖發兵攻之。石勒派兵五萬援救，被祖逖打得大敗。接著，後趙的將領桃豹和祖逖的部下韓潛又為爭奪蓬陂(河南開封市附近)展開大戰，四十天過去了，雙方仍相持不下。一天，祖逖派出上千士兵運輸軍糧，兵士們故意慢慢行走，且不時停下來休息。桃豹聞訊大喜，急派兵士前去搶奪。晉兵略作抵抗，便丟下一些米袋逃走。後趙軍隊認為祖逖軍中糧食充足，軍心動搖起來。其實祖逖的軍士們口袋裡大都裝的是泥土，只有被敵人搶去的那幾袋是糧食。桃豹派人向石勒求救。石勒趕忙運糧食接濟桃豹。祖逖在途中設下伏兵，把糧食全部截奪下來。桃豹再也無法支援，連夜逃跑了。

司馬睿即帝位以後，因為祖逖功勞大，封他為鎮西將軍。祖逖經過四年多苦戰，收復了黃河以南的全部失地。祖逖的軍事力量日益強大，石勒不敢揮兵南向，只得派人向祖逖求和，要求雙方在邊境上相互貿易。祖逖根本不作回答，只是聽任人們自由貿易，結果祖逖的軍隊獲利十倍，勢力更加強大了。

祖逖一面操練士兵，一面擴大隊伍，準備乘勢渡過黃河，收復河北的國土。正在這時候，東

三一三年

匈奴族首領劉聰殺晉懷帝，司馬鄴在長安即皇帝位，是為晉愍帝。

三一六年

十一月，劉曜攻陷長安，晉愍帝投降，西晉滅亡。

三一七年

三月，司馬睿稱王，都建康，以王導為丞相。祖逖率兩千人北伐。

晉統治集團內部發生內訌，大將軍王敦準備對晉元帝司馬睿開戰。在晉元帝看來，收復北方失地並不重要，重要的是保住自己的皇位。他怕祖逖像王敦那樣尾大不掉，於是派戴淵為征西將軍，坐鎮合肥，統管北方六州軍事，一方面防備王敦叛亂，另一方面節制祖逖。祖逖苦戰多年，晉元帝從來都不關心，如今收復了大片失地，卻派一個不懂軍事的人來指揮他，祖逖憂憤萬分。

眼看自己受制於人，北伐計畫無法實施，收復河北失地的宏願難以實現，本已勞累過度的祖逖再也堅持不住了，一病不起，於大興四年（三二一）死於雍丘。沒過多久，王敦與東晉政權的大戰便開始了。統治集團內部爭得你死我活，哪裡還有力量對付外敵。於是，祖逖收復的失地自淮、漢以北，又全部被石勒所攻占，北伐就這樣失敗了。

相關連結

永嘉之亂

西晉懷帝永嘉年間，匈奴貴族劉淵已建立漢國，稱帝於平陽（今山西臨汾西南），亟欲問鼎中原。永嘉三、四年，旱蝗災害頻頻發生，河洛江漢皆可徒步而過，北方許多地方草木皆無。漢國軍隊攻掠洛陽近郊，南下襄陽，京城危如累卵。永嘉五年（三一一）三月，漢國石勒在寧平城（今河南鄲城東北）與太尉王衍率領的晉軍大戰，石勒縱騎兵馳騁進攻，十萬晉軍自相踩踏，屍積如山，晉軍主力由此喪失殆盡。六月，洛陽被攻陷，漢兵燒殺搶掠，士民死者三萬餘人，宮殿官府盡成瓦礫，晉懷帝被俘至平陽處死。這幾年間，戰火滿天，天災不斷，民眾流亡，流屍滿河，白骨蔽野，北方士人渡江南遷避亂者十之六七。「永嘉之亂」是歷史上有名的荒亂年代。

王與馬共天下

東晉是西晉宗室司馬睿在南方建立的政權，但在統治集團中起主導作用的卻是以王導為首的北方士族，所以當時民間流傳著一句話，叫做「王與馬共天下」。那麼，以王導為首的北方士族為什麼能夠分享東晉的最高政治權力呢？

原來，晉惠帝時候，東海王司馬越控制著江淮地區，他率兵北上參與諸王混戰，便任用琅邪王司馬睿為平東將軍，留守下邳。司馬睿與王導關係密切，以王導為司馬，委以軍事重任，王導對司馬睿也傾心推奉。永嘉元年（三〇七），司馬睿移師建康，事事諮詢王導，對他更加依賴和信任。在西晉皇族中，司馬睿的地位和名望不高，政治軍事能力也都平平，初到建康，江南世家大族看不起他，不來拜見，更不願前來做官。沒有江南士族的支持，要在那裡站住腳是不可能的，司馬睿為此傷透了腦筋。

王導有個堂兄叫王敦，當時在揚州做刺史，是地方實力派人物。王導把他請到建康商議對策。他們覺得自己是北方人，要在南方繼續享有國家賦予的政治特權，必須有政治靠山，而這個靠山只能是司馬睿。於是決定利用自己在士族中的影響，設法提高司馬睿的威望。

江南地區有一種風俗，三月初三這天，上自高官、下至百姓都到江河水邊去，洗除宿垢，祓除不祥，稱作「禊節」。這一天，王導讓司馬睿坐上華麗的轎子，帶著威武整齊的儀仗隊伍，王導、王敦為首的北方士族名流，騎著高頭大馬跟在轎子後邊，浩浩蕩蕩，非常壯觀。南方人從來沒看到這樣的大場面，一時大為轟動。江南世家大族首領顧榮、賀循等人聽到這個消息，從門縫裡偷偷張望。他們看到司馬睿這樣尊貴，北方士族如此擁戴他，十分震驚，生怕怠慢了司馬睿，紛紛出來拜見。

三一八年

司馬睿稱帝，是為晉元帝，東晉建立。

■僑置郡縣

西晉末年，北方世家大族紛紛南遷避亂，他們多相聚而居，保持原來的籍貫。於是東晉設置僑郡、僑州、僑縣，地名和北方原地名完全相同，藉以安撫北方士族，緩和南北士族矛盾。當時僑置郡縣無一定邊界，不徵收賦稅。後將其戶口全納入所在土著郡縣，稱作「土斷」。隋統一後，僑置郡縣完全廢除。

看到江南士族已經動心，王導又向司馬睿提議：顧榮、賀循是江南士族的領袖人物，對他們要優禮相待，這樣就可以籠絡江南士族了。司馬睿馬上派人上門拜請顧榮、賀循出來做官，兩人十分高興，接著便來拜見司馬睿。司馬睿隆重地接見他們，賀循被任命為吳國內史，顧榮被任為軍司馬。遇有軍政事務，都主動與他們相商。其他江南士族不再徘徊觀望了，他們爭先恐後，前來投靠司馬睿。司馬睿一一任以官職。紀瞻出任軍祭酒。周玘一貫以淡漠名利相標榜，過去東海王司馬越曾任命他做官，但他理都不理，現在不但出任吳興太守，接受烏程縣侯的爵位，而且很賣力氣，在吳興頗有政績。

王導心裡清楚，江南士族與司馬氏政權合作，是迫於形勢的壓力，北方士族才是司馬氏統治的基石與核心。當時到江南避難的江北士族除了琅邪王氏之外，還有太原王氏、陳國（河南淮陽）謝氏、譙國（安徽）桓氏等，他們當初都是名門望族。王導勸說司馬睿把他們中間有名望的人都請出來，任以官職，前後選取了上百人為官，其中不少人如祖逖、劉隗、庾亮、桓彝、溫嶠等都是司馬氏政權的重臣。

建武元年（三一七），長安失陷，司馬睿在建康稱帝，建立了東晉。司馬睿登基那天，王導和文武官員列隊朝見。司馬睿明白，自己能當上皇帝，全是王導的功勞。他見王導與百官同列，覺得不甚得體，於是從御座上走下來，一把拉住王導，要他和自己一起坐到御座上，接受百官朝拜。王導是個聰明人，不會做這種僭越的蠢事，堅決推辭。

司馬睿對王導兄弟感激涕零，對他們特別敬重。他任用王導擔任宰輔，綜攬朝廷大權；王敦總管軍事，都督荊揚江湘交廣六州軍事。王家的子孫都擔任了重要官職。

流經南京城的秦淮河

三一九年

羯族人石勒稱趙王。

三五四年

桓溫北伐。

三六六年

沙門樂傳營建敦煌「莫高窟」，此為敦煌開鑿石窟之始。

■門閥制度

古人把世代為官的人家稱為門閥世族（士族）。門閥制度是維護世家大族特權的封建等級制度。其政治特權主要表現為控制官吏的選拔任用，經濟特權則表現為按官品高低占有土地（占田）和占有勞動人口（蔭客）。這種制度萌生於漢魏之際，西晉時形成並得到鞏固，東晉達到鼎盛，至南朝開始衰落。

過了幾年，司馬睿的皇位逐漸坐穩了，聽說民間流傳「王馬共天下」的話，不禁如鯁在喉，他想削奪王氏的權力。善於逢迎拍馬的劉隗、刁協等成了他的心腹，暗中進行軍事部署，逐漸疏遠了王導。

看到司馬睿忘恩負義、過河拆橋，王氏兄弟心中更是忿忿難平。永昌元年（三二二），王敦以誅劉隗為名，從武昌順流而下，攻入建康。王導反對王敦這種過激的行為，勸他退回武昌，一場大戰才算平息下去。司馬睿見無法動搖王氏的勢力，憂憤生病，不久便一命嗚呼了。

王導先後輔佐元帝、明帝、成帝三朝，為政清靜平和，善於忍讓和調節各方面的矛盾，為保持東晉初年穩定局面立下了汗馬功勞。後來，北方士族出身的庾氏、桓氏、謝氏也都先後與司馬氏共同執掌朝政，但由於他們之間相互牽制，都無法取代司馬氏政權。北方士族與司馬氏共同掌握政權，成為東晉一代的基本政治格局。

相關連結

東晉的建立

西晉末年，北方世家大族紛紛率領宗族鄉里、賓客、部曲避亂南遷，其中不少人在南方尋求官職。當時，晉惠帝的子孫全部死於戰亂，只有與晉武帝、惠帝血緣較遠的皇族尚存於世，他們亦有南渡者。其中司馬懿的曾孫、琅邪恭王覲的兒子司馬睿襲封琅邪王，他與東海王司馬越關係密切，後受司馬越之託鎮守下邳（今江蘇睢寧），永嘉元年（三〇七）以安東將軍、都督揚州江南諸軍事移守建業（今南京市）。後來獲得了南北世家大族的支持，在江南逐漸站穩了腳跟。長安被匈奴人劉曜攻陷後，晉愍帝投降，司馬睿聞訊後稱晉王。建武元年（三一七）晉愍帝被殺，司馬睿乃稱帝，國號仍為晉，歷史上稱為東晉，改建業為建康，以為都城。

淝水之戰

「風聲鶴唳，草木皆兵」，是說前秦的國君苻堅在淝水戰場上，聽到風的響聲、鶴的叫聲，都以為是敵人的呼叫吶喊聲，疑心敵人追了上來；看到八公山上的荒草樹木也以為是敵人的軍隊。如果害上這種心理恐懼症的是未經戰陣的兵士，也倒不足為怪，久經沙場，叱咤風雲，率領數十萬大軍統一了中國北方的苻堅為什麼會害怕到這樣的程度？

前秦統一北方後，形成和東晉南北對峙的局面。前秦的疆域東到大海，西併龜茲，南包襄陽，北到大漠，東北的新羅、肅慎，西方的大宛、康居、于闐及天竺等國都與它建立了友好關係。苻堅並不滿足，他想繼續擴大地盤，就只有向江南挺進，消滅東晉政權了。在苻堅看來，以前秦的兵力，消滅東晉並不是什麼困難的事情。

太元七年（三八二）十月的一個早晨，天剛濛濛亮，長安城中前秦的文武百官，便聚集在皇宮太極殿門前，等候苻堅臨朝，商討滅晉大計。苻堅本以為大臣們會齊聲歡呼他的英明，誰知除了一個馬屁精說了幾句附和的話以外，其他人都認為東晉內外同心，君臣和睦，而且有長江作為天然屏障，目前不可貿然攻伐。苻堅越聽越不高興，於是驕狂地說：「當初吳主孫皓也有長江天險，不是照樣被消滅嗎！現在我有百萬大軍，只要大家把馬鞭子丟到長江裡，便可以截斷江流，還怕什麼天險！」

群臣退下以後，苻堅的弟弟苻融又來勸諫他說：「現在伐晉的時機還不成熟，況且咱們的軍隊長期作戰，兵士疲憊，百姓負擔太重。再說，現在都城周圍布滿了異族勢力，他們各懷鬼胎，不可不防。我們勸您不要伐晉您可以不聽，難道王猛臨終前的話你也忘了嗎？」

看來王猛是大臣們勸諫苻堅的殺手鐗了，而王猛又是何許人呢？王猛是漢族，為人深沉剛

三八三年
前秦主苻堅率領近百萬大軍攻東晉，「淝水之戰」發生，苻堅戰敗後，北方重新走向分裂。

三八六年
鮮卑族首領拓跋珪建立「魏」，史稱「北魏」。

三九九年
孫恩在浙東一帶領導農民起義，部眾數十萬人。四一一年，起義被鎮壓。

毅，智能兼備，三十六歲時投靠苻堅，一年之中五次升遷，不僅幫助苻堅治理內政，而且統兵作戰，功績顯赫。苻堅對他言聽計從，敬禮備至。後來，王猛積勞成疾，在前秦統一北方前夕去世，他臨死前曾鄭重告戒苻堅：千萬不可伐晉！

苻堅已經是利令智昏了，不管怎麼勸，他都聽不進去。第二年八月，苻堅調集各州兵馬，共計有步兵六十多萬，騎兵二十七萬，羽林軍三萬，號稱百萬。命苻融為征南大將軍，和鮮卑貴族慕容垂一起，率領二十五萬步騎兵為前鋒；羌族貴族姚萇為龍驤將軍，率領四川的部隊沿江東下；幽、冀等州兵馬由彭城（今江蘇徐州）南下，苻堅親率主力大軍從長安出發。一路上人喧馬嘶，旌旗遮天，車輛、馬匹、糧草、輜重，前後足有幾百里長。

九月，苻堅率領的秦軍主力攻下項城（今河南項城），苻融到達了淮河北岸的潁口（今安徽潁上縣正陽鎮），向淝水（淮河支流，在今安徽壽縣境內）西岸的重鎮壽陽（今安徽壽縣）展開了進攻。

前秦大軍壓境，晉孝武帝任命謝安為征討大都督。謝安胸有成竹，從容不迫地進行抗戰部署。他令謝石代理征討大都督的職務，負責指揮全軍；謝玄擔任前鋒都督，連同青年將領謝琰等率領八萬名「北府兵」沿淮河西上；另派將軍胡彬率領水軍五千人增援戰略要地壽陽。

沒等各路人馬到齊，苻堅就命令苻融向晉軍發動進攻，十月壽陽被攻破。胡彬駐軍於硤石（今安徽鳳台西南），等候謝石大軍的到來。苻融一面派兵圍攻硤石，一面派人封鎖淮水，阻擊謝石、謝玄大軍。

謝石的大軍前進受阻，硤石的胡彬水軍孤立無援，眼看軍糧就要吃光，情況十分危急。苻堅得到晉軍缺糧的密報後，隨即帶八千輕騎兵趕往壽陽，派朱序到晉軍營中勸降。朱序原來是東晉防守襄陽的將領，襄陽失守時被俘。

朱序到晉營後，不但沒有勸降，反而向謝石透露了秦軍的真實情況，並且建議謝石乘前秦各路兵馬尚未集中，立即發起反攻。謝石和謝玄當機立斷，派劉牢之帶領五千北府兵，夜襲秦軍，秦軍大敗，晉軍乘勝追擊。謝石率領晉軍主力向前推進，在淝水東面的八公山（今安徽壽縣東北）

四三九年

北魏太武帝拓跋燾滅北涼，統一了北方，北朝自此始。

■北府兵

東晉南朝時實行軍戶制度，士兵及其家屬的戶籍屬於軍府，子孫世代為兵，不得脫離軍籍。東晉孝武帝時，謝玄任廣陵（今江蘇揚州）相，監江北諸軍事，這裡是南遷僑民集中居住的地方，謝玄招募勁勇，北人紛紛應募入伍。後謝玄領徐州刺史，軍府設於京口（今江蘇鎮江）。京口在都城建康北面，時稱「北府」，安紮下營寨。

聽說秦軍失利的消息，苻堅心中忐忑不安。他和苻融登上壽陽城樓，瞭望晉軍的動靜。只見晉軍陣容嚴整，旗號鮮明，不由得暗自吃驚。當時北風正緊，把八公山上的草木吹得左右搖擺，苻堅內心慌亂，頓生疑懼，迎風遠望，恍惚之間，好像八公山上漫山遍野都是晉軍。他連忙下令，各軍嚴守淝水防線，不得渡水出擊。

謝玄等人知道，秦軍兵多勢眾，只有速戰速決，方有取勝的可能。於是派人到秦軍營中，要求他們把陣地向後移動，以便讓出一塊地方，使晉軍渡過淝水，進行決戰。苻堅不顧諸將反對，同意將陣地後撤，想趁晉軍渡河時突然襲擊，一舉打敗他。

苻堅下達命令，讓秦軍拔營後退。秦軍本來士氣低落，陣勢不整，命令一下，軍中立即亂作一團。謝玄等帶領八千騎兵乘勢搶渡淝水，展開猛烈攻擊。朱序在秦軍陣後高喊：「秦軍敗了，秦軍敗了！」秦軍後方部隊一時難辨真假，兵士爭著逃命。苻融飛速前去阻止隊伍後退，被亂軍衝倒坐騎，死於晉軍刀槍之下。苻堅打了一輩子仗，還沒見過這樣的場面，當時就慌了神，急忙跳上戰馬，混在亂軍中狼狽奔逃。晉軍乘勝猛追，秦軍人馬互相踐踏，死傷甚眾，苻堅本人也中箭負傷。

秦軍官兵都被嚇破了膽，一路奔跑，頭也不敢回，聽到風吹鳥叫的聲音也以為是晉軍追兵在吶喊。那時已是十一月，天氣嚴寒，逃跑的秦兵，驚惶勞頓，受凍挨餓，一路上又死了不少。等逃回洛陽時，秦軍損失十之七八，只剩下十幾萬殘兵敗卒了。

淝水之戰後，前秦一蹶不振，原來被前秦滅掉的幾個國家相繼復國，少數民族首領也紛紛據地自立，北方再度陷入分裂割據的局面。太元十年（三八五），苻堅被他原來的部將羌族首領姚萇俘殺，當時才四十八歲。

他的這支軍隊因此稱為北府兵。北府兵在與前秦的戰爭中屢獲勝利。東晉後期，成為統治集團內部火併的工具。

相關連結

五胡亂華

東漢以來，西北及北部邊疆的少數民族陸續向內地遷徙，魏晉時期，為加強對少數民族的控制，增加勞動人手，又經常強制或招引他們內遷。內遷的種族很多，其中匈奴人遷到了今山西及陝北、內蒙一帶，鮮卑分布於今遼西、內蒙南部、山西北部至寧夏甘肅東部地區，羯人是具有白種人血統的中亞人，遷徙到了今山西一帶，氐人、羌人遷到關中者居多。舊史上把上述五族稱為「五胡」。漢族上層或逼迫他們做佃客，或將其掠賣為奴隸，致使民族矛盾異常尖銳。「八王之亂」後，晉室內亂，國力空虛，軍力衰敗，民生凋敝，長期遭受壓迫的胡人趁機起兵，自西元三〇四年至四三九年的一百三、四十年間，他們紛紛在北方及中原地區建立政權。各政權間相互征戰攻伐，此滅彼興，使中原及北方經濟受到嚴重摧殘；其中不少政權對漢族實行仇殺政策，使漢族人口大量減少，社會動盪不安。歷史上稱其為「五胡亂華」。在長期的戰亂和遷徙中，胡族逐漸漢化，與漢族的隔閡也逐漸消融，促進了華夏各族的融合。

劉裕廢晉建宋

在中國歷史上，有些朝代的更替沒有經過激烈的爭戰，而是掌握最高政治軍事權力的大臣篡奪皇位，實現皇權的和平轉移。那些篡奪者最忌諱的是「篡奪」兩個字，所以他們便要學堯舜禪讓的故事：退位的皇帝「自動」把皇位讓給篡奪者，篡奪者則假惺惺地再三謙讓。一旦完成了這種權力交接的儀式後，新皇帝馬上就會翻臉，把退位的皇帝囚禁起來。更有甚者，乾脆將退位者處死，以絕後患，劉裕就是處死讓位皇帝的始作俑者。

劉裕字德輿，小名寄奴，原籍彭城（今江蘇徐州），永嘉之亂時其曾祖渡江到京口（今江蘇鎮江）居住。劉裕少時家貧，後投身行伍，在北府兵名將劉牢之手下做參軍。在鎮壓孫恩領導的農民起義的過程中，他作戰英勇，治軍有方，軍紀嚴明，常以少勝多，因功被封為建武將軍。元興元年（四〇二），鎮守荊州的東晉將領桓玄發動叛亂，攻下建康，削奪劉牢之的兵權，劉牢之自殺，劉裕暫投桓玄麾下，但卻暗中與各地將領聯絡，圖謀推翻桓玄。兩年後，劉裕首先向桓玄發難，各地紛紛響應，共推劉裕為盟主，進攻建康。桓玄自知不敵，乃挾持晉安帝逃向江陵。劉裕進入建康，指揮各路人馬追擊桓玄。桓玄逃至西川後被殺，劉裕迎還安帝。劉裕在平定桓玄之亂中功居諸將之首，被授予侍中、車騎將軍等官職，逐漸掌握了東晉軍權。

義熙五年（四〇九），南燕軍隊肆虐淮北，擄掠百姓，劉裕為提高自己的威望，上書請求北伐南燕。三月，領兵北進，一舉攻克臨朐，直逼南燕國都廣固（今山東青州市），次年克之，俘南燕主慕容超，盡殺王公以下三千人以洩憤，遂滅南燕。劉裕進封為太尉，掌握朝政。義熙十二年（四一六）八月，劉裕再度率兵北伐後秦，十月攻克洛陽，而後揮師西進，次年八月攻下長安，後秦主姚泓投降，後秦滅亡。這時，劉裕害怕朝中有變，乃於九月返回建康。不久長安又被

四二〇年
劉裕稱帝，國號宋，史稱劉宋，南朝自此開始。

四五〇年
宋文帝劉義隆派兵數路攻伐北魏，為魏軍所敗。宋文帝年號為元嘉，故稱「元嘉北伐」。

四七九年
蕭道成代宋，建立齊，史稱南齊。

夏國攻取。經過兩次北伐，東晉占有了黃河以南、淮河以北及漢水上游的廣大地區。義熙十四年（四一八），劉裕受封為相國、宋公，位在諸侯王之上。從此，劉裕加緊籌畫奪取帝位之事。

據說，當時有讖語說「昌明之後有二帝」，是說晉孝武帝司馬曜（字昌明）之後晉朝還要再傳兩任皇帝。劉裕認為，等兩任皇帝自然死去，不知要到何年何月。義熙十四年十二月，他派人縊殺了三十七歲的晉安帝。晉安帝沒有子嗣，劉裕立他的弟弟司馬德文，是為晉恭帝。

武士俑（南朝）

劉裕希望晉恭帝實行禪讓，將帝位傳給自己，卻又難以開口，於是召集文武大臣，設宴飲酒，讓他們替自己說話。劉裕假意說自己地位太高了，想辭去官職，回京師養老。大臣們紛紛稱頌他的功勞，極力挽留，沒有人明白他真正的意圖。酒席散後，中書令傅亮突然醒悟，連夜求見劉裕，表示自己願去京師，遊說皇帝。劉裕明白他要為自己去做說客，心中十分高興。

永初元年（四二〇），傅亮到了建康，暗示恭帝把帝位禪讓給劉裕，後來草擬了退位詔書，呈給恭帝。恭帝沒有其他選擇，只得應允。

六月十四日，劉裕在南郊設壇，即皇帝位，尊晉恭帝司馬德文為零陵王。當時劉裕年將六旬，他的兒子劉義符才十六歲，而司馬德文三十五、六歲。他想，一旦自己去世，那正當盛年的廢帝會不會東山再起？劉裕決心要斬草除根，他把一罐毒酒交給琅邪郎中張偉，讓他毒死司馬德文。張偉歎氣說：「毒死君主以求榮，還不如死！」於是自己把毒酒喝了。到了九月，劉裕乾脆派兵士前往，直接把毒藥交給司馬德文，司馬德文不肯喝，士兵們用被子捂住他的頭，將他悶死了。

劉裕稱帝後，注意穩定政治，發展經濟，減輕賦稅，赦免奴客士兵，國家逐漸強盛起來。他當了不到三年皇帝，於永初三年（四二二）病死，年五十九歲。

皇帝做和尚

梁武帝像

在中國歷史上，信仰佛教的皇帝為數不少，但不顧大臣們勸阻，三番五次出家當和尚的，恐怕只有南朝梁武帝一人。

天監元年（五〇二）四月，蕭衍在建康代齊自立為帝，建立梁朝，是為梁武帝。梁武帝即位之初，常以宋齊亡國的教訓提醒自己，兢兢業業，為政勤勉，頗有一番除舊布新、奮發圖強的氣象。他下令將齊朝諸帝收羅在後宮、樂府等處的美女歌姬統統放還回家。本人身著布衣，被褥衣服用舊了才換，居室裡除一張床外，沒有其他擺設。平時只吃蔬菜，肉食之類從不入口。在生活簡樸方面，梁武帝可以算得上中國皇帝中的第一人了。他採取了一些有利於社會經濟發展的措施，如招攬流民還鄉，恢復他們的田宅；實行屯田，解決軍糧問題等。在政治方面，他選擇良吏，懲辦貪官，改革選官制度，實行考試取才。他還是一個多才多藝、知識淵博的學者，在經學、史學、佛學研究和文學創作方面都有凸出的成就，他的音樂休養、圍棋水平當時也是很少有人可與之相匹敵的。他在位期間，南朝文化事業的發展取得了前所未有的成就。如果不是晚年癡迷於佛教，演出一幕幕荒唐的鬧劇，說不定還真能成為中國歷史上頗有作為的皇帝。

梁武帝即位之初，便開始信仰佛教，但當時政局不穩，連年征伐，使他沒有時間和精力從事佛教活動。梁朝穩定後，他開始醉心於佛學。大通元年（五二七），他下令在皇宮旁邊修建同

五〇二年
蕭衍代齊，建立梁。

五四九年
侯景發動叛亂。次年，攻陷建康，梁武帝被困，餓死。

五五七年
宇文覺廢恭帝元廓自立為帝，建周，史稱北周。西魏遂為北周所取代。陳霸先代梁稱帝，建陳。宋、齊、梁、陳四朝合稱南朝。

泰寺，又在皇宮與同泰寺相對的地方開了個大通門，以方便他往來於皇宮與寺廟之間。這年三月，他對文武大臣說，自己已經看破紅塵，要入同泰寺當和尚。於是脫去龍袍，穿上袈裟，剃了光頭，到同泰寺出家了。在那裡，他睡的是普通人的床鋪，餐具都是瓦器，每天念誦經文，打掃佛殿，與其他和尚沒什麼兩樣。大臣們可急壞了，紛紛來到同泰寺，跪在地上央求他回宮，可他說什麼也不答應。過了四天，大臣們揣摩他的心理，想出了辦法，拿一億萬錢布施同泰寺，把他「贖」了出來。

大概頭一次當和尚沒有過癮，剛剛過了兩年，他又到同泰寺，穿上袈裟，親自主持佛教盛大法會——四眾（和尚、尼姑、善男、信女）無遮大會，向來自四面八方的僧眾共五萬人宣講《涅槃經》。講了經，拜了佛，他打發大臣們回家，自己又留在寺院當起和尚來。大臣們沒有辦法，只得像上一次那樣跪求他。可是不管大臣怎麼說，他硬是不回宮。日子久了，看著大臣們求得沒了勁頭，他才放出話來，說要積大德、做善事，他才回宮。大臣們一聽明白了，還是要捐錢呀，於是只好又拿來一億萬錢送給寺院，他才戀戀不捨地回到了皇宮，這次他在寺院裡足足住了一個月。

雞鳴寺（即南朝時同泰寺）

十五年以後，梁武帝第三次捨身同泰寺，這次仍是皇太子以下至百官奉贖，他才回到宮中。

太清元年（五四七），八十四歲高齡的梁武帝最後一次捨身同泰寺。他再也玩不出什麼新花樣了，無非是做和尚的功課，向大家講佛家的經文。當然大臣們也是照舊章程辦理，又交一億萬錢把他贖回來。

梁武帝企圖用佛教鞏固自己的統治，奉佛教為國教，大建佛寺，鼓勵人們捨身就佛，當時僅建康城裡就有佛寺五百餘所，僧尼十餘萬人。他四次捨身佛寺，每次都要向佛寺施捨一億萬錢贖身，致使梁朝大量財富、人口歸入佛寺，造成了社會財富與勞動力的匱乏，國力由此衰敗。就在他第四次從同泰寺回到皇宮的當晚，寺院裡發生火災，燒毀了佛塔。梁武帝解釋說，道愈高，魔愈盛，要造更高的佛塔鎮住魔怪。於是舉行更盛大的法事，花費更多的錢財，動工修建一座十二層的寶塔。但塔還沒修好，他便被身邊的魔怪侯景給拘禁了起來，最後連一口素齋也吃不上，活活給餓死了。

相關連結

侯景之亂

侯景是北魏懷朔鎮鮮卑化的羯族人，原為軍鎮士兵，後歸北魏大將爾朱榮，繼而歸東魏高歡，為鎮守河南的大將。東魏武定五年（五四七）高歡死，其子高澄即位，以侯景狡猾多變，欲奪其兵權。景乃轉投西魏宇文泰。宇文泰亦知其為人，雖答應受其降，但卻如臨大敵。景不得已以所制河南十三州南投梁朝。梁武帝欣然接受，且封侯景為大將軍、河南王。次年，侯景與梁宗室蕭正德勾結，發動叛亂，迅即兵臨建康，進圍皇宮台城。太清三年（五四九）攻陷台城，自稱大丞相、錄尚書事，囚禁梁武帝蕭衍。五月，梁武帝餓死於台城。侯景立武帝太子蕭綱為傀儡皇帝，即簡文帝。後又廢簡文帝，立蕭棟為帝。大寶二年(五五一)自立為帝，國號漢，大殺蕭梁宗室，又派兵攻掠江南各郡，所到之處，燒殺焚掠，昔日富庶的三吳地區，田園荒蕪，死者狼藉。次年，梁將陳霸先、王僧辨等兵臨建康，大敗侯景，侯景率百餘騎逃跑，途中為部下所殺。侯景之亂對江南社會經濟破壞嚴重，加快了南朝的衰落。

馮太后與孝文帝

鮮卑族拓跋氏入主中原建立北魏以後，進行了一次全面徹底的政治經濟改革，人們稱這次改革為「孝文帝改革」。改革是孝文帝在位期間完成的，但實際上改革的決策者、主持者首先卻是孝文帝的祖母馮太后，然後才是孝文帝拓跋宏。

馮太后也稱文明太后，祖上是建立過北燕的漢族人馮跋。出生不久，父親因事被殺，她被充入後宮，十四歲的時候被即位不久的文成帝拓跋浚選為貴人，第二年被立為皇后。和平六年（四六五）二十六歲的文成帝死去，長子拓跋弘即位，是為獻文帝。按北魏的制度，只要被立為太子，其生母就要自盡，以免將來干預國家政治。馮太后沒有生兒子，所以逃過了這一劫。獻文帝的生母早已自殺，馮太后坦然地登上了太后的寶座。當時拓跋弘十二歲，沒有能力處理政務，誰來掌握朝廷大權呢？

車騎大將軍乙渾以為太后年輕，沒有政治經驗，全不把她放到眼裡，專橫跋扈，殺戮異己，想奪取朝廷大權。豈知這馮太后並非等閒女子，她秘密部署籌畫，天安元年（四六六）二月，突然指示拔跋丕告發乙渾謀反，出其不意，拘捕乙渾，隨即將其處死。馮太后的做法深得人心，朝廷大臣對她都刮目相看，沒人再敢打專權的主意，於是大權歸入她的手中。

又過了一年，獻文帝的長子拓跋宏降生了，馮太后對他倍加呵護，親自撫養。拓跋宏三歲的時候，被立為皇太子。獻文帝既然有了兒子，馮太后不便直接當政，便還政於他。馮太后畢竟才二十幾歲，忍受不住宮中的寂寞，就養了幾個情人。獻文帝為人剛毅聰慧，怎能容下這樣的事情，於是殺死了馮太后最喜歡的一個內寵。馮太后大為惱火，皇興五年（四七一），以刑罰殘酷、施政不當為由逼獻文帝退位。獻文帝當時十八歲，年紀輕輕，不是太后的對手，只好把皇位

四三九年
北魏太武帝拓跋燾滅北涼，統一了北方，北朝自此始。

四八五年
北魏孝文帝發布「均田令」，實行「三長制」進行政治經濟改革，史稱「孝文帝改革」。

四九三年
北魏孝文帝遷都洛陽，大力推行漢化措施。

五三四年
北魏大將高歡發動政變，孝武帝元修（北魏遷都洛陽後，改拓跋姓為元）逃至長安，投靠宇文

讓給兒子，自己做了太上皇。這可是中國歷史上最年輕的太上皇了。獻文帝年僅五歲的兒子拓跋宏即位，他就是孝文帝。年輕的太上皇手中還有一定的軍權，時常干預朝政。延興六年（四七六），馮太后將獻文帝毒死，以太皇太后的名義，臨朝聽政。當年馮太后對拓跋宏管教甚嚴，曾經用棍子錘打過他，又曾經在一個冬天把他關在空屋中，三天沒給飯吃。孝文帝對這個嚴厲的祖母十分敬畏，但又十分孝順，小心翼翼服侍她，事無大小，都由她來決斷。

馮太后性情猜忌殘忍，但為人卻精明果斷，有膽有識。她重用宦官，讓他們掌握朝中大權；同時她駕馭君臣，執法甚嚴，內寵犯法，也不寬貸，左右之人有了小錯，也會受到錘打，有時一打就是上百下。朝廷官員及宮中內侍都懼她三分，所以人人都能盡心供職。太后又是個性情大度的人，犯錯之人只要改過，便待之如初，因此有才能的人願意在她手下做官，左右也樂於為她效力。

北魏孝文帝像

當時，北方連年戰爭，大量難民流離失所，地方豪強乘機兼併土地，官吏貪腐成風，北魏國庫空虛。面對這種狀況，馮太后廣開言路，重用賢才，接受大臣李沖等人的建議，突破重重阻力，於太和八年（四八四）到太和十年相繼推行俸祿制、均田制、三長制等改革措施，加快了北方游牧民族的封建化進程，北魏國力迅速增強，民族融合的步伐加快。

太和十四年（四九〇），執政三十多年的馮太后死去，二十四歲的孝文帝開始親理朝政。孝文帝雖然沒有馮太后的血統，但在執政風格上卻與她一脈相承。他認為要鞏固北魏的統治，一定要繼續改革，除去鮮卑族落後的習俗，吸收先進的中原文化。

太和十七年（四九三），孝文帝突然召集群臣，

泰。高歡另立元善見為帝。次年，宇文泰殺元修另立元寶炬為帝。至此北魏分裂為東魏（都洛陽）和西魏（都長安）。

五五〇年

高歡之子高洋廢元善自立為帝，建齊，史稱北齊。東魏遂為北齊取代。

宣布集合軍隊，大舉南征。任城王拓跋澄覺得沒做任何準備就出征大國，過於倉促，帶領文武百官一齊勸阻。退朝之後，孝文帝單獨把他留下，將自己的意圖告訴了他，拓跋澄這才猛然醒悟，表示支持他的決定。於是孝文帝親率步騎兵三十萬南行，文武百官，全部隨駕前往。一行人馬渡過黃河，進駐洛陽。

那麼，孝文帝真的是要南征嗎？如果南征，為什麼要帶文官們同行？原來南征只是他搞的一個小計謀。他認為，要擺脫舊貴族守舊勢力的影響，加強對中原地區的控制，必須把國都從平城（今山西大同市東北）遷到南方黃河流域。但鮮卑族世代居住北方，定都平城也有了好幾代，要他們遷往南方，那些貴族高官肯定不同意。幾十年前，他的祖上有幾次想遷都到南方，都因遭到反對而未果。於是，他便假借南征為由，把文武百官及軍隊都帶到洛陽去。

轉眼已是九月了，秋雨連綿，道路泥濘，無法行軍，大臣們決定全力勸諫孝文帝撤軍。可孝文帝不但不撤軍，反而披掛上馬，下令大軍即刻向南進發。大臣穆泰急忙趕上前去，跪在孝文帝馬前，叩頭諫止，文武大臣們顧不上滿地泥水，紛紛跟著跪下，請求皇帝回軍。孝文帝故作憤怒道：「我們大舉出兵，天下皆知，你們勸我無功而返，豈不是故意讓天下人恥笑我？誰再阻止，殺無赦。」早知孝文帝遷都意圖的大臣王肅出來打圓場說：「現在的確不能南進，但也不能壞了皇上的名聲啊，不如告諭天下，說陛下此行乃是為了遷都洛陽，過些時候，再說班師回平城的事。」孝文帝馬上改換口氣說：「這次興師動眾南下，不能勞而無功，或者南征，或者定都於此，這兩條路你們來選吧！」

武士陶俑（北魏）

五七三年

北周武帝下令沒收寺院財產，僧、道還俗，史稱「周武帝滅佛」。

五七七年

北周滅北齊，統一了北方。北魏、東魏、西魏、北齊、北周合稱北朝。

王公大臣本來都不願意遷都洛陽，但他們更不願意南征送死，只好作出讓步，選擇了遷都。次年，北魏正式遷都洛陽。孝文帝遷都後，大力推行漢化政策，進行政治文化方面的改革。

對於反對改革的舊勢力，孝文帝堅決予以鎮壓。太子拓跋恂企圖從洛陽逃回平城叛亂，孝文帝大義滅親，毅然將其處死。後來穆泰逃回平城反叛，也被鎮壓。他對改革措施實施嚴格督察。一次在街上看見一婦女仍穿著鮮卑服裝，便在朝廷上公開責備任城王拓跋澄，指令史官把他督察不嚴的事記錄下來。

太和二十三年（四九九），孝文帝病死在南征的路上，時年三十三歲。人們嘆惜他的英年早逝，也更敬重他在推行改革、促進民族融合方面的膽識和魄力。

相關連結

孝文帝改革

孝文帝在位的時候，北魏政府為了穩固在北方及中原地區的統治，在政治、經濟、文化方面進行了一系列改革，主要內容是：整頓吏治，參照魏晉官制設置官職，實行俸祿制度，加強對官吏的監督與考察；推行均田制和租調制，規定了丁男、婦女、奴婢的受田（政府授予土地）數量。同時規定一夫一婦每年繳納租粟、調帛的數量，減輕了農民的負擔，穩定了政府的收入；實行三長制，建立鄰、里、黨三級基層組織，加強對地方的控制和管理。以上改革措施是馮太后臨朝主政時制訂實行的。孝文帝親政後，進一步改革政治，遷都洛陽，禁胡服、改穿漢服，禁北語、改說漢話，變姓氏、改從漢姓，革婚俗、胡漢通婚。改革官制，修訂法律，尊孔崇儒，興立學校，在國家體制和思想文化方面全面接受漢族的制度和傳統。這些改革，順應了歷史發展的趨勢，對鞏固統一和加強民族融合起了重要的推動作用。

附：十六國年表

國名	創建者	民族	都城	起止年	亡於何國
成漢	李雄	氐	成都	三〇四—三四七	東晉
漢（前趙）	劉淵	匈奴	平陽（山西臨汾），後遷長安	三〇四—三二九	後趙
前涼	張寔	漢	姑臧（甘肅武威）	三一四—三七六	前秦
代	拓跋猗盧	鮮卑	平城	三一五—三七六	前秦
後趙	石勒	羯	襄國（河北邢臺），後遷鄴（河北臨漳西南）	三一九—三五〇	冉魏
前燕	慕容皝	鮮卑	龍城（遼寧遼陽），後遷鄴	三三七—三七〇	前秦
冉魏	冉閔	漢	鄴	三五〇—三五二	前燕
前秦	苻健	氐	長安	三五一—三九四	後秦
後燕	慕容垂	鮮卑	中山（河北定州）	三八四—四〇七	北燕
西燕	慕容泓	鮮卑	長安，後遷長子（山西長子）	三八四—三九四	後燕
後秦	姚萇	羌	長安	三八四—四一七	東晉
西秦	乞伏國仁	鮮卑	苑川（甘肅榆中）	三八五—四三一	夏
後涼	呂光	氐	姑臧（甘肅武威）	三八六—四〇三	後秦
南涼	禿髮烏孤	鮮卑	廉川堡（青海樂都），後遷西平（青海西寧）	三九七—四一四	西秦
北涼	沮渠蒙遜	匈奴	張掖	三九七—四三六	北魏
南燕	慕容德	鮮卑	廣固（山東青州）	三九八—四一〇	東晉
西涼	李暠	漢	敦煌，後遷酒泉	四〇〇—四二一	北涼
夏	赫連勃勃	匈奴	統萬（陝西橫山西北）	四〇七—四三一	吐谷渾
北燕	馮跋	漢	龍城（遼寧朝陽）	四〇七—四三六	北魏

隋、唐

唐三彩駱駝載樂俑

隋朝（五八一—六一八）是一個繼往開來的朝代，它結束了東晉十六國以來二百七十餘年的分裂割據局面，實現了中國歷史上的又一次大統一，為中國統一的多民族國家的發展奠定了基礎。它所創立的三省六部制、科舉制等政治制度為後來的皇朝所沿襲，為國家統一和經濟文化發展起到了積極的推動作用。隋初政治安定，經濟出現繁榮景象，後來隋煬帝荒淫暴虐，激化了社會矛盾，隋的統治被農民起義的烈火所吞噬。

唐朝（六一八—九〇七）是中國封建社會歷史上最輝煌的時期之一，完備的政治體制、繁榮的社會經濟、發達的文化，不僅在中國歷史上，而且在人類文明史上都具有重要的地位。唐前期的「貞觀之治」為唐的強盛奠定了基礎；隨後武則天執政，雖然出現了政治動盪，但國家一直保持著統一和強盛；到玄宗開元年間，社會安定，國富民殷，是唐朝的鼎盛時期。「安史之亂」後，唐由盛轉衰。此後，藩鎮割據，宦官專權，朋黨爭鬥，外族入侵，盛極一時的唐朝逐步衰落，最終在黃巢起義的衝擊下滅亡。

《武后行從圖》（摹本）

唐太宗像

唐代宮樂圖

國丈登基

楊堅有個女兒叫楊麗華，她十幾歲的時候，就嫁給了周武帝的兒子、太子宇文贇。建德七年（五七八），周武帝英年早逝，年方二十多歲的宇文贇即位，他就是周宣帝。宣帝登基後，楊麗華被立為皇后，這樣，三十七歲的楊堅當上了國丈。

楊堅是弘農華陰（今陝西華陰）人。楊家是北方的名門望族，世代有人任高官。楊堅的父親楊忠是北周的開國將領，官至柱國大將軍、大司空，封隨國公。受父親的蔭澤，楊堅十四歲就步入政壇，十五歲被封為散騎常侍、車騎將軍，十九歲任隨州刺史，進位大將軍。後來，鮮卑大貴族、柱國大將軍獨孤信認為楊堅前途無量，便把自己十四歲的女兒獨孤伽羅嫁給了他。獨孤伽羅的姊姊是周明帝的皇后，於是楊堅便成了皇帝的連襟。後來楊堅承襲了父親隨國公的爵號，進封柱國，出任過定州總管、亳州總管。年輕的楊堅沒有赫赫戰功，但官位卻是扶搖直上，許多高官及貴族都嫉恨他。楊堅把漂亮聰明的女兒嫁給了太子，當上了國丈，地位更加鞏固了。

再說周宣帝宇文贇從小就很不安分，當了太子，更是耽於玩樂，肆意而為。他當皇帝後做的第一件事，就是報復曾在父親面前說過自己壞話的人，那些忠心耿耿的老臣，一個個被他用棍棒活活打死在朝堂上。年輕的皇帝給這種野蠻的刑法取了個好聽的名字，叫「天杖」。那些善於逢迎拍馬的小人，個個平步青雲，在這些人的慫恿下，他隨意修改前朝典制禮儀，把祖廟裡的禮器搬進宮中當餐具，又把莊嚴的朝堂塗抹成五顏六色。他不准人用天、高、大、上幾個字取名，把姓高的一律改為姓姜。他一下子立了五位皇后，這在中國歷史上是獨一無二的。

周宣帝雖然是個昏君，但對楊堅勢力的發展還是有所警覺的。他經常對著楊麗華發洩不滿，動輒罵道：「朕要誅滅你家族！」有一次，他宣召楊堅進宮，吩咐身邊的衛士說：「他若表情有

五八一年 北周大臣、外戚楊堅廢北周皇帝，自立為帝，建立隋。

五八二年 在長安城東南營建新的都城——大興城（今西安市位置）。

五八九年 隋南下滅陳，全國統一。

異，就立即殺掉！」楊堅入宮，神情自若，宣帝又懷疑起自己的判斷力來了：楊堅沒有二心啊，是不是自己搞錯了？他猶疑不定，放過了楊堅。

對宣帝的猜忌，楊堅甚感不安，他權衡再三，決定到地方上避避風頭。大象二年（五八〇）五月，宣帝心血來潮，要南伐陳朝，令楊堅帶兵出征，這正合了楊堅的心意。可是大軍還沒出發，宣帝就病倒了。他自知不久於人世，可兒子宇文闡（原名宇文衍）才八歲，怎麼能駕馭大權在握的楊堅呢？他急忙宣召大臣劉昉、顏之儀進宮，欲託以後事。兩人趕到時，宣帝已不能說話。劉昉是個識時務的人，他知道宣帝的用意，但自己輔佐小皇帝，是無法控制楊堅的，為了自己的前程，他下定決心投靠楊堅。於是他找來鄭譯，兩人一同草擬了詔書，聲稱宣帝遺囑讓楊堅輔政，劉昉要顏之儀簽字，顏之儀說詔書有詐，斷然拒絕。劉昉便替他簽了字。

宣帝駕崩後，劉昉、鄭譯秘不發喪。先是頒發假詔，任命楊堅都督中外諸軍事，總理朝政。待楊堅接管了權力之後，才公布了宣帝的死訊。這時，宣帝已死了三天。

楊堅掌握大權後，便開始在朝中培植自己的心腹黨羽，網羅了高熲等一批有真才實學且死心塌地為其效力的心腹。當時宇文闡的叔父宇文贊官居上柱國、右大丞相，與楊堅平起平坐。楊堅讓劉昉說服他不要過問朝政，而且把下一任皇帝的位置許給了他，這個不到二十歲的年輕人確也天真，聽了天花亂墜的一番假話，竟然心動，放棄了大權，高高興興地回家等著做皇帝去了。

宇文贊好騙，而擁有兵權的幾個藩王卻不好對付。趙王宇文招、陳王宇文純、越王宇文盛、代王宇文達、滕王宇文逌，身居王位，握有重兵。楊堅知道，他們才是自己代周而立的最大障礙。在宣帝死訊未公布時，楊堅便假借千金公主出嫁突厥的名義，召他們入京。一個月後，五王到了長安，立即被收繳了兵符。等他們知道中計時，為時已晚。

地方上擁兵駐守的將領們對於楊堅專權也作出了強烈的反應。尉遲迥在相州（今河南安陽）起兵，傳檄天下，討伐楊堅。王謙、司馬消難等紛紛響應。京師長安城中，五王也蠢蠢欲動。楊堅馬上派出軍隊，分頭出擊，但行至中途，他的軍隊有些遲疑，不再前進。這時，高熲自告奮

隋文帝像

勇，前往督戰。到達前線後，他調整戰術，督軍進攻，大敗敵軍。

眼看軍事行動失敗，五王決定鋌而走險，刺殺楊堅。由趙王宇文招出面，設下「鴻門宴」，準備在宴席上殺死楊堅。楊堅在宴席上坐下後，隨從元胄聽到後堂有披掛盔甲的聲音，急忙拉楊堅離開，宇文招等帶人快步追來，被元胄擋在門口。楊堅回到了相府，以謀反的罪名殺了宇文招等人。

這樣一來，朝廷上下，再沒有一個人能與楊堅對抗，年幼的周靜帝完全成了他的傀儡。接著，他便開始導演「禪讓」的鬧劇了。先是由靜帝頒詔，讓他建天子旌旗，享受皇帝的禮制待遇，楊堅假意辭讓，前後三次，才「無可奈何」地接受。接著，便派人為靜帝寫好退位詔書，盛讚楊堅功德，誠懇地要求楊堅接受帝位。百官再三懇求，楊堅才「勉為其難」地接詔。最後，他穿上早已準備好的皇服，在百官簇擁下入宮，登上帝位。周靜帝北面稱臣，被封為介國公。

楊堅起初承嗣了父親隨國公的爵位，後又晉封為隨王，所以稱帝後定國號為「隨」。但他覺得「隨」字有含「辶」（走）字，很不吉利，於是改「隨」為「隋」，仍以長安為國都，立獨孤伽羅為皇后，長子楊勇為皇太子，改元「開皇」，大赦天下。這年是西元五八一年，楊堅時年四十歲。

相關連結

隋文帝統一南北

北魏滅亡後，北方出現了東魏、西魏兩個政權，而後分別為北齊、北周所取代。西魏、北周改革吏治，發展經濟，建立府兵，國力日益強盛，北周武帝滅北齊，統一了北方。武帝死後，權力落入外戚楊堅之手，五八一年，楊堅奪取皇位，建立了隋朝，是為隋文帝。

隋文帝即位以後，值南方陳朝陳後主（陳叔寶）在位。他極度荒淫奢侈，只知喝酒賦詩，互相唱和，寵愛貴妃，盡情享樂，不懂國事，不理朝政，唯小人是用，政治日益腐敗。他大興土木，修建宮殿樓閣，刻剝百姓，弄得民不聊生，國家積貧積弱。其轄地在南方四朝中最小，人口只有兩百萬。隋朝建立後，國力日益強大。隋文帝每年秋季在陳邊境集結軍隊，佯作攻陳，使得陳朝人心惶惶，莊稼無法收割，士氣大為低落。開皇八年（五八八）三月，隋文帝下伐陳詔，開列陳後主二十條罪狀，抄寫三十萬份，散發江南各地。十月，命楊廣率軍五十餘萬，分路伐陳。陳後主自恃長江天險，不做防備，各地守將不斷告急，他仍與寵姬飲酒嬉戲。次年正月，隋軍逼近建康。陳後主無力抵抗，束手就擒，被送至長安。隨後，隋派大將楊素消滅了陳的殘餘勢力，南北歸於統一。

仁壽宮之變

仁壽四年（六〇四），身患重病的隋文帝駕崩於仁壽宮，當時只有楊廣的親信張衡一人在場，於是有人說是張衡用藥毒死了文帝，有人說是張衡拉扯文帝撞到屏風上致死。文帝到底是怎麼死的，已經成了難解的謎團，但有一點可以確信，他的死與楊廣有直接的關係。

獨孤皇后共生有五個兒子，長子楊勇和次子楊廣最有出息。楊堅稱帝後，楊勇以嫡長子身分被立為太子，楊廣被封為晉王。楊勇參與軍國大事，很有建樹，但他率真任性，生活奢侈，寵倖姬妾。有一次，他私自接受百官的朝賀，楊堅和獨孤皇后很不高興，逐漸對他有些不信任了。楊廣容貌俊美，舉止優雅，性情機敏深沉，工於心計，把自己偽裝成一個謙虛、勤奮、節儉、不愛聲色犬馬的正人君子，頗得父母歡心。他率兵平定南方陳朝，撈到了足夠的政治資本。

為了達到取代楊勇的目的，楊廣重賂私交大臣楊素等人以為外援，且令其親信大修甲兵，陰養死士，做擁兵割據的準備，反過來卻誣陷楊勇謀反。獨孤皇后、楊素等極力鼓動文帝廢掉太子。楊廣又收買太子的部下，告發太子言行狂悖，文帝下令逮捕太子親黨。開皇二十年（六〇〇），楊堅穿上戰袍，陳列兵士，集合百官，以不仁不孝、任用奸佞等罪名廢楊勇為庶人，立楊廣為太子。

仁壽四年，隋文帝在仁壽宮避暑，患了重病，乃召太子楊廣入宮居住。楊廣認為文帝不久於人世，便與楊素書信往來，密謀後事。結果宮人錯把楊素的密信送到了文帝寢宮，文帝看了十分惱火。就在這時，又發生了一件讓文帝更為惱怒的事情。當時獨孤皇后已死，陳夫人得寵。陳夫人長得閉月羞花，楊廣對她早已垂涎三尺。一次，楊廣遇到她，強行與之親熱，陳極力抗拒才得以脫身。回到寢宮，文帝見她神色異常，再三追問，陳夫人流淚說出楊廣相逼的事實。

六〇四年

隋文帝病死於仁壽宮，隋煬帝即位。一說文帝病重時被煬帝毒死，史稱「仁壽宮之變」。

文帝終於認清了楊廣的真實面目，知道自己錯怪了大兒子楊勇，埋怨獨孤皇后誤了國家大事。他拍打著床大罵楊廣，並令柳述、元岩把楊勇召來，欲復立其為太子。兩人出了寢宮，便起草詔書。楊素聽到消息，趕緊告訴楊廣。楊廣立即假借文帝的名義，下達詔令，逮捕柳述、元岩，關進監獄。然後命東宮士兵迅速包圍仁壽宮，派親信張衡入文帝的寢宮侍候，太監宮女全被趕了出去。不久，文帝死了，朝廷內外議論紛紛。

沒過幾天，楊廣便在仁壽宮即皇帝位，是為煬帝。隨後，楊廣偽造了文帝的遺詔，將楊勇絞死。

煬帝即位之初，在文帝改革的基礎上，對田制、官制、兵制、賦役制度、倉儲、郡縣、度量衡等都進行了改革，三省六部制與科舉制最終確立下來。但後來，隨著政局日益紊亂，這些改革人都成了一紙空文，沒有收到實際的效果。

相關連結

隋初的改革

隋朝建立後，文帝總結魏晉以來政治經濟制度的得失，進行了很多重大改革，隋煬帝即位之初，這些制度進一步得到完善。首先是改革官制，在中央廢除了西魏、北周依據「周禮」制定的官制，建立起三省六部制；在地方將州、郡、縣三級制，改為州、縣兩級制，裁汰冗官。煬帝大業初年，這些制度已趨於完善。其次，創立開科取士的科舉制，文帝開皇年間開秀才、明經等科目考選官吏，煬帝大業二年（六〇六）開進士科，標誌著科舉制度確立了下來。再次，改革府兵制，使之更好地與均田制相結合；減輕賦役，規定了以實物代替力役的制度；整頓戶籍，使大量農民脫離豪強地主的控制，成為國家的編戶。另外，在地方設置義倉，統一錢幣度量衡，興修水利工程，農業、手工業和商業都有了較大發展。隋初的改革，加強了中央集權，促進國家的統一和經濟的繁榮。尤其是三省六部制與科舉制的創立，對後代產生了極其深遠的影響。

隋煬帝三幸江都

歷史上不少人指責隋煬帝開挖大運河，唐代詩人皮日休對此提出相反的意見，他在詩中寫道：「盡道隋亡為此河，至今千里賴通波。若無水殿龍舟事，共禹論功不較多。」應該說，在開挖運河方面，隋煬帝的功績是可以肯定的，但他荒淫奢侈，濫用民力，引起經濟破敗，政治動盪，這是他的歷史罪責。

隋煬帝是個風流才子，寫得一手好詩文，又精通音樂。每當風清月朗的時候，就會到苑中遊玩賞月。他在馬上彈奏自己譜成的〈清夜遊曲〉，身後跟隨上千美女，其樂也何如！不過，時間一長，隋煬帝就玩膩了，便想著到外地巡遊。江都是他早年鎮守的地方，氣候宜人，風景秀麗。故地重遊，別有一番情趣，所以他決定去那裡巡遊。

由陸路去江都，曠日持久，車馬顛簸，十分困難。煬帝即位後，便下令開挖通濟渠。為盡快通航，他派人嚴加督責，民工勞累而死的甚多，運屍體的車子相望於道。在修渠的同時，他派人修造供南遊使用的各種船隻，共造了好幾萬艘。大業元年（六〇五）八月渠成，隋煬帝自洛陽啟程，浩浩蕩蕩向夢牽魂繞的江都進發了。船隊由西苑經過谷水、洛水，進入黃河，由黃河入汴水，經泗水，入淮水，不用起陸，一直到達江都。運河的岸上修築了寬闊的御道，種上柳樹，從長安到江都，建起四十多處行宮，供隋煬帝中途歇息玩樂。

隋煬帝乘坐的龍舟高四層，上層是正殿、內殿與東西朝堂；中間兩層是百官辦公的場所；下層供宦官居住。整座龍舟金碧輝煌，就是一座水上宮殿。陪同南遊的蕭皇后乘坐的船，雖然比龍舟小些，但裝飾得與龍舟一樣豪華氣派。另外還有九艘名叫「浮景」的大船，也如宮殿一般。其他名目的中小船隻足有好幾千艘，供後宮、諸王、百官、僧尼、道士及外國客人乘坐，裝載隨行

六〇五年

隋煬帝徵調大量民工開挖通濟渠（自洛陽向南，溝通黃河與淮河）、邗溝（溝通淮河與長江）。隋煬帝自洛陽乘船巡遊江都（揚州）。

令楊素、宇文愷營建東都洛陽。

李春修建趙州橋。

六〇六年

開進士科取士，科舉制創立。一說開科取士創立於大業三年（六〇七）。

■科舉制

隋朝廢除世家大族壟斷的九品中正選官制度，用設科考試的辦法選拔官

人員使用的各種器具。巡遊的船隊用人力牽引，八萬多名挽船夫統一穿著錦衣繡袍，稱作「殿腳」。護駕的衛兵們也乘著幾千艘船，由兵士們輪流牽引前進。龐大的船隊綿延兩百多里，華光異彩。到了晚上，船上燈火輝煌，從遠處看燦若繁星。河兩岸還有眾多護駕的騎兵，旌旗飄揚，布滿原野，十分壯觀。

隋煬帝令沿河五百里以內的州縣供應食物，地方官為討好皇上，競相進獻美味佳餚，有的州進獻的食物裝滿上百輛大車，煬帝吃不完，就把它扔掉。隋煬帝一路悠悠行進，縱情享樂，經過兩三個月的時間，終於在冬天到達了江都。次年三月，隋煬帝自江都返回洛陽。

大業六年（六一〇），隋煬帝第二次南遊江都，那盛況比第一次毫不遜色。

隋煬帝建東都，開運河，築長城，征遼東，無休止的勞役和日益加重的賦稅，把百姓逼到了死亡的邊緣。但是，隋煬帝的荒淫腐朽卻日甚一日。他嫌晚上挑燈夜遊太沒情趣，於是叫人捕捉螢火蟲，夜裡遊山時放出來，亮如白晝。

不過，他也知道當時民怨沸騰，心裡充滿了恐懼。一天，大業殿起火，煬帝以為有人造反，趕忙逃往西苑，藏在草叢中，直到火滅了才回來。夜裡睡覺，他時常驚醒，必須由幾個宮女搖撫才能入睡。這擔驚受怕的日子什麼時候到頭啊，煬帝決定還是到南方去避一避。

大業十二年（六一六），中原大地已經烽火遍地，隋煬帝乘龍舟開始了他的第三次江都之行。有人上表勸諫，煬帝盛怒之下，把他們給殺了。到了江都，他命揚州總管王世充選擇江淮美

隋煬帝遊幸江都圖

吏，因係分科取士，故名科舉。唐代在進士科之外，又設秀才、明法、明書、明算等科，其中以進士科最為重要。武則天時設武舉。宋以後科舉用經義，明清規定科舉的內容為四書、五經，文章格式為八股文。清光緒三十一年（一九〇五）推行學校教育，科舉制度被廢除。

六〇八年
隋煬帝開挖永濟渠，從洛陽附近通於涿郡（今北京市）。

六一一年
開江南河，自京口（今鎮江市）至餘杭（今杭州市）。

女送到宮中，計有一百多房。他每日與各房美女輪流作樂，沉湎於酒色之中。一天，隋煬帝對著鏡子說：「這麼好的一個腦袋，不知誰會把他砍下來呢？」蕭皇后聽罷，臉色大變，忙問：「為什麼說這樣不吉利的話？」煬帝笑著說：「貴賤苦樂，互相更替，這有什麼可傷感的！」煬帝預感自己好景不長，隨時都有可能死於非命。

北方大地戰火紛飛，群雄並起，煬帝的衛士們個個掛念家鄉，但這時煬帝已無法返回洛陽。大業十四年（六一八）三月十七日，右屯衛將軍宇文化及利用衛士們的躁動情緒，發動兵變，沒受到任何阻攔，便衝進煬帝行宮。兵變者用綢布將煬帝勒死，他的兒子和孫子也沒能倖免。禍國殃民的一代昏君葬身於他所耽於玩樂的地方，也葬送了隋的一統江山。

相關連結

開鑿大運河

早在春秋戰國時期，古人就開挖了邗溝、鴻溝等人工運河，以後歷代均有興修，但始終沒有形成縱貫南北的水道。隋代大規模開挖運河，前後施工六次，其中文帝開挖兩次，煬帝開挖四次。就工程量而言，煬帝所開運河遠遠大於文帝，尤其是京杭大運河的貫通，幾乎全賴於煬帝。

開皇四年（五八四），文帝下詔開挖自大興城（今西安市）至潼關的廣通渠。開皇七年（五八七），修山陽瀆（邗溝），以通江淮水運。大業元年（六〇五），隋煬帝下令徵發河南、淮北各地百姓一百多萬人，開挖通濟渠，自洛陽西苑至盱眙入淮，溝通了黃河與淮河。同年徵發淮南百姓十多萬人，在山陽瀆的基礎上開挖新的運道，稱邗溝，自山陽（今江蘇淮安）至長江北岸的江都（今江蘇揚州），連通了淮河與長江。大業四年（六〇八），詔河北男女百

隋朝運河示意圖

萬開挖永濟渠，自洛陽黃河北岸至涿郡（今北京市）。大業六年（六一〇），詔修江南河八百餘里，自江都對岸的京口（今江蘇鎮江）到餘杭（今浙江杭州）。

京杭運河全長一千七百多公里，溝通了黃河、淮河、長江、海河、錢塘江五大水系，成為我國古代南北交通的大動脈，直到今天，仍是世界上最長的人工運河。運河的開挖，對於維護國家統一和南北經濟文化交流具有重要的意義，產生了深遠的歷史影響。

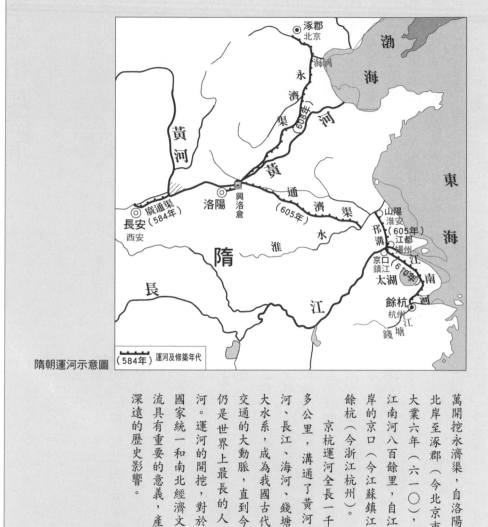

李密和瓦崗軍

大業七年（六一一）的一天，瓦崗寨門口來了個衣衫襤褸的人。他自稱名叫李密，前來投靠瓦崗寨（今河南滑縣東南）。李密出身貴族家庭，父親是隋朝名將，本人是隋軍將領，現在他為什麼要來投靠起義軍呢？

原來李密是楊玄感手下的將官，楊玄感造反被煬帝打敗，李密也被捉住，在押往京城的路上，他逃脫了。在外面流浪了兩年，官府到處追捕他，無奈之下，他來到了瓦崗寨。

瓦崗寨的首領名叫翟讓，原來是隋朝的東郡法曹，因犯罪下獄，獄吏黃君漢私自放走了他。他逃到瓦崗寨，聽說山東王薄起義已成氣候，於是也拉起了義旗，同郡的單雄信、徐世勣都參加了進來。起義群眾大都是漁民、獵手，善使長槍，作戰勇敢，他們在永濟渠沿岸劫奪來往漕船，不但自己資用充足，還能夠接濟周圍的窮人，所以歸附的人越來越多，很快達到了上萬人。

李密是個很有才幹的人，他政治鬥爭的經驗和指揮作戰的本領比瓦崗寨農民強得多。他見瓦崗軍力量越來越大，只是襲擊來往官兵、搶劫運河上運貨的船隻，沒有遠大志向，於是向翟讓獻策，定下滅隋取天下的戰略目標。他說服了王當仁、王伯當、周文舉、李公逸等部，將他們併入了瓦崗軍。瓦崗軍越來越壯大，成為一股強大的反隋力量。

不久，瓦崗軍攻克了金堤關（今河南滎陽東北）及滎陽諸縣，朝野震動。煬帝急命張須陀為滎陽通守，率兵兩萬進攻瓦崗軍。張須陀是隋朝的悍將，陰險狡猾，他鎮壓了王薄領導的農民起義，也曾幾次打敗過翟讓軍，所以翟讓聽到消息，十分緊張。可李密聽了，鎮定自若。他率義軍主力埋伏在滎陽大海寺北邊的叢林中，徐世勣和王伯當分別埋伏在大海寺的兩側，擺成口袋形的陣勢，而後令翟讓帶領一支隊伍，佯戰張須陀。翟讓按照計畫行動，邊戰邊退，把張須陀引入埋

六一六年

農民起義隊伍達上百支、幾百萬人，其中瓦崗軍、河北義軍、江淮義軍力量最大。

伏圈。號令一響，左邊的徐世勣，右邊的王伯當，背後的李密，一起殺出，把張須陀團團圍住。張須陀急令撤退，可後路早被截斷。隋軍亂成一團，被瓦崗軍殺得屍橫遍野，張須陀也送了命。此役，瓦崗軍名聲大振。

大業十三年（六一七）春，瓦崗軍攻下了隋朝設在洛陽附近最大糧倉——興洛倉，開倉賑濟貧民，招募軍隊。人們奔相走告，紛紛參加起義軍。翟讓見李密有政治眼光，又屢建戰功，便把瓦崗軍的領袖職位讓給了他。此後李密稱魏公，封翟讓為司徒，改年號為永平。將興洛倉擴建為洛口城，作為政權的所在地。瓦崗軍建立政權後，南北起義軍紛紛歸附，江淮以北及河南各部起義軍孟讓、郝孝德等部先後投在瓦崗軍麾下。瓦崗軍一下子發展到幾十萬人，成為全國最大的一支農民起義軍。

同年三月，李密率部攻占了隋朝的另一糧倉——回洛倉（今河南偃師北）。隋東都留守段達、元文都等率兵七萬，企圖奪回糧倉。早有準備的李密在倉北將其擊敗。接著，李密讓祖君彥撰寫檄文，歷數隋煬帝十大罪狀，「罄南山之竹，書罪無窮；決東海之波，流惡難盡」（把南山上的竹子都做成書冊，也書寫不完煬帝的罪行；決開東海的波濤，也沖刷不淨煬帝的惡跡），對隋展開了政治輿論攻勢。檄文中的許多話成了千古傳唱的名句。

隋煬帝夜遊圖

起義軍又攻下了黎陽倉（今河南浚縣）、金墉城

（今河南洛陽東）、偃師等地，進逼東都。東都越王楊侗派人向煬帝求救，煬帝派大將王世充率兵五千增援。雙方在洛口和回洛之間展開激戰，互有勝負。

在這關鍵的時候，瓦崗軍內部發生了分裂。李密軍權日大，引起瓦崗舊部不滿，他們勸翟讓重新奪回大權，翟讓不同意。李密在其心腹的挑唆下，以飲酒為名，將翟讓與其兄翟弘等人召至魏公府第殺死。翟舊部驚恐不安，李密單騎入翟讓營，安撫其部屬，又令徐世勣、單雄信和王伯當等翟讓部將分領其眾，制止了更大的流血衝突，但從此以後，瓦崗軍內部出現了離心離德的趨勢。

大業十四年（六一八）三月，隋將宇文化及在江都縊殺煬帝，帶領十萬士兵北歸。李密親率兩萬步騎迎擊，雙方在黎陽相遇。這時，隋留守東都的太府監元文都、武衛將軍皇甫無逸等擁越王楊侗即帝位，派人給李密送來了太尉、尚書令、魏國公等頭銜，讓他阻擊宇文化及，許以平定化及之後，入朝輔政。李密貪圖富貴，聽不進部將的勸告，與宇文化及展開決戰。結果，宇文化及兵敗逃竄，李密也遭受重創。正當李密準備到洛陽任職時，王世充殺死了元文都和皇甫無逸，掌握了洛陽的軍政大權。九月，王世充親率精兵北上，進攻瓦崗軍。李密輕敵，被前後夾擊，損失慘重，乃丟下據守黎陽的二十萬義軍，率數十騎逃往關中，投降了李淵。後來，黎陽義軍將領徐世勣也接受了李淵的招撫。橫掃中原大地的瓦崗軍起義失敗了。

相關連結

隋末農民起義

隋煬帝在位期間，無休止地徵發徭役、兵役和賦稅，致使農稼失時，田地荒蕪，「黃河以北則千里無煙，江淮之間則鞠為茂草」，農民破產流亡，走投無路，終於引發了大規模的起義。

煬帝三次大規模出兵攻打高麗，山東是籌備東征的基地，兵役、力役最為沉重。大業七年（六一一），這一地區遭受水災，農民生路斷絕，起義的戰火首先從這裡燃起。兩年之後，隋朝權臣楊素的兒子楊玄感起兵反隋，造成統治集團內部分裂，農民起義也從局部地區迅速蔓延至全國。他們攻陷城池，稱王稱帝，對隋朝統治構成致命威脅。大業十二年（六一六），全國的農民起義逐漸匯合成三支主力軍：占據河南威震全國的李密領導的瓦崗軍、雄據河北的竇建德領導的夏軍、自淮南轉移至江南的杜伏威領導的吳軍。起義軍摧毀了隋朝的腐朽統治。唐朝建立後，三支農民起義軍分別被鎮壓或瓦解。

李淵晉陽起兵

在歷史上，唐朝政權開創者李淵的聲名一直被他兒子李世民「貞觀之治」的耀眼光環所籠罩。其實，李淵是一位膽識超群、足智多謀的政治家。他不失時機起兵反隋，僅僅用了一年的時間便雄踞關中，建國稱帝，奠定了大唐帝國的基業，顯示出超越他人的政治才能。

李淵出身於世代高官的貴族家庭。他的祖父曾任北魏太尉，死後追封唐國公；父親北周時任柱國大將軍，是最高軍事將領之一。李淵七歲繼承唐國公的爵位，他母親和隋文帝的獨孤皇后是同胞姊妹。隋朝建立後，李淵成為皇親國戚，很受重用。但後來他的官運並不怎麼亨通，做了好幾任郡太守。大業十三年（六一七），他五十一歲時，隋朝已處風雨飄搖之中，煬帝才任命他做了太原留守，成為當地的最高軍政長官。但煬帝對他並不放心，另派自己的心腹王威、高君雅做副留守監視他。李淵早有自己的打算，但不動聲色，假裝沉湎於酒色，昏昏噩噩；暗地裡卻花重金收買朝中重臣，培植私人勢力。

李淵將他的長子李建成、四子李元吉留在河東（今山西永濟蒲州鎮）結交英雄豪傑；將次子李世民留在身邊，讓他秘密網羅人才，尋找機會，起兵反隋。當時各地官僚、豪傑為了逃避出征遼東和農民起義的風潮，紛紛來到太原。李淵廣為結交，引為部屬，委以重任。

晉陽縣令劉文靜很有才能，李世民與他交往密切。後來劉文靜受瓦崗軍首領李密的牽連被關進監獄。李世民借著探監的名義，在獄中與他擬定了招募士兵、進軍關中、直搗長安以成帝業的計畫，和他們一同謀劃的還有隋朝的晉陽宮副監裴寂。

同年二月，馬邑人劉武周殺太守王仁恭，起兵造反，率眾南下，進據汾陽宮，大有兵臨太原之勢。於是，李淵便以抵抗突厥為名，大肆招募軍隊，十天之內，就有上萬人應募。副留守王威

六一七年
李淵父子在太原起兵，攻占長安。

六一八年
隋煬帝在江都被部下宇文化及所殺。
李淵稱帝，建立唐朝。

唐高祖像

和高君雅心中犯疑，打算逮捕應募入軍的逃犯長孫順德和劉弘基等，從他們口中探聽李淵募兵的真實意圖，必要時將李淵除掉。李淵聞訊，即令李世民在太原城內部署兵力，以備不測。第二天，李淵便導演了一齣計殺王、高兩人的好戲：他以商議軍政大事的名義將王、高兩人請來，兩人剛剛坐下，劉文靜手持表狀走了進來，揭發王、高兩人勾引突厥入侵太原的「罪狀」。不容分說，立即將王、高逮捕入獄。說來也巧，兩天以後，突厥果然兵臨城下。李淵一面命令裴寂等人整頓軍隊，做好戰鬥準備；一面打開太原所有的城門，迷惑敵人。突厥兵不知實情，以為太原早有防備，在城外逗留了兩天，便匆匆撤去。太原軍民都認為是王威和高君雅引來了突厥兵，一致要求將其處死。李淵順水推舟，將兩人斬首示眾，並清除了他們的黨羽。

第二天，正是五月的甲子日，李淵在太原開大將軍府，自稱大將軍，以裴寂為長史，劉文靜為司馬，李建成和李世民分任左、右領軍大都督，將兵士編為三軍，號為義師，正式樹起了反隋的旗幟。為解除後顧之憂，李淵還接受劉文靜的建議，主動結好突厥。

不久，建成、元吉和李淵的女婿柴紹相繼抵達太原。太原附近的西河郡拒不接受李淵的命令，而這裡是南下入關的必經之路，於是李淵命李建成、李世民率眾討伐，結果大獲全勝，斬郡丞高德儒。

七月，李淵以李元吉留守太原，親自與建成、世民率領三萬大軍誓師南下。隋將宋老生率兩萬精兵據守霍邑（今山西霍縣）險關，阻擊李淵。當時正值秋雨連綿，李淵軍隊不能前進，軍需供應不上，又有傳言說突厥將偷襲太原，人心不穩。李淵乃欲撤軍北歸，建成、世民極力勸止。雙方相持月餘，建成、世民用計引宋老生出城，大敗隋軍。九月，李淵率軍到達河東，為隋將屈突通所阻，李淵用裴寂、世民兩人所獻之策，留偏師圍河東，主力繞道渡過黃河，突入關中。而後，以李建成等屯兵永豐倉，守潼關，命李世民率兵直指長安。

十月，李淵與建成、世民分率三軍共二十萬人，進至長安城下，大戰十餘日，長安城破，關中平定。李淵進入長安後，立煬帝之孫代王楊侑為帝，改元義寧，遙尊煬帝為太上皇。李淵自稱大丞相，進封唐王，執掌軍政大權。義寧二年（六一八）五月，隋煬帝在江都被殺的消息傳到長安後，李淵逼楊侑退位，自己登基稱帝，正式建立起唐朝。

玄武門之變

相傳李世民做了皇帝以後，患上了心悸失眠的病症，他常常聽到寢宮門外有惡鬼號叫，終夜不得安寧。他懷疑是哥哥建成和弟弟元吉的冤魂在作怪，於是讓秦瓊和尉遲恭（敬德）兩位猛將夜晚立於宮門兩側，果然平安無事了。將兩人的畫像貼在宮門上，亦有效。後來民間紛紛效仿，在門上貼其畫像，這樣兩人就成了門神。李世民為什麼要殺死他的哥哥和弟弟？為什麼讓秦瓊和尉遲恭鎮壓鬼魂？這都與玄武門之變有關係。

李淵稱帝後，立長子李建成為太子，封次子李世民為秦王。李世民是太原起兵的謀劃者，他才能出眾，戰功顯赫，威望甚高，手下聚集了大批猛將謀士，形成了強大的勢力集團，逐漸顯露出奪取最高統治權的政治野心，對李建成的皇位繼承權造成很大威脅。為了讓建成在大臣和諸子中樹立威望，李淵讓他參與處理軍國大事，每次臨朝，都讓他坐在自己身邊，參加各種問題的討論，遇到不太重要的事情，便讓他自己處理。

武德三年（六二〇），李世民奉李淵之命平定劉武周，收復了并州、汾陽廣大地區。次年，消滅了河北竇建德和洛陽王世充兩大勁敵，鞏固了李唐政權。這年七月，當李世民勝利返回長安時，城中鼓樂喧天，人聲鼎沸，李淵和文武大臣隆重出迎，平民百姓爭睹他的風采。建成由羨生妒，與世民嫌隙更深。

建成雖非等閒之輩，但與世民相比，其行政能力和軍事才能就大為遜色了。武德四年（六二一），建成統率十萬大軍征討北方胡人，以「恐有變亂」為由，坑殺降眾數千人，引起了胡族的強烈不滿，北方邊境不得安寧，李淵對此很不滿意。

世民威信日益提高，建成深感不安，便聯合齊王李元吉，串通宮中張婕妤、尹德妃，一起對

六二四年

李世民平定江淮輔公祏、山東徐元朗，唐統一全國。

六二六年

李世民發動「玄武門之變」。

八月，李淵被迫讓位給李世民。次年改元「貞觀」。

付李世民。他極力拉攏收買世民的下屬，拉攏收買不成，便誣陷治罪，或關押囚禁，或任職外派。秦王府中有些人人自危了。

面對這種情況，李淵也難以處置：一方面，由於統一戰爭和防禦北方突厥的需要，他不能損害李世民的軍事地位；另一方面，他又不能背棄封建正統的嫡長子繼承皇位的制度，另立世民為太子。時間長了，朝廷中形成了秦王、太子兩個勢不兩立的派別。

武德九年（六二六）突厥入侵，李建成推薦李元吉督率各軍北征。並徵調李世民手下大將尉遲敬德、程咬金等，挑選秦王軍中的精銳士兵，統歸元吉指揮。且準備趁李世民為元吉餞行的時候，埋伏武士刺殺他。李世民得知此訊，與長孫無忌、尉遲敬德、房玄齡、杜如晦等人商議，決定先發制人，誅殺李建成和李元吉。

李世民向李淵密奏，稱李建成和李元吉與後宮嬪妃淫亂，他們串通一氣，陷害賢才，且妄圖殺害自己。李淵看了以後，心中疑惑，決定第二天上朝審理。

唐太宗像

張婕妤得知，急忙將此事告訴了李建成。建成把元吉叫來商量。元吉建議以生病為藉口，拒絕上朝，靜觀時變。建成認為內有張婕妤、尹德妃照應，外有自己的部下常何把守玄武門，入朝不會有什麼危險。可是他判斷錯了！

原來，建成收買世民的部下，他著力於其心腹大將，這些人是世民的死黨，不管用什麼樣的手段引誘，他們都不會背叛世民，所以建成這一招失敗了。李世民也收買建成的部下，他收買的只是一般將領，所以容易成功，常何便是被世民成功收買者之一。

六月初四日，李世民在常何的幫助下，率領長孫無忌、尉遲敬德等十員大將，埋伏在大臣們上朝必須經過的玄武門（長安太極宮北面正門）內。

建成和元吉騎著馬，悠然自得地向玄武門走去，來到臨湖殿邊時，忽然發現氣氛有些反常，心中不免猶疑，於是掉轉馬頭，準備返回。就在這時，只聽有人大叫：「太子慢走！」兩人回頭看時，世民已帶領部下衝出玄武門。元吉知道不妙，急忙取弓搭箭，一連向李世民發了三箭，但都沒有射中。李世民早有準備，對著建成一箭射去，建成應聲落馬，頓時氣絕。元吉慌忙逃跑，尉遲敬德趕上去一箭將其射落馬下。

聽說玄武門有變，太子手下大將馮立、齊王府的薛萬徹帶領著精兵兩千多人，前來救援。世民的軍隊早有準備，雙方廝殺起來。世民一面組織抵抗，一面派尉遲敬德進宮面見李淵。李淵正與妃子們在宮中戲玩，忽然看見尉遲敬德全副披掛，殺氣騰騰地趕來，知道一定是出了大事。尉

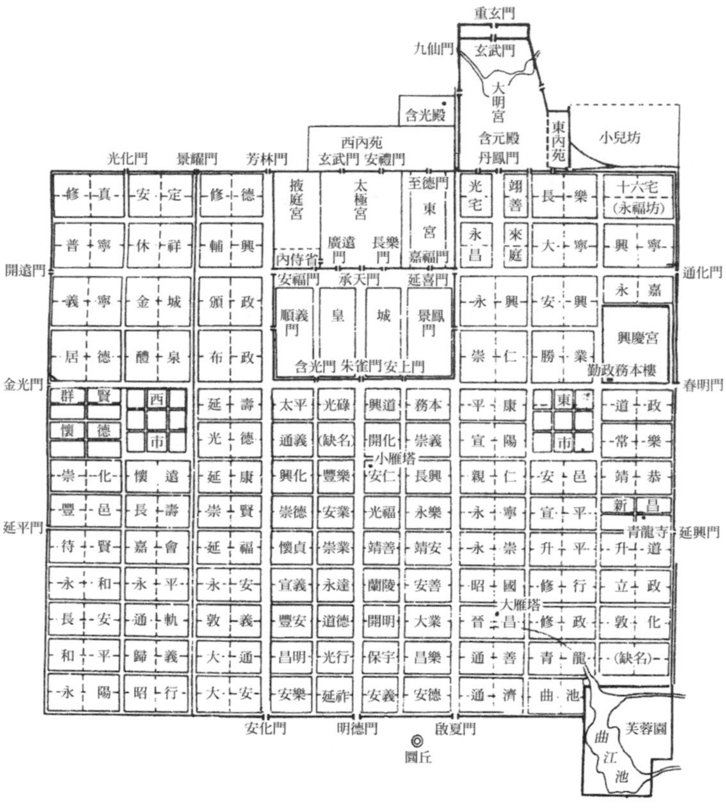

唐長安城平面圖

遲敬德報告說，太子和齊王作亂，已被殺死，秦王派我來護駕。李淵聽後，一時目瞪口呆，不知如何是好。過了不長時間，整個京城就被世民的軍隊控制了。

宰相蕭瑀等人聽說後，急忙向李淵獻策說：「建成、元吉本來沒有什麼功勞，且妒忌秦王，施用奸計。秦王消滅他們，是件好事。陛下把政權交給秦王，天下也就太平了。」李淵沒有其他辦法，只得照他們說的辦。

玄武門之變後的第三天，李淵宣布立秦王世民為太子，全權處理國家一切政務。這一年八月，李淵退位，稱太上皇，李世民在東宮顯德殿即位，是為唐太宗。次年正月改元為「貞觀」，唐朝進入了安定興盛的時期。

唐太宗納諫

說起唐太宗納諫，首先應該提到的就是魏徵。魏徵少時孤貧，但志向遠大，曾出家為道士，隋末入瓦崗軍，後歸唐，為太子建成的謀士。建成被殺後，李世民器重其才能，引為近侍之臣，經常向他詢問政治得失。

有一次，太宗問魏徵，君主怎樣做能「明」，怎樣做是「暗」？魏徵回答說：「兼聽則明，偏信則暗。」他列舉了歷史上聖君的例子加以說明，特別舉出秦二世、梁武帝、隋煬帝這些昏君的例子，指出他們深居宮中，不聽勸諫，疏遠百姓，結果是天下崩潰、百姓背叛。魏徵的話深深打動了唐太宗。他執政期間，虛心納諫，鼓勵犯顏直諫，不管什麼人，不管提意見的態度如何，只要意見正確，他都虛心接受。

太宗即位不久，便有大臣建議，不滿十八歲的男子，只要身材高大，也可徵為兵士，這樣兵源就擴大了。太宗同意並下發了詔書。但是詔書到了魏徵手裡卻被扣住了。太宗催了幾次，魏徵根本不理。太宗大發雷霆。魏徵說：「朝廷明文規定男子十八歲以上才服兵役，現在不到十八歲也得應徵，這叫不講信用。」魏徵還指出，朝廷曾下令免除百姓的部分租賦勞役，也都沒有兌現，因而無法取信於民。太宗知道取信於民乃行政之根本，於是重新下詔書，免徵不到十八歲的男子。從這以後，唐太宗更加信任魏徵。

有一次，唐太宗從長安到洛陽，中途在昭仁宮（今河南壽安）休息，因對膳食不滿意而大發脾氣。魏徵當面勸諫太宗說：「隋煬帝就是因為奢侈淫逸，遭到百姓反對而滅亡的，應該從中吸取教訓。」唐太宗聽後頓時消了怒氣，對大臣們說：「要不是魏徵，我可能又要犯錯誤了。」

濮州刺史龐相壽因貪污被罷官。他跑到太宗那裡，說自己多年在秦王府東征西討，如今天下

六二九年
玄奘西行求取佛經，十五年後，由印度返回唐朝，著有《大唐西域記》，並翻譯佛經一千三百餘卷。一說為六二七年西行取經。

六三〇年
唐滅東突厥，控制大漠南北。

六三一年
日本派「遣唐使」來長安。此後日本多次派使者前來，加強了中日經濟文化交流。

六三五年
景教（基督教之別支）

唐　閻立本《步輦圖》（描繪唐太宗會見迎娶文成公主使者的場景）

已定，竟落得這樣的下場。唐太宗念及舊情，打算恢復他的官職。魏徵知道以後堅決反對。他提醒唐太宗，秦王府的舊人現官居要職的很多，如果他們都仗著老關係而為非作歹，您將如何向天下交代。太宗接受了魏徵的意見，對龐相壽說：「過去我做秦王，不過是秦王府的主人；現在我做了君主，就是天下的主人了，不能再偏袒秦王府的老朋友。」貞觀中期以後，唐朝經濟繁榮，政治安定，朝廷大臣無不歌功頌德，稱頌太平。魏徵向太宗上了〈十漸不克終書〉，列舉十個方面的事實，指出存在的問題，提醒他保持貞觀初年的作風。唐太宗心悅誠服，把奏章寫在屏風上，以自警。

由於魏徵犯顏直諫，對皇帝絲毫不留情面，以至於使太宗達到了懼怕的地步。有一次，太宗得到了一隻十分漂亮的鷂鷹，愛不釋手，把它放在臂上逗著玩。不料魏徵走了進來，太宗猛然想起魏徵說的君主不可玩物喪志的話，趕忙把鷂鷹藏在懷裡。魏徵早已看見，卻故作不知。大講起古代帝王追求逸樂而誤國的事情，諷喻太宗。唐太宗不敢打斷魏徵的話。結果，鷂鷹被悶死在懷中。

魏徵說話一點不留面子，一般人對此都難於接受，更何況是一國之君呢？有一天，太宗退朝回到宮中，怒氣衝衝地說：「總有一天，我要殺了這個鄉下佬！」長孫皇后問要殺誰。唐太宗說：「魏徵常常當眾頂撞我，使我下不了臺，可惡之極！」長孫皇后趕快穿上禮服，恭恭敬敬地

自敘利亞傳入中國。

六四〇年
置安西都護府於交河城（今新疆吐魯番西北），鎮撫西域。

六四一年
文成公主入藏與松贊干布成婚。

■文成公主入藏
唐初，松贊干布統一了吐蕃各部，定都拉薩，多次遣使入唐，請求和親。太宗答應以文成公主嫁之。文成公主入藏時帶去了大量絲織品、生活用品和工藝品，其後中原地區的先進生產工具和技術也不斷傳入，促進了唐與吐蕃之間的經濟文化交流。

向唐太宗道賀，弄得太宗丈二和尚摸不著頭腦。長孫皇后說：「我聽說，君主聖明，臣子才敢直言進諫。今天魏徵敢直言，就是因為陛下聖明，我怎麼能不向陛下道賀呢？」唐太宗聽後，馬上心平氣和了。

由於太宗鼓勵犯顏直諫，所以不光是魏徵等朝廷大臣，即便是普通官員，也都敢於強諫。有一次，唐太宗下令把洛陽破敗了的乾元殿修飾一下，備作外地的行宮。這本來是一樁小事，可是有一個小官張玄素卻偏偏不識趣，上了一道奏摺，痛陳此舉不妥。而且舉出隋煬帝大修宮殿亡國的例子，說當今百廢待興，如果役使飽受戰亂之苦的百姓，耗費錢財，大興土木的話，和以前的昏君沒有什麼兩樣。一個小官，因為一件小事，竟敢把當今皇上比作昏庸殘暴的秦始皇和隋煬帝，真有些冒天下之大不韙了，滿朝文武都為他捏一把汗。但是，唐太宗不僅沒有怪罪張玄素，反而下令召見他。他還想進一步試一試臣下是否敢於冒犯龍顏，於是問張玄素道：「你說我不如隋煬帝，那麼，我和夏桀、商紂相比怎麼樣呢？」張玄素毫不遲疑地答道：「如果皇上真的修了乾元殿，那就和夏桀、商紂一樣昏亂。」唐太宗聽了，不僅沒有發怒，反而被他的勇氣深深地打動。他想，一個小官，敢於冒死直諫，能夠為江山社稷著想，這是應該提倡的呀。於是，唐太宗收回了諭旨，停止重修乾元殿，並且表揚張玄素，賞給他五百匹絹。對此事一直關注的魏徵，見到這個完滿的結局，頗有感觸地說：「張公論事，有回天之力，這都是因為有明君的緣故呀！」

地方官員也敢於直接向皇帝提出意見。櫟陽縣丞劉仁軌是個小小的八品官，他反對唐太宗在秋收季節出去打獵，要求改在冬天進行。唐太宗採納了他的意見，還提升了他的官職。

唐太宗說過這樣一句名言：「人以銅為鏡，可以正衣冠；以史為鏡，可以知興衰；以人為鏡，可以明得失。」正因為唐太宗善於總結歷史經驗，善於接受臣屬的意見，所以他在位期間，唐朝出現了「貞觀之治」的盛世景象。

相關連結

貞觀之治

唐太宗李世民親歷隋末的社會大動盪，他注意總結歷史經驗，特別注意吸取隋朝二世而亡的教訓，折節為政，勵精圖治。在政治上，他用人不問出身，不計宿仇，任人唯賢，致使朝廷上下，人才濟濟；他深知「兼聽則明，偏聽則暗」的道理，鼓勵臣下犯顏直諫，善於聽從不同意見；重視吏治，進一步完善三省六部制、府兵制和科舉制度。在經濟上，採取輕徭薄賦、與民休養的政策，較好地推行了均田制和租庸調制，使經濟得到較快的恢復和發展。他在征服東突厥，戰勝西突厥、薛延陀和高昌，鞏固了邊境之後，注意改善與邊疆各民族的關係，許多少數民族將領受到重用，促進了民族之間的經濟文化交流，消除了北方的邊患，緩和了民族矛盾，被北方各族尊為「天可汗」；遠嫁文成公主到吐蕃，為漢藏兩族間的友好交往開了先河。唐太宗當政期間，出現了中國封建社會少有的太平盛世，史稱「貞觀之治」。

請君入甕治周興

天授二年（六九一），也就是武則天改唐為周的第二年，著名的酷吏來俊臣被處死。那一天，許多人擁進刑場，爭著咬來俊臣的肉以洩憤。不一會兒，肉被咬盡了，人們還不解恨，又挖出他的眼珠，剝下面皮，掏取心肝，把屍骸踏成了泥漿。老百姓互相道賀說：「從今以後，可以安心睡覺了！」人們對來俊臣為什麼如此痛恨呢？

自從光宅元年（六八四）徐敬業叛亂以後，武則天總是疑神疑鬼，對唐朝宗室和元老大臣不放心，怎樣對付自己不放心的人？她的辦法是嚴刑峻法、任用酷吏。

垂拱二年（六八六），有個叫魚保家的人設計了一個收集天下告密信的銅匭，進獻給武則天。銅匭分成四格，分別接受各個方面的密信，密信只要投進去就拿不出來。武則天很滿意，下令把銅匭分別放在城門前和朝堂上，對於投信告密的人，任何人不得干涉。邊遠地方有人告密，地方官須提供車馬，幫助他到京城來。告密屬實者可獲獎勵；告密不實者也不問罪。有時候，武則天還親自召見告密者，給他們封官晉爵。銅匭設立後，可以直接了解民情，聽從民眾的建議，但告密之風也隨之盛行起來。

周興和來俊臣本來都是小官，因為善於編造罪名，製造冤獄，陷害好人，很快便升為高官。兩個人豢養了幾百名流氓無賴，專搞告密活動。他們想陷害誰，就派幾個人在各地同時告密，所告的情節內容完全一樣，然後，下令把被告逮捕，嚴刑拷打。被告往往屈打成招，含冤而死。來俊臣寫了一本《羅織經》，教他的黨徒怎樣去羅織罪名，使被告無法申辯。

周興、來俊臣使用的刑罰名目繁多，十分殘酷。讓犯人跪著，手捧木枷，枷上放瓦罐，叫「仙人獻果」；讓犯人站在高木上面，脖子上掛巨石，叫「玉女登梯」；用鐵圈梏住犯人的頭，

六五一年
大食國派使者來唐，伊斯蘭教傳入。

六五七年
唐滅西突厥，加強了對天山南北路的管理。

六六一年
唐在西域設立州、府，隸屬於安西都護府。

六六四年
武則天垂簾聽政，與唐高宗並稱「二聖」。

六六八年
唐派大軍征高麗，攻克

再往圈裡釘木楔，直到把犯人釘得腦裂髓出；此外還有用竹簽刺入指甲，用熱醋灌鼻等。往往不等上刑，犯人就已嚇得魂飛天外，寧可承認罪名，求得快死。

武則天的侄子武承嗣想當太子，豫王李旦成了他的絆腳石。武承嗣先派人告密，殺了豫王的兩個妃子，之後又誣告豫王謀反。武則天派來俊臣處理。來俊臣把豫王身邊的人全都抓來審問。開始這些人都替豫王辯解。來俊臣下令上刑，沒過半個時辰，一個個血肉模糊，奄奄一息，只好按著來俊臣的要求胡說一氣。他們剛要在紙上畫押，只見一個人闖了進來，大聲喊道：「豫王根本沒有反心，為什麼硬逼他們亂說？我是樂工安全藏，我可以剖心作證。」說完拿出刀來，照胸前一劃，血流如注，五臟都露了出來。這件事太突然，來俊臣也驚慌失措了。武則天聽說以後，叫人把安全藏抬進宮去治療，並下令停止審訊，把抓來的人全部釋放，一場大冤案才算避免了。

酷吏的橫行，引起了人們極大不滿。武則天看到群情激憤，想殺幾個酷吏，緩和一下矛盾。天授二年，有人告發周興曾參與殺害廢太子李賢，武則天讓來俊臣負責審問他。一天，來俊臣假裝去拜訪周興，兩人邊吃飯邊聊天，興致很高。突然，來俊臣對周興說：「現在的犯人狡猾得狠，他們大都不肯輕易認罪，你有什麼好辦法嗎？」周興說：「這有什麼難的，取一個大甕架起來，四周用炭火燒，然後把犯人放進甕中，還怕他不認罪嗎？」來俊臣聽完，馬上吩咐手下人抬來一個大甕，四周架上炭火，眼看把大甕燒得滾熱，來俊臣站起來對周興拱了拱手，說：「皇上讓我來審訊老兄，請君入甕吧。」周興愣了愣神，如夢初醒，慌忙低頭認罪。來俊臣按規定判了周興死刑，武則天出面干預，改成了流刑，結果在流放的路上被人殺死了。

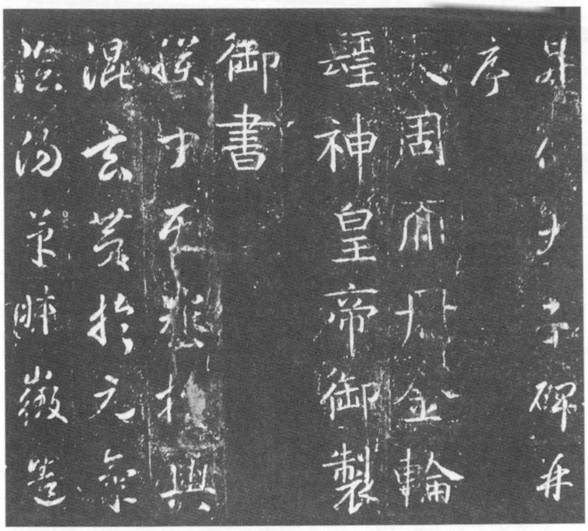
武則天〈升仙太子碑〉（局部）

平壤，高麗亡，置安東都護府於平壤。

六八四年

徐敬業在揚州起兵反對武則天，旋被鎮壓。

六九〇年

武則天正式登基稱帝，改國號為周。

七〇五年

宰相張柬之等在武則天病重時發動政變，逼武則天還政於唐中宗李顯。

周興死後，來俊臣並沒有收斂，他的野心越來越大。想用誣告的辦法除掉武承嗣、武三思和武則天的女兒太平公主，自己獨掌大權。武承嗣等人知道來俊臣手段毒辣，便先發制人，把他抓了起來。武則天也想赦免他，無奈許多大臣上書，要求處死他，武則天只得下令把他處死了。

相關連結

武則天改唐為周

唐太宗死後，高宗李治即位。高宗體弱多病，在其執政後期的二十年中，武則天以皇后的身分垂簾聽政，與高宗一起處理國事。弘道元年（六八三）高宗死去，武則天廢中宗李顯，立睿宗李旦，使之居於別殿，不得參與政事，自己臨朝稱制。垂拱四年（六八八），加尊號為「聖母神皇」。天授元年（六九〇），其親信進呈《大雲經》，說武則天乃彌勒降世，應該做人間之主。九月，侍御史傅遊藝率九百人上表，請改國號為周，賜皇帝武姓。武則天假裝不許，但升傅遊藝為給事中。百官及帝室宗戚、百姓、四夷酋長、沙門、道士六萬餘人又上書請改唐為周，睿宗皇帝亦不得不上表請改武姓。九月初九日，武則天像歷史上改朝換代的帝王一樣，舉行隆重的新王朝成立儀式，宣布改唐為周，建年號為天授，定洛陽為神都，長安為副都，追尊武氏先祖為皇帝。神龍元年（七〇五），八十二歲的武則天得了重病，宰相張柬之等人乘機發動政變，逼迫她傳位給太子李顯，復國號為唐。武則天的周朝歷時十四年，至此結束。不久，武則天病死。

武則天像

武則天廣開言路，注意納諫，善於用人，重視發展農業，繼續推行輕徭薄賦、與民休息的政策，貞觀時期政治經濟得以延續下來，使唐朝沿著富強的道路繼續向前邁進。但她任用酷吏，濫殺無辜，放手任官，生活腐化，歷來受到史家的批評。

救時宰相姚崇

有一次，姚崇問一位叫齊澣的官員說：「我做宰相，可以和古代什麼人相比？」齊澣說：「您雖然趕不上管仲、晏嬰那樣的古代名相，但也可以算得上是救時宰相了。」所謂「救時」，就是「匡救時弊」的意思。從此姚崇便贏得了「救時宰相」的佳名。

姚崇是陝州硤石（今河南三門峽）人，本名元崇，避「開元」年號，改名崇。姚崇在武則天執政時就擔任過宰相，後因得罪權貴，被貶為地方官。睿宗即位後，姚崇再次被任為宰相，不久又因得罪太平公主被貶為州刺史。

玄宗即位後，百廢待興，很需要一個有經驗、有才能的人出任宰相，匡救時弊。玄宗馬上想到了姚崇，於是召他入朝。姚崇來到長安的時候，唐玄宗正在外打獵，玄宗讓他參加進來，姚崇箭無虛發。玄宗非常高興，約他到行宮談論天下大事。姚崇談古論今，講得頭頭是道。唐玄宗聽得入神，幾乎忘記了吃飯。玄宗當即請姚崇做宰相，姚崇婉言拒絕，玄宗感到奇怪。姚崇說：「我有十條建議，您如果做得到，這宰相我便做。」這十條建議是：第一，廢除嚴刑酷法，施行仁政；第二，不可窮兵黷武，十年之內不要在邊境作戰；第三，宦官不得干政；第四，皇親宗室不能擔任高官顯職；第五，親近寵臣犯法以法處治；第六，取消租稅以外的一切額外徵收；第七，停止營造佛寺宮殿；第八，對臣下以禮相待；第九，允許群臣對朝政提出批評建議；第十，

姚崇像

七一二年

李隆基即位為帝，是為玄宗。次年改元「開元」，唐進入全盛的時期，史稱「開元之治」。

七二四年

僧一行實測子午線。

嚴禁外戚干政。玄宗十分誠懇地表示完全可以做到。姚崇馬上叩頭謝恩，接受宰相之職。

姚崇不害怕有權勢的人，不逃避風險，很得玄宗信任。薛王李業的舅舅王仙童，因為搶奪百姓的財物，被告到朝廷。王仙童通過李業，請玄宗赦免。玄宗派姚崇處理，姚崇依法懲辦了王仙童，使得肆意橫行的豪強貴族有所收斂。

當朝達官貴族紛紛營建寺廟，豪強富戶往往利用出家當和尚，逃避賦役，加重了百姓的負擔，減少了政府的收入。為了抑制寺院經濟的發展，姚崇提出裁減僧尼、減少寺院的建議，唐玄宗馬上下令，讓三萬多和尚尼姑還俗，禁止百官和僧尼、道士來往，停建寺院。

開元四年（七一六），山東鬧蝗災，莊稼大量被毀，地方官員和百姓大都迷信蝗災乃上天所為，不敢捕殺蝗蟲，玄宗也猶豫不決。姚崇嚴令地方官員帶領百姓滅蝗，且派御史到各地督察。有個地方官叫倪若水，不組織百姓滅蝗，卻寫奏章給玄宗，說蝗蟲是天災，非人力能夠滅除，皇上多做有德行的事感動上天，上天就會把蝗蟲收回去。姚崇看了非常生氣，提筆給倪若水寫了封信，說：「你管的地方蝗蟲那麼多，你肯定是個沒有德行的人了！眼看莊稼被吃，百姓鬧饑荒卻不管，這能叫做善事嗎？千萬不能延誤時機，否則唯你是問！」倪若水接到信後，不敢違抗命令，幾天工夫，就發動百姓控制了蝗災。各地捕殺蝗蟲的數目報到京城裡，有個叫盧懷慎的官員勸姚崇不要得罪上天。姚崇說：「如果滅蝗會招來災禍，我一個人承擔就是了。」由於姚崇態度堅決，措施得力，蝗災終被消滅，山東避免了大災荒。

過了不久，姚崇因為袒護犯了罪的部屬引起玄宗的不滿，他請求辭去了宰相的職務。後來玄

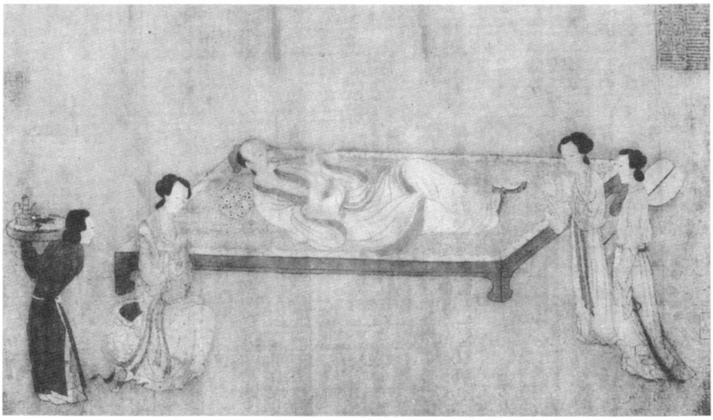

唐　張萱《明皇合樂圖》

宗遇疑難事情還常和他商量。開元五年，關中歉收，為了減輕運糧的壓力，玄宗想去東都洛陽。就在這時，太廟的房屋突然倒塌了。這在當時是一件不得了的大事，而且玄宗正為父親守喪，三年之期未滿。宰相宋璟等力勸玄宗不要東行，玄宗也沒了主意，派人徵求姚崇的意見。姚崇說：「時間久了，山都會發生變化，太廟木朽而屋壞，不足為怪，與皇上東行有什麼關係？關中歉收，從東部運糧費用很高，到東都去是為百姓著想，且東都已做了準備，不可失信於天下。」玄宗聽了很高興，下定了東行的決心。他令姚崇五日一朝，仍像過去任宰相時一樣入閣供奉，遇有人事，還要向他諮詢。

開元九年（七二一），姚崇去世，終年七十二歲。

相關連結

開元盛世

唐玄宗即位後，結束了武則天死後中宗、睿宗時期的社會動盪局面。開元年間，他勵精圖治，對武則天後期以來的弊政進行了改革。在政治上，起用賢才，先後任用姚崇、宋璟、張嘉貞、韓休、張九齡為相，他們或忠直敢言，或守法不阿，或長於吏治；精簡官僚機構，裁汰冗官，對官吏循名責實，對地方官加強監督，吏治逐漸趨向清明。在經濟上，大力興修水利，發展農業生產，改革食封制度，禁抑奢侈之風，政府財政收入增加，人民負擔有所減輕。從而出現了賦役輕平，刑罰寬簡，政治安定，社會經濟空前繁榮的景象。杜甫在〈憶昔〉詩中寫道：「憶昔開元全盛日，小邑猶藏萬家室。稻米流脂粟米白，公私倉廩俱豐實。九州道路無豺虎，遠行不勞吉日出。齊紈魯縞車班班，男耕女桑不相失。」史家稱之為「開元之治」或「開元盛世」。

楊貴妃命喪馬嵬驛

安史之亂爆發後，叛軍勢如破竹，很快攻下洛陽，直逼潼關。潼關是京城長安的門戶，形勢險要，道路狹窄。唐玄宗派大將哥舒翰帶領重兵把守。叛軍屯兵半年，沒有攻破。

宰相楊國忠怕哥舒翰握有重兵，立了大功，對自己的地位構成威脅。於是對玄宗說，潼關外的叛軍已經不堪一擊，哥舒翰在潼關按兵不動，豈不喪失殲滅叛軍的時機？玄宗聽信楊國忠的話，接二連三派使者到潼關，逼哥舒翰帶兵出關。

哥舒翰知道出關後凶多吉少，但是聖旨不能違抗，他痛哭了一場，只好帶兵出關。關外的叛將養精蓄銳，以逸待勞，派精兵埋伏在靈寶（在今河南省西部）西面的山谷裡。哥舒翰二十萬大軍中了埋伏，幾乎全軍覆沒。叛軍乘勝打進潼關，哥舒翰被俘。這一天是天寶十五年（七五六）的六月初九日。

潼關失守，長安城完全暴露在叛軍兵鋒之下，沿線地方官員和守兵，紛紛棄城逃跑。玄宗這才感到形勢危急，要楊國忠想辦法。楊國忠把文武百官召集起來商量，可誰也沒有好主意。楊國忠不想留在長安等死，便勸玄宗到自己的家鄉蜀地避難。

六月十三日晚上，唐玄宗帶著楊貴妃姊妹、後宮嬪妃、皇子皇孫及楊國忠、高力士等，在龍武大將軍陳玄禮和禁軍的護送下，悄悄打開宮門，逃出長安。他們派宦官打前站，通知沿途地方官員準備接待，哪知道派出的宦官和地方官員統統跑得蹤影全無。玄宗一行人走了半天沒吃上飯。隨行太監好不容易找到當地百姓，向他們討要些糧食。平時養尊處優的皇子皇孫埋怨說飯食無法下嚥，但兵士們連這樣粗糲的食物也吃不上。

沿途百姓說，安祿山想造反，已經不是一天兩天了。可朝廷大臣，一個個只會奉承拍馬，都

七四五年

楊玉環被冊封為貴妃，其從兄楊國忠任宰相。

七五三年

鑒真和尚到達日本。

■鑒眞東渡

鑒真俗姓淳于，揚州人。早年出家，研習佛法，頗有造詣，乃律宗高僧。唐玄宗天寶元年（七四二）應日本來華學問僧之邀，東渡日本傳教講經。五渡均為風浪所阻，至雙目失明。天寶十二年（七五三），終於與弟子兩三百人東渡成功。至日本後，為天皇、皇后及僧侶五百人受戒，創建唐招提

不向皇上報告實情。飢餓難奈的將士們聽了更加氣憤。

一路上走走停停，第三天才到了距長安一百多里的馬嵬驛。隨行的將士又餓又累，實在不想前進了。他們認為，這全是楊國忠惹的禍，應該找他算帳。陳玄禮找到了太子宮中的宦官李輔國，他們一起去見太子，商議怎樣除掉楊國忠。這個時候，正好有二十幾個隨行的吐蕃使者攔住楊國忠的馬，向他要飯吃。忽然有人大叫道：「楊國忠與胡人謀反！」軍士們一面叫喊，一面擁了上來。楊國忠見勢頭不妙，慌忙逃跑，幾個兵士趕上去，把他的頭砍了下來，身體也被砍成了幾塊。

兵士們殺了楊國忠，情緒更加激昂，他們將楊國忠的頭高高挑起，把玄宗住的驛館包圍了起來。玄宗聽到外面吵鬧，問是怎麼回事，太監把楊國忠被殺的事告訴了他。玄宗大吃一驚，不得不走出去安撫兵士。兵士們仍吵吵嚷嚷，不肯離去。玄宗把陳玄禮找來，讓他把兵士們帶走。這事正是陳玄禮策劃的，他怎麼肯甘休。他對玄宗說：「楊國忠專權誤國，禍根在楊貴妃那裡，要想安撫士兵們，必須殺掉楊貴妃！」

楊貴妃天生麗質，出身官宦之家，有一定的文化修養，通音律，擅歌舞，善彈琵琶，最受玄宗寵愛，玄宗離開了她寢食難安，對她是有求必應。貴妃本蜀人，喜歡吃荔枝，玄宗便命人以快馬接力，從南海飛馳運來，一路被累死的馬不可計數，杜牧有詩曰「長安回望繡城堆，山頂千門次第開。一騎紅塵妃子笑，無人知是荔枝來」，就是寫的這件事。兵士們指名要殺楊貴妃，玄宗極力辯解說楊國忠謀反，與貴妃無

清　李育《貴妃出浴圖》

寺，律宗在日本正式傳播開來，同時把唐朝先進的文化科學知識傳給了日本人民。

七五五年

安祿山、史思明在范陽率部眾十五萬起兵反唐，史稱「安史之亂」。

七五六年

唐玄宗帶楊貴妃等倉皇奔蜀，行到馬嵬驛，軍士嘩變，殺楊國忠，楊貴妃自縊而死。

七六三年

史思明之子史朝義被殺，安史之亂結束。此後形成藩鎮割據的局面。

七八〇年

宰相楊炎主持，制定頒行以資產為本的「兩稅法」，取代以人丁為本的租庸調。

關，但這無力的辯白怎能澆滅憤怒的烈火。高力士知道不殺楊貴妃，不能平息將士們的氣憤，於是對玄宗說：「貴妃是沒有罪，但將士們殺了楊國忠，如果留著貴妃，他們哪會心安。當今之計最重要的是使將士心安，以保陛下安全。」

面對著丟命與割愛兩種選擇，玄宗權衡再三，覺得還是先保命再說，他狠了狠心，讓高力士把楊貴妃帶到一個佛堂裡，逼她自縊。楊國忠的兒子，楊貴妃的姊妹韓國夫人、虢國夫人、秦國夫人也都被殺死。

將士們以為楊國忠的老家在蜀地，不願繼續西行到那裡去。李輔國和太子李亨的兩個兒子向太子獻計，請求分玄宗手下之兵，北上以圖恢復。玄宗無奈，只得把後軍兩千人交給太子，急急忙忙逃到了成都。李亨帶兵北上，七月到達了靈武（今寧夏靈武西南），即位稱帝，是為肅宗，遙尊玄宗為太上皇。

對於楊貴妃的死，後人有的認為是罪有應得，有的表示惋惜。清朝人袁枚寫〈馬嵬〉詩道：「莫唱當年長恨歌，人間亦自有銀河。石壕村裡夫妻別，淚比長生殿上多。」楊貴妃的死與安史之亂中千萬百姓的苦難相比，可以算是不值一提的小事了。

相關連結

安史之亂

玄宗統治後期，邊防戰事頻繁，府兵制被募兵制取代，節度使制度形成，出現外重內輕的局面。玄宗驕奢淫逸，揮霍無度，深居宮中，專以聲色自娛，培養出李林甫、楊國忠、安祿山等掘墓人。歷史書上評價說，開元年間任用姚崇、宋璟而治，天寶年間任用李林甫、楊國忠而亂，是很有道理的。天寶十四年（七五五）十一月，身兼平盧、范陽、河東三鎮節度使的安祿山與平盧兵馬使史思明，率十五萬大軍，以討楊國忠為名，自范陽（今北京市）起兵，迅速攻占了洛陽。次年正月，安祿山在洛陽稱大燕皇帝。唐朝大將郭子儀、李光弼等率軍頑強抵抗，又得到回紇、于闐及西域諸國的援助。至德二年（七五七）正月，安祿山被長子安慶緒所殺，其部將史思明降唐後又起兵造反稱帝，後被其子史朝義所殺。寶應元年（七六二）十月，唐借回紇兵收復洛陽。次年正月，史朝義自殺，安史之亂至此始告平定。安史之亂是唐朝由盛而衰的轉捩點，此後唐朝國力大為削弱，造成了藩鎮割據的局面。

劉禹錫寫詩致禍

「山不在高，有仙則名；水不在深，有龍則靈」，〈陋室銘〉因字字珠璣而流傳千古，劉禹錫也因才華橫溢而為後人所景仰。他因寫詩而名重一時，也因寫詩而遭致禍端。

劉禹錫精於古文，尤擅作詩。十九歲遊學長安，上書朝廷。二十一歲時與柳宗元同榜考中進士，後又考中博學宏辭（詞）科。王叔文十分器重劉禹錫，認為他有宰相之才。永貞革新失敗後，劉禹錫被貶為朗州（治所在今湖南常德）司馬。

朗州地近西南夷，風俗僻陋，言語不通，但劉禹錫沒有因此而沉淪，他以積極樂觀的精神學習民歌，創作了〈採菱行〉等仿民歌體詩歌。後來看到當地居民祭祀巫神，高唱俚歌，載歌載舞，歡聲雷動，便仿屈原〈九歌〉之體，創作了〈竹枝辭〉十多篇，並教唱新辭以祭巫神。後來朗州附近的俚歌中多雜有他的文辭。

唐憲宗元和十五年（八二〇），僻居朗州十五年的劉禹錫被召還京師，準備出任尚書省官員。當初劉禹錫在長安時經常到崇業坊玄都觀遊覽，這次回到京師，他再次來到這裡，觸景生情，當即寫下〈戲贈看花諸君子〉一詩：「紫陌紅塵拂面來，無人不道看花回。玄都觀裡桃千樹，盡是劉郎去後栽。」此詩傳出後，有人說他心懷不滿，借題發揮，諷刺朝廷，於是又被貶為播州（治所在今貴州遵義）刺史。劉禹錫老母已八十多歲，播州路途遙遠，母親必不能相隨，此去必是母子生離死別。詔書頒布後，御史中丞裴度上奏替他說情，說這有傷皇上提倡的孝道之風。憲宗遂把劉禹錫改貶為連州（今廣東連縣）刺史。後又調任夔州（今四川奉節）、和州（今安徽和縣）刺史。

唐文宗太和二年（八二八），劉禹錫從和州入京任主客郎中。不久，他再次來到玄都觀，一

八〇五年

王叔文等主持政治經濟改革，時為唐順宗永貞元年，故史稱「永貞革新」。後王叔文被處死，柳宗元、劉禹錫等被貶官。

八〇八年

以牛僧孺為首的「牛黨」與李德裕為首的「李黨」互相攻訐，後更互執政，相互傾軋。

時詩興大發，又作〈再遊玄都觀〉一詩：「百畝庭中半是苔，桃花落盡菜花開。種桃道士歸何處，前度劉郎今又來。」詩中隱隱透出對永貞革新的懷念和對現實政治的不滿。新詩傳出以後，有人稱讚他的才華，也有人說他行為太不檢點。宰相裴度深知他的才能，推薦他任禮部郎中、集賢院學士。裴度罷相後，劉禹錫又被貶為蘇州刺史。

當時蘇州發生水災，百姓困苦不堪。劉禹錫上任以後開倉賑饑，免賦減役，使人民度過了災荒，過上了安居樂業的生活。蘇州人民愛戴他，把他與在那裡擔任過刺史的韋應物、白居易合稱為「三傑」，建立了三賢堂。

劉禹錫晚年回到洛陽，任太子賓客，與朋友交遊賦詩，生活閒適，死後被追贈為戶部尚書。

相關連結

永貞革新

自唐玄宗任用高力士開始，唐朝出現宦官干政的現象。肅宗時宦官李輔國掌握軍權，宦官權力開始凌駕於百官之上，乃至干預皇權的施行，引起了皇帝和官僚士大夫的強烈不滿。

永貞元年（八〇五），唐順宗李誦即位。李誦做太子時，便關心朝政，了解民間疾苦，深知朝廷積弊，即位後決心革除弊端。順宗得過中風病，深居宮中，很難與大臣見面交流，於是起用自己做太子時的老師王叔文、王伾，任他們為翰林學士與翰林待詔，主持政務。二王引薦韋執誼為宰相，以柳宗元、劉禹錫等人為援，秉承順宗旨意進行改革，主要是廢除擾民的弊政，打擊宦官，削弱藩鎮勢力等。他們準備剝奪宦官的兵權，以俱文珍為首的宦官操縱神策軍拒不接受命令，聯合藩鎮節度使共同反對改革。三月，俱文珍等人發動政變，幽禁順宗，擁立太子李純。八月，順宗被迫退位，後被宦官毒殺。李純即位，是為憲宗。王叔文被貶為渝州司戶，次年被賜死；王伾被貶為開州司馬；柳宗元、劉禹錫、韓泰、陳諫、韓曄、凌準、程異及韋執誼等八人均被貶為邊州司馬。史稱「二王八司馬」事件，亦稱永貞革新。改革歷時百餘日，以失敗而告終。

李愬雪夜入蔡州

唐憲宗即位後，把恢復「貞觀」「開元」盛世，平定藩鎮，重振國威作為奮鬥目標，他在中央建立起神策軍，國家的軍事、經濟實力逐漸增強，陸續討平了西川、夏綏、鎮海節度使，魏博節度使田弘正、成德鎮王承宗也都被迫歸命朝廷，只有淮西節度使吳元濟不肯歸附。

裴度像

淮西軍閥割據由來甚久，從德宗建中四年（七八三）淮西節度使李希烈自稱大元帥開始，中間經過吳少誠、吳少陽，擁兵割據三十餘年，唐朝中央政府始終拿它沒有辦法。元和九年（八一四），淮西節度使吳少陽死去，他的兒子蔡州刺史吳元濟秘不發喪，自領軍務，四出侵擾焚掠，關東為之震動。唐憲宗派人前去弔祭，吳元濟理都不理。次年正月，朝廷下令削奪吳元濟的官爵，令宣武等十六道出兵征討。由於各路軍隊不相協調，號令不一，且有宦官監軍，干涉將帥行動，連續幾次進兵都無功而返，弄得民困兵乏，耗費巨大。

對是否繼續平定淮西，朝廷內部產生了分歧。大多數官員認為再打下去也難取勝，只能是勞民喪財。大臣裴度卻認為淮西好比身上長的毒瘡，不可不除。唐憲宗力排眾議，任裴度為宰相，下定決心，繼續征討淮西。

元和十一年（八一六），朝廷任李愬為隨、鄧節度使，李愬到唐州（治今河南汝南）後，通過淮西降將，摸清了淮西的內部虛實，擬定了突襲吳元濟老巢蔡州的計畫。李愬雖是將門虎子，但從未帶兵打過仗，將士們認為他不會出兵攻淮西，李愬對作戰的事也隻字不提。這樣一來，蔡

八一七年
李愬雪夜攻取蔡州，平定淮西鎮。

八一九年
唐憲宗迎佛骨入宮，供奉三日，後封存於法門寺地宮中。

州的吳元濟以為李愬膽小怕事，不會打仗，逐漸放鬆了戒備。後來雙方交鋒，吳元濟連連取勝，他認為李愬不堪一擊，更不把防備放在心上了。

第二年，宰相裴度親自前來淮西督戰，李愬把襲取蔡州的計畫告訴了他，裴度當即表示支持。為了使李愬能夠獨立行事，裴度奏請唐憲宗，把宦官監陣的權力撤銷了。

這一年十月的一個晚上，寒風怒吼，大雪紛飛。李愬命令淮西降將李祐、李忠義帶領精兵三千充當先鋒，唐州刺史李進城率三千人馬殿後，自己引三千人馬為中軍，從駐地文城柵（今河南遂平）出發，除了幾個高級將領外，誰也不知道要去哪裡。趕了六十里地，到了張柴村。守在此處的淮西兵毫無防備，被李祐帶的先鋒部隊全部消滅。李愬留下一批兵士守張柴村，以截斷通往洄曲的道路，大部隊則繼續東進。兵士們心裡更加迷惑，不知道李愬到底要做什麼。又走一段路，李愬才向大家宣布，攻入蔡州，捉拿吳元濟！

那些在吳元濟手下吃過敗仗的唐軍官兵，聽到這個命令，嚇得臉色都變了。監軍的宦官急得哭了起來，連說中了李祐的奸計。李愬平日治軍很嚴，雖然他們暗中叫苦，但誰也不敢違抗軍令。

唐軍踏著厚厚的積雪，又趕了七十里路，才到了蔡州城邊。李愬嚴令保持肅靜，但是由於人馬嘈雜，仍然發出很大的響聲。正好城邊有一個水池，裡面鵝鴨成群，李愬派了一些士兵拿棍子去打攪鵝鴨。兵士們心懷疑慮：主帥還嫌軍隊的嘈雜聲太小嗎？可一看李愬堅定的目光，他們只好照辦了。結果，鵝鴨的陣陣叫聲，把人馬的嘈雜聲掩蓋了下去。將士們這才知道李愬是個勇敢而又機智的統帥。

蔡州戒備本來就很鬆弛，又碰上這樣的天氣，所以守城兵士根本沒做打仗的準備。李祐、李忠義對蔡州的城防十分熟悉，吩咐兵士在城牆上挖出一個個坎兒，很快翻牆入城，把守城門的兵士殺死，派人偽裝更夫繼續巡邏。接著，打開城門，迎接李愬大軍進城。一座蔡州城就這樣神不知鬼不覺地被李愬占領了。

天剛濛濛亮，雪也止了。唐軍占領了吳元濟的外院，吳元濟此時還在裡屋睡覺。忽然，有個

八二二年

唐穆宗派使者去吐蕃會盟，雙方確定甥（吐蕃贊普）舅（唐朝皇帝）關係，次年立「唐蕃會盟碑」。

八三五年

唐文宗以觀看「甘露」為名，欲誅宦官，事情敗露，反為宦官所制，史稱「甘露之變」。

淮西兵士發現了唐軍，急忙報告給吳元濟。吳元濟懶洋洋地起身站在樓上向外望，只見滿城都是唐軍，這才從夢中醒來，急忙召集侍衛親兵，試圖作最後一搏。

李愬命令將士強攻內院，砸爛了外門，占領了軍械庫。蔡州的百姓們受夠了吳元濟的壓制，扛來柴草燒穿了南門。吳元濟見大勢已去，只好棄械投降。

淮西的申、光二州守軍兩萬多人，見蔡州已破，不戰而降。李愬取得了全勝，用囚車把吳元濟押送到長安。

裴度、李愬平定淮西活捉吳元濟的消息傳到河北，河北藩鎮大為震動，紛紛表示歸附中央，歷史上稱此為「元和中興」。但憲宗沒能從根本上解決藩鎮問題，他死後不久，許多藩鎮發生變亂，藩鎮割據稱雄的局面又出現了。

相關連結

藩鎮割據

唐玄宗在位後期，為了防止周邊各族進犯，大力擴充防戍軍鎮，設立節度使，賦予他們軍事統領、財政支配及監察管內州縣的權力，共設立了九個節度使和一個經略使。安史之亂爆發後，為了抵禦叛軍進攻，軍鎮制度擴展到內地，大州設節度使，小州設觀察處置使，他們所轄之地被稱作藩鎮，亦稱方鎮。其中河朔三鎮（平盧、成德、魏博）一直不受朝命，不輸貢賦，割據一方；今山東、河南、湖北、山西曾長期存在這樣的藩鎮；其他地區也有一些倚仗實力對中央跋扈不馴、作亂犯上的短期割據者。九世紀初，全國藩鎮多達四十多個，他們或互相攻伐，或聯合對抗中央，中央政府屢次採取措施削弱藩鎮，但收效甚微，藩鎮勢力呈逐漸增強的趨勢，此局面延續了近兩個世紀，到北宋初才結束。後代史家把這種局面稱為「藩鎮割據」。

八四五年

唐武宗滅佛，下令毀掉寺院，僧侶還俗。

沖天大將軍黃巢

中國古代的科舉考試，為統治集團選拔了不少人才，但也把不少有政治抱負和才能的人擋在了官僚隊伍之外，這激發了他們的反叛情緒，進而成為封建皇朝的掘墓人。唐朝末年農民起義領袖黃巢就是因科舉不第而反叛，最後成為動搖唐朝統治根基的人。

黃巢曾多次赴京城參加科舉考試，但卻一次次名落孫山。入仕為官報效皇家的願望徹底破滅了，用另外的方式實施政治抱負的願望卻油然而生。他最後一次走出考場的時候，揮筆寫下這樣一首詩：「待到秋來九月八，我花開後百花殺。沖天香陣透長安，滿城盡帶黃金甲。」這就是後來廣為流傳的〈不第後賦菊詩〉。

乾符二年（八七五）二月，黃巢率眾起義，到廣明元年（八八〇），黃巢的大軍已有六十萬人，這年年底，義軍攻占洛陽，接著揮師西進，兵抵唐朝京城的東面門戶潼關。唐僖宗派去守關的兵士早嚇破了膽，沒怎麼抵抗就各自逃命去了。

黃巢像

聽說潼關失守，長安城中亂作一團。當時關中雖然還有些軍隊，但一時難以調集。倉猝之下，僖宗只得帶著皇親嬪妃們，在五百神策軍保護下，向四川逃走。起義軍沒有遇到什麼抵抗，日夜兼程，於十二月初八日傍晚進入了長

八七四年
王仙芝在長垣起義。次年，黃巢在冤句率眾響應。

八八〇年
黃巢軍攻破唐都城長安，次年稱帝，國號大齊。

安城。唐朝在京的文武百官大都沒來得及逃脫，於是很多人趕到城東的灞上，跪迎黃巢進城。可是黃巢對前來投降的官員乃至城中居民卻進行了報復性的大屠殺，使長安城中百姓大失所望，對義軍產生了敵視情緒。

十二月十三日，黃巢在長安大明宮含元殿舉行登基大典。戰士們抬來數百隻戰鼓，拿起長劍大刀列成衛隊，在隆隆戰鼓聲和閃亮耀眼的刀光劍影中，黃巢登上了皇帝的寶座。因為黃巢率眾起事的地方古代屬於齊地，所以他為新政權取名「大齊」。同時希望新政權固若金湯，永遠保持天下一統，所以定了年號叫做「金統」。

黃巢當了皇帝，封他的妻子做皇后，設置百官，任命手下將領當了太尉、中書令、左右僕射、樞密使等官職。同時改變剛入城時的屠殺政策，宣布：舊官員三品以上者一律停職，四品以下的仍舊任用。他下令舊官僚到大齊宰相處登記，然後官復原職。可是幾天過去了，沒有一人前去登記。於是黃巢下令在全城搜索，皇親國戚及高官顯宦一旦被搜出，便予處死。同時下令沒收王室貴族、富豪鉅賈的全部財產，將他們掃地出門。這些人變得一貧如洗，紛紛逃往南北各地。黃巢實現「滿城盡帶黃金甲」的夙願，每天聽著百官宮女們高呼萬歲，樂滋滋地當起皇帝來。

黃巢只會打仗，不會管理經濟。占領長安後，並未有效地組織生產、管理財政，面對關中地主的堅壁清野，大齊政權

上刻「其年黃巢坐長安」字樣的王府君墓誌銘（拓片）

八八二年

起義軍大將朱溫叛變降唐，後被唐封為梁王。

八八四年

黃巢敗退至山東，自刎於狼虎谷。

陷入經濟困境。當時唐朝在關中的軍隊尚有數萬人，分駐於各地；關東的藩鎮雖受到起義軍打擊，但還都處於軍事割據狀態。黃巢沒有抓住時機，進行軍事征討，而是拿出皇帝的派頭，發出一道道檄文，無非是聲討僖宗，催促各藩鎮投降。這時，以鳳翔節度使鄭畋為首的唐軍將領一面假裝歸降，一面秘密聯絡各藩鎮，訓練士兵，修築城池，打造武器，招兵買馬。有的傾其家產，犒賞士兵，積極做向農民政權反攻的準備。等到鄭畋殺死大齊派來監軍的將領，攻殺大齊千餘名運糧兵士之後，黃巢才決定派兵征討。一番激戰，隊列不整的五萬農民軍慘死近半。

這一仗的勝利使唐朝軍隊大為振奮。僖宗遙發號令，各地軍鎮紛紛呼應。他們又請沙陀族李克用出兵助戰，招降了黃巢的部下、同州（今陝西大荔）防禦使朱溫。唐朝各路兵馬分別屯駐沙苑（今陝西大荔南）、渭橋（今長安西北）、武功（今陝西武功）等地，對長安形成合圍之勢。

這時候，農民將領還沉浸在勝利的喜悅中，根本沒把唐軍放在眼裡，主張來一次大決戰。黃巢認為，敵眾我寡，嚴峻形勢，決定撤離長安，向東開拔，再一次走上了遊擊作戰的道路。

相關連結

黃巢起義

唐朝末年，土地高度集中，賦役十分繁重，階級矛盾異常尖銳，各地不斷爆發農民起義。乾符元年（八七四），王仙芝率數千人在長垣（今屬河南）起義。次年，曹州冤句（今山東菏澤西南）人黃巢聚眾呼應，眾至數萬人。乾符三年，黃巢反對王仙芝求降，乃與之分兵，獨自轉戰於今河南、山東、安徽、湖北、江西間。乾符五年，王仙芝戰敗被唐軍所殺，餘部歸依黃巢，並推黃巢為首領。黃巢號稱沖天大將軍，年號王霸，眾至十多萬人。乃南下渡淮河、長江，經江西進軍浙東，攻克福建諸州郡。次年進軍嶺南，克廣州，眾達百萬。稍作休整後，移師北伐，進入湖南。沿湘江而下，渡長江、淮河，進入淮北，改稱天補大將軍。廣明元年（八八〇）進入河南，攻克東都洛陽。旋揮師西進，同年十二月攻克長安，建大齊政權，年號金統。金統四年（八八三）撤出長安，進圍陳州（今河南淮陽），屢戰失利。次年退至泰山狼虎谷（今山東萊蕪境內），再戰失利，乃自刎而死。這次起義，參加的農民達上百萬人，歷時十年之久，轉戰今十二個省區，沉重打擊了唐朝的統治，從此唐朝分崩離析，名存實亡。

五代十國

《韓熙載夜宴圖》（局部）

五代十國（九〇七—九七九）是唐後期藩鎮割據混戰的繼續。唐朝滅亡後，北方經歷了五個前後相承的朝代，稱作「五代」。南方及今山西中部出現了十個割據的政權，稱作「十國」。北方政權乍興乍滅，戰爭連年不斷，而南方戰爭相對較少，社會比較安定。所以南方經濟發展速度比北方快，文化也比北方興盛繁榮。

五代　顧閎中《韓熙載夜宴圖》(局部)

該圖以連環長卷的方式描摹了南唐巨宦韓熙載家開宴行樂的場景，用筆細潤，設色濃麗，人物形象清俊，栩栩如生。所選部分描繪的是韓熙載與賓客們聽歌女彈琵琶的情景。

朱溫叛唐

朱溫是宋州碭山（今安徽碭山）人，從小不事產業，游手好閒，後趕上黃巢起義軍從這裡經過，他便參加了進去。起義軍攻占長安建立大齊政權後，朱溫成了獨當一面的將領，率軍先後負責長安東南、東北防備。後來見唐軍調集各地兵力合圍長安，起義軍難以抵抗，朱溫於是舉兵降唐，反過來鎮壓農民起義，撈夠了政治資本，擴充了軍事實力，被封為梁王。黃巢起義失敗後，朱溫即投身於藩鎮之間的混戰。經過幾年的時間，打敗了其他軍閥，吞併了他們的軍隊和地盤，成為一個擁有強大軍隊、占據廣大地區、舉足輕重的新軍閥。

唐昭宗光化四年（九〇一），宰相崔胤痛恨宦官專權，乃招朱溫進京。結果是引狼入室，宦官勢力雖被清除，但朱溫卻盤踞朝堂，皇帝的權力更加削弱了。不久，朱溫把崔胤殺死，自己獨攬大權。從此，這個無賴出身的野心家便開始打起取代唐朝的算盤來。

朱溫像

天祐元年（九〇四），朱溫想學曹操「挾天子以令諸侯」的辦法，向唐昭宗提出把京城從長安遷往洛陽。昭宗是個傀儡，哪敢說半個不字。於是朱溫下達命令，不僅皇室、朝中官員要隨皇帝遷徙，長安百姓也須東行。此後的一個多月裡，從長安到洛陽的路上，東遷人群絡繹不絕。朱溫還下令把長安城中的宮殿、王公府第和民房拆毀，長安城成了廢墟。拆下來的材料，順著渭水、黃河漂到洛陽。同時，從全國各地徵收大量錢財物資，調集幾萬工匠，在洛陽營建宮室。

八八二年
起義軍大將朱溫叛變降唐，後被唐封為梁王。

九〇四年
朱溫脅迫唐朝廷東遷洛陽，殺唐昭宗。

唐昭宗走到半路，身邊的幾個官員和兩百多個侍從便被朱溫殺光了。到了洛陽以後，朱溫派心腹把持守衛京城和皇宮的一切軍事要職，並準備向皇帝下手。他讓親信大將蔣玄暉等人想辦法殺死昭宗，自己回到大梁，坐等消息。這年八月的一天晚上，唐昭宗已經睡了。蔣玄暉帶領百餘名軍士，突然闖進內宮，殺死女官裴貞一。昭宗驚醒，起來逃命，被軍士追上去，一刀砍死。

第二天，蔣玄暉宣布：唐昭宗被宮中女官李漸榮、裴貞一所殺。三天以後，昭宗十三歲的兒子李柷即皇帝位，就是唐哀帝。

朱溫從大梁來到洛陽，趴在唐昭宗的棺材上，假意痛哭了一番，然後下令把蔣玄暉的兩個助手處死，想用兩個替死鬼掩蓋他的醜惡行徑。他讓蔣玄暉把昭宗的九個兒子都召到九曲池飲酒，乘機將他們逮捕，當場全部絞死，把屍體丟進九曲池中。

宰相柳璨為人奸詐卑鄙，他忌恨同僚大臣，經常給朱溫出壞主意。朱溫的謀士李振因為屢次考不中進士，對朝廷官員恨之入骨，與柳璨狼狽為奸，必欲盡除朝臣而後快。不久，朱溫以紊亂綱紀為名，貶逐大批朝官，朝中縉紳為之一空。柳璨、李振想斬草除根，於是說服朱溫，於天祐二年（九〇五）六月將被貶的三十多個大臣集中到白馬驛（今河南滑縣東），統統殺死，將屍體投入黃河。李振還覺得不解恨，憤憤說道：「你們這幫人平常自稱清流，今天我就把你們變成濁流！」

朱溫日夜都想著坐上皇帝的寶座，但周圍還有不少擁有軍隊、占據地盤的藩鎮，朱溫怕他們站出來反對，於是便裝一次斯文，學著前人玩起「禪讓」的把戲來。他一方面要蔣玄暉逼哀帝搞禪讓，一方面在大梁城裡修建宮室，準備登基。既然要搞禪讓，就要按歷史上傳禪的禮儀一步一步地進行。經過幾番虛情假意的推讓之後，朱溫不耐煩了，他嫌這樣做太慢，對蔣玄暉十分不滿。有人挑撥說，蔣玄暉有意拖延，不想讓唐朝滅亡。朱溫一聽，怒氣衝天，當即把這個參與了他全部罪惡勾當的心腹大將殺死，將他的屍體放在洛陽城門外示眾。

天祐四年（九〇七）三月，唐哀帝親筆寫下傳禪的「御劄」，捧著皇帝的傳國大印，到大梁向朱溫「禪位」。四月，朱溫把唐朝皇帝賜給他的名字「全忠」改為「晃」，登基稱帝，國號梁。中國歷史上又一個大分裂的時期開始了。

九〇七年

四月，朱溫廢唐帝自立，國號梁，史稱後梁，都大梁（今河南開封）。

九二三年

晉王李存勗在魏州稱帝，國號唐，史稱後唐，後移都洛陽。同年滅後梁。

兒皇帝石敬瑭

在中國古代歷史上，後晉皇帝石敬瑭的名字總是與「兒皇帝」的罵名緊密相連，儘管歷史記載中說他謀略過人，作戰勇敢，為政廉潔，禮賢下士，很有政治才幹，但這些都不能洗刷他的卑劣無恥。

石敬瑭是沙陀人（也有人說他是漢人）。父親叫臬捩雞，李克用的部將，官至刺史。石敬瑭覺得父親的名字不像是漢人，於是自取名字叫石敬瑭。石敬瑭自幼喜讀兵書，志向遠大，立誓要成為戰國李牧及漢朝周亞夫那樣的名將。代州刺史李嗣源十分賞識他，引以為心腹，後來乾脆把女兒嫁給了他。李嗣源是李克用的養子，也就是後唐的第二代皇帝唐明宗。

後唐明宗死後，他的兒子李從厚繼位，是為愍帝。愍帝在位僅四個月，皇位就被明宗的養子李從珂奪了去，是為末帝。末帝即位後，任石敬瑭為太原留守、太原節度使。石敬瑭生活儉樸，不近聲色，不設宴會，辦公結束後，常召幕僚談論民間疾苦和為政得失。他辦案精明果斷，不會被假相所迷惑，作出的判決大都令人心悅誠服。由此深得人心，聲譽日隆。

皇帝的養子竟然做起皇帝來，這讓身為駙馬的石敬瑭心理很不平衡。太原是北方重鎮，石敬瑭赴任後，一邊主持對契丹的防務，打理民政，一邊以太原為根據地，積聚錢糧，擴充軍隊，準備取代這個來路不正的皇帝。後來雙方真的是兵戎相見，而石敬瑭幾次都吃了敗仗，被圍困於晉陽。

為了當上皇帝，石敬瑭甘願忍受任何恥辱，付出任何代價。他決定向原本與自己為敵的契丹求援。契丹是居住在我國北方的少數民族，西元九〇七年，阿保機統一各部後，建立了政權。阿

還獵圖（描繪了契丹族騎射的裝束）

九一六年
契丹族首領耶律阿保機建立契丹國。

九三六年
沙陀人石敬瑭對契丹國稱「兒皇帝」，取得其支持。攻入洛陽，滅後唐，稱帝，遷都大梁，國號晉，史稱後晉。

保機死後，耶律德光繼位，勢力更加強大，屢屢向南侵擾中原王朝的北部邊境。石敬瑭與其部下桑維翰、劉知遠共同籌畫，請求契丹為援。但契丹不會輕易答應援助石敬瑭，雙方幾經討價還價，石敬瑭終於答應了契丹人開出的大價碼：石敬瑭稱臣於契丹，行父子之禮；事成之後割讓盧龍一道及雁門關以北諸州的土地。劉知遠勸石敬瑭說：「稱臣就可以了，行父子之禮太過分；多給一些錢物就可讓契丹出兵幫助，而割讓土地，恐怕將來會成禍患。」但石敬瑭稱帝心切，哪裡還顧得上這些。

清泰三年（九三六）九月，耶律德光親自率五萬騎兵自雁門關南下，援助石敬瑭，當天就打敗唐兵，包圍了晉安寨。盧龍節度使趙德鈞領兵解救，他沒與契丹開戰，而是以大量金帛送給遼軍，而後與契丹搞起了秘密交易：他請求耶律德光立自己為皇帝，率兵攻占洛陽，與契丹約為兄弟之國。這個條件比石敬瑭的開價差得多，儘管如此，耶律德光孤軍深入，怕被趙德鈞切斷退路，所以還是答應了他的請求。石敬瑭聽說這一消息，驚懼萬分，忙派桑維翰到契丹軍營，跪在耶律德光帳前，從早到晚，哭哭啼啼，最後耶律德光拒絕了趙德鈞的請求。

十一月十二日，耶律德光冊封石敬瑭為晉帝，約定雙方永為父子之邦。晉每年向契丹交納帛三十萬匹，把今北京市與今河北、山西北部的「燕雲十六州」割讓給契丹。接著，耶律德光和石敬瑭一道向南進軍，趙德鈞父子戰敗投降。石敬瑭繼續向洛陽前進，後唐軍隊潰敗，末帝與曹太后、劉皇后等人攜傳國璽登上玄武樓自焚。石敬瑭順利進入洛陽。

不過這「兒皇帝」確也不好當，石敬瑭受盡了窩囊氣。石敬瑭已四十五歲，卻要稱三十四歲的耶律德光為父；每次契丹使者到來，石敬瑭都要拜受詔敕；每年輸送給契丹的金帛寶物不計其數。契丹人稍不如意便派使者來指責，石敬瑭只有卑躬屈膝道歉的份。無論朝中還是民間都認為這是莫大的恥辱。但石敬瑭深知「兒皇帝」的位子來之不易，不肯與契丹父皇帝反目。

天福七年（九四二），在恥笑與唾罵聲中當了七年兒皇帝的石敬瑭，背負著萬世罵名，結束了他罪惡的人生。他的侄子石重貴接著做了四年兒皇帝，這個由契丹扶持起來的兒皇朝便被契丹人攻滅。

九四七年

契丹族耶律德光入兵中原，滅後晉。

石敬瑭部將劉知遠攻入汴州（開封）稱帝，改汴州為東京，國號漢，史稱後漢。

南唐後主李煜

在中國歷史上，為爭奪帝位，或父子叔侄相互殘殺，或嫡親兄弟大動干戈，可是，卻也有人木不想做皇帝，而硬是被人推到了皇帝的寶座上，這就是南唐後主李煜。

李煜在嫡親兄弟中排行第六，說起來君位與他無緣。但他的五個哥哥中，除長兄太子弘冀外，其他幾個都死得很早。他二十三歲的時候，叔父景遂與弘冀爭權，被弘冀派人下毒鴆殺。過了一個月，弘冀又莫名其妙暴卒。這在膽小懦弱的李煜心中留下了可怕的陰影。權臣鍾謨也覺得李煜不是當皇帝的材料，於是提議立他的弟弟、李璟的第七子李從善為太子，但李璟說什麼都不同意。於是，對李煜來說，這太子是非當不可了。

建隆二年（九六一），李璟病逝，李煜即位於金陵，時年二十五歲。就在此前一年，趙匡胤發動陳橋兵變建立了宋朝，已擺出一統天下的架勢。李煜讓大臣帶著大量金銀財寶向宋奉表進貢，請求承認自己繼位的合法性，等宋降詔批准後，李煜才稍稍寬了點心。

李煜有絕代的藝術才華，善長詩詞，工於書畫，精通音律。他的詞感情真摯，直抒胸臆，雋永清秀，生動傳神，論藝術成就，當時無人企及。藝術家追求浪漫的生活，可李煜的浪漫已接近於放蕩的程度，他的詞中有這樣的描述：晚上的宴會結束了，但還覺得不能盡興，於是煌煌白日，繼續宴樂，此處美女們剛剛停下舞步，舉杯暢飲，另一處宮殿中又傳來簫鼓之聲。真正是紙醉金迷、醉生夢死了。

他鍾情於藝術，寄情於浪漫，卻又癡迷於佛教，經常出錢募人為僧，金陵僧人多達萬人。有時退朝之後，便和皇后穿戴僧人衣帽，青燈黃卷，誦讀經書，參悟佛性。據說北宋政府專門挑選了口齒伶俐、聰明善辯的少年，南渡去見李後主，和他討論佛理，誦經參禪。幾番討論之後，李

九三七年
徐知誥稱帝，建南唐。

九七五年
南唐後主李煜被宋軍所俘，南唐滅亡。

後主以為真佛出世，對於治理國家，更是心灰意冷，守邊安邦的事情均置之度外了。

南唐的大臣都知道，這樣下去，亡國就為時不遠了。有一次，南都留守林仁肇求見後主，說自己願意領兵北上，收復舊地。他知道李煜最擔心的是宋主降罪，於是為他想好了開脫的理由：起兵以後，你可以對外說林仁肇叛變，這樣宋主就不會怪罪你了。但是李煜就是不同意。他不僅不敢與北方宋朝交戰，對東邊十分弱小的吳越，也奉行「和平相處」的政策。沿江巡檢盧絳勸他說，現在應該先下手滅掉吳越，以免它將來和宋朝一道攻擊咱們。李煜根本聽不進去。

南唐　唐宮乞巧圖（局部）

開寶七年（九七四），宋朝滅掉了荊南、後蜀、南漢，開始著手收拾南唐了。這年秋天，趙匡胤派使者到金陵，「請」李煜去開封參加祭祀活動。李煜清楚，這一去肯定是有來無回，於是以有病為由推辭不去。與使者送別的時候，他嚇得連宋使的船也不敢上去。

這年冬天，宋朝的軍隊渡過長江，包圍了金陵。李煜頓時慌了神，一面組織抵抗，一面派人赴宋乞和。使者說得唇焦舌燥，結果趙匡胤一句話就把他打發了回去：「臥榻之側，豈容他人安眠！」夜半，金陵被攻破。李煜早在宮中準備好了乾柴，打算自焚。可是看著那熊熊大火，他又害怕了，最終選擇了投降。王室子弟官屬全都成了俘虜，被宋師押送到汴京。

到了開封，李煜被封為「違命侯」，囚禁在一個小院子裡，過著朝不保夕的屈辱生活。沒了往日的歌館樓臺、輕曲曼舞，有的只是亡國的悲傷，悔恨的淚水。據說，他最心愛的小周后每次隨同各位降王命婦入宮請安時，都被宋太宗強留數日，回來後必痛哭大罵。眼看國家被人所滅，妻子被人強占，這是何等的恥辱！正如他自己說：「此中日夕，只以眼淚洗面。」「問君能有幾多愁？恰似一江春水向東流」，正是他對屈辱悲苦生活的傾訴。

李煜的舊臣徐鉉投降宋朝後做了散騎常侍。太平興國三年（九七八）的一天，宋太宗想知道李煜的思想動態，於是派他前去探視。李煜見了往日的舊臣，什麼心裡話都想說出來。他說，當年潘佑、李平極力主張抗擊宋朝，可我卻把他們殺了，想起來真是後悔莫及啊！可憐這個書呆子，做了囚徒還不會說一句假話。徐鉉把他的話如實告訴了宋太宗，太宗又聽說他寫過「小樓昨夜又東風，故國不堪回首月明中」這樣的詞，大為惱怒，於是當晚讓人送去毒藥。李煜死了，年僅四十二歲。

相關連結

南唐代吳

吳國的創立者楊行密死後，其子楊渥昏庸殘暴，肆意殺戮。徐溫等發動政變，殺楊渥，立楊溥為吳王。徐溫自任大丞相，都督內外諸軍事，居金陵，吳王成為傀儡。其子徐知訓駐吳國都城廣陵，控制吳王。徐溫的養子徐知誥居潤州（今江蘇鎮江），防備地方變亂。徐知訓貪殘暴虐，驕奢淫逸，時常凌辱吳王，為吳臣朱瑾襲殺。吳天祐十五年（九一八），徐知誥入居廣陵，執掌政權。乾貞元年（九二七），徐溫卒，知誥遂出居金陵，以其子徐景通駐廣陵，總理朝政。徐知誥在金陵修建宮殿，欲取吳而代之，遷都此地。天祚元年（九三五），徐知誥脅迫吳王加封自己為尚父、太師、大丞相、大元帥，稱齊王。自建天子旌旗，改金陵為西都，廣陵為東都。天祚三年（九三七）正月，徐知誥建齊國，立宗廟社稷，設置百官，建騎兵八軍，步兵九軍。二月，吳正式冊命其為齊國王。八月，吳主楊溥下詔禪位。十月，徐知誥即位稱帝，建都金陵。徐知誥本姓李，被徐溫收為養子後改姓徐，稱帝後復本姓，改名為昪，又以唐朝後裔自詡，故改國號為大唐，史稱南唐。

長樂老馮道

五代十國時期，政權更替十分頻繁，正所謂「皇帝輪流坐，明年到我家」。有一個人歷五朝八姓十一帝，終不離將、相、三公高位，最後全身而退，成了官場上的「常青樹」，他就是被後人稱為「不倒翁」的馮道。

馮道，字可道，自號「長樂老」，瀛州景城（今河北交河）人。他性格沉穩，生活簡樸，好讀書，寫得一手好字。年輕時，割據河北的劉守光把他召至麾下，做了文職官員。劉守光自恃實力雄厚，不斷派兵攻城掠地。有一次去攻打定州，馮道以為不妥，直言相諫，惹得劉守光大怒，把他關進大牢，幸得人相救，才化險為夷。他開始琢磨為官之道，漸漸練就了左右逢源的本事，不介入任何政治紛爭，不行任何過激之事，不和任何人交惡。從此在官場裡如魚得水，游刃有餘。

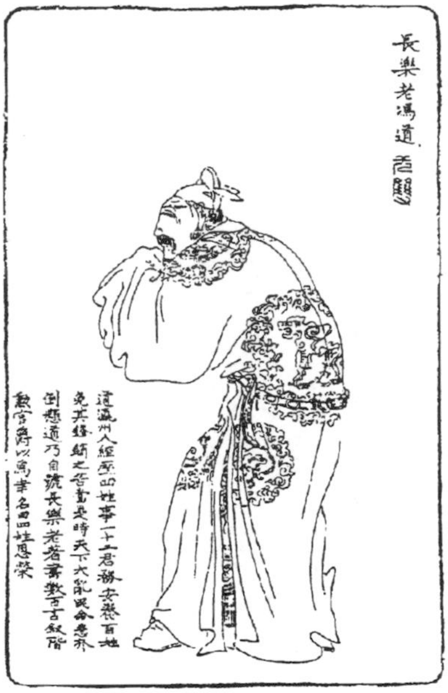

馮道像

劉守光被李存勖擊滅後，馮道便投靠李存勖當了掌書記。李非常欣賞他的文才，當上皇帝之後，提升他為戶部侍郎、翰林院學士。

馮道隨軍出征，和士兵們同甘共苦，從不搞特殊化。有一個舊時的朋友，想觀瞻這位高官的華居，可看到的卻是一座破敗不堪的茅草庵。朋友感覺奇怪，推門進去一看，更是大吃一驚：靠牆的地方有堆乾草，上面放著一床破爛棉被，簡直和窮苦百姓的住所沒什麼差別。

父親去世後，馮道回家守孝，期滿回到京城，已換了明宗李嗣源做皇帝。唐明宗欣賞他的才華，任他為相。明宗是五代時候少有的明君，而馮道確有經世治國之才，在這一時期，後唐的政治大有改觀。馮道選拔出身寒微卻有真才實學的人做官，而對那些出身高貴的「草包」，無論如何也不重用他們。看到唐明宗安於現狀，他委婉地規勸說要居安思危。他十分注重規勸的技巧，說：有一次隨軍出征，開始時道路非常艱險，於是非常小心，唯恐出現什麼差池，結果平安無事。可到了平坦地帶後，放鬆了警惕，卻從馬上摔了下來，差點要了命。接著他話鋒一轉，說治理國家也是這樣，一定要居安思危，來不得絲毫懈怠。有一次，明宗得到了一個玉杯，上刻「傳國寶萬歲杯」一行字。明宗愛不釋手，常常向馮道炫耀。馮道說這算不上什麼寶貝，帝王應有一種無形之寶，那就是仁義。然後又講了一番大道理，明宗聽了很是佩服。

李嗣源死後，李從厚繼位，馮道安居宰相之位。李從珂起兵奪得帝位後，他率領百官迎接。李從珂不大喜歡處世圓滑的人，讓他到地方去做官。

石敬瑭勾結契丹滅了後唐，建立後晉。為穩定政局，又請馮道出來當了宰相。契丹人對馮道的大名早有耳聞，點名要他前去會談。契丹乃虎狼之師，此去凶多吉少，石敬瑭不讓他去，但馮道卻不以為然。隨從的人聽說契丹二字，臉色變了，手也發抖，馮道卻鎮靜自如，寫下「道去」兩個字，揚長而去，大家看了無不流眼淚。

契丹人見馮道寬厚，也沒怎麼為難他。得到賞賜，馮道便換成薪炭。別人感到奇怪，他回答說：「北方太冷，自己年老體弱，為了過冬，要早做準備。」見馮道有久留之意，契丹國王倒是受了感動，決定放他回去。馮道再三請求留下來，契丹國王執意讓他回去。馮道在驛館住了一個月後，慢慢啟程，兩個月才走出契丹邊界。左右隨從不解，馮道說：「走得再快，也沒有契丹人的馬快，快逃肯定逃不掉，慢慢走反倒安全。」大家聽了，無不嘆服。

出使契丹順利歸來後，石敬瑭更加重用馮道。後晉不設樞密使，其職權歸入了中書省，由馮道主持，政務不管大小，石敬瑭都問馮道如何處理。

馮道懂得急流勇退的道理，在這個兒皇帝手下當官，可能也覺得不體面，於是提出退休。石敬瑭不准，連他的奏章也不看，讓人告訴他，如果再不上朝，就要親自去請他，馮道只好再出來任職。

石敬瑭死後，石重貴繼位。石重貴不想再做兒皇帝，於是契丹人兩次出兵中原，最終攻入開封，石重貴做了俘虜。契丹軍隊在中原燒殺掠奪，引起中原軍民大反抗，眾將士推舉馮道為帥，馮道堅辭不就。看見被掠奪的中原婦女十分可憐，他便變賣財產，派人將她們一一送回家去。

後來馮道又歷後漢、後周兩朝，均被拜為太師。周世宗顯德元年（九五四）因病去世，年七十三歲。

在大是大非問題上，馮道從不提早表明自己的立場，而是察言觀色、隨機應變，誰當權就給誰做幫手。所以不少史家批評他有虧臣節。但馮道處世立志向「聖人」標準看齊，一生勤儉，為人寬厚，不貪色，不貪財，愛護百姓，在那個天翻地覆的年代裡，具有這樣的品行難能可貴。

相關連結

五代更替

黃巢起義後，唐朝名存實亡，在黃河流域，叛變農民起義的朱溫和沙陀人李克用展開了激烈的爭戰。九〇七年，朱溫廢唐哀帝自立，建國號梁，都開封，史稱後梁。後梁不斷向南北進行掠奪性戰爭，激起了各地民眾的憤恨，農民起義遍及各地，梁政權受到沉重打擊，在與李克用之子李存勖的戰爭中漸處劣勢，九二三年被李存勖推翻。當年，李存勖稱帝，國號唐，都洛陽，史稱後唐。後唐不僅占有了後梁的全部國土，而且攻滅前蜀，占有四川之地。後來統治集團內部矛盾加劇，國勢轉衰。九三六年，占據太原的石敬瑭以出賣燕雲十六州為代價，取得了契丹人的支持，推翻後唐，稱帝於開封，國號晉，史稱後晉。不久契丹出兵南下，於九四六年攻陷開封，耶律德光於此稱帝，改國號為遼，在中原各地大肆搶掠搜刮，各地農民紛紛起義，契丹人無法立足，只好於次年退回北方。占據太原的後晉河東節度使劉知遠乘機稱帝，國號漢，後遷都開封，史稱後漢。九五〇年，郭威舉兵進入開封，推翻後漢，第二年建國號周，史稱後周。在劉知遠建立後漢以前，其弟劉崇因與郭威爭權產生嫌隙，後以留守太原防備契丹的名義擴充實力。郭威稱帝時，劉崇也稱帝於太原，國號漢，史稱北漢，這是十國當中唯一在北方建立的國家。

孤兒成帝業

在中國歷史上，以孤兒開創帝業者，後周太祖郭威乃第一人也。

據說郭威本姓常，兒時喪父，母親王氏改嫁郭簡，故改姓郭。郭簡曾經在後晉當過刺史，後來被劉仁恭所殺。不久母親過世，郭威成了孤兒，姨母韓氏把他撫養成人。十八歲的時候他到潞州投奔故人常氏。

當時，後唐的大將李繼韜在潞州（治今山西長治）割據，大肆招兵買馬，郭威應徵入伍。

郭威身材魁梧，勇力過人，好打抱不平。一天到街上閒逛，遇一屠戶欺行霸市，人們都懼怕他，唯恐躲閃不及。但郭威硬是不服氣，故意走上前去找茬罵他。屠戶見郭威一臉殺氣，起初尚且忍耐，但接著就耍起無賴，指著自己的肚子讓郭威刺。郭威抄起刀來猛地刺去，屠戶一命嗚呼。郭威因此被抓進了監獄。李繼韜佩服他的勇氣和膽量，很快把他放了出來。

郭威像

幾度世事變遷，郭威投到了後漢河東節度劉知遠部下。經過幾年的磨練，他漸漸了解了社會，知道光憑蠻力難成大事，於是閒來便讀書識字。略通文墨的李瓊見他愛讀書，便將自己讀過的兵書給他看。郭威見了兵書，愛不釋手，讀後頗有心得，明白了「以正守國，以奇用兵」的道理。後來他做了軍事將領，作戰時身先士卒，與大家同甘共苦，關心兵士，待人寬厚和氣，上級

九五〇年
後漢勳臣郭威發動兵變。次年稱帝，改國號為周，史稱後周。

九五四年
後周世宗柴榮在高平（今屬山西）打敗北漢軍隊。

九五九年
柴榮攻遼，收復瀛、莫二州。不久病死軍中。

賞賜的錢財，全都分給部眾。所以他所守必固，所攻能克。劉知遠很喜歡他，視為心腹，讓他督率親軍。

郭威臨事很有計謀。那時候吐谷渾部居太原，驍勇能戰，富有財物。劉知遠擔心他們反叛，但對他們的財物又垂涎三尺。郭威替他出主意說：找個罪名除掉其首領，然後將財物和軍隊收納，不但能除掉心腹之患，而且能補充軍需。劉知遠照計行事，如願以償，擴充了自己的實力。

後來，契丹滅掉後晉，中原無主，郭威和史弘肇等人擁劉知遠稱帝於太原，後遷都開封。郭威成了後漢的開國功臣，被授予樞密副使、檢校太保之職。劉知遠稱帝的第二年死去，郭威作為顧命大臣，輔佐劉知遠的兒子隱帝劉承祐即位，出任樞密使加檢校太尉。

乾祐元年（九四八），河中李守貞、鳳翔王景崇、永興趙思綰見國家初建，幼主新立，乃乘機聯兵謀反。朝廷派白文珂等人平叛，結果大敗而歸。奸相蘇逢吉想借刀殺人，置其於死地，於是奏請皇帝，派郭威前去平叛。郭威採用攻城和攻心雙管齊下的戰術，將士用命，作戰英勇，所以沒過多久，三地叛亂一一平定，凱旋而歸。隱帝重賞郭威，但郭威把賞賜的財物全都分給了眾人。

因北方契丹屢屢犯邊，乾祐三年（九五〇），郭威又被加上了鄴都留守、天雄軍節度使的頭銜，統管河北諸州軍事、政治與財政，抵禦契丹。

隱帝怠於政事，嬉遊無度，身邊逐漸聚集了一幫無賴小人。他們教唆隱帝，以謀反為名殺死王章、史弘肇等元老舊臣。當時郭威不在京城，便把他的妻子、兒子全都殺死，然後密詔屯兵鄴城的將領誅殺郭威。

郭威得到消息後，假造詔書，說隱帝密令讓他誅殺眾將。眾將全被激怒，群情激昂。郭威見時機成熟，便留養子郭榮（原姓柴，郭威內侄）守鄴城，自領大軍以誅殺奸臣為名直奔京城。皇太后建議與郭威議和，隱帝沒有採納，領兵親征，結果被亂兵殺死。

皇帝死了，精明的郭威並沒有立即稱帝，而是讓太后主持大事，以安人心。同時，嚴禁士兵掠奪騷擾京城，恢復了京城的治安秩序，然後派人迎接劉知遠的養子劉贇繼承皇位。局勢穩定之

九六〇年
後周為宋所取代，五代結束。

後，郭威開始實施稱帝的計謀：讓手下將領發假情報，說契丹南下進犯。接著便奉太后之命領兵出城。到了澶州，數千將士譁變，擁立郭威為帝。

郭威一生坎坷，目睹亂世帶來的人間悲劇，決心脫民於水火之中。他厲行節儉，選用賢能，廢除了苛捐雜稅和嚴刑酷法。沒過幾年，天下已現清平之象。可惜他只當了四年皇帝，就因病去世了。他臨死留下遺囑：務必薄葬，不要役使民力、傷人性命，也不要石馬石人，只需立一石碑，上面鐫刻這樣的文字——「大周天子臨晏駕，與嗣帝約，緣平生好儉素，只令著瓦棺、紙衣葬」。

相關連結

周世宗改革

郭威建立北周後，即著手於改革內政，整頓吏治。顯德元年（九五四）郭威卒，他的養子柴榮即位，是為周世宗。世宗在位期間，在政治、經濟、軍事方面進行了廣泛的改革。任用賢才，裁減冗官，加強對官吏的監督、控制。清查土地，防止豪強地主將田租轉嫁給農民；把官田分給農民耕種，招攬流民開墾無主荒地；興修水利，治理黃河，疏通黃河與長江間的運河。嚴明軍紀，整頓禁軍，創建水軍，扭轉外強內弱的軍事格局，致力於國家統一。此後，後周國力大增，大敗北漢，西征後蜀，三伐南唐，北伐契丹，疆土大大拓展，為國家統一奠定了基礎。

附：五代年表

朝代名	創建者	都城	起止年	亡於何朝何國
後梁	朱溫	開封	九〇七—九二三	後唐
後唐	李存勖	洛陽	九二三—九三六	後晉
後晉	石敬瑭	開封	九三六—九四六	契丹
後漢	劉知遠	開封	九四七—九五〇	後周
後周	郭威	開封	九五一—九六〇	北宋

附：十國年表

朝代名	創建者	都城	起止年	亡於何朝何國
吳	楊行密	廣陵	八九二—九三七	南唐
吳越	錢鏐	杭州	八九三—九七八	北宋
楚	馬殷	長沙	八九六—九五一	南唐
閩	王審知	福州	八九七—九四五	南唐
前蜀	王建	成都	九〇七—九二五	後唐
南平	高季興	江陵	九〇七—九六三	北宋
南漢	劉龑	廣州	九一七—九七一	北宋
後蜀	孟知祥	成都	九二五—九六五	北宋
南唐	李昪	金陵	九三七—九七五	北宋
北漢	劉崇	太原	九五一—九七九	北宋

宋、遼、西夏、金

宋太祖像

宋朝（九六〇—一二七九）是在後周的基礎上建立起來的封建皇朝。初都汴京（今河南開封），稱北宋；一一二七年高宗趙構在臨安（今浙江杭州市）重建宋朝，稱為南宋。北宋結束了五代十國的分裂割據局面，實現了中原與南方的統一。北宋初年強化君主專制，推行「強幹弱枝」戰略，消除了地方武裝割據因素，但軍隊的戰鬥力也大大削弱，在與遼、西夏的戰爭中，負多勝少，於是不得不以財物換和平，形成了「積貧積弱」的局面。南宋是北宋腐朽統治的繼續和發展，在與金朝對峙期間，奉行妥協退讓、賠款求和的政策。當時出現了繼西晉之後的第二次人口南遷高潮，促使中國古代經濟重心最終轉移到了東南地區。農業、手工業空前進步，城市繁榮、紙幣使用、海外貿易開闢，商業達到了前所未有的水平。指南針用於航海、活字印刷、火藥使用，是我國人民對世界文明作出的巨大貢獻。遼朝（九一六—一一二五）是契丹貴族在我國北方地區建立的帶有濃厚奴隸制殘餘的皇朝。西夏（一〇三八—一二二七）是以党項族為主體，聯合其他民族在我國西北地方建立的政權，它先後與遼、北宋及金、南宋鼎足而立，或戰或和，政治、經濟、文化聯繫比較密切。金朝（一一一五—一二三四）是女真族在我國東北地區建立的政權，後來勢力逐漸向南拓展，占據了淮河以北的廣大地區，與南宋、西夏長期對峙，軍事衝突頻繁而劇烈。金占據黃河流域以後，接受了當地先進的漢文化，在文學藝術及科學技術方面都有凸出的成就。

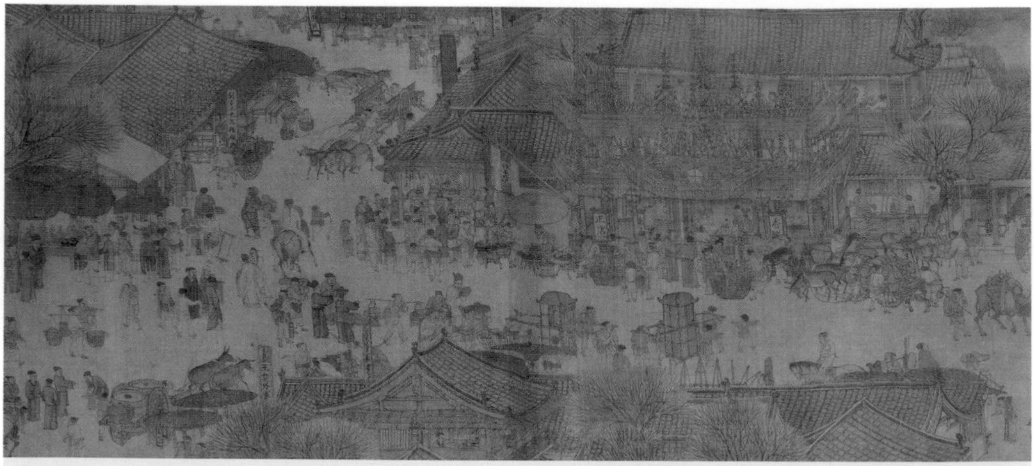

《清明上河圖》(局部)

《中興四將圖》(自左至右:岳飛、張俊、韓世忠、劉光世)

陳橋驛兵變

顯德七年（九六〇）正月初一日，後周的文武官員正在向周恭帝祝賀新年，忽然有人前來報告，說遼國和北漢聯合出兵，大舉南下侵周。年僅八歲的小皇帝不知如何是好，整個朝廷亂作一團，宰相范質、王溥連忙命趙匡胤帶領大軍，北上應戰。

趙匡胤跟隨周世宗南征北戰，立下不少戰功。周世宗在世的時候，十分信任他，讓他做殿前都點檢，統率禁軍中最精銳的部隊殿前軍。顯德六年（九五九），周世宗北伐契丹時身染重病，回京師後不久去世。這年他才三十九歲，他的兒子年方七歲。起初，北周太祖郭威的子孫親屬都被後漢隱帝殺光，所以才把皇位傳給了養子柴榮，而柴榮隻身投奔郭威，也沒有多少同族親戚。後周無宗室大臣輔政，而軍權又掌握在趙匡胤手中，這不能不使趙匡胤萌生取代後周稱帝的野心。

趙匡胤的弟弟趙光義、幕僚趙普等都是要手腕、搞陰謀的高手，他們暗自盤算，趙匡胤當上皇帝，自己不就可以平步青雲了嗎？於是他們謊報契丹與北漢來攻的軍情，以便讓趙匡胤集結軍隊，搞軍事政變。

「宋太祖皇袍加身處」碑（在今河南封丘陳橋鄉）

九六〇年
陳橋兵變，趙匡胤「黃袍加身」，建立宋，史稱北宋。

正月初三日，趙匡胤調兵點將，率領大隊人馬浩浩蕩蕩從開封出發了。天黑的時候，大軍到了汴京東北四十里的陳橋驛。趙匡胤故意把軍中的事情交給趙光義和趙普處理，自己進入帳內飲酒，醉臥榻上。當天晚上，趙匡胤的親信便散布輿論說，如今皇上年幼無知，我們這些人為國拚死殺敵，將來誰給我們賞賜？不如先立趙匡胤做皇帝，然後再北征。士兵的情緒很快就被煽動起來，於是推舉一名將軍去見趙光義和趙普。趙光義和趙普聽了，心裡暗暗高興，命令諸將分布四周，見機行事，同時派人連夜趕回汴京，送信給鎮守京城的禁軍將領石守信和王審琦，要他們作內應。

第二天清晨，陳橋驛四面突然響起呼喊聲，一群身披鎧甲、手執刀槍的將領，擁擠在趙匡胤的營帳外。趙匡胤剛走出帳門，諸將便一擁而上，把一件皇帝登基穿的黃袍披到他身上，並拜於庭下，高呼「萬歲」。趙匡胤卻裝出茫然和恐懼的樣子，問這是幹什麼？諸將說明來意，他「嚴詞」拒絕，說後周待他不薄，他不能辜負周世宗等等。雙方僵持了一陣子，他才問諸將士以後是否聽從他的命令，眾人異口同聲表示同意。於是，他當眾宣布了幾條嚴厲的軍紀：太后和皇上有恩於我，不能侵犯他們；後周的公卿曾和我一塊共事，不能欺負他們；朝廷的府庫，百姓的家園，均不得騷擾。服從命令者有賞，違反命令者嚴懲。將士們欣然接受。

趙匡胤帶領大軍回轉開封，石守信、王審琦早已打開城門迎候。侍衛親軍副都指揮使韓通想集結軍隊阻止趙匡胤，被王彥升察覺，韓通及其家人全部被殺死。

范質、王溥等一幫後周大臣來見趙匡胤。沒等這些人說話，趙匡胤便抱頭痛哭，說他愧對周世宗的厚愛，當皇帝並不是自己的本意，受將士們的逼迫，才做出這樣的事來。范質剛想問話，一名軍官拔劍上前，大聲說道：「我們一定要都點檢做皇帝！」兩人見木已成舟，只好屈身退到

宋太祖蹴鞠圖

臺階下，帶領大臣們列隊朝拜。

正月初五日，趙匡胤在崇元殿召集百官，舉行稱帝儀式。一位官員拿出了事先以周恭帝名義寫的詔書，宣布把皇位禪讓給趙匡胤。因為趙匡胤曾擔任過宋州歸德軍節度使，所以他把國號定為宋，仍以東京（當時又稱汴京，今河南開封）作京城，歷史上稱為北宋。

與歷史上其他篡權稱帝者不同的是，趙匡胤的謀士們別出心裁地策劃了一場兵變，為趙匡胤開脫了篡權逼位的責任，避免了大臣們及反對派的過多指責。在北宋取代後周的過程中，趙匡胤注意嚴肅軍紀，沒有出現社會動盪，因而得到朝廷官員和廣大百姓的支援。對於後周小皇帝、皇室成員及元老大臣也採取了比較寬容的政策，沒有放逐殺戮。所以除了少數方鎮武將，如昭義節度使李筠和淮南節度使李重進起兵反抗外，大部分握有重兵的將領，如慕容延釗、韓令坤等都順應了形勢，表示擁護趙匡胤稱帝。趙匡胤竊國篡位沒有受到後人激烈的抨擊，原因也在於此。

相關連結

北宋的建立

九六〇年趙匡胤發動「陳橋兵變」，取代後周，建國號宋，改元建隆，史稱北宋。依據「先南後北」的戰略，自乾德元年（九六三年）開始，北宋先後削平了荊南、南漢、南唐、吳越等國，最後於太平興國四年（九七九）滅掉北漢，結束了五代十國的分裂割據局面，實現了內地的統一。

為了改變唐末五代以來「方鎮太重，君弱臣強」的局面，宋太祖趙匡胤根據宰相趙普的建議，採取「稍奪其權，制其錢穀，收其精兵」的方針，加強對各級官吏及地方勢力的控制。首先，採取兵將分離、內外相維、強幹弱枝的政策，將軍權集中到中央，直接掌握在皇帝手中。其次，採取分化事權的辦法，削弱相權，使宰相掌行政，樞密使掌軍政，三司使掌財政，審刑院掌司法，並各設副貳官，與部門長官互相制約。另外在各路設轉運使，將所屬州縣的財賦，除去留下少量應付日常開支外，悉數運送中央，上交國庫，消除了地方割據的經濟基礎。實行上述措施的結果，誠如朱熹所說「兵也收了，財也收了，賞罰刑政一切收了」，使專制主義中央集權大大加強。但是「冗官」「冗兵」「冗費」卻與日俱增，使國家很快陷入了積貧積弱的局面。

杯酒釋兵權

歡歌宴飲之間，令諸多久經戰場的大將交出兵權，初聽起來有些像是演繹杜撰的故事，但這確是歷史的事實，導演這場好戲的正是北宋太祖趙匡胤。

平定後周大將李筠及李重進叛亂後，宋太祖問趙普：「為什麼唐末以來，數十年間帝王換了八姓，爭戰不止，生靈塗炭？怎樣才能息天下之兵，使國家長治久安，讓百姓永享太平？」趙普一聽，喜上眉梢，連連稱讚宋太祖說，這問題提得好，實在是百姓之福！然後他告訴太祖，原因在於「方鎮太重，君弱臣強」，根治的辦法就是要將分散於地方及臣僚手中的政、兵、財權統統收歸中央。趙匡胤心領神會，他知道在各種權力中，最先要收回的是兵權。

建隆二年（九六一），太祖的皇帝寶座剛剛坐穩，就著手削奪軍事將領的權力了。他撤銷了殿前都點檢、鎮寧軍節度使慕容延釗的職務，改任他為山南東道節度使。因為皇帝曾任過殿前都點檢，所以這個職務從此不再設置。用這個堂而皇之的理由，趙匡胤將禁軍的統帥權收歸自已掌握。接著他把侍衛親軍都指揮使韓令坤罷為成德節度使，由自己的親信石守信接替他，任侍衛馬步軍都指揮使。太祖以為石守信等是自己的故友，十分倚重，可趙普不這樣認為，他多次提醒趙匡胤，可別忘記陳橋兵變啊！

後來，宋太祖令大將符彥卿執掌禁軍，趙普堅決反對，但太祖硬是下達了詔令。趙普接到詔令後，把它揣在懷裡，入宮見太祖。太祖說：「我待符彥卿不薄，他不會辜負我。」趙普毫不客氣，當即反問道：「周世宗待你怎麼樣？你不也辜負了他嗎？」太祖滿臉通紅，半天都沒說出話來。最後終於下定決心，收繳將領們的兵權。

這些軍事將領中，不少人與趙匡胤親如兄弟，他們出生入死，才有了今天的權力，豈肯輕易

九六一年

宋太祖召大將石守信、王審琦等飲酒，令其放棄兵權，即所謂「杯酒釋兵權」。

九六九年

宋太祖解除各藩鎮節度使的軍事政治權力，藩鎮勢大難制的痼疾徹底根除。

九七六年

十月二十日，宋太祖病。是夜大雪，其弟趙光義入問疾，天未明而太祖死，傳為趙光義所殺。

交出。怎麼樣才能讓他們體面地交出權力，又不致發生流血衝突？趙匡胤絞盡腦汁，煞費苦心，終於想出了辦法。

這年七月的一天晚上，太祖設宴招待石守信、高懷德等禁軍高級將領，眾人推杯換盞，酒意正濃的時候，太祖突然摒退侍從，連連歎息。眾人驚問何故，太祖邊歎氣邊說：「沒有你們，我做不了皇帝，但做了皇帝覺都睡不安穩，還不如做節度使快樂呢！」石守信等更覺吃驚。太祖說：「你們誰不想做皇帝？我這是害怕才睡不安穩呀！」眾人連忙叩頭，說現在天下歸心，誰還敢有異心？太祖又長歎一聲道：「你們當然沒有異心，可如果你們的手下貪圖富貴，有一天把黃袍披到你們身上，即使你們不想當皇帝，但也身不由己呀！」眾人驚恐萬狀，不知所措，個個痛哭流涕，懇請給他們指條生路。

太祖見時機已到，勸說大家道：「人生在世，如白駒過隙，無非是想多聚金錢，好好享樂，使子孫後代免於貧困。我看你們最好是辭去職務，到地方去，多置良田美宅，為子孫留下產業。再買些歌妓舞女，飲酒相歡，以終天年，君臣無猜，上下相安，這樣才能保證永世富貴呀！」石守信等人終於聽明白了太祖的意思，再三叩頭謝恩，感謝眷顧。

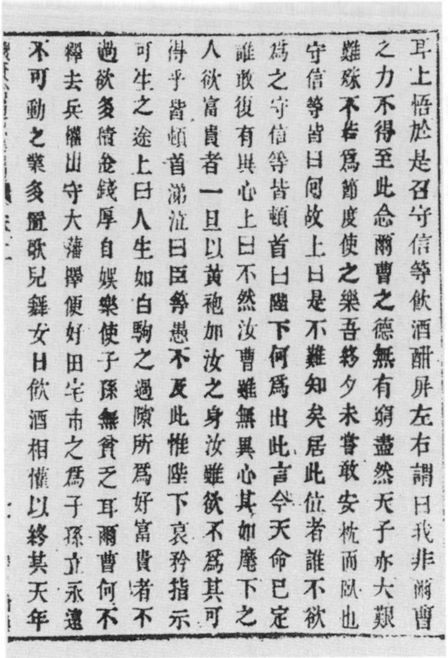
耳上悟於是召守信等飲酒酣屏左右謂曰我非爾曹之力不得至此念爾曹之德無有窮盡然天子亦大艱難殊不若爲節度使之樂吾終夕未嘗敢安枕而臥也守信等皆曰何故上曰是不難知矣居此位者誰不欲爲之守信等皆頓首曰陛下何爲出此言今天命已定誰敢復有異心上曰不然汝曹雖無異心其如麾下之人欲富貴者一旦以黃袍加汝之身汝雖欲不爲其可得乎皆頓首涕泣曰臣等愚不及此惟陛下哀矜指示可生之途上曰人生如白駒之過隙所爲好富貴者不過欲多積金錢厚自娛樂使子孫無貧乏耳爾曹何不釋去兵權出守大藩擇便好田宅市之爲子孫立永遠不可動之業多置歌兒舞女日飲酒相懽以終其天年

有關「杯酒釋兵權」的記載

第二天，石守信、高懷德、王審琦、張令鐸等人都說是得病了，不能上朝，並請求辭去軍中職務。大臣們個個納悶，可太祖欣然同意，當即免去他們禁軍的職務，全都下放到地方任節度使去了。這就是歷史上有名的「杯酒釋兵權」。後來，太祖把守寡的妹妹嫁給了高懷德，女兒分別嫁給石守信、王審琦的兒子，張令鐸的女兒則嫁給太祖三弟趙光美。這些人成了皇親國戚，個個對宋太祖感恩戴德。

■「燭影斧聲」

據說是夜趙光義入宮後，太祖摒退內侍宮女，兄弟置酒對飲。過了一會，立在門外的內侍隱隱約約地看見，燭影之下，趙光義不時離席，好像是不勝酒力的樣子。又聽到太祖以柱斧擊打積雪的聲音，且對趙光義說：「好自為之，好自為之。」不久，太祖解衣就寢，鼻息如雷。趙光義留宿宮中相伴，其他人不許入內。天色微明，趙光義匆匆奔出，說太祖已經駕崩。後來趙光義根據太祖「遺詔」，於靈柩前即皇帝位，是為宋太宗。

此後，太祖對禁軍制度進行改革，設殿前都指揮司、侍衛馬軍都指揮司和侍衛步軍都指揮司三個部門，分領禁軍，禁軍將領均由資歷淺、個人威望不高的人擔任。

開寶二年（九六九），宋太祖再次設宴盛情款待藩鎮節度使王彥超、武行德、郭從義、白重贊、楊廷璋等人。席間，太祖漫不經心地對眾人說：「節度使是個費心費力的職位，你們任這個職務的時間不短了，讓國家重臣如此勞累，我真不忍心啊！」王彥超立刻聽出弦外之音，即上前奏請解甲歸田，享受天倫之樂。武行德等人一時回不過神來，竭力陳說自己昔日的功勞。太祖淡淡地說：「從前那些事，還提它幹什麼！」第二天，太祖下令，罷免王彥超、武行德等一批藩鎮節度使，取消其兵權，另授其他虛銜。這樣，太祖又一次以和平贖買的方式，收繳了地方藩鎮的兵權，有效地防止和避免地方割據局面的再度形成。

後來，宋太祖又設樞密院分割禁軍三司的兵權。三司負責統兵而無權調兵，樞密院負責調兵卻無權統兵，兩者相互牽制，大權集中在皇帝一人手中。同時將藩鎮軍中驍勇善戰者選入中央禁軍，以削弱地方軍事力量。實行「更戍法」，軍隊的將帥一兩年變更一次，兵無常將，將無專兵，將兵間無法結黨營私，有效防止了兵變的發生。

通過上述措施，北宋政府將全國的兵權全部集中於中央，禁軍的實力大大增強，形成內重外輕的格局，從根本上消除了分裂割據的隱患，鞏固了中央集權的統治，軍閥混戰從此結束。然而，這種「強幹弱枝」「守內虛外」的做法，削弱了邊防的力量，同時「更戍法」使兵將處於分離狀態，導致作戰不相協調，戰鬥力嚴重下降，這是宋與遼、西夏交戰屢遭敗績的重要原因。

開封城牆

楊家將抗遼

山西雁門關

楊家將的故事在中國可謂是家喻戶曉，人人皆知，其中楊繼業、楊延昭、楊文廣祖孫三代確有其人，都是抗遼的英雄。

楊業原名重貴，麟州新秦（今陝西神木）人，其父楊信後漢時任麟州刺史。楊業起初為後漢河東節度使劉崇的部屬。劉崇稱帝建立北漢後，提拔楊業為建雄軍（今山西代縣）節度使，負責鎮守北方重鎮代州，捍禦遼兵。楊業每戰必捷，屢立戰功，被人稱作「楊無敵」。

太平興國四年（九七九），宋太宗率大軍親征北漢，兵圍太原，楊業隨北漢皇帝劉繼元出城降宋。太宗早聞楊業大名，其歸降後，便委以重任，令其為代州（今山西代縣）刺史，駐守北方，抗遼防邊。從此，楊業一直帶兵馳騁在北方的抗遼戰場上。

太平興國五年三月，遼景宗發兵十萬攻雁門，當時楊業只有數百名騎兵，無法與遼軍硬拚，他出奇兵抄小路繞到雁門關以北，從遼兵背後殺出，與

九七九年

宋滅北漢，十國割據的局面結束。宋與遼在高梁河（北京附近）作戰，宋敗。

九八〇年

楊業在雁門關大敗遼兵，號「楊無敵」，威震邊關。

潘美前後夾擊，大敗遼兵，殺死遼朝駙馬侍中蕭咄李，活捉馬步軍都指揮使李重海，楊業因此被提升為雲州（今山西大同）觀察使。

雍熙三年（九八六），宋分兵三路大舉攻遼。其中西路以潘美為主帥，楊業為副帥。楊業所屬先鋒部隊進展神速，連克雲、應（今山西應縣）、朔（今山西朔縣）、寰（今山西朔縣東北）四州。遼國境內受壓迫的漢族百姓熱情很高，紛紛組織起來偷襲遼軍。楊業下令招募壯士，擴大軍隊，軍威大震。

曹彬等率領的東路軍進攻幽州失利，宋太宗令西路軍同時撤退，並把雲、應、朔、寰四州民眾遷往宋境。當潘美、楊業撤軍至朔州南面的狼牙村時，遼兵已攻陷寰州，楊業見遼兵勢盛，主張繞道而行，避開正面強敵。潘美的部將王侁深受太宗寵愛，他嫉妒楊業屢立戰功，於是諷刺挖苦楊業，說他領數萬精兵卻畏敵退讓，貪生怕死，空有無敵的稱號，並詆毀楊業故意不戰，懷有異心。潘美亦未加阻止。作為一個從北漢歸降的將領，楊業最忌諱別人誹謗他對宋朝懷有二心。他萬般無奈，只好出戰。臨行前，楊業料定凶多吉少，乃請求潘美在陳家谷口（今山西朔縣南）設伏兵救援，並再三提醒潘美，如果不設援兵，自己所率之軍隊必全部覆沒。潘美答應了楊業的請求，在陳家谷口布下了陣，以備救援。

王侁見楊業遲遲沒有回來，以為他已擊敗遼兵，一心想著趕快回去與他爭功勞，便擅自領兵離開谷口，潘美也跟著離開了。走出二十里遠的時候，聽到了楊業兵敗的消息，他們不僅沒去援助，反而各自逃跑。

楊業遭到遼軍的伏擊，自正午戰到傍晚，輾轉退至陳家谷口，不見潘美的援軍，仰天長歎道：「此番焉能生還？」將士們無不抱頭痛哭。當時，遼兵蜂擁而至，宋軍僅存一百多名兵將，楊業覺得再戰無益，於是令他們化整為零，各自逃跑。眾將士皆願死戰，不肯離去。最後，楊業的兒子楊延玉及將士們皆力戰而死。楊業孤身一人，身負重創數十處，仍奮力殺敵，手刃遼兵數十人。楊業的坐騎受了重傷不能前進，他從馬上墜落下來，為遼兵所俘。這位威震敵膽的沙場老將，絕食三天後，死於被解往燕京的途中。

九九三年

王小波領導青城（今四川都江堰市境內）農民起義，提出了「均貧富」的口號。

一〇〇二年

党項族人李繼遷集合各部，攻陷靈州（今甘肅靈武），改為西平府，自稱西平王，奠定了西夏國的基業。

一〇三八年

元昊稱帝，建立西夏國。從此宋夏戰爭拉開了序幕。

一〇四一年

元昊大敗宋軍於好水川（今甘肅靜寧東），宋將士死者上萬人，從此對夏取守勢。

一〇四四年

宋與西夏達成和議，夏

得知楊業父子戰死，太宗深表痛惜，追贈楊業為太尉、大同節度使，依照恩蔭制度，他的其他幾個兒子延朗（後改名延昭）、延浦、延訓、延環、延貴、延彬都得到相應的升遷。與他一同作戰的主帥和監軍均受處罰，潘美降官三級，王侁和劉文裕發配邊疆。

楊業共有七個兒子，其中楊延昭最負盛名。真宗咸平二年（九九九），遼軍攻宋，九月，包圍了楊延昭守衛的遂城（今河北徐水縣東）。河北大將傅潛畏敵不敢出兵支援，楊延昭孤軍奮戰。遼軍一次又一次被打退。後來遼國蕭太后親臨城下督戰。城中守軍不滿三千人，眾人畏懼，延昭卻從容自若，組織丁壯，披甲執械，日夜護守，堅持月餘。當時正值初冬，寒潮來臨，氣溫驟降，延昭命軍民挑水淋澆城牆，一夜之間城牆變得堅固光滑，遼軍無法攀登，只好退去。後來真宗特意召他詢問邊策，稱讚他「治兵護塞有父風」。景德元年（一〇〇四），遼兵再次南侵，兵抵澶州（今河南濮陽）。楊延昭上書，建議乘遼兵大舉南下之際，出兵取幽、易等州，真宗根本沒有戰勝遼軍的信心，故未採納他的建議。楊延昭遇敵必身先士卒，勝而不居功，深受將士愛戴，前後守衛邊地二十多年，遼兵畏其威名，稱其為「楊六郎」。

楊延昭之子楊文廣也是一員武將，北宋中期曾在陝西對西夏作戰，又曾隨狄青到南方討伐儂智高，屢立戰功。後來守衛定州，也是一位抗遼戍邊的名將。

明清以後的劇本小說中，楊家將英雄譜中又多出了佘太君、穆桂英、楊宗寶、楊排風等人，儘管他們都是虛構塑造出來的人物，但確能反映出楊家將作戰英勇、殺身報國的品德，所以世世代代受到人們的愛戴和稱頌。

相關連結

宋與遼、夏間的和戰

太平興國四年（九七九），北宋滅北漢統一了全國，宋太宗乘勝北伐遼國，欲收復燕雲

對宋稱臣，宋每年送給西夏銀、絹、茶等物。此後宋夏之間沒有發生大規模戰爭。

十六州，宋遼戰爭由此開始，太宗大敗而歸。後遼兵頻繁南下侵擾，宋以潘美為統帥、楊業為副帥伐遼，亦告失敗。此後宋對遼由進攻轉為守勢。景德元年（一〇〇四），遼軍大舉南下，兵臨澶州城下，宋真宗御駕親征，在形勢有利的情況下，卻簽訂了屈辱的和約——澶淵之盟。此後宋遼邊境處於相對安定的局面，雙方在邊境上設立榷場，相互貿易，使者往來亦甚為頻繁。

宋初，党項族首領李繼遷率眾依遼抗宋，與宋朝的戰爭連年不斷。其子李德明繼位後，與宋修好，簽訂和約，雙方近二十年無大戰。元昊稱帝後，建立大夏國（宋人稱其為西夏），大力對外擴張，宋、夏戰爭趨於激烈。康定二年（一〇四一）的好水川之戰與次年的建寧砦（今陝西府谷西南）之戰，宋軍損失慘重。後雙方達成和議（慶曆和議），夏向宋稱臣，但宋每年賜給西夏銀、絹、茶等大量財物，恢復邊境貿易。此後宋夏關係進入以友好交往為主的時期。

在宋遼和議、宋夏和議中，北宋損失了大量財物，但是贏得了和平的發展環境，開通了相互貿易，對於區域文化交流和民族融合起到了重要的作用。

寇準參政

在楊家將的故事裡，經常對楊家提供支持幫助的朝廷大臣有兩個，一個是八賢王趙德芳，一個是寇萊公寇準。趙德芳確是趙匡胤的兒子，但他二十出頭就病死了，與楊家沒有多大干係，故事中鬚髮斑白、德高望重的趙德芳完全是文學作品中塑造出來的舞臺人物形象。而寇準活躍在北宋政治舞臺上四十餘年，有膽有識，正直敢言，幹出過許多驚天動地的大事業。

寇準是華州下邽（今陝西渭南北）人。宋太宗取進士，往往選壯年持重者。於是有人勸年方十九歲的寇準增報年齡，參加科考，他斷然拒絕。結果這年寇準還是考取了進士，從此走上了仕途。

寇準初授官大理評事，當即表現出非凡的政治才能，他直言進諫，往往切中時弊。宋太宗曾將自己任用寇準與唐太宗任用魏徵相比，足見寇準的識膽謀略非同尋常。

有一次，寇準向太宗奏事，因言語過激，太宗龍顏大怒，拂衣而起，宣布退朝。寇準走上前去，拉住太宗的衣角，要他繼續聽下去，直到太宗作出決定，才算甘休。事情過後，太宗仔細想想，覺得寇準犯顏直諫，是真正的忠良之臣，值得大臣學習，於是把自己視為珍寶的兩條用通天犀製作的玉帶賜給了他一條。

淳化二年（九九一），年方三十歲的寇準被任命為同知樞密院事（相當於副宰相）。寇準正直敢言，血氣方剛，難免得罪人，朝廷中不少人對他心存芥蒂。他與知院事張遜爭論多次，從此結怨。後來兩人在太宗面前唇槍舌劍，互相揭發隱私。太宗覺得有失大臣體面，一氣之下把他們都貶為地方官，寇準被貶官去了青州。

寇準走後，太宗一直放心不下。有一天，他問身邊的人寇準在青州過得怎麼樣？他周圍的一

九九七年

宋太宗死，真宗即位，後王欽若等五人相互勾結，奸邪亂政，史稱「五鬼用事」。

幫小人忌恨寇準，便說青州是個好地方，寇準在那裡過得很好。沒過幾天太宗又問起這事，手下人揣測太宗還想起用寇準，於是說：「寇準在青州優閒自在，天天爛醉如泥，皇上倒是沒忘記他，不知道他是不是也想念皇上？」太宗聽了默不作聲，但第二年，他還是把寇準召回京城，任命為參知政事。

宋真宗即位後，寇準任同中書門下平章事。景德元年（一〇〇四），遼兵不斷騷擾河北一帶，往來徘徊，飄忽不定，沒有作戰的意思。寇準說：「遼兵在麻痹我們，大戰即將來臨，必須做好準備。」果然，這年冬天，遼聖宗和蕭太后親率二十萬大兵大規模入侵，兵臨澶州城下。報告軍情的緊急文書一夜送來了五封，寇準並不開封，飲酒談笑一如平日。第二天，同僚把這件事報告了真宗。真宗大驚，詢問寇準。寇準說：「陛下親臨澶州，定可取勝。」真宗感到為難，於是召來其他大臣商議。不料，這幫大臣們不提抗敵之事，卻在爭論向哪裡逃跑，將都城遷往何處。副宰相王欽若是江南人，請求皇帝到金陵去；陳堯叟是蜀地人，請求皇帝到成都去。真宗又拿不定主意了，只得再把寇準找來徵求意見。寇準知道是王、陳二人在搗鬼，但假裝不知道，對真宗說：「如今陛下神明威武，文武大臣精誠團結，陛下親征，自然旗開得勝。我們有必勝的把握，為什麼要拋棄社廟，到邊遠的地方去呢？如果陛下退避，人心就會崩潰，敵人乘勢而入，江南恐怕也難守了。」最後寇準厲聲說道：「誰再言遷都逃避，動搖軍心，就先砍了誰的頭！」寇準據理力爭，真宗決定御駕親征。

寇準像

宋代的澶州城，夾黃河而築，分成南北二城，中間有一座浮橋相連。真宗到了澶州，契丹軍隊氣勢正盛，大家都請求皇帝暫留南城，觀察敵情。寇準說：「陛下不過黃河，人心自然恐懼，軍威不能振作，敵人氣勢會更盛，如何能夠獲勝？我們各路兵馬都已占據要地，敵人已是強弩

一〇〇四年
宋與遼戰於澶州（今河南濮陽），簽訂屈辱性的條約「澶淵之盟」。

之末，還有什麼可猶豫的呢？」真宗於是渡過黃河，坐臨澶州北城門樓上。士兵看見皇帝車上的傘蓋，跳躍歡呼，聲音傳到幾十里以外。遼兵聽到歡呼聲，驚愕不已，連隊列都亂了。

遼軍在澶州城外與宋軍相持了十多天，沒有占到任何便宜，士氣日益低落，孤軍深入而不能速戰速決，犯了兵家之大忌，不得不提出講和。寇準不同意，但真宗與大臣們還是膽怯，於是雙方在澶州城下簽訂了和約。

寇準立下大功，聲望日高，朝中權貴大臣更加嫉恨他了。王欽若對真宗說：「當時寇準把您當成賭注，孤注一擲，想想真是危險啊！」真宗也一直有些後怕，由此逐步疏遠寇準。其他人也乘機陷害他，結果寇準的官職被一貶再貶，又去做了地方官。

宋仁宗天聖元年（一〇二三），寇準被貶為雷州司戶參軍，不久死在了那裡。十一年後朝廷回想起他的功績，才又追贈他為中書令、萊國公，所以後人稱他為寇萊公。

相關連結

澶淵之盟

景德元年（一〇〇四），蕭太后、遼聖宗率大軍南侵，縱兵深入，圍瀛州（治今河北河間），直逼貝州（治今河北清河）、魏州（治今河北冀縣），宋朝上下震恐。參知政事王欽若等畏敵，密請宋真宗放棄汴京南逃。新任宰相寇準力排眾議，促使宋真宗御駕親征，宋軍士氣大振。遼兵孤軍深入犯了兵家大忌，而宋朝君臣厭戰者最多，雙方都有議和的意圖，於是在澶州城下簽訂和約。和約規定：宋每年交遼絹二十萬匹、銀十萬兩；雙方各守邊界，不相侵擾。歷史上稱此為「澶淵之盟」。對宋朝來說這是一個屈辱妥協的和約，但是它結束了宋遼長達數十年的戰爭，為雙方的和平交往創造了條件。

■蕭太后攝政

蕭太后名綽，小字燕燕，遼景宗之皇后。九八二年遼景宗死，其年方十二歲的兒子即位，蕭太后臨朝攝政。她起用賢才，整頓吏治，平理刑獄，減輕徭役，使遼朝出現中興局面。在與北宋的戰爭中，她每戰必親自謀劃，有時親臨前線，披甲督戰，宋將多懼之。

范仲淹實行新政

〈岳陽樓記〉是范仲淹散文中的名篇，文中的「先天下之憂而憂，後天下之樂而樂」更是千古傳唱的名句。

范仲淹，字希文，吳縣（今江蘇省蘇州市）人。兩歲的時候，父親去世，家境十分貧寒。母親帶著他改嫁到長山（今山東鄒平長山鎮）一個姓朱的人家。大中祥符四年（一〇一一），范仲淹拜別母親，到應天府書院求學。

大中祥符八年（一〇一五），二十七歲的范仲淹考中進士，被派到廣德軍（今安徽廣德一帶）當了個審理案件的九品小官。後來調任集慶軍（今安徽亳州一帶）、泰州海陵西溪鎮（今江蘇東台縣附近）做官。在泰州時，他曾帶領數萬民夫修築了幾百里長的防禦海潮的大堤，後人稱為「范公堤」。後雖多次調任中央政府官職，但因與當政者意見相左，又屢次被貶出朝廷。

范仲淹不管任何官職，總以關心民間疾苦，為民興利除弊為要務。同時對國家政治深感憂慮，多次上書指斥官場積弊，提出革新政治的建議。

隨著宋、夏關係的日益緊張，西夏軍隊不斷向宋發動襲擊。范仲淹主動請求到西北去抗擊西夏，宋仁宗就派他到延州一帶指揮作戰。在諸路宋軍連吃敗仗的情況下，延州沿邊一帶防禦不斷鞏固。他統率宋軍，屢挫夏軍的侵犯，表現出超群的軍事才能。

景祐三年（一〇三六），范仲淹連上四篇奏章，批評宰相呂夷簡政治腐敗，濫用私人。呂則指責范結為朋黨，離間君臣。范仲淹及其「同黨」連同那些為他們說過好話的人統統被貶為地方官。范仲淹走出京城大門的時候，已是孤身一人，形影相弔，沒人敢來送行了。忽然，一個叫王質的人載酒而來，說自己雖然抱病在身，但還要前來送行，因為您這次離京，是甚為光耀的事

一〇四三年

范仲淹推行新政。

一〇五六年

包拯知開封府，人稱「包青天」。

■包青天

包拯字希仁，北宋廬州合肥（今屬安徽）人，初任縣、州行政長官，後遷監察御史、三司戶部判官、知諫院。仁宗嘉祐元年（一〇五六）十二月權知開封府。他執法不阿權貴，不避親黨，貴戚顯宦，均畏其威嚴。當時京中高官大家多跨惠民河建

情。范仲淹聽了說：我已是「三光」了，如果下次您再來為我送行，就帶一隻整羊來作為祭品吧！

康定元年（一〇四〇），五十二歲的范仲淹被調任陝西與西夏作戰，他積極訓練軍隊，度量敵人眾寡，適時出戰。築青澗、大順城，修胡盧、細腰砦，邊防得以鞏固。連西夏人都十分敬重他，說他「腹中自有數萬甲兵」。

仁宗慶曆初年，內憂外患交織在一起，宰相呂夷簡束手無策，改革政治的呼聲日益高漲。慶曆三年（一〇四三），仁宗罷呂夷簡相職，任命范仲淹為參知政事，韓琦、富弼為樞密副使，歐陽修、余靖、蔡襄等人為諫官。仁宗對范仲淹、富弼禮遇有加，多次催促他們制出一個能使天下太平的方案來。九月，范仲淹以〈上十事疏〉進呈仁宗，提出了十項改革方案，「慶曆新政」出臺了。

當時反對派的勢力很強大，他們紛紛攻擊范仲淹結成朋黨，欺罔皇上，獨攬朝綱。歐陽修寫〈朋黨論〉，范仲淹給皇帝上奏疏，都指出君子有朋有黨，朋黨有好有壞，對反對派的議論進行回擊。仁宗施行新政的決心本來就不怎麼堅定，禁不住反對派的蠱惑，對范仲淹和富弼逐漸失去信任。後來，他終於宣布罷去范仲淹參知政事的職務，將他貶去邊地做了知州，施行不久的新法全被廢止。

慶曆五年，范仲淹被調任鄧州（今河南省鄧州市）。次年，他的朋友滕子京來信告訴他，自己已經將

岳陽樓

園林水榭，以致壅塞河道，引起水災，包拯全部予以拆毀。他為官清廉，雖為高官，但衣食如同平民，日常拒收私人書信，親戚友人皆杜絕往來。所以京城流傳「關節不到，有閻羅包老」的民謠，人皆稱其為「包青天」。

岳陽樓修葺一新，請他寫一篇紀念性的文章。九月十六日晚上，范仲淹將朋友送來的岳陽樓圖高高掛起，彷彿看到了洞庭湖的波瀾壯闊，不禁憶起自己政治生涯的跌宕起伏，於是揮毫寫下了一篇融敘事、寫景、抒懷、議論為一體的千古美文，抒寫了自己的行為準則與政治情操：在朝廷做高官為百姓擔憂，在偏僻的地方做小官為君主擔憂；在天下人憂愁之前便已憂愁，在天下人快樂之後才快樂。這是何等高尚的品德，何等廣闊的胸懷！

六十四歲的時候，范仲淹死於去潁州赴任的路上。

相關連結

慶曆新政

北宋中期，土地兼併現象嚴重，財政入不敷出，階級矛盾和民族矛盾日趨尖銳。慶曆三年（一〇四三），宋仁宗罷免呂夷簡的宰相職務，任命范仲淹為參知政事，富弼和韓琦等為樞密副使，推行改革。改革措施共有十項：明廢黜、抑僥倖、精貢舉、擇長官、均公田、厚農桑、修武備、減傜役、覃恩信、重命令。內容涉及政治、經濟、軍事、教育、科舉等各個方面，重點是整頓吏治。除「修武備」一項外，其他各項均由仁宗頒詔全國施行，稱作「新政」。

新政觸犯了宗室勳貴和大官僚們的特權及切身利益，引起了他們的強烈反對。僅過了一年時間，范仲淹、富弼等人就因更張綱紀、紛擾國經等罪名遭到貶黜，朝中支持新政的官員大都被貶官到地方任職，已經頒行的新法也被宣布作廢。

蘇軾身陷「文字獄」

在王安石變法的反對派中，有些人是思想守舊的既得利益者，也有些人是在中國歷史上有建樹的思想家、政治家，除司馬光、文彥博等人之外，還有大名鼎鼎的文學家蘇軾。

蘇軾字子瞻，號東坡居士，眉州眉山（今四川眉山）人，他的父親蘇洵、弟弟蘇轍都是北宋有名的文學家。唐宋八大家中，蘇氏父子占了三席，號稱「三蘇」。

宋仁宗嘉祐元年（一〇五六），父親帶著蘇軾和弟弟蘇轍一起來到京城，第二年春參加了科舉考試。主考官歐陽修本擬取蘇軾為第一名，但當時乃匿名評卷，歐陽修以為除其門生曾鞏外，開封再無如此飽學之人，故懷疑乃曾鞏之試卷，怕人說偏袒自己的學生，於是抑為第二。第二年，蘇軾、蘇轍兄弟雙雙及第，蘇洵呈所著文章二十二篇於歐陽修，歐陽修乃刮目相看，禮為上賓，士大夫爭相傳閱，三蘇之名轟動京師。

蘇軾在中央做了幾年小官，便趕上了王安石變法。王安石對蘇氏兄弟頗為器重，希望得到他們的支持。但蘇軾了解民間疾苦，看到了新法推行後帶來的不便，認為變法急於求成，肯定會出問題，於是告誡神宗不要操之過急。王安石對他很不滿意，外放蘇軾做了杭州通判。後來蘇軾又做過密州（今山東諸城）、徐州（今江蘇徐州）等地的地方官，每到一地，均有善政。

蘇軾對時政不滿，議論與牢騷很多，常常寫詩譏刺。古人遣詞造句十分講究，看似普通的詞語，卻常常隱含特別的意義，而讀者也養成一種習慣，本能地尋求字裡行間的寓意。蘇軾作〈湖州謝上表〉，其中有幾句牢騷話，大意是說：皇上知道我愚鈍且不合時宜，難以追隨陪伴那些「新進」的官員，看我年老不生事，便讓我做了地方官。他把自己和「新進」對立，說自己不「生事」，便是暗示「新進」們好「生事」了。當初司馬光曾批評王安石等人變法「生事」，因此

一〇六九年
宋神宗用王安石主持變法。

一〇七七年
黃河在澶州決口，北流斷絕，南流河道南移，分為二流，一由南清河奪淮入海，一由北清河入海。

一〇七九年
御史中丞李定等彈劾蘇軾作詩誹謗朝廷，很多人受牽連貶官，史稱「烏臺詩案」。

一〇八五年
神宗死，哲宗即位，起用司馬光等，廢除王安石

變法派很忌諱別人用這樣的字眼評價他們。那些「新進」的官員們十分氣惱，設法對蘇軾進行報復。元豐二年（一〇七九），幾個監察御史上書皇帝，說蘇軾「愚弄朝廷，妄自尊大」。他們彈劾蘇軾，說他在詩文中歪曲事實，誹謗朝廷，如果放任他的詩詞在社會上傳播，對新政的推行會很不利。

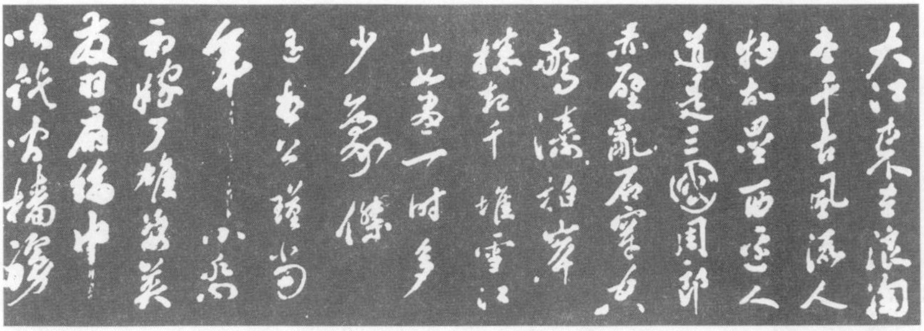
蘇軾的詞與書法

經神宗默許，蘇軾被御史臺逮捕，一關就是四個月。御史們每天逼他交代誹謗朝廷的事實，一一說出每篇詩文的寫作目的和其中典故的出處。

御史李定、何正臣、舒亶等人，把蘇軾的詩文全找了來，進行了一番認真「研究」，終於在他的〈杭州紀事詩〉裡找到了玩弄朝廷、譏嘲政治的罪證。如「讀書萬卷不讀律，致君堯舜知無術」一句，本來蘇軾是說自己沒有把法律一類的書讀通，所以輔佐君主時就沒有什麼辦法，但御史們硬說蘇軾諷刺皇帝沒能以法律教導、監督官吏。又如「東海若知明主意，應教斥鹵變桑田」一句，御史們說，這是蘇軾指責興修水利，反對農田水利法的罪證。其實蘇軾做地方官時興修了很多水利工程，他怎會反對呢？再如「豈是聞韶忘解味，邇來三月食無鹽」一句，被拿來當作蘇軾諷刺反對鹽法的證據。御史們從蘇軾的詩詞中找出許多字句，斷章取義，牽強附會，對號入座，上綱上線。當然在有些詩詞中，蘇軾確實有批評新政的意思，對此他自己也坦然承認。

十月十五日，御史臺申報蘇軾詩案的審理情況，輯集數萬字的材料，提交了收藏蘇軾譏諷文章的人物名單，計有司馬光、范鎮、張方平、王詵、蘇轍、黃庭堅等二十幾位大臣名士。他們認定蘇軾譏諷皇上和宰相，罪大惡極，應該處死。

所行新法。史稱「元祐更化」。

一一〇二年
徽宗用蔡京為右相。蔡京以推行新法為名，排斥異己，專政擅權。

神宗雖然討厭蘇軾，但聽說要處死他，還是難下決心，因為太祖早有誓約，除叛逆謀反罪外，一概不殺士大夫。當時正直人士紛紛仗義相救，翰林學士章惇從中調解，退居金陵的王安石也為蘇軾講情。後來太皇太后高氏出面干涉，要求神宗在大赦時放了蘇軾。最後神宗決定，把蘇軾貶為黃州團練副使，受到牽連的二十幾人，有的被貶官，有的受到經濟處罰。

詩案總算了結了。蘇軾出獄當天又寫了兩首詩，其中有幾句說：「平生文字為吾累，此去聲名不厭低。塞上縱歸他日馬，城東不鬥少年雞。」假如御史臺的新進們檢查起來，蘇軾又會遇到麻煩：最後一句中的「少年雞」是個典故，說的是賈昌年少時因鬥雞受唐玄宗寵愛，被選入宮中為寵臣。在這裡，「少年雞」是指那些不學無術、靠旁門左道受皇帝寵倖的小人，肯定也包括新進的御史們。蘇軾說，你們這幫鬥雞小兒，我再不與你們共事了！這不又在誹謗朝廷大臣麼！這就是蘇軾，清高、自負，寧死也不改變自己的操守。

漢代御史府中多柏樹，常有烏鴉數千棲宿其上，從此以後，人們便稱御史府為烏府或烏臺。蘇軾的這樁文字獄案，是由御史們製造出來的，所以稱之為「烏臺詩案」。

相關連結

王安石變法

慶曆新政雖然失敗了，但卻有更多的人認識到政治革新的重要性，不少官員提出了種種改變舊法、革除弊政的主張。熙寧二年（一〇六九），即位不久的宋神宗因欣賞王安石〈上仁宗皇帝言事書〉中提出的政治主張，任其為參知政事，主持變法。圍繞富國強兵這一目標，王安石相繼推行了均輸法和市易法，青苗法、農田水利法、募役法和方田均稅法，將兵法和保甲法等新法。同時對科舉和教育進行了改革。變法在一定程度上緩和了階級矛盾，增加了政府的財政收入。但是，新法的推行觸犯了官僚貴族的既得利益，遭到他們的強烈反對。新法本身也存在不少弊端，王安石等未能及時糾正；再加上用人不當，新法在執行過程中出現了危害百姓的現象。因此，也引起了下層民眾的不滿。反對派不斷向神宗施加壓力，使得王安石兩次辭去宰相之職。由於神宗變法態度堅決，反對派大臣如司馬光、富弼、文彥博等紛紛遭到貶官等懲處，變法派一直占據著優勢。元豐八年（一〇八五）神宗去世後，司馬光等人入朝執政，變法官員全被罷黜，新法也全部廢棄了。

李綱保衛開封

「耕犁千畝實千箱，力盡筋疲誰復傷？但得眾生皆得飽，不辭羸病臥殘陽。」這首詩是南宋高宗紹興二年（一一三二）李綱在鄂州所作，距離開封保衛戰已有六年時間。在這幾年裡，因為力主抗金，李綱一次次被貶謫，已經是心力交瘁，疲病不堪了。詩中那耕犁千畝、力盡筋疲、無人可憐但卻不辭羸病、志在眾生的老牛，正是李綱本人的寫照。

宣和七年（一一二五）十一月，金兵分兩路南下，西路從雲中府（今山西大同）進攻太原府。東路由平州（今河北盧龍）進取燕山府。西路軍在太原城遭到宋軍頑強抵抗，相持不下。東路軍進展順利，攻下燕山府，長驅直入，向東京開封進軍。北宋君臣驚惶失措。十二月，宋徽宗一面下「罪己詔」，罷「花石綱」、內外製作局，下令各地起兵勤王；一面安排太子監國，自己準備南逃。前方傳來戰報，金兵距開封只有十天路程，形勢十分危機。當時任太常少卿的李綱與門下侍郎吳敏等人商議，要想組織抗金，保住東京，必須迫使徽宗退位。大臣們上奏徽宗，但他死活不表態。看大臣們不依不饒，二十三日這天，徽宗假裝得病，昏倒在地，隨後索要紙筆，寫下了「皇太子可即皇帝位」一行字。吳敏馬上起草詔書，擁立太子趙桓即位，是為欽宗。第二年即靖康元年（一一二六）正月初三日，金兵渡過黃河。次日深夜，徽宗帶著幾個親信，偷偷逃出開封，直奔南京（今河南商丘），而後一路奔

李綱像

一一一五年
女真族首領完顏阿骨打稱帝，建立女真國，都會寧（今黑龍江阿城南），後改稱金。

一一一九年
宋江聚眾三十六人起義，活動於今山東、河北至安徽一帶。

一一二〇年
宋派使臣渡海赴金，簽訂「海上之盟」，議共同滅遼。方臘在浙江青溪（今浙江淳安）領導農民起義。

逃，到了京口（今江蘇鎮江）才敢停下來喘息。

奸臣當道，國破家亡，朝野上下，群情洶洶。欽宗即位後，迫於公議，將蔡京、童貫等「六賊」貶謫乃至處死。李綱上「禦戎五策」，力主抵抗，被任命為兵部侍郎。面對如狼似虎的金兵，朝廷中主和派同主戰派發生了爭執。主和派主張欽宗南渡大江或西逃關中，以避開敵人兵鋒。主戰派則要求堅守東京以待援兵。李綱提出欽宗應御駕親征，以攻為守。這位年輕皇帝沒有繼承徽宗的藝術天賦，卻完全秉承了他政治低能、猥瑣怯懦的遺傳，一聽有人主張外出避難，即任命李綱為尚書右丞、東京留守，自己準備開溜。李綱堅決反對欽宗離京。欽宗無奈，只得再任他為親征行營使，抗金之事讓他全權辦理。

李綱動員軍民打造戰守工具，幾天功夫便已齊備。又以禁軍為主，廂兵、保甲兵為輔，組織了共四．五萬人的軍隊，日夜操練，分頭把守軍事要塞。正月初八日，金兵合圍開封，李綱組織軍民堅守城池，多次擊退金兵。金人見一時難以滅宋，提出議和。欽宗馬上來了精神，急忙派使者去金營。金人提出宋須交金五百萬兩，銀五千萬兩，牛馬騾各一萬頭匹，駝一千頭，雜色緞一百萬匹，割讓太原、中山（今河北定縣）、河間三鎮，尊金帝為伯父，以宋親王、宰相作人質，送金軍北渡黃河，才許議和。欽宗全盤答應了金人的要求，下令在開封全城刮借金銀運送給金軍。李綱堅決反對，欽宗置之不理。李綱無奈，憤而提出辭職。欽宗知道暫時離不開他，於是一面從中調和，說議和之事慢慢商量，一面派使者去金營，不斷向金人運送金幣。這時，四方勤王之師陸續前來，有人夜襲金營。金人派使者詰責欽宗違背和約。欽宗急忙解釋說，用兵非朝廷本意，乃李綱所為。接著把李綱免職，以此討好金人。

宋欽宗的做法激起了開封軍民的極大憤怒。太學生陳東

一一二五年

金滅遼。而後分兵兩路大舉攻宋，徽宗大懼，下「罪己詔」，傳位給太子趙桓，是為欽宗。

一一二六年

十一月，金兵攻陷汴京（今河南開封），欽宗投降。次年，金兵擄走宋徽宗、欽宗。欽宗的年號為靖康，故史稱「靖康之難」，北宋滅亡。

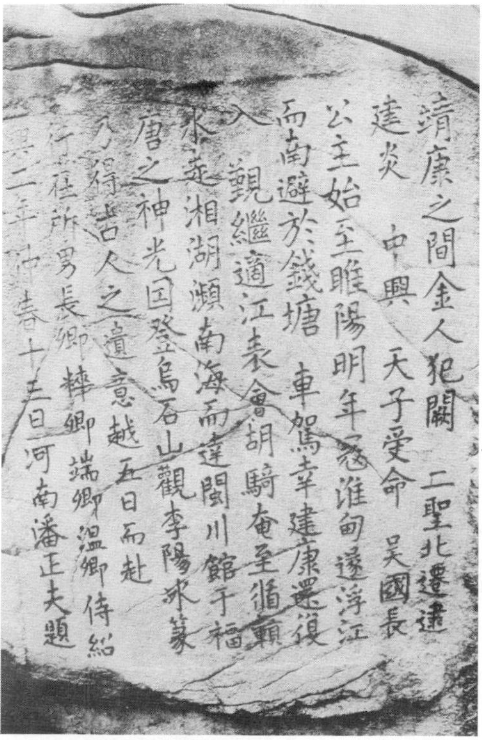
記述靖康之難的福建鼓山石刻

等在宣德門上書，要求復用李綱，罷免主張和議的李邦彥、張邦昌等人。幾萬人不約而同來到皇宮前，聲援支持陳東，要求宋欽宗接見，並砸碎登聞鼓，打死宦官幾十人。眼看要發生民變，宋欽宗只得宣布再用李綱主持京城防禦。這時各路勤王的軍隊都來到了開封，總共有二十萬人。金兵看形勢不妙，於二月撤兵北去。

金人一撤兵，宋欽宗便以為太平無事了，老將种師道被罷官，各路勤王兵全被遣還。太上皇趙佶在江南避過了風頭，也返回了開封。李綱屢言備邊之策，欽宗不耐煩，主和派更把他視為眼中釘，不斷在欽宗面前詆毀誣陷李綱。於是欽宗以「大臣專權，浸不可長」為由，任李綱為河東、河北宣撫使，派他去了太原。過了不長時間，又令李綱停止進兵，給他加了個喪師費財的罪名，罷免了官職。

這年八月，金兵捲土重來，進圍開封。欽宗又想起了李綱，任命他為資政殿大學士，領開封府事，但為時已晚，當李綱組織軍隊前往開封勤王的時候，開封早被金兵攻破，徽宗、欽宗已被金兵俘虜北去。

相關連結

靖康之難

靖康元年（一一二六）八月，金兵又分二路侵宋，十一月合圍開封，各地勤王軍均已遣返，防禦工事也被拆除，城內兵力有限，士氣不振。欽宗信任流氓神漢郭京，網羅七七七七個市井無賴組織成「六甲神兵」，結果剛一出城，就被金兵打得潰不成列，金兵蜂擁入城，開封失守。欽宗率領大臣趕到金營，交了降表，秉承金人意旨，下令各路勤王兵停止向開封進發，嚴令自發組織起來抵抗的民眾放下武器。接著，金軍查封府庫金銀財物，欽宗又派官員幫金兵在皇親國戚、官吏富家查抄二十餘天，金銀財寶搜刮淨盡，連同珍寶古物、全國州府地圖檔案等一併載歸金營。靖康二年（一一二七）四月初一日，金兵把欽宗父子、后妃、宗室、朝官三千多人俘虜北去，北宋王朝覆滅。這件事情發生於欽宗靖康年間，所以歷史上稱為「靖康之難」。

岳飛精忠報國

紹興十一年十二月二十九日（一一四二年一月二十七日），宋高宗和秦檜以「莫須有」的罪名將岳飛賜死。岳飛手書「天日昭昭，天日昭昭」後，將他們送來的毒酒一飲而盡。這位抗金英雄死時只有三十九歲。岳飛抗金屢建奇功，收復北方故土指日可待，南宋當政者為什麼卻要殺害他？這真令後人感到不解，更感到氣憤。

崇寧二年（一一〇三），岳飛生於相州湯陰（今河南湯陰）一個農民家庭，出生時有大鳥飛鳴掠過屋頂，故取名飛，字鵬舉。岳飛少時家貧，白天耕田割草，晚上以柴照明念書習字，尤喜讀兵書。他寡言淳厚，剛直義氣，體魄強健，勇力過人，槍法出眾。

南宋初年，岳飛曾隨王彥渡過黃河到河北一帶抗金。後投東京留守宗澤麾下，參加了開封保衛戰，為宗澤所賞識。不久岳飛升任獨當一面的將領。他治軍嚴謹，紀律嚴明，「凍死不拆屋，餓死不擄掠」，人們稱他率領的軍隊為「岳家軍」。

建炎四年（一一三〇），金朝兀朮率大軍南侵，南宋在江淮之間設防，派岳飛防守江州（今江西九江）至江陵（今湖北江陵）一線。

紹興四年（一一三四），岳飛率軍從江州出征，擊潰了金朝扶植的偽齊劉豫的主力軍隊。僅三個月時間便順利收復襄陽六郡，打通了通往川陝的道路，扭轉了宋與金作戰的被動局面。此後，三十二歲的岳飛被破格提升為清遠節度使，進封武昌郡開國侯，享受與韓世忠、張俊同等的殊榮。由於高宗嚴令不得越界追敵擴大事態，岳飛只得率軍回鄂州（今湖北武昌）駐防。年底，金、齊聯軍進逼廬州（今安徽合肥），高宗令岳飛東下解圍。牛皋等十三騎飛馳而至，略展「岳」字旗幟，敵軍心便已動搖，援軍趕到，追殺敵軍三十餘里，百里外的兀朮大軍聞風北逃。

一一二七年

五月，宋徽宗的第九子趙構即帝位，都臨安（今浙江杭州），史稱南宋。

一一三〇年

金兀朮率兵南下攻宋，抵江西境，犯湖南。退兵時，在鎮江金山遭韓世宗截擊。岳飛出兵進擊，大獲全勝。

二月，湖南爆發鍾相、楊么起義。

一一三四年

岳飛收復襄陽六郡。

一一四〇年

金兵大舉南下，岳飛率軍抵抗，大敗金兵，乘勝

岳飛像

次年夏，岳飛率軍鎮壓了洞庭湖地區楊么起義，被封為開國公。岳家軍收編義軍隊伍，人數猛增。紹興六年（一一三六）年，岳飛第二次北征，收復了洛陽西南險要之地，飲馬黃河，虎視河北。但因朝廷不供軍糧，故功虧一簣。此後他雖升職太尉，但壯志難酬，心中忿懣不平，於是書〈滿江紅〉以抒懷：「怒髮衝冠，憑欄處、瀟瀟雨歇。抬望眼，仰天長嘯，壯懷激烈。三十功名塵與土，八千里路雲和月。莫等閒、白了少年頭，空悲切。靖康恥，猶未雪；臣子恨，何時滅！駕長車，踏破賀蘭山缺。壯志饑餐胡虜肉，笑談渴飲匈奴血。待從頭、收拾舊山河，朝天闕。」

紹興七年（一一三七），金廢偽齊劉豫，以歸還河南、陝西為條件誘使南宋稱臣納貢，朝中大臣紛紛上書反對議和，高宗與秦檜置之不理。紹興九年元旦，秦檜代替高宗向金使跪拜稱臣、接受金朝皇帝詔書，達成和議。高宗為消除抗金將領的不滿情緒，給他們加官晉爵，岳飛四次上書，拒不接受封賞給他的官銜，秦檜十分忌恨他。

紹興十年（一一四〇）金人撕毀和約，四路伐宋。高宗大驚失色，不得不下令各軍分別抵抗。岳飛令所部一支進攻河南，一支重返河北，自己率主力從正面向汴京推進。歷四十餘天，先後收復陳州（今河南淮陽）等重鎮，形成了對汴京的三面包圍。兀朮進軍至城北二十里處與岳家軍相遇，兀朮知道這是一場惡戰，於是拿出他的王牌軍「鐵塔兵」「拐子馬」。「鐵塔兵」是兀朮的侍衛親軍，由頭戴雙層鐵盔、身披重甲的三千多騎兵組成，正面衝鋒時，猶如一道鐵牆。「拐子馬」是左右兩翼配備的輕騎兵，共一．五萬名，常在戰鬥最激烈時突然出擊。大戰開始後，岳飛指揮經過專門訓練的步兵手持「麻紮刀」和大斧專砍馬腿，敵軍人仰馬翻，不得前進。從午後

收復陳州、鄭州、洛陽，進抵開封附近的朱仙鎮。

一一四一年
南宋與金簽訂稱臣、割地、納貢的屈辱性條約，此年為紹興十一年，故史稱「紹興和議」。

一一四二年

直戰至天黑，金軍大敗。接著，岳飛在郾城附近連戰連捷，在潁昌（今河南許昌）殺退兀朮的十萬步兵和三萬騎兵。金軍全線崩潰，副帥斃命，兀朮敗逃。岳飛上書高宗請求乘勝追擊，並親率岳家軍進抵朱仙鎮（今河南開封西南），與義軍配合，將兀朮圍困在汴京。兀朮自起兵南侵以來從未遭此大敗，遂哀歎道：「撼山易，撼岳家軍難。」岳飛發出「直搗黃龍府，與諸君痛飲」的誓言，隨時準備渡過黃河，收復河北。中原地區金人大為震恐，打算收兵北逃。

宋高宗得了他父親徽宗的遺傳，天生是個軟骨頭，從不以天下國家為念，能夠偏居南方做上個小皇帝是他最大的心願。而秦檜受過金人的奴化教育，專門幫高宗出投降稱臣的壞主意。不管形勢對自己多麼有利，他們都決意要停止對金人的反攻。高宗接連發出十二道金牌，強令岳飛退兵。「十年之功，廢於一旦！」岳飛涕淚交流，痛心疾首，但君命不可違，他只好將軍隊撤退到鄂州，中原之地得而復失。

為了表示對金人稱臣的誠意，高宗居然下令解除了岳飛、韓世忠等大將的兵權。這時兀朮在淮西連敗於宋軍，意識到對宋作戰難以取勝，於是表示願意與宋議和，但議和的條件是先殺死岳飛。高宗怕岳飛功高震主，威脅自己的皇位；秦檜怕岳飛兵權在握，打亂他的投降夢，影響他專權賣國。兩人狼狽為奸，不謀而合，於是下令將岳飛父子及部將張憲全都逮捕下獄。不久他們便簽訂了喪權賣國的「紹興和議」。紹興十一年十二月二十九日，一代名將死於高宗與秦檜兩個賣國賊之手。

岳飛死後，他的五個兒子除岳霖被人收養外，其餘

岳飛墓

在秦檜的策劃下，岳飛以「莫須有」的罪名被殺害。

一一六一年
金主完顏亮大舉南侵。

一一六二年
六月，高宗禪位於孝宗。十月，岳飛冤獄平反。

或被充軍嶺南，或逃往湖廣。其下屬也被株連罷免或處死。直至高宗死後，孝宗為鼓士氣，平民憤，才追復岳飛官職，將其遺骸遷葬於西湖棲霞嶺下。寧宗時，追封岳飛為「鄂王」，立岳王廟。後來人們在杭州岳飛墓前鑄造了秦檜夫婦等四個鐵像，雙手反綁，跪向岳墳。

據說清朝乾隆壬申科狀元秦大士與袁枚一起遊岳王廟，在岳王墳前聯句，袁聯為「人從宋後少名檜」，秦對曰「我到墳前愧姓秦」，足以說明人們對秦檜之痛恨。不過如果秦檜在地獄中有知的話，他也許會叫屈，說高宗趙構才是殺害岳飛的主謀！

相關連結

紹興和議

南宋初年，金兵多次南侵，均未能取勝。宋高宗害怕激怒金人，也害怕抗金將領權大而威脅他的統治，於是起用既善講和投降、又會枉殺忠臣良將的秦檜任宰相，不久解除了韓世忠、岳飛等大將的兵權，掃除對金乞和的障礙。紹興十一年（一一四一），雙方達成和約：宋向金稱臣，金冊封趙構為皇帝，世世代代，遵守臣節；劃定疆界，東以淮河中流為界，西以大散關（今陝西寶雞西南）為界，以南屬宋，以北屬金；宋每年向金納貢銀二十五萬兩、絹二十五萬匹，自紹興十二年開始，每年春季搬送至泗州交納。這個屈辱性的和約被稱為「紹興和議」，它確定了宋金之間政治上的不平等關係，形成了南北對峙的局面。

陸游臨終留詩

陸游是南宋著名的詩人，又是一位堅定的愛國者和主戰派。他出身於官宦家庭，受父親陸宰愛國思想和民族氣節的影響，很早就立下「上馬擊狂胡，下馬草軍書」的雄心壯志。紹興二十三年（一一五三），陸游赴南宋首都臨安（今杭州）應試，名列第一，因名次居於秦檜孫子秦塤之前，又因他不忘國恥，「喜論恢復」，複試時竟被除名。秦檜死後，他才被授予福州寧德縣主簿。宋孝宗即位後特意召見他，並賜他進士出身，升任樞密院編修。

宋孝宗很想做一番恢復中原的大事業。隆興元年（一一六三），張浚出兵北伐，請朝廷發布詔書鼓舞士氣，這份詔書便是陸游起草的。張浚缺乏指揮才能，手下大將不和，北伐旋即失敗，張浚被排擠出朝廷，陸游也罷官回山陰老家去了。

差不多過了十年，負責川陝一帶軍事防禦的將領王炎聽說陸游的名聲，把他請到漢中做幕僚。陸游提出恢復中原一定要先收復長安，要王炎在漢中積蓄軍糧，訓練隊伍，做好準備，伺機進攻。但是，當時中央政府主和，川陝一帶將領大多驕橫腐敗，王炎對他們難以約束控制，於是陸游的計畫全落空了。

不久，陸游又到了成都，在安撫使范成大部下當參議官。他常常與范推杯換盞，對飲賦詩，抒發愛國之情。有人說他與上司對坐飲酒，漫無禮法。陸游聽說後，索性給自己起了「放翁」的別號。

寧宗即位後，韓侂冑發起大規模北伐，這使陸游十分興奮。他將恢復的希望寄託於此舉，所以表示全力支持。韓侂冑被殺後，史彌遠當政，陸游因接受韓侂冑的請求，寫過〈南園閱古泉記〉，因而受到不少人的攻擊，處境格外艱難。

一一六四年

南宋與金再度簽訂和議，因當年乃隆興二年，故史稱「隆興和議」。

一一九七年

外戚韓侂冑專權弄政，以道學為偽學、偽黨，指趙汝愚為罪首。朱熹亦受牽連。此事發生於寧宗慶元年間，故史稱「慶元黨禁」，五年後弛黨禁。

一二〇六年

寧宗追論秦檜議和誤國之罪，削其王爵。韓侂冑為立功自固，倉促北伐，結果全線潰敗，史稱「開禧北伐」。

陸游渴望收復失地、統一祖國的強烈願望始終無法實現，他只有用詩歌表達對祖國的熱愛和對民族的憂慮。他一生辛勤創作，一共留下了九千多首詩。在我國歷代詩人中，他的作品是最豐富的。

嘉定三年（一二一〇），八十六歲的陸游病重。臨終的時候，他念念不忘恢復中原，把兒孫們叫到床邊，吟誦了最後一首感人肺腑的〈示兒〉詩：「死去原知萬事空，但悲不見九州同。王師北定中原日，家祭無忘告乃翁。」然後便與世長辭。令人遺憾的是，六、七十年之後，「九州同」的局面倒是出現了，但「定中原」的不是南宋王師，而是蒙古人的鐵騎。

相關連結

開禧北伐

宋寧宗時，金朝國勢已趨衰落，軍事實力有所減弱，於是南宋朝野上下，北伐之議紛起。當時韓侂胄任宰相，掌握大權，力主抗金，以鞏固自己的政治地位。辛棄疾、陸游、葉適等抗戰派早有北伐之議，故表支持。開禧二年（一二〇六），韓侂胄未做充分準備，便貿然發兵，分路北進。金軍早有防備，剛一開戰，各路兵馬便紛紛潰敗，金人乘勢反攻，分路南下，進逼長江北岸。北伐受挫後，韓侂胄轉而向金朝求和，但金人提出懲治首謀，故議和未成。次年，禮部侍郎史彌遠等與楊皇后、楊次山等勾結，將一批抗金將領相繼逐出朝廷，殺韓侂胄，將其首級獻於金人，雙方罷兵議和。

一二〇八年

史彌遠任右丞相，南宋與金簽訂「嘉定和議」，繼續向金輸絹納幣。此後史彌遠專政達二十六年，政治腐敗，國勢日危。

文天祥起兵抗元

西元一二七八年底，文天祥在海豐北五坡嶺遭突然襲擊，兵敗被元軍所俘，囚於珠江口的零丁洋中。元軍統帥張弘範前來勸降，軟硬兼施，屢屢催逼，文天祥拿出〈過零丁洋〉詩交給他看，詩的末句是「人生自古誰無死，留取丹心照汗青」。意思是說，自古以來有誰能夠長生不死？我要留下一片愛國的丹心光照於史冊。張弘範本宋將之降元者，見此詩後，羞愧難當，再也不敢前來相勸。

文天祥字宋瑞，號文山，吉州廬陵（今江西吉安）人，十八歲時獲廬陵鄉試第一名，二十歲入吉州白鷺洲書院讀書，同年被吉州舉為貢士，隨父前往臨安應試。殿試時，作「御試策」切中時弊，提出改革方案，表述政治抱負，被主考官譽為「忠君愛國之心堅如鐵石」，由理宗皇帝親自定為狀元。

宋開慶元年（一二五九），蒙古軍兩路攻宋，蒙哥率西路軍入川。忽必烈率東路軍，越長江天險與自雲南北上潭州（今長沙）的另一支蒙古軍合圍鄂州（今武昌）。京師朝野震驚，宦官董宋臣提請避兵遷都四明（今寧波），以便理宗隨時逃往海上。文天祥上書直言：「陛下為中國主，則當守中國；為百姓父母，則當衛百姓。」請斬董宋臣以安人心。後蒙哥病死，忽必烈欲北歸爭奪汗位，

文天祥像

一二七六年
元軍攻陷臨安，謝太后率恭帝投降，被俘北去。南宋皇族南逃。

一二七八年
文天祥被俘，三年後英勇就義。

同意議和。南宋派右丞相賈似道負責議和事宜，賈似道私下對蒙古叩頭稱臣，蒙古撤軍。賈似道返回後欺瞞朝廷，說各路大捷，被加封衛國公，大權獨攬。不久度宗即位，耽於酒色，賈似道欺上瞞下，國事益亂。文天祥上疏無人理睬，只被派一閒差。

忽必烈建立元朝後，發二十萬大軍水陸並進，直取臨安。南宋政權一片混亂，度宗死，年僅四歲的趙㬎即位，為恭帝。謝太后臨朝，要各地起兵「勤王」。任贛州（今江西贛州）知州的文天祥散盡家資招兵買馬，數月內組織義軍三萬人，幾經阻撓入衛臨安。不久又出任平江（今江蘇吳縣）知府，奉命馳援常州。這年冬天，文天祥奉命增援臨安門戶獨松關，未到目的地，關已失守。於是急返臨安，準備死戰，卻見滿朝文武紛紛棄官而逃，文班官員僅剩數人。

德祐二年（一二七六）正月，謝太后執意投降，丞相陳宜中連夜遁逃，文天祥被任為右丞相兼樞密使，出使議和。談判中，文天祥不畏元軍武力，痛斥伯顏，慨然表示要抗戰到底，遂被扣留，又被押乘船北上，文天祥初以絕食抗議，後在鎮江虎口脫險。由於元軍施反間計，誣說文天祥已降元，因而文天祥屢遭猜疑戒備，顛沛流離，兩個月方輾轉抵溫州。這時，朝廷已奉表投降，恭帝被押往大都（今北京），陸秀夫等擁立七歲的宋端宗趙昰在福州即位。文天祥奉詔入福州，任樞密使，都督諸路軍馬，往南劍州（今福建南平）建立督府，派人赴各地募兵籌餉，號召各地起兵殺敵。秋天，元軍攻入福建，端宗逃往海上，在廣東一帶乘船漂泊。

次年，文天祥率軍移駐龍巖、梅州（今廣東梅縣），挺進江西。在雩都（今江西南部）大敗元軍，攻取興國，收復贛州十縣、吉州四縣，人心大振，江西各地響應。元軍主力來攻，文天祥寡不敵眾率軍北撤，敗退廬陵、河州（今福建長汀），損失慘重，妻子兒女也被元軍擄走。

次年春末，端宗病死，陸秀夫等再擁立六歲的趙昺為帝，朝廷遷至距廣東新會縣五十多里海中的厓山，加封文天祥為信國公。冬天，文天祥率軍進駐潮州潮陽縣，欲憑山海之險屯糧招兵，尋機再起。元軍水陸並進，發起猛攻，文天祥遭張弘範偷襲被俘。

文天祥被押解到大都，安排到接待投降者的「會同館」中，有華貴的住房，有佳餚美酒。接著留夢炎來勸降了，此人也是南宋狀元，官至丞相，臨安危急時棄官逃走，降元後任禮部尚書。

一二七九年
元軍攻厓山（今屬廣東新會），張世傑力戰兵潰，陸秀夫負宋帝趙昺投海而死，南宋亡。

文天祥厲聲斥罵，留夢炎窘然退下。元人知道一般人難以勸降他，於是把南宋亡國之君九歲的趙㬎派了來，沒等他開口，文天祥連說幾聲「聖駕請回」，把他擋了回去。元朝專橫跋扈的阿合馬想逼文天祥就範，但除了暴跳如雷之外，也毫無辦法。

一個月後，文天祥被帶到樞密院，見元丞相孛羅。文天祥泰然自若，拒不跪下，元朝吏卒拳腳相加，文天祥拚死坐在地下，始終沒有屈服。

元統治者將他投入惡牢，囚禁折磨達三年之久。他已降元的弟弟來獄中探望，給他帶來正在元宮中充當女僕的被俘妻女的信。文天祥經受了前所未有的精神壓力，在親情和忠義二者之間，他選擇了後者。

忽必烈親自勸降，得到的回答是「一死之外，無可為者」。至元十九年十二月初九日（一二八三年一月九日），文天祥從容就義，時年四十七歲。

相關連結

南宋滅亡

宋蒙聯合滅掉金朝後，蒙古軍一面大舉西征，一面對宋發起了全面進攻。雙方經過近四十年的大戰。德祐元年（一二七五）三月，元軍攻入建康，而後分兵三路向臨安進軍。十二月中旬進圍臨安。宋廷許以稱侄納幣，求為小國，元軍概不接受。次年正月，皇太后帶領宋恭帝奉上傳國玉璽，出城投降，被俘北去。陸秀夫、文天祥等擁立益王趙昰福州稱帝，改元景炎，堅持在今福建、廣東一帶繼續抗元。六月，元軍大舉來攻，廣州等城市相繼陷落。十一月，趙昰由張世傑、陸秀夫護衛，逃往澳門、廣州附近海中，因驚嚇過度患病死亡。張、陸又擁立衛王趙昺為帝，改元祥興，後遷往今廣東新會一帶海中的厓山。元軍數路並進，宋軍戰敗，文天祥兵敗海豐被俘。祥興二年（一二七九）二月，陸秀夫看大勢已去，背負八歲的小皇帝趙昺投海而死，張世傑等人遭遇颶風，船翻溺水而死，南宋滅亡。

陸秀夫負帝投海圖

元朝

成吉思汗像

元朝（一二〇六—一三六八）是蒙古族建立的全國性統一政權，在中國封建社會歷史上具有重要的地位。它結束了五代以來數百年的分裂割據和南北對峙局面，實現了全國大統一，為明清時期的長期統一奠定了基礎。它是我國歷史上第一個少數民族建立的全國性統一政權，推動了全國範圍內的民族交流與民族融合；它疆域廣大，與西部、北部邊疆各族在政治、經濟、文化等方面聯繫密切，使邊疆得到有效開發。當然，由於元朝統治者在政治、經濟方面推行了不少落後政策，阻礙了社會的正常發展，導致階級矛盾和民族矛盾尖銳，最終引發了農民大起義，元朝政權被推翻。自成吉思汗建立蒙古汗國，到元順帝撤出大都，習慣上通稱作元朝。

元　劉貫道《元世祖出獵圖》

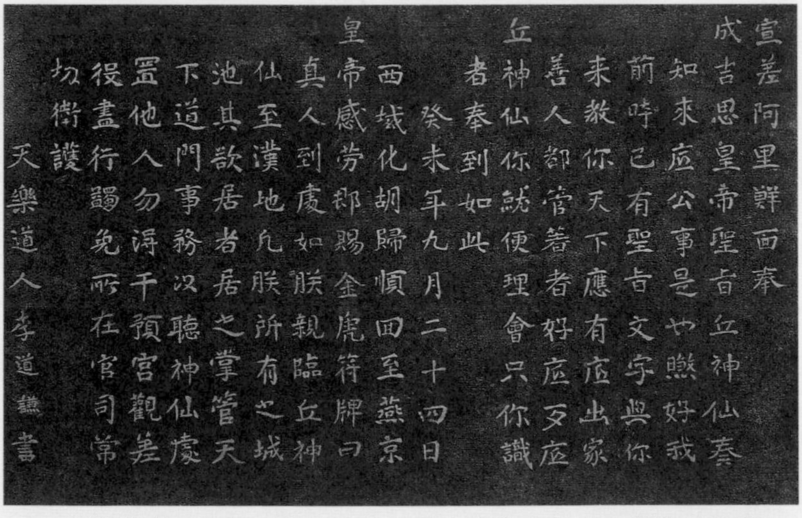

宣差阿里鮮面奉
成吉思皇帝聖旨丘神仙奏
知來底公事是也煞好我
前時已有聖旨文字與你
來教你天下應有底出家
善人都管著者好底歹底
丘神仙你就便理會只你識
者奉到如此
癸未年九月二十四日
西域化胡歸順回至燕京
皇帝感勞即賜金虎符牌曰
真人到處如朕親臨丘神
仙至漢地凡朕所有之城
池其欲居者居之掌管天
下道門事務以聽神仙處
置他人勿得干預宮觀差
役盡行蠲免所在官司常
切衛護
天樂道人李道謙書

成吉思汗聖旨碑（碑文內容為成吉思汗派使者傳達旨意，命令丘處機掌管中原地區的道教事務）

鐵木真統一蒙古

唐代我國北方的室韋部落中，有一個部族居住在建河（今額爾古納河）的東邊，被稱作「蒙兀室韋」，他們是蒙古族的直系祖先。後來遷移到斡難河（今外蒙古鄂嫩河）上游地區，到宋代，往往和其他部族一起被稱為韃靼，有時也譯作萌古、朦骨、萌古斯或蒙古。十二世紀時，蒙古族中乞顏—孛兒只斤家族力量最為強大，被稱為「黃金家族」。一一六二年，這個家族的領袖也速該與塔塔兒部激戰，俘獲了塔塔爾部首領鐵木真兀格，大勝而歸。當他剛剛走進家門的時候，他的兒子呱呱墜地了。也速該十分高興，於是給剛剛出生的兒子取名叫「鐵木真」。

一一七〇年，也速該誤食了塔塔兒人下了毒的食物，不久死去。也速該的遺孀月倫領著九歲的鐵木真和他的幾個弟弟，幾度遷徙，歷盡艱險，厄運連連。少年時期的艱險經歷，使鐵木真養成了堅毅勇敢的性格。

成吉思汗像

忽都剌汗死後，蒙古部眾大都在札木合控制之下，鐵木真也投靠了札木合，隨他游牧。但鐵木真不斷招買人馬，擴大自己的力量。一一八九年，乞顏部貴族推舉鐵木真為可汗。札木合不想讓乞顏部壯大起來，於是率領十三個部族進攻乞顏部。鐵木真兵分十三翼迎戰，因實力不敵而敗退。戰後，很多部族不堪忍受札木合的殘暴，轉而投靠了鐵木真，鐵木真的隊伍反而壯大起來。

一一九六年，鐵木真和克烈部脫里汗出兵助金，

一二〇六年

蒙古各部推鐵木真為成吉思汗，建立蒙古汗國。

一二一九年

成吉思汗率軍西征，進攻中亞，後越過高加索山，進入頓河流域，打敗突厥與俄羅斯聯軍。

在斡里札河（今外蒙古東方省烏勒吉河）打敗了塔塔兒部。金朝授予鐵木真以察兀忽魯（部族長官）官職，封脫里汗為王（脫里從此稱王罕）。鐵木真與王罕聯兵攻打乃蠻部，王罕見敵勢盛，不告而退，把鐵木真留在乃蠻兵鋒之下。鐵木真發覺後，迅速撤兵，反而把王罕暴露在敵前。王罕大敗。鐵木真怕王罕部眾被乃蠻吞併，對自己不利，於是派兵援救王罕，擊退乃蠻。一二〇一年以後，鐵木真和王罕聯兵，打敗札木合聯盟（塔塔兒、乃蠻等部落聯盟），札木合投降王罕；消滅了四部塔塔兒，占領了呼倫貝爾草原。一二〇三年，王罕對鐵木真發起突然襲擊，鐵木真敗退到哈勒哈河以北。不久，鐵木真乘王汗不備，奇襲王汗牙帳，滅亡了克烈部。同年，汪古部歸附鐵木真。一二〇四年，鐵木真消滅了乃蠻太陽汗，成為蒙古草原勢力最大的統治者。

一二〇六年，鐵木真在斡難河源召開忽里台（大會），即蒙古國大汗位。鐵木真知道，海洋比草原更加廣闊，於是號「成吉思（海洋）汗」，說明自己具有像海洋那樣廣闊無比的權力，也反映出他君臨海內的雄心。

蒙古國建立後，成吉思汗打破部落氏族結構，建立起千戶、百戶制度。把蒙古牧民劃分九十五個千戶。千戶下設百戶、十戶。千戶那顏都是成吉思汗的封臣，其屬下牧民對那顏有人身隸屬關係，不能隨意離開千戶組織。成吉思汗把一部分千戶作為領民分給諸弟諸子，把怯薛（禁衛軍）擴充到一萬人，徵調千戶那顏、百戶長、十戶長的子弟充當怯薛，以此控制全國。設札魯忽赤掌管戶籍、詞訟等行政、司法事務。成吉思汗的汗廷已經由傳統的草原貴族斡魯朵發展成為軍事封建國家機構。不久，鄰近的吉利吉思、畏兀兒、哈剌魯等部都歸附了他。

一二一九年，成吉思汗率二十萬大軍西征，向中亞地區的花剌子模發動進攻。他幾路進兵，分割包圍了各戰略重鎮，各個擊破，所到之處，大肆屠殺，夷平城市，給中亞人民帶來沉重的災難。

成吉思汗曾六次大舉進攻西夏，最終滅亡了西夏。就在這一年，西元一二二七年八月二十五日，成吉思汗病死。臨終前，他要求子孫們聯宋滅金，開啟了蒙古人入主中原的歷史進程。

一二二六年
蒙古軍進攻西夏，次年成吉思汗病死，不久西夏滅亡。

一二三四年
蒙古軍滅金朝。宋、蒙戰爭開始。

一二五九年
蒙古軍圍合州釣魚城，蒙哥親自督戰，受傷而死。

一二六〇年
忽必烈即位於開平。

一二七一年
忽必烈建國號「大元」，都燕京，改其名為大都。

一二七四年
元軍進攻日本，遇大風退回。

相關連結

忽必烈建立元朝

成吉思汗死後，先是由他的幼子拖雷監國，後由他的第三子窩闊台繼承汗位，建都和林（今外蒙古哈爾和林）。窩闊台死後，其子貴由稱汗，不久汗位歸於拖雷之子蒙哥之手。蒙哥侵宋時戰死，其弟忽必烈奪得汗位，於一二六〇年三月在開平稱汗。此前，蒙古一直用族名作為國名，稱大蒙古國。隨著征宋戰爭的順利進行，蒙古人逐步效法中原地區漢族統治方式，建立國家政權，至元八年（一二七一）十一月，忽必烈根據劉秉忠、王鶚等儒臣的建議，取《易經》「大哉乾元」的意思，正式建國號為「大元」。次年二月，將中都（燕京，即今北京市）改稱大都，正式定為元朝都城。

忽必烈像

「治天下匠」耶律楚材

一一九〇年，在金朝為官的遼太祖阿保機的八世孫耶律履生了個兒子，這年他已經六十歲了。老來得子，自然是件高興的事了，但眼看著金朝就要被蒙古人所滅，他又生出許多感慨來，歎了口氣對人說：「這孩子是我們家的千里駒啊，將來必成了不起的人物，只可惜要為異國所用了。」他借用《左傳》中「楚雖有才，晉實用之」的典故，為孩子取名耶律楚材。

耶律楚材三歲的時候，父親死了，母親把他撫養成人。他博覽群書，旁通天文、地理、律曆、術數及佛家道家、醫學占卜等學問，是一個難得的人才。

蒙古大軍壓境，金宣宗被迫遷都，耶律楚材留守燕京，任左右司員外郎。一二一五年，元軍攻破燕京，楚材無路可走，只好到報恩寺避難。成吉思汗想利用契丹人對金的復仇情緒，打擊金朝殘餘勢力，所以攻占中都以後，四處求訪契丹宗室。當成吉思汗聽說耶律楚材的名聲後，馬上把他召至漠北，說要授予他官職，為他報亡國之仇，希望他為蒙古效勞。耶律楚材回答說：「我的祖父和父親都在金朝做官，報仇之說從何談起？」成吉思汗讚賞他的直率，把他留在身邊，並親切地稱他「吾圖撒合理」（長髯人）。

耶律楚材經常向成吉思汗講述天文、地理知識，診治疾病，很得成吉思汗信任。成吉思汗每次出征，都要帶上他。成吉思汗手下有個製弓匠，驕傲蠻橫，經常說：「國家需要的是兵將，像耶律楚材這樣的文人有什麼用？」耶律楚材反駁說：「治弓尚且需請弓匠，治天下哪能不用治天下的人才？」成吉思汗聽說後，越發尊重他。

窩闊台汗即位後，耶律楚材倡立朝儀，勸親王察合台等人行君臣禮，以尊汗權，從此更受重用。為使新征服的中原地區有法可循，他制定「便宜一十八事」，設立州郡長官，使軍民分治；

一二三一年

耶律楚材任蒙古國掌漢文字的必闍赤長（中書令），制定制度，推行漢法。

一二六七年

蒙古人開始營建中都燕京（今北京市）。

■營建大都

至元元年（一二六四），元改燕京為中都。四年，開始在金中都舊城東北修建新城。五年十月，宮城成。八年，開始修築宮殿。九年二月，改中都為大都，其後宮殿陸續建成。大都城周長約為兩萬八千六百公尺，坐北制定初步法令，反對改漢地為牧場；建立賦稅制度，設置燕京等處十路徵收課稅所。窩闊台汗三年（一二三一），他出任中書令（宰相）。此後，他大力提倡文治，逐步實施「以儒治國」的方案，定制度、議禮樂、立宗廟、建宮室、創學校、設科舉、拔隱逸、訪遺老、舉賢良、勸農桑、抑遊惰、省刑罰、薄賦斂、尚名節、斥縱橫、去冗員、黜酷吏、崇孝悌、賑困窮。在他的勸說下，窩闊台廢除了屠城舊制，成千上萬的人因此而免於被殺。耶律楚材殫精竭慮，在政治、經濟、文化各方面創舉頗多，使新興的蒙古貴族逐漸放棄了落後的游牧生活方式，採用漢族以儒教為中心的傳統思想和制度來治理中原，使先進的中原農業文明得以保存和繼續發展，為以後忽必烈建立元朝奠定了基礎。

耶律楚材在成吉思汗、窩闊台汗兩朝任事近三十年，多有襄助之功。後來脫列哥那稱制時，因屢次彈劾皇后寵信的佞臣奧都剌合蠻，楚材漸被排擠，一二四四年五月十四日悲憤而死。消息傳出，舉國悲哀，國中數日不聞樂聲。許多蒙古人都哭了，如同失去了自己的親人；漢族士大夫更是流著眼淚憑弔這位功勳卓著的契丹政治家。元世祖中統二年（一二六一），忽必烈遵耶律楚材的遺願，將他的遺骸移葬於故鄉玉泉以東的甕山，即今北京頤和園的萬壽山。卒後追封廣寧王，諡號文正。

相關連結

推行漢法

蒙古族是個游牧民族，政治經濟文化相對落後，他們向中原拓進以後，面臨著用什麼樣的辦法統治漢族居住區的問題。早在窩闊台在位的時候，耶律楚材就依照中原皇朝的傳統，制定君臣之禮，確立五戶絲制度（每五戶合繳絲一斤給受封者，另外，每兩戶出絲一斤作為國稅給政府），依照中原的法律原則提出了「便宜一十八事」作為臨時法律。組織儒生參加

朝南呈矩形，共有十一座城門，城內規劃井井有條，宮城內主要建築物以麗正門、承天門為中軸對稱排列。大都人口眾多，交通發達，商業繁榮，是當時世界上著名的都城之一。

考試，通過者為儒戶，有的則選為議事官。在燕京設置編修所、在平陽設置經籍所，編印儒學典籍，為太子及大臣子弟講授經義。滅金入主中原以後，忽必烈總結父祖輩所行政策的利弊，大力推行漢法。他下達命令，停止掠殺政策，保護漢族民眾的耕地。把蒙古貴族奪取漢族良田後設立的牧場重新還作農田，用租佃的方式招募農民耕種，或退還給農民。設立司農司、營田司，專門負責農業生產和興修水利，使蒙古貴族最終放棄了在中原地區推行落後的游牧經濟和剝削方式的企圖。同時廢除原來的裂土分封制度，改為賜田制，使蒙古貴族變成一般地方富家，政治權力大大削弱，加強了中央集權。

吐蕃歸附

西元一二四四年，從青藏高原上走來一夥人，老的年逾花甲，小的不過十來歲，風餐露宿，跋山涉水，穿過茫茫草原，越過荒無人煙的戈壁，歷經兩年，到達了涼州（今甘肅武威）。這個老人是吐蕃薩斯迦派首領薩斯迦班智達（薩班），小孩是他的侄子八思巴。他們是來商議西藏歸順蒙古的重要事情。

唐代後期，吐蕃發生分裂，後來宗教勢力和政治集團結合，形成了噶丹派、噶舉派、薩斯迦派、伯木古魯派、搽八里派等，它們各據一方，互相征伐，持續了四百多年。

早在窩闊台進攻南宋四川的時候，蒙古軍就進入了吐蕃東北部地區，征服了一些部落。一二四〇年，朵兒達率軍進入烏思藏，不久退回，他向窩闊台的兒子闊端報告了烏思藏的情況，建議任命宗教首領管理其地。四年之後，闊端再遣朵兒達入藏，召請最有影響的宗教首領之一薩斯迦派首領薩班。於是薩班攜侄子八思巴等人來到涼州。這時，闊端正在和林參加貴由即位大典，次年回到涼州，遂與薩班議定歸附條款。薩班書寫了〈薩迦班智達致蕃人書〉，送達吐蕃各地僧俗首領，宣揚蒙古軍威和對歸降者的優待政策，並傳達闊端指令：吐蕃各地世俗首領官仍原職；任命薩斯迦首領為達魯花赤（蒙古管理軍民事務的高級行政官職），賜金、銀符；各地編出籍冊，開列官員姓名、俗眾人數和貢賦定額，由朝廷遣官與薩斯迦官員共同徵收國賦。協議簽訂後，薩班等人繼續留居涼州。一二五一年，薩班病死。

在薩斯迦派的帶動下，烏思、藏、納里諸地歸附了蒙古。其他地方仍散布著不少未降服的部落，因此蒙古繼續出兵征服。一二五二年秋，忽必烈南征大

八思巴像

一二八三年
是年前後，行省演變為地方最高行政機構。

理，取道於今四川西部的吐蕃之地，渡過大渡河，直抵金沙江，收服了這一帶的許多吐蕃部落。其後，蒙古軍不斷進兵朵思麻、朵甘思地區，先後把這一帶零星部落收歸治下。

忽必烈出征大理的時候，駐兵六盤山，蒙古軍護送八思巴謁見忽必烈。八思巴知識淵博，佛法造詣很深，深受忽必烈的喜愛，於是厚加賞賜，將他留在藩邸。忽必烈及諸妃、王子二十人接受八思巴密法灌頂。後來忽必烈頒布藏文詔書，肯定八思巴宗教上師的地位，重申自己皈依佛法。蒙古承認並支持薩迦派在吐蕃的領袖地位並以佛教為國教，而薩迦派則承認蒙古對吐蕃的統治並接受蒙古的管轄。吐蕃的其他教派勢力，也相繼向蒙古統治者表示忠誠，以取得蒙古朝廷的支持。

忽必烈建立元朝後，在中央設置宣政院（初名總制院），掌握全國佛教事務及吐蕃地區軍政，以薩迦教派領袖八思巴為帝師（初名國師），兼領宣政院事。這一方面正式確立了八思巴宗教領袖的地位，另一方面說明西藏已經成為元朝領土的一部分。在藏族聚集的地區，元朝設立了宣慰使司都元帥府，處理和管轄今西藏地區的軍政事務。宣慰使司下轄管理民政的萬戶府、千戶所。一二六八年、一二八七年和一三三四年，元朝三次派官員到西藏清查戶口，在那裡設立了十五個驛站。

元朝時期，西藏地區成為中央政府直接管理的行政區域，正式納入了中國的版圖。

相關連結

設立行省

元世祖即位後，在中央設中書省，領六部，總理全國政務。在地方設十路宣撫司。宣撫司沒有處理軍務之權，難以應付民變、叛亂及社會治安方面的突發事件，於是改置行中書省，作為中央政府的派出機構，簡稱行省。行省設丞相一人、平章二人，凡錢糧、兵甲、屯種、漕運等地方軍政大事，無不統領。至元二十年（一二八三）前後，行省演變成了地方最高行政機構。比較穩定的行省有十個，即嶺北、遼陽、河南、陝西、四川、甘肅、雲南、江浙、江西、湖廣等。行省下設路，路之下設府，府之下設州、縣。路、府、州、縣除按常規設置總管、知府、知州、知縣外，還設置由蒙古人或色目人擔任的達魯花赤（意為「鎮民官」「親民官」），掌管並監察地方行政。除此之外，河北、山東、山西離京城較近，直屬中書省管轄，稱作「腹裡」（中央直轄區）。吐蕃地區直屬宣政院統轄，不置行省。這樣，元朝本土劃分為十二個一級政區，即腹裡、十行省及吐蕃宣政院轄區。明朝建立後，罷行省，改為承宣布政使司，但習慣上仍稱行省，或簡稱省。如今省的建制大致淵源於此。

馬可·波羅東遊

一二六〇年，尼古拉·波羅和瑪竇·波羅兄弟二人到東方做生意，無意中遇到了元朝的使節，於是跟隨他們一起來到了中國。忽必烈接見了波羅兄弟，向他們詳細詢問了歐洲的情況，臨行時讓他們帶去寫給羅馬教皇的信。一二六九年，兄弟二人回到了威尼斯。

尼古拉·波羅有個可愛的兒子，名叫馬可·波羅。他回到威尼斯那年，小波羅已經是十五歲的少年了。波羅兄弟經常講起有關中國的見聞，說得眉飛色舞，津津有味，好些都是西方人前所未聞的內容。小波羅聽得簡直入了迷，整天纏著父親帶他到中國去看看。

馬可·波羅東行圖

又過了兩年，馬可·波羅十七歲了，波羅兄弟決定帶他到東方去。教皇聽說這個消息後，特地派了兩名傳教士隨同他們去中國。剛走到小亞細亞，兩個傳教士受不了旅途的艱辛，不想前行。後來又聽說沿途經常發生戰爭，便把公文和禮品交給了波羅父子，打道回府了。波羅父子三人一路風餐露宿，沿著古老的絲綢之路，穿越波斯全境，走過杳無人煙的中亞沙漠，翻越冰天雪地的帕米爾高原，終於到了美麗繁華的喀什，在那裡稍作休整，又繼續前進了。大概用了一個多月的時間，他們來到了荒無人煙的羅布泊，過了塔克拉瑪干沙漠，到達了沙州（今甘肅敦煌），瞻仰了舉世聞名的佛教雕像，再到玉門關，看到了令人震驚的萬里長城。他們在河西走廊停留了大概一年的時間，然後折向東北方，沿著黃河，穿越廣闊的蒙古草原，到達了元朝的上都（今內

一二七五年

義大利人馬可·波羅來到元上都，受到忽必烈的接見，後在元朝任官達十七年。

一二八〇年

郭守敬編成《授時曆》，測定一年為三六五·二四二五天。

蒙古多倫)。這時，他們離開家鄉已經四個寒暑，小波羅已經是二十多歲的英俊青年了。

忽必烈又一次隆重地接待了他們。見到馬可·波羅活潑聰明、舉止文雅，忽必烈把他留在身邊當了侍從。

馬可·波羅很快學會了中國的語言，熟悉了中國的禮儀、風俗。忽必烈常派他到各地辦理公務。他走遍了中國的山山水水，經由河北、山西，越過黃河後進入關中，然後達到四川，經西藏抵雲南到達緬甸等東南亞國家。後來，他又沿京杭大運河南下，經過河北、山東的許多城市，到了揚州、南京、蘇州、杭州及福州、泉州等地。馬可·波羅每到一處，都滿懷好奇地觀看詢問，考察風俗人情。除在京城供職、外出遊歷之外，他還曾在揚州做過三年地方官。

十七個年頭過去了，馬可·波羅越來越思念自己的家鄉。恰好這時候，伊爾汗國國王派使者至大都求親，元世祖把皇族女子闊闊真公主嫁給他做王妃。至元二十九年（一二九二）春天，馬可·波羅的父親、叔父受忽必烈的委託，護送公主西行。他們提出順便回國探親的請求，忽必烈同意他們帶馬可·波羅一起回鄉。

波羅父子帶著大汗致教皇、法蘭西及西班牙國王的信件，護送著公主，一行六百人登上大船，從福建泉州出發，在海上航行了兩年多時間，終於到達波斯。完成護送任務後，馬可·波羅等繼續西行，於一二九五年冬天回到了闊別已久的家鄉。這時，他們離開威尼斯已經二十多年，親友們從來沒有聽到過他們的消息，以為已經客死他鄉。看到他們穿著奇裝異服，帶回許多珍珠寶石，個個感到神奇。後來人們把馬可·波羅叫做「百萬家產的馬可」。

一二九六年，馬可·波羅參加了威尼斯與熱那亞的戰爭，不幸被俘。在獄中，他遇到了一個名叫露絲梯謙的作家，馬可·波羅講述東方見聞給他聽，他一一記錄下來，成書後取名《東方見聞錄》，後來改稱《馬可·波羅遊記》。一二九九年夏，馬可·波羅獲釋回鄉，於一三二四年去世。

《馬可·波羅遊記》激起了歐洲人對中國文明與財富的嚮往和傾慕，最終引發了新航路的開闢與新大陸的發現。

一二八一年
開濟州河，從濟州（今山東濟寧）至須城安民山（今山東梁山縣小安山）。

一二八九年
開會通河，由安山至臨清入御河（今衛運河）。

一二九二年
採納郭守敬的建議，開通惠河，由大都至通州。至此北京到杭州間的運河全線貫通。

一二九五年
馬可·波羅返回威尼斯。

南坡之變

至治三年（一三二三）八月初五日，元英宗自上都返回大都（今北京），當晚住在上都西南三十里的南坡店。夜深人靜的時候，隨行的大臣諸王等人突然發動政變，率兵闖入內幄，殺死英宗。歷史上稱這件事為南坡之變。是誰策劃了這場政變？他們為什麼要殺死英宗？

延祐七年（一三二〇）三月，元仁宗死去，他的兒子碩德八剌即位，是為英宗。這已是忽必烈之後元朝的第五代皇帝了。英宗自幼接受儒家文化教育，面對階級矛盾、民族矛盾尖銳的局面，很想改革政治，開創一番大事業。可是他即位後的第三天，太皇太后答己便出面干政，任命被仁宗罷免的貪贓枉法、恃勢暴虐的權臣鐵木迭兒出任右丞相，並陰謀廢立。隨後，他們又罷免、拘捕、殺害主張推行漢法的朝廷大臣，在朝中安插自己的親信，並公然要求英宗大規模更換朝臣。英宗一面安撫鐵木迭兒，加封他為開府儀同三司、上柱國、太師，下詔禁止官員說他的壞話；一面以先帝舊臣不宜輕動為由，拒絕更換朝臣。同時斷然採取強硬措施，以「謀廢立」的罪名殺死了太后和鐵木迭兒的幾個親信。四月，英宗提升功臣木華黎的後裔、有「蒙古儒者」之稱的拜住任左丞相，以限制鐵木迭兒的權力。

至治二年（一三二二）八月，鐵木迭兒死去。一個月以後，太皇太后答己也一命歸陰。政敵已去，英宗可以施展自己的抱負了。十月，他升任拜住為中書右丞相，宣布不再設左丞相，以示其尊榮。拜住協助英宗革除積弊，推行新政。新政的主要內容是起用漢族官僚及儒臣，裁汰冗官；減輕賦役，推行助役之法；頒行《大元通制》，限制蒙古、色目貴族的特權。

答己、鐵木迭兒死後，他們的餘黨勢力還很強大，對此英宗一直放不下心來。這一年十二月，他先以貪贓枉法罪處死鐵木迭兒之子、宣徽院使八思吉思，接著於次年下詔追奪鐵木迭兒官

一三二〇年
元英宗起用漢族官僚，進行政治經濟改革，史稱「英宗新政」。

一三二三年
御史大夫鐵失等發動南坡政變，英宗被殺。

一三四〇年
元順帝貶伯顏，任用脫脫為右丞相，廢伯顏舊制，進行了恢復科舉等多項改革。史稱「脫脫更化」。

爵，抄沒其家產，並要進一步追查懲治追隨鐵木迭兒禍亂朝政的人。鐵木迭兒的餘黨惶恐不安，他們以為，與其坐以待斃，不如拚死一博。鐵木迭兒的義子、御史大夫鐵失成了這幫人的首領，在他的周圍，很快集合起了一批反對新政的蒙古官僚及王公大臣。

至治三年（一三二三）八月初五日，英宗與拜住等人離開上都南返，走到南坡店時，天色已晚，於是住了下來。當天夜晚，鐵失令自己控制的衛兵值夜，並密告鐵木迭兒的兒子鎖南、知樞密院事也先帖木兒、大司農失禿兒及王公等，共十六人，當夜發動政變。探得英宗已經就寢入睡，他們率領兵士突入拜住帳中，拜住沒有任何防備，束手被殺。而後叛軍入英宗帳幄，殺了英宗。接著，鐵失等人迎立駐軍漠北的晉王也孫鐵木兒（忽必烈的長孫甘麻剌的長子）即位，是為泰定帝。泰定帝預先與鐵失等叛黨有過秘密往來，即位後大封參與政變之人。可叛亂者們剛剛過了一個月的好日子，泰定帝便大開殺戒，數月之內，鐵失等參與叛亂者全部被殺。

相關連結

元後期帝位之爭

泰定帝也孫鐵木兒在位五年，於致和元年（一三二八）死去之後，元朝中央的權力之爭愈演愈烈，五年之間換了五位皇帝。他的兒子阿速吉八（天順帝）在上都稱帝，元朝第三代皇帝武宗海山的兒子圖貼睦爾（文宗）則在大都稱帝，二人為爭奪皇位展開大戰，史稱「兩都之戰」。圖貼睦爾獲勝後，將皇位讓給了其兄和世，是為明宗。數月之後，文宗圖貼睦爾又將明宗毒死，復位稱帝。文宗對此一直感到不安，於至順三年（一三三二）臨死前詔立明宗長子為帝。文宗死後，因權臣阻撓，乃改立明宗次子、年僅七歲的懿璘質班為帝，是為寧宗。寧宗在位四十三天死去，在文宗皇后的干預下，妥懽帖睦爾（順帝）登上元朝末代皇帝的寶座。他利用權臣之間的矛盾，維持了三十多年的統治。

貧農皇帝朱元璋

至正十二年（一三五二）二月，郭子興等率農民起義軍攻克濠州（今安徽鳳陽），軍勢大振。一天，來了一個衣衫襤褸的小和尚，要求參加義軍。人們告訴郭子興，這小和尚是朱五四的兒子朱重八，聰明能幹，性格剛強，說不定以後會有出息。郭子興見他雖然面黃肌瘦，但身材高大，雙目炯炯有神，便收留了他，讓他做了自己的親兵，並給他取了個十分雅致的名字——朱元璋。

朱五四是個貧苦農民，以種地兼賣豆腐為生，後來家鄉鍾離（今安徽鳳陽東）瘟疫流行，朱五四和他的妻子、大兒子相繼死去，小兒子朱重八成了孤兒，生計斷絕，只好出家做了和尚。他在外雲遊化緣三四年時間，聽說家鄉來了起義軍，趕忙回來參加。

第二年，朱元璋回到家鄉，招募徐達、周德興等七百多人入伍，他也因此被提升為鎮撫。又過了一年，朱元璋見郭子興受制於人，於是帶領徐達、湯和等人向南發展，幾個月的時間，隊伍就發展到幾萬人。

至元十五年（一三五五）三月，郭子興病死。當時，紅巾軍首領劉福通已擁立韓山童的兒子韓林兒為帝，建國號宋，改元龍鳳。宋政權任命郭子興的兒子郭天敘為都元帥，郭子興的妻弟張天佑為右副元帥，朱元璋為左副元帥。志存高遠的朱元璋豈能受制於人，就領兵南進，得巢湖水師舟船上千艘。六月，朱元璋率軍渡過長江，攻下太平路（今安徽當塗），設太平興國翼元帥府，自任元帥。後來，郭天敘、張天佑攻集慶（今江蘇南京）失敗被殺，他們的軍隊全部歸附了朱元璋。

至元十六年二月，朱元璋於採石（今安徽馬鞍山東北）大敗元軍。三月攻下集慶，後取「上

一三五一年
劉福通在河北永年領導農民起義，起義軍頭裹紅巾，故稱紅巾軍。徐壽輝在蘄州起義，稱帝。

一三五二年
郭子興在濠州起義。

一三五三年
張士誠領導農民起義，攻占高郵。

一三五五年
郭子興死，朱元璋統率其部眾。

一三五六年
朱元璋攻破集慶（今南京市），改其名為應天

應天命」之意，將集慶改名為應天府，並向外拓展，相繼攻占鎮江、寧國、江陰、徽州、池州、揚州，逐漸開闢了以應天府為中心的根據地。

應該怎樣經營根據地，怎樣處理與其他軍事集團的關係？這是擺在朱元璋面前的頭等大事，但對這些問題，朱元璋並沒有明確的思路和決策。一天，有個叫鄧愈的人告訴他，徽州有個叫朱升的儒士，此人做過池州路儒學正，人稱楓林先生，隱居在家，這人學問淵博，見識高遠，可以向他詢問求教。朱元璋馬上趕到朱升的家，求問大計。朱升見朱元璋是個能成大事的人，向他進獻了三條對策，歸結為九個字，叫做「高築牆，廣積糧，緩稱王」。朱元璋大喜。他著手加強應天府的建設，健全政治機構；積極恢復和發展生產，分遣儒士赴所轄州縣勸課農桑，設置民兵萬戶府，廣泛開展屯田；接受韓林兒任命的東南等處行中書省平章的官職（兩年後升任行省左丞相），不急於獨樹一幟，不稱王稱帝。

經過幾年苦心經營，朱元璋的勢力繼續壯大，逐漸引起了其他軍事集團的警覺，西部的陳友諒、徐壽輝，東南部的張士誠、方國珍都想稱王稱霸，都把朱元璋當作勁敵。其中陳友諒野心最大，他挾持徐壽輝東下，一直攻到採石，殺徐壽輝，自立為帝，國號大漢，改元大義。他又派人約張士誠共同進攻朱元璋的根據地應天府。

面對來勢洶洶的敵人，應天府文官武將們都慌了神，有主張投降的，有提議逃跑的，當然也有人主張出兵迎擊。朱元璋乃一代梟雄，他自然不肯退縮逃跑，但怎麼才能克敵制勝，心裡也沒有把握。劉基向他獻策說，誘敵深入，險處設伏，以逸待勞，定能取勝。朱元璋依計而行。不久，陳友諒大軍來到應天府城外，朱元璋指揮將士從四面殺出，陳友諒大敗而逃。之後，朱元璋於江州（今江西九江）又一次大敗陳友諒軍，陳友諒沿江逃至武昌。

至正二十三年（一三六三），陳友諒趁朱元璋北上救援劉福通之機，趕製大船數百艘，領兵六十萬，順流而下，大有一舉消滅朱元璋的氣勢。後來雙方在鄱陽湖展開決戰。陳友諒一方是大船，朱元璋乘的是小船，雙方直接衝突，朱元璋吃了虧，差點被箭射中。後來，朱元璋採用部下的建議，採用火攻，命常遇春用漁船裝載蘆葦、火藥，當東北風吹起時，一同點著，衝向陳友諒

府，建立起政權。

一三六三年
朱元璋與陳友諒大戰於鄱陽湖，陳友諒戰死。

一三六七年
朱元璋部將徐達、常遇春率兵攻陷平江，俘張士誠。繼而統兵北征，次年兵臨大都，元順帝逃往上都（今內蒙古正藍旗東），元朝滅亡。

的大船。由於陳友諒的大船相互連在一起，無法掙脫。結果，火燒赤壁的悲慘一幕於千年之後再次上演。陳友諒的士兵幾乎全部被燒死或淹死。他帶領殘兵敗將逃走，但退路早已被堵住，無奈之下，只好冒死強突，身中流矢，倒地身亡。看來，陳友諒和身邊的謀士大概沒有讀過史書，否則，曹操兵敗赤壁的教訓怎麼會不知道呢？但曹操總算保住了性命，而陳友諒，兵沒了，命也沒了。

朱元璋打敗了陳友諒，搬走了前進道路上最大的一塊絆腳石，剩下的幾個割據勢力，對他的威脅就不大了。李善長、徐達等人都勸他稱王，朱元璋大概一直沒忘記朱升「緩稱王」的話，沒有答應。但大臣們每天都來勸他，朱元璋最後只好答應下來。至正二十四年（一三六四）正月，朱元璋稱吳王，建置百官，以李善長為右相國，徐達為左相國，常遇春、俞通海為平章政事，立長子朱標為世子。在隨後的幾年裡，朱元璋相繼滅掉了張士誠、方國珍等人，江南地區大部為其所有。

至正二十八年（一三六八）正月，朱元璋於應天府即皇帝位，國號大明，建元洪武。這年八月，徐達、常遇春率領的北伐大軍，占領元大都，元朝滅亡。

相關連結

紅巾軍大起義

元朝後期，官吏貪污，綱紀廢弛，民不聊生，自然災害頻繁，加劇了社會危機和政治動盪。至正十一年（一三五一），韓山童、劉福通利用政府組織治理黃河之機，發動以白蓮教徒為主的三千人在潁州（今安徽阜陽）潁上縣起義。韓山童是河北欒城人，其家世代傳習白蓮教，教徒遍布河南、江淮等地。劉福通是潁州人，韓山童之徒，也是白蓮教的重要首領。後來韓山童被捕殺，劉福通領兵繼續戰鬥，隊伍很快擴大到幾十萬人。起義軍以頭裹紅色頭巾作為標誌，所以稱作紅巾軍。不久，江北邳縣芝麻李、鳳陽郭子興率眾起義，自稱紅巾軍；江南蘄州（今湖北蘄春南）徐壽輝起兵，也稱紅巾軍。又有張士誠起兵於高郵，方國珍起兵於高岩（今屬浙江）。各地義軍風起雲湧，席捲大半個中國。在這些起義隊伍中，劉福通軍力量最強，至正十五年（一三五五），劉福通攻占了亳州，擁立韓山童的兒子韓林兒為小明王，國號大宋，劉福通為丞相。起義軍西入潼關，後為元軍所敗；東路入山東，克濟南後，直逼大都，後亦被元軍鎮壓；中路過太行山入山西，原擬北上攻取元上都，後亦戰敗。義軍元氣大喪。至正二十三年（一三六五），劉福通被張士誠攻殺。次年，朱元璋派人迎韓林兒於滁州，中途將其沉入江中淹死。幾年之間，朱元璋攻殺陳友諒，俘殺張士誠，降伏方國珍，並於至正二十七年（一三六七）派兵渡江北上，次年攻入元大都，元順帝北逃，元朝滅亡。

明朝

明憲宗元宵行樂圖（局部）

明朝（一三六八—一六四四）是我國封建社會後期一個十分重要的朝代。在這個時期，專制主義中央集權發展到登峰造極的地步，廢除丞相制度，利用軍事機構和特務機構加強對各級官員的督察，利用戶口土地登記制度和基層組織機構加強對人民的控制。明初實行有利於生產發展的政策，出現了經濟繁榮的景象，中葉以後，落後的生產關係與先進的生產力之間的矛盾十分凸出，有見識的政治家們通過改革經濟制度調整生產關係，緩和了政府的財政危機，促進了商品經濟的發展。在江南、東南沿海和運河沿岸，出現了商業繁榮的城鎮，商品經濟活躍起來，資本主義生產關係開始萌芽。與以前的朝代相比，明代的社會矛盾更加尖銳複雜，統治集團內部的皇位之爭、黨派之爭更為慘烈，階級之間的對抗也更為劇烈，許多地方發生抗糧抗租鬥爭，城市平民反礦監、稅使的鬥爭等，明末農民起義提出「均田免糧」的口號，已經直接觸及封建土地所有制。這些都反映了封建社會後期社會矛盾的多樣性和深刻性。

北京宮城圖

榜葛剌進麒麟圖

明太祖誅戮功臣

明朝建立之後，朱元璋大肆誅殺功臣，一般官員也會受到牽連，大獄一起，被殺者往往多達萬人。其中胡惟庸案被殺者三萬多人，藍玉案被殺者一．五萬人。在京官員無不提心吊膽，不少人每天早晨入朝前都要與妻兒告別，交代後事。如果晚上平安回家，親人們便歡天喜地，舉家慶賀。朱元璋為什麼要大肆殺戮功臣？我們先從胡惟庸案說起。

胡惟庸是安徽定遠人，李善長的親戚，龍鳳元年（一三五五）投奔朱元璋於和州（今安徽和縣），任帥府奏差。後歷任主簿、知縣、通判、僉事、太常寺卿等官職，洪武三年（一三七〇）任中書省參知政事，洪武六年升右丞相，進左丞相。胡惟庸擔任左丞相後，身居一人之下，萬人之上，有些忘乎所以了。他樹立黨羽，專政擅權，官員的生殺遷降，有時不上奏便施行；各部門官員寫給皇帝的奏疏，他一定要先過目，對自己不利的便留下來；接受各地賄賂的錢物不可勝數。朱元璋自然不會容忍他。

洪武十二年（一三七九）九月，占城（今越南）派人來朝貢，胡惟庸沒有上奏皇帝，後來宦官見到使者，才告訴了朱元璋。朱元璋揪住胡惟庸的小辮子，追究此事的責任。胡惟庸把責任推給了禮部，禮部又推給胡惟庸。朱元璋下令把與這一事件有關的官員都逮起來，嚴加審訊。胡惟庸知道自己的處境有些危險，於是便和吉安侯陸仲亨、平涼侯費聚、御史大夫陳寧、中丞涂節等人私下往來，圖謀不軌。洪武十三年正月，涂節和中書省的官吏告發胡惟庸謀反，明太祖勃然大怒，馬上以擅權枉法的罪名殺了胡惟庸及陳寧、涂節等，株連三族，黨羽連坐，受牽連被殺的達一．五萬人。

朱元璋像

一三六八年
朱元璋稱帝，國號明，年號洪武，建都應天府（今南京市）。徐達北伐，七月，元順帝北逃。明軍占領大都，改稱北平府。

一三六九年
明將常遇春攻取元上都開平（今內蒙古正藍旗東），沉重打擊了元殘餘勢力。

一三七四年
明派兵巡海，防備倭寇

胡惟庸案發生後，朱元璋對身邊的功臣宿將猜忌之心大起，見了誰都覺得不放心，於是不斷有大臣被殺。徐達是朱元璋兒時的夥伴，後來又跟隨他出生入死，戰功赫赫。朱元璋見了他，便覺得心裡不踏實：徐達德高望重，年富力強，以後要是由他輔佐新皇帝的話，豈不是要取而代之？朱元璋決心除去他，但又找不到他的過錯。洪武十八年（一三八五）初，徐達背上生了惡癰，接連幾天都沒能入朝，朱元璋專門派太監給他送去了食品。別人還以為是皇帝關心這位老朋友呢，可徐達打開一看，頓時大驚，原來皇帝派人送來的是蒸鵝。徐達知道自己這病如果吃了蒸鵝，必死無疑，現在皇帝專門讓人送來蒸鵝，這明明是想讓自己死啊！他含著淚吃了下去，沒過幾天就死去了。

洪武二十三年（一三九〇），胡惟庸被處死十年之後，朱元璋又借題發揮，再興大獄，以夥同胡惟庸共謀不軌的罪名，處死了韓國公李善長、吉安侯陸仲亨、延安侯唐勝宗、平涼侯費聚等多人。只胡惟庸一案，前後株連被殺的就有三萬多人。

胡惟庸案的硝煙還未散盡，大臣們驚魂未定，朱元璋又製造了藍玉案。藍玉早年投奔朱元璋，隸常遇春麾下，殺敵勇敢，所向披靡。明朝建立後，徐達、常遇春相繼死去，藍玉統領大軍，南征雲南，北戰蒙古，屢立戰功，官至大都督府僉事、大將軍、涼國公等。此後，他居功自傲，橫行霸道。強占東昌民田，御史追查這一事件，藍玉竟然捶撻御史。北征歸來，深夜到喜峰關前，守關之吏沒有及時打開關門，藍玉縱兵毀關而入。在軍中，他隨意任免將校，違背皇帝詔令出師。與皇帝宴飲，無人臣之禮。朱元璋對此甚為不滿，曾嚴厲警告他，但藍玉仍我行我素，不知悔改。

洪武二十六年（一三九三）二月，錦衣衛告發藍玉謀反，朱元璋一聽，馬上把他抓起來，砍了頭，並抄斬三族。凡和該案有牽連的人、和藍玉有來往的人，統統被抄家問斬。前後又殺了一．五萬人，其中包括數十名能征慣戰的將領和很多高級文官。

太子朱標實在看不下去了，他勸父親不要殺這麼多人。朱元璋默不作聲。第二天，他故意在地上丟了一根棘杖，讓朱標拿起來，朱標不敢拿。朱元璋一語雙關：「你怕刺，不敢拿，我現在替你把刺全拔掉，然後再交給你，豈不更好！」真可謂一語道破天機啊！

侵擾。

一三七六年

改行中書省為承宣布政使司，管行政、財政，另設提刑按察使司管刑法，都指揮使司管軍事，合稱「三司」。

一三八〇年

明太祖殺左丞相胡惟庸，廢中書省及丞相，中央六部直接對皇帝負責。

一三八二年

設殿閣大學士，作為皇帝的顧問，後大學士權力逐漸加重，成為事實上的宰相。

一三九三年

明太祖以謀反罪殺藍玉，牽連被殺者一．五萬人。

相關連結

明代的特務政治

錦衣衛木印

明代的特務機構統稱「廠衛」。廠，指東廠、西廠、內行廠；衛，指錦衣衛。洪武十五年（一三八二）朱元璋將親軍都尉府改為錦衣衛。錦衣衛直接聽命於皇帝，具有不經過司法部門而直接進行刑訊、判罪和行刑的權力。明永樂十八年（一四二〇）明成祖朱棣遷都北京後，在東安門北設東廠，由宦官擔任「提督」，權力在錦衣衛之上。憲宗成化年間，宦官汪直用事，設西廠，活動範圍遍及京城及各省，三品以上大臣皆可逮捕以後再上奏皇帝，權勢又在東廠之上。明武宗正德年間，又設內行廠，由宦官劉瑾把持，東西兩廠及錦衣衛亦受其監視，屬下特務之專橫、用刑之殘酷，甚於東西兩廠。

廠與衛均屬皇帝掌握的特務機構，其職權性質相同，但錦衣衛為外官，廠為內官，故廠的勢力大於衛。錦衣衛偵緝官民，東西廠偵緝官民和錦衣衛，內行廠則監視官民和廠衛，從而構成一整套互不統屬、層層監察的特務機構體系。廠衛特務不僅遍布京城，且分駐各省及重要城鎮，同時經常臨時派員赴各地緝察，致使朝野上下，人人自危。

方孝孺被滅「十族」

中國歷史上，曾有過夷三族、誅九族的殘酷刑罰，但被誅滅十族的，大概只有明初大儒方孝孺一人了。

方孝孺是明初散文大家，曾師事宋濂，文章學問為宋濂諸弟子之首。洪武二十五年（一三九二）任陝西漢中府學教授。惠帝即位後，孝孺應召入京，先後任翰林侍講及翰林學士。惠帝讀書時遇有疑難即向他請教，處理國家大事也會徵求他的意見，有時還會讓他批覆群臣的奏章，《太祖實錄》等書皆由他總裁。惠帝對方孝孺有知遇之恩，方孝孺十分感激，決心竭盡全力輔助惠帝治理天下。惠帝建文元年（一三九九），燕王朱棣發動爭奪皇位的戰爭。惠帝在朝廷上和大臣們商議討伐，討伐的詔書就出於方孝孺之手。因為燕軍驍勇善戰，而中央軍中能征善戰的大將被朱元璋誅殺殆盡，最終燕王取得了勝利。

朱棣起兵時，謀士姚廣孝懇請他說：「您取得勝利後，方孝孺肯定不會投降，但您萬萬不能殺他，否則天下讀書的種子將會滅絕，對陛下的英明也有所損害。」朱棣笑了笑，點頭答應。燕軍攻破南京後，朱棣急著登極做皇帝，誰來起草即位的詔書？若論才學文筆，那就只有方孝孺了。朱棣也想借此機會降服方孝孺。於是他專門駕臨奉天殿，召集文武大臣，想讓他們看看這一代名儒是怎樣擁戴自己的。不一會兒，錦衣衛帶著身穿孝服的方孝孺走入大殿。朱棣的臉馬上沉了下來，不過他還是強忍怒火，勸說方孝孺歸順。方孝孺硬是不說話。朱棣命劊子手把另一個不肯歸降的大臣練子寧拉來，割了他的舌頭，砍掉他的雙手，想以此恐嚇方孝孺。但方孝孺不為所動，朱棣只好命人把他關進監獄。

朱棣一心想說服方孝孺歸降，但方孝孺堅絕不從。朱棣派方孝孺的學生廖鏞、廖銘二人前去

一三九九年
朱元璋之子燕王朱棣起兵爭奪皇位，「靖難之役」發生。

一四〇二年
朱棣攻占南京，建文帝下落不明。朱棣稱帝，即明成祖。

一四〇三年
明政府在東北地區設建州左衛。

■建州三衛
永樂元年（一四〇三），明在今吉林省吉林市東南一帶女真人居住的

南京皇城午朝門（明）

勸說，結果被方孝孺痛斥一頓。過了些天，朱棣派人強行押解方孝孺上殿，滿臉陪笑地勸說方孝孺，並辯解說自己入京是為了剷除皇帝身邊的奸臣，不料皇帝自焚，他的兒子年幼，不能承擔治理國家的重任，為穩定局勢，只好自己登極了。方孝孺聽了只是冷冷一笑。宦官把紙筆放在他的面前，逼他起草朱棣即位的詔書。方孝孺拿起筆來，使勁扔在地上，一邊哭一邊罵道：「要殺就殺，我就是不寫！」

朱棣氣急敗壞，他惡狠狠地說：「難道你不怕我滅你九族！」方孝孺大義凜然，答道：「你滅我十族又能如何！」朱棣勃然大怒，下令將方孝孺凌遲處死。方孝孺的家人知道他不會屈從朱棣，他的妻子和兩個兒子自縊而死，他的兩個女兒投秦淮河自盡了。朱棣將方孝孺九族誅盡，還不解恨，又把他的門生和朋友，一併處死。被殺者八百七十三人，投入監獄和流放充軍者多達數千人。後來，朱棣想起這事來就惱火，又下令：凡是藏有方孝孺文字的，一經發現，便論死罪。一百多年以後，明神宗褒錄建文朝忠臣，在南京建立表忠祠，方孝孺被列為第二位祭祀於祠中。

地區設建州衛。十年，又於今吉林琿春至朝鮮慶源、會寧一帶設建州左衛。正統七年（一四四二）復設建州右衛於今遼寧新賓附近。史稱建州三衛。三衛首領世襲，但必須得到明朝的任命，替朝廷管理女真部眾。

相關連結

靖難之役

洪武三十一年（一三九八），太祖朱元璋去世，其長子早死，故由其長孫朱允炆繼位，是為惠帝，年號建文，故亦稱其為建文帝。當時諸王以叔父之尊，擁有重兵，其中燕王朱棣勢力最大。為改變尾大不掉的狀況，惠帝下令削藩，先後廢除周、齊、湘、代、岷五王，漸指燕王。建文元年（一三九九）七月，朱棣以討伐齊泰、黃子澄以清君側的名義，於北平（今北京）起兵，號稱「靖難」，所以歷史上稱這次戰爭為「靖難之役」。十月，朱棣進據大寧（今內蒙古寧城西），與寧王朱權聯合，大敗李景隆率領的中央軍。後遭山東參政鐵鉉的抵抗，退還北平。建文三年，燕王率兵南下，敗盛庸於夾河，焚燒糧船萬艘。十二月，燕王再次出兵，直指金陵（今南京）。建文四年，燕軍先後在靈璧（今屬安徽）等地大敗官軍。六月渡江，攻下鎮江，直逼京師。守將李景隆等見大勢已去，乃開城門投降。當時宮中起火，或曰惠帝自焚而死，或曰自地道出亡，流落西南為僧，成為一個歷史之謎。歷時四年的靖難之役以朱棣的勝利宣告結束。嗣後，燕王即位於京城應天府，是為明成祖，年號永樂。永樂十九年（一四二一）成祖正式下詔，遷都於北京。

鄭和勇擒錫蘭山王

鄭和是著名的航海家，也是一位智勇雙全的軍事將領。在航海的過程中，他清剿了長期在南海地區稱霸的海盜船隊，平定了蘇門答臘國的內亂。他以少勝多，勇擒錫蘭山國王，更顯示出非凡的政治智慧和軍事才能。

在印度半島東南，有個很大的海島叫錫蘭山（今斯里蘭卡），又叫獅子國，是鄭和船隊前往西洋的必經之地。據說釋迦牟尼曾在那裡傳教，建有規模很大的佛寺，裡面供奉著佛牙舍利，凡信佛教的人，無不嚮往去那裡祈福拜佛。鄭和信仰佛教，航海又十分艱險，所以他每次經過這裡，都要前去進行佛事活動，祈求平安。第一次出使西洋的時候，鄭和就曾來此禮佛，布施了大量禮品。第二次出使西洋，奉送的禮品更多，計有金一千錢，銀五千錢，絲帛五十匹，其他禮品甚多。贈送大量供品，說明鄭和對佛教信仰的虔誠，但更重要的原因是為了增進中國與錫蘭山國之間的友誼，以免船隊遭到搶劫。

誰會搶劫鄭和的船隊呢？原來，錫蘭山國王名叫阿烈苦奈兒，他不信佛教，經常褻瀆佛牙，而且兇暴狂悖，不講信義，不關心國人疾苦，對鄰國也不友好，經常搶劫往來使臣，弄得鄰國叫苦不迭。鄭和第一次經過這裡，就曾委婉地勸說，希望他改邪歸正。但國王怒形於色，鄭和怕他生出歹意，只好趕快離開了。第二次出航又見了國王，那國王還是十分蠻橫傲慢，一點也不友好。鄭和把這一情況向明成祖作了彙報，成祖支持他再往錫蘭山，並帶去皇帝親自下達的敕諭，要錫蘭王安分循理，不可欺寡凌弱。

永樂七年（一四〇九）十二月，鄭和第三次遠航來到錫蘭山國。這次國王主動派人請鄭和一行到國中，可是照樣傲慢無禮。鄭和仍然對其進行賞賜，並宣讀了成祖的詔書，同時對他好言相

一四〇五年
明成祖派鄭和第一次出使西洋。此後，鄭和又六次出使西洋，歷時二十八年。

一四〇七年
《永樂大典》編成，共計兩萬兩千九百三十七卷。

一四一七年
蘇祿國（在今菲律賓蘇祿群島）東王巴都葛叭哈剌等率家屬隨從三百四十多人來華朝貢，回國途中病死，葬於德州。

勸，但他根本聽不進去，又讓兒子向鄭和索要財物，鄭和斷然拒絕。「國王這樣不友好，為什麼還要請我們來他國中？」鄭和覺得有些奇怪。他讓部下想法打聽清楚。國王的一個下屬透露說，國王想殺害你們，搶劫船隻財物，已經派了五萬人，砍伐大樹，堵塞道路，然後到你們船上去搶劫。鄭和聞言大驚，急忙返回，但道路已被阻斷。形勢十分危急，但鄭和臨危不亂，他分析當時形勢，認為必須用武力解決問題，於是果斷地對部下說：「現在他們率眾出動，國中必然空虛，而且他們認為我們遠道而來，孤軍膽怯，不敢輕舉妄動。我們出其不意，攻其老巢，定可取勝。」他令小部官兵悄悄趕回船隊，和船員們一起抵禦搶劫，而自己則率領三千人，夜裡從小道攻下王城，進入王宮，活捉了國王。前去劫船的番兵聽說了，會合其他地方番兵從四面趕來，把王城圍了好幾重。第六天凌晨，鄭和押解著番王，伐木開道，一邊戰鬥一邊前進，走了二十多里，傍晚回到了船上。

永樂九年（一四一一）六月，鄭和返回到北京，獻上所俘獲的錫蘭山國王阿烈苦奈兒及其家屬，大臣們主張將國王處死，成祖以為他們愚昧無知，於是採取寬大政策，讓他們暫時住在中國。同時讓禮部在阿烈苦奈兒的親屬中選擇敦厚賢能的人立為新國王。次年，成祖派使者帶著詔書及印信前往錫蘭山，封耶巴乃那為國王，阿烈苦奈兒同時被送回國。

以前錫蘭山一帶海盜很多，他們或者與阿烈苦奈兒有聯繫，或者是被他逼得走投無路做了海盜。阿烈苦奈兒被廢後，人們安居樂業，海道從此安寧。海外諸國佩服明朝的威德，紛紛派使者前來朝貢。

錫蘭山之戰是在鄭和船隊受到搶劫侵犯時所作的自衛反擊，此後東南亞沿海出現了和平安定的局面，中國和亞非各國之間的海上「絲綢之路」完全暢通了。

榜葛剌進麒麟圖

鄭和下西洋

永樂三年（一四〇五），明成祖派宦官鄭和率官兵、水手等二．七八萬多人，分乘六十二艘寶船出使西洋（當時以麻六甲以西的洋面為西洋）。寶船大者長四十四丈，寬十八丈，可容上千人。船隊從蘇州劉家港（今江蘇太倉東瀏河鎮）出發，歷占城（今越南南部）、爪哇、暹羅（今泰國），過麻六甲海峽，繼續向西航行至錫蘭（今斯里蘭卡）、經印度西海岸折返，至永樂五年回國。此後，鄭和又分別於永樂五年到七年、七年到九年、十年到十三年、十四年到十七年、十九年到二十年、宣德五年（一四三〇）到八年六次遠航西洋。前後二十八年，經歷三十餘國，行蹤遍及東南亞、印度洋沿岸，最遠到達非洲東海岸、紅海和伊斯蘭聖地麥加。其船隊規模之大，航程之遠，在世界航海史上都是空前的。

鄭和每到一地，都以瓷器、金銀、絲綢、茶葉、鐵器、農具等物，換回當地特產象牙、香料、寶石及珍禽異獸等，且與各國國王互贈禮品，以示友好，不少國家都派使者跟隨鄭和來華，建立邦交，進行貿易。隨行人員馬歡著有《瀛涯勝覽》，費信著有《星槎勝覽》，鞏珍著有《西洋番國志》，介紹西洋各國的情況，增進了明朝人對海外各國的了解和認識。

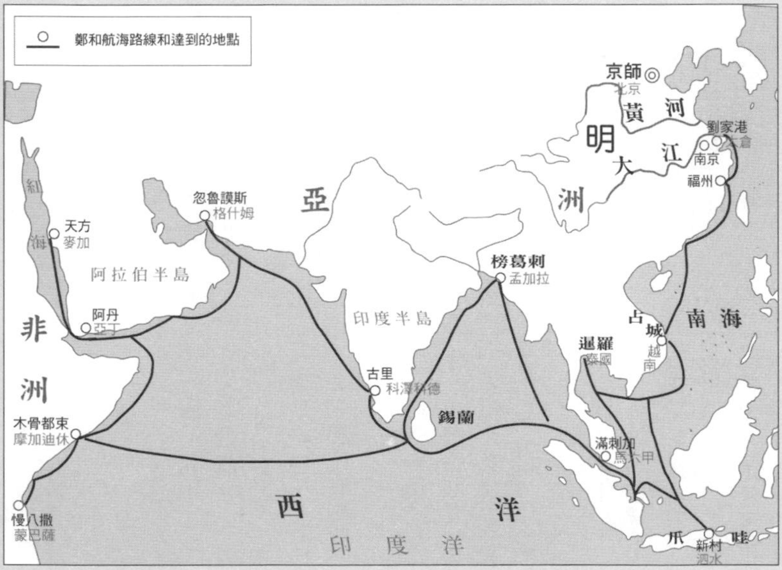

鄭和下西洋航線圖

永樂遷都

永樂十九年（一四二一）四月，明成祖正沉浸在新都北京剛剛建成的喜悅之中，沒想到一個風雨交加的夜晚，一陣陣迅雷過後，內侍急急來報，說奉天、華蓋、謹身三個大殿遭雷擊起火，成祖站在大雨中，眼睜睜看著新修的宮殿化為灰燼。第二天，面對三大殿的斷壁殘垣，明成祖心中頓生疑懼：是不是我做錯了什麼事，上天用這種辦法警示我？於是他下了一道詔令，讓大臣們談談其中的緣由及補救辦法。沒過多久，一道道奏疏送到了他面前。成祖拿來翻看，越看越不高興。當看到禮部主事蕭儀的奏疏後，不禁臉色鐵青，拍案大怒，當即下令把蕭儀抓進大牢，不作審訊，便將蕭儀處死。蕭儀在奏疏裡說了些什麼話？成祖為什麼這樣惱火？這還要從明朝遷都的事情說起。

朱元璋稱帝後，以應天（今江蘇南京）為都城，稱南京，汴梁（今河南開封）稱北京。很多大臣不同意以南京為都城，有的主張建都關中，有的提出建都洛陽或開封，也有人提出建都於北平（今北京）。朱元璋以為新建都城，耗費太大，所以不予採納。不過他對於建都南京也不太滿意，於是把自己的老家臨濠（後改稱鳳陽）定為中都，興工營建。臨濠根本不適合做首都，大臣劉基等極力反對，大規模營建工程被迫停止。不久，朱元璋又派太子朱標到關中、中原地區考察。朱標巡察後認為，建都洛陽最合適。後來朱標死去，這事就此作罷。但大臣們仍不時提起遷都的話題。

成祖奪得帝位，進入南京後，面對建文帝坐朝起居的地方，左看右看都不順眼，遷都之意遂決。將都城遷到何處呢？幾個聰明的大臣們早已看出他的心思。永樂元年（一四〇三）正月，禮部尚書李至剛等人說：「自古以來帝王平定天下，由外藩入承大統，對其起事發跡之地都是格外

一四〇九年
將黑龍江入海口處的「奴爾干都衛」改為「奴爾干都司」，管轄東北女真族居住的地區。

一四一一年
宋禮治理會通河，大運河南北貫通，成為交通動脈。

一四二〇年
明設「東廠」，由宦官主持。後又設「西廠」，與明初設立的「錦衣衛」，均為特務組織。

一四二一年
明遷都於北京。

重視，北平乃陛下承運興王之地，應該遵從太祖皇帝營建中都的制度，立北平為京都。」成祖聽了，連聲說好，馬上下詔，將北平改作順天府，建為北京。因為成祖常住在那裡，所以又稱作「行在」。

經過元末的長期戰爭，北平一帶經濟凋敝，人口稀少。怎麼樣讓這裡盡快繁榮起來呢？成祖下令將那些判處流放以下刑罰的人遷到北平附近，開墾荒田。把蘇、松、常、鎮等十幾個府和浙江、江西、湖廣等九個省的富民遷到這裡，五年之內減免差役。又多次從山西太原、平陽等地遷徙民眾數萬戶，招攬各地遊民十幾萬戶，安置在北平附近，免費為他們提供農具、種子。對於遷來北平的大批工匠，給予更多的優惠政策。沒過幾年，北平人口大增，經濟也繁榮了起來。

北平曾是遼朝的陪都，後稱南京。金朝也曾遷都於此，稱中都。元代稱大都，成為全國的政治文化中心。經過幾朝的營建，北平的城市規模已相當可觀，只是宮殿建築等均已破敗不堪。永樂四年（一四〇六）閏七月，成祖下令在元大都的基礎上，參酌南京城池宮殿規制，分宮城、皇城、內城和外城四個部分，重新擴建北京城。永樂七年（一四〇九）至十五年（一四一七），成祖三次巡察北京，為遷都做準備。

北京宮城圖

在籌畫遷都的過程中，成祖最擔心的是北京缺糧的問題。中央官僚機構要遷來這裡，還要部署大批軍隊駐守，而當時的糧食主要產地在南方特別是東南地區，要把南方的糧食及其他物資運來北京，陸路運輸是不行的，成本太高，且沒有保障。永樂九年，成祖令宋禮主持開挖疏浚元朝的運河。宋禮重開會通河，解決了山東段運河的水源問題。十三年，陳瑄開鑿淮安附近的清江浦。此後漕運暢通無阻，南糧北運的問題解決了。至此，北京作為京城的條件完全具備，成祖也就常住北京，讓太子住南京監國。

一天，成祖視察北京城，負責營建的臣工上奏說：「北京這地方，有山有河，土地肥沃，民俗淳樸，物產豐富，可真是天府之國。現在河道疏通，漕運無阻，商貨輻輳，財貨充足，真是建都的好地方。」六部大臣們也都上疏說：「北京乃聖上龍興之地，北枕居庸關，西峙太行山，東連山海，南俯中原，沃壤千里，山川形勝，足以控制四夷而制服天下，真是帝王萬世之都。當年太祖高皇帝削平海宇，把這個地方分封給陛下，期待的就是這一天啊。」成祖遷都北京的重要目的是抵禦蒙古族，加強對北方各民族的控制。大臣們的這些話，正好說到了他的心裡。成祖聽了，樂不自勝，下令抓緊營建，盡快遷都。

永樂十八年，北京的郊廟、宮殿均已落成，成祖見時機成熟，乃下詔以北京為京師。可萬萬沒有想到，第二年，耗費鉅資修建多年方才完成的皇帝坐朝和舉行大典的奉天、華蓋、謹身三殿卻被一場大火燒毀。這真讓朱棣心煩。這時，大臣們又議論紛紛，把這事和遷都聯繫在了一起。蕭儀更公然說北京偏遠，不宜建為京城，而且營建北京，勞民傷財，引起上天震怒。成祖營建北京十餘年，且已公開宣布以此為都城，大臣們還敢公開反對，一怒之下，把蕭儀下獄處死，並訓斥那些反對遷都的人說：「當初確定北京為都城時，我已和大臣們反覆商議，很久才下定了決心，並非輕率之舉。你們反對建都北京，乃是書生之見，哪裡懂得英雄的謀略呢！」就在這一年，永樂十九年，成祖宣布定都北京，將原來的京城改稱為南京。從此，北京成為明朝的都城，遷都的議論也就慢慢停息了。

土木之變

明朝前期，國勢強盛，蒙古人退居漠北，勢力大不如前，但明成祖四次親征，終不能使之降服。後來，明英宗親自率兵與之作戰，竟然做了蒙古人的俘虜。這是明朝宦官專權引發出的大禍亂，專權的宦官名叫王振。

王振年少時入宮，在東宮侍奉太子朱祁鎮。王振做事機靈，又很會拍馬屁，深得朱祁鎮喜歡。宣德十年（一四三五），明宣宗去世，年方九歲的朱祁鎮當了皇帝，是為英宗，由大學士楊榮、楊士奇等五大臣輔政。太皇太后張氏以為王振行為多不合禮法，想把他處死。英宗和大臣們再三請求，才赦免了他。

正統七年（一四四二）十月，太皇太后病死，輔政大臣楊榮也已死去，楊士奇因故家居不出，其他人或老或病，不能治事，王振乃肆無忌憚，專橫跋扈，逐漸把大權握在了自己手中。他廣植私黨，打擊異己，陷害忠良，但英宗對他卻越來越信任，把軍國大事全交給了他，且從來不叫他的名字，而尊稱其為「先生」，公侯勳貴們自然還要低上一輩，叫他「翁父」。

明朝初年，蒙古族分裂為韃靼、瓦剌及兀良哈三部。英宗在位時，瓦剌部逐漸強大起來，其首領也先野心勃勃，不斷在邊境製造事端。也先每年派人到明朝入貢，朝廷給予豐厚的賞賜。開始，使者不過五十人，後來為了獲得更多賞賜，竟增加到二千多人，並屢屢索要貴重物品，稍不如意，便尋釁鬧事，且賄賂王振，冒領賞賜。正統十四年（一四四九）二月，也先遣使千餘人獻馬，詭稱三千人，王振削減了馬價，按實際人數給賞。也先大怒，分兵四路進犯明朝邊境，並親率二萬騎兵攻大同。由於王振專權，政治腐敗，邊防廢弛，邊將無法有效防禦也先的侵擾。

王振的老家是蔚州（今河北蔚縣），他想在家鄉人面前抖抖威風，順便建立軍功，鞏固自己

一四四九年

明英宗親率大軍出征瓦剌，在土木堡被俘，史稱「土木之變」。

一四五七年

明英宗重新奪取皇位，殺抗擊瓦剌有功的兵部尚書于謙，史稱「奪門之變」。

的地位，於是極力慫恿英宗御駕親征。英宗沒做什麼準備便下旨出兵。大臣們聽說後，個個震驚，冒死勸阻，但除了王振，英宗誰的話都聽不進去。

這年的七月，英宗命弟弟朱祁鈺留守京師，由太監金英輔佐，兵部侍郎于謙掌軍務，自己和王振率領五十萬大軍親征，英國公張輔、內閣學士曹鼐等文武官員隨軍護駕。

匆忙出兵，軍心不穩，將士心存疑懼，加上陰雨連綿，道路泥濘，軍糧不足，很多人身染疾病。好不容易到了大同東北的陽和（今山西陽高縣），軍士疲憊不堪，沒有心思作戰。就在十幾天前，大同總督宋瑛剛在這裡與也先打了一仗，明軍監軍太監郭敬胡亂指揮，以致全軍覆沒。橫屍遍野，慘不忍睹，明軍看了，士氣更為低落。

英宗從未經歷過戰爭，見此情景，驚恐萬狀，王振更是嚇得失魂落魄，他慫恿英宗立刻撤軍。也先聞訊，即率瓦剌軍突入長城，跟蹤追擊。大同總兵郭登主張迅速撤入紫荊關，而王振還是想著回家鄉炫耀一番，執意邀英宗到蔚州。軍隊往前走了四十里路，王振忽然想起，幾十萬大軍過境，肯定會踩踏他家的莊稼，便下令改道而行。繞來繞去，軍隊行至土木堡（今河北懷來東南），離懷來只有二十里路。眾將見天色尚早，建議入懷來城過夜。王振不聽，以輜重未至為由，下令就地安營紮寨。不久，也先的大隊人馬便趕了上來。

土木堡地勢高，掘井二丈亦不見水，南邊十五里有一小河，乃當地唯一的水源。也先的兵馬占據了小河，且將明軍包圍起來。明軍被圍了兩天，人馬滴水皆無，饑渴難忍。也先遣使議和，然後佯裝撤退。王振立即

土木堡城門

下令移營就水，明軍爭相取水，亂作一團。也先乘機發動進攻，明軍自相踐踏，潰不成軍。英宗乘馬突圍不得出，遂下馬盤膝面南而坐。瓦剌士兵見他衣甲鮮亮，拉著去見也先之弟，經明朝使者辨認，竟是英宗。也先大喜，俘之而去。隨行大臣將領折損殆盡，五十萬大軍死亡過半。歷史上稱此為「土木之變」。

混戰當中，王振顧不得主子的死活，拚命逃跑，護衛將軍樊忠趕了上來，掄起大鐵錘，把他的腦袋擊得粉碎。

也先把英宗關押起來，據為奇貨，想大大地敲一記竹槓。這時候，朝廷留守大臣于謙等人已擁立英宗的弟弟朱祁鈺為帝，堅守北京。也先的如意算盤落空了，只得把英宗放了回來。後來又引起了英宗兄弟二人的皇位之爭，英宗復辟後，抗擊瓦剌有功的兵部尚書于謙等均遭殘害。

相關連結

南宮復辟

正統十四年明英宗被瓦剌擄去，兵部尚書于謙等擁立英宗之弟朱祁鈺為帝，是為景帝，遙尊英宗為太上皇。次年，英宗被釋放回京，居於南宮。

景泰八年（一四五七）景帝得病，宦官曹吉祥與武清侯石亨、副都御史徐有貞、都督張軏等人密謀擁立英宗。正月十六日夜，徐有貞等率兵發動政變，請英宗復位。英宗在眾人簇擁下至東華門，大呼曰：「我太上皇也！」守門者不敢阻擋。英宗入奉天門升座，次日晨，召集百官入賀。乃廢景帝為王，改元天順，徐有貞等人皆因此升官，而抗擊瓦剌有功的兵部尚書于謙則被處死。英宗曾居南宮，故歷史上把這件事稱作「南宮復辟」。又因英宗奪東華門而入為帝，所以也稱為「奪門之變」。

張居正改革

土木之變是明朝由盛到衰的轉捩點，此後吏治腐敗、財政拮据、農民反抗鬥爭此起彼落，邊防危機，險象叢生，整個明朝已露出日薄西山的氣息。不過，十六世紀後半期，暮靄沉沉的明王朝也曾出現過短暫的政治清明、經濟繁榮的跡象，給明朝帶來這一線光明的就是傑出政治家張居正。

張居正字叔大，號太嶽，湖廣江陵（今屬湖北省）人。自幼聰明好學，胸懷大志。十二歲考中秀才，十三歲參加舉人考試，雖因年齡太小未被錄取，但他的才學名聲由此遠播全國。

嘉靖十九年（一五四〇），十六歲的張居正再一次參加鄉試並考中舉人。時任湖廣巡撫的顧璘說他有治國安邦之才，將來必成大器，親自接見了他並解犀帶相贈。張居正二十三歲的時候考中進士，改庶吉士（在翰林院供職的後備官員），從此開始了他的政治生涯。

張居正像

隆慶元年（一五六七），張居正晉升為吏部左侍郎兼東閣大學士，入內閣，參與大政。他入閣後做的第一件大事，就是和首輔徐階共同起草世宗遺詔，糾正了嘉靖時期奸相嚴嵩專權及世宗崇道修煉、大興土木造成的諸多弊政，一時好評如潮。第二年，張居正再次呈上洋洋數千言的〈陳六事疏〉，提出了省議論、振紀綱、重詔令、核名實、固邦本、飭武備等六項政治主張，條條

一五一〇年
霸州（今河北霸州）文安人劉六、劉七領導農民起義，轉戰山西、山東、河南、江蘇、安徽、湖南、湖北各地。

一五三五年
葡萄牙殖民者開始侵略澳門。

一五四二年
嚴嵩再次出任內閣首輔，此後專權達二十餘年。

切中時弊。但穆宗畢竟不是英明之主，加上首輔李春芳不思進取，只求無過，張居正的改革計畫擱淺了。

隆慶六年（一五七二），穆宗去世，神宗朱翊鈞即位，張居正聯絡宦官馮保，讓兩宮太后下達諭旨，將內閣首輔高拱趕回了老家，張居正登上了內閣首輔的寶座。這時神宗年方十歲，朝政全都委託張居正處理。張居正慨然以天下興亡為己任，大刀闊斧進行改革。

張居正認為，吏治的好壞，直接影響到國家機器能否正常運轉。他制定了考成法，嚴格考核政令的執行情況，以提高行政效率。萬曆二年（一五七四），張居正奏請推行內外官久任法，規定知府、知縣六年一遷；各省布政使、按察使三年一遷；中央科、道、部、曹六年一遷。

張居正嚴格執法，賞罰分明。黔國公沐朝弼多次違反法令，朝廷上下無可奈何他，張居正掌政後，擢用沐朝弼的兒子，同時逮捕沐朝弼，囚禁於南京。明初規定，有軍國大事才能憑「勘合」（蓋有印信的雙方各執一半的文書）使用驛站。萬曆八年（一五八〇），張居正之弟張居敬病重回鄉，保定巡撫發給他勘合，張居正認為違反規定，即予沒收。

為了解決黃、淮水患，張居正建議統一事權，由一人兼任河道總督和漕運總督。他推薦有治河經驗的水利專家潘季馴以工部左侍郎兼右都御史銜，總理河漕。在張居正的大力支持下，潘季馴排除了各種干擾，大膽地執行既定計畫，最終改變了黃、淮兩河經常決口，漕運不通的狀況。

萬曆六年（一五七八），張居正下令清丈全國各種類型的土地，經過三年的努力，共丈得天下土田七百餘萬頃，比弘治時超出三百萬畝。在此基礎上，把嘉靖初年已在福建、江浙等局部地區施行的一條鞭法予以推廣，下令在全國範圍實行。

張居正積極整飭邊防。隆慶年間，促成了明與蒙古俺答汗之間的通貢與互市。萬曆年間，支持戚繼光整頓薊鎮防務，起用名將李成梁鎮守遼東，使西部、北部邊境得到安寧。在東南沿海，重用戚繼光等抗倭將領，分段設寨，整修兵船，加強戒備，巡弋近海，給倭寇以毀滅性的打擊。

萬曆十年（一五八二）六月，張居正積勞成疾，撒手人寰。張居正的改革損害了大官僚、大地主的利益，而張居正在用人上也存在很大的失誤，神宗皇帝雖然一直尊張居正為師，但是獨占

一五六六年

海瑞因上疏被罷官。

■海瑞罷官

海瑞字汝賢，號剛峰，廣東瓊山人，回族。為官清正，不事權貴，屢遭排擠。嘉靖四十五年（一五六六年），海瑞上〈治安疏〉，指斥嘉靖帝迷信道教，濫興土木，官吏貪污，民不聊生。嘉靖帝大怒，將其逮捕入獄。嘉靖死後，海瑞復出為官，仍抨擊權貴，懲抑豪強，深受百姓愛戴。

一五七二年

張居正出任內閣首輔，推行改革措施。

一五八一年

開始施行「一條鞭法」。

最高權力的心態使他逐漸把張居正視為胸中塊壘，所有這些，不僅導致改革「人亡而政息」，也造成了張居正本人的悲慘結局。張居正死後不幾天，言官們就彈劾他推薦的內閣首輔潘晟，結果潘氏內閣首輔的位子還沒坐熱，就被迫離職。內閣首輔的繼任者張四維、申時行本來都是張居正的助手、親信，理應繼續他的事業，但他們或是品行不端的小人，或是柔而多欲的偽君子，他們大量起用被張居正罷免的官員，宣布一概廢棄改革的法令，並給張居正加上「誣衊親藩」「專權亂政」「謀國不忠」的罪名。到了這年十二月，言官們開始向張居正發難，神宗下令抄了他的家，削奪其官秩，收回所賜璽書、四代誥命，公布其罪狀於天下，懲處之嚴厲，只剩下剖棺戮屍了。他的家屬十餘人被餓死，其他人或自殺，或被流放，或逃亡。凡與張居正關係較好的官員，全被削職。朝廷政治一一恢復舊觀。更為可悲的是，整個神宗朝，竟沒有一人為張居正說句公道話。直到天啟二年（一六二二），明熹宗為激勵臣下有所作為，才想起銳意改革的張居正，給他恢復了官蔭謚號。

相關連結

推行一條鞭法

明中期以後，賦役不均的現象十分嚴重，造成階級矛盾激化，政府財政困難。嘉靖九年（一五三〇），大學士桂萼曾奏請試行「一條鞭法」。萬曆九年（一五八一），內閣首輔張居正在全國範圍內推廣。其主要內容是：田賦和各種名目的徭役合併在一起徵收，每年把應徵收之數額下帖告訴民眾，此外不再徵收額外賦稅；各種專案，一概徵銀；廢除由糧長、里長辦理賦稅徵收的辦法，改為由地方政府直接收儲解運；把丁役的一半或一半以上攤入田畝，賦役徵收由以丁為主改為以田為主；農民可以出錢代役，差役由政府雇人承擔。

一條鞭法的實行，增加了政府的財政收入，更重要的是削弱了農民對國家的依附關係，減輕了他們的負擔，使他們比較容易離開土地，從事其他經濟活動，有利於商品經濟的發展和資本主義生產關係的萌芽。

戚繼光抗倭

「封侯非我意，但願海波平」，這是戚繼光在台州抗倭時寫下的豪邁詩句。

戚繼光字元敬，號南塘，山東登州（今山東蓬萊）人，出身於武將世家，自幼胸懷大志，勤奮好學。嘉靖二十三年（一五四四），其父戚景通死去，十七歲的戚繼光承襲了登州衛指揮僉事的官職，擔負起防禦倭寇的重任。嘉靖二十七年（一五四八），明朝為抵禦蒙古韃靼部南侵，由山東、河南抽調官兵戍防薊州（今天津薊縣）到山海關一線。戚繼光率本部人馬到此守邊五年。嘉靖三十二年（一五五三），戚繼光升任署都指揮僉事，統率三營二十五衛所，督山東抗倭之事。兩年後，調往浙江，鎮守寧波、紹興、台州三府。

戚繼光指揮作戰靈活多變，不拘泥於成法。他根據江南地區多山嶺、沼澤，道路狹窄曲折，兵力不易展開的地形特點，針對倭寇善於設伏衝鋒、擅長短兵相接的慣技，創制了有名的「鴛鴦陣」法，以十二人為一戰鬥單位，分持長短武器，各盡其能，互相配合，大大提高了戰鬥力。經過認真的訓練，他帶領的隊伍熟練掌握了陣法，提高了作戰能力，被人們稱為「戚家軍」。此後，他統領這支隊伍轉戰於福建、浙江、廣東等沿海各地，取得了一次又一次勝利。

戚繼光像

嘉靖四十年（一五六一），倭寇大舉進犯台州，戚繼光率眾前往，雙方激戰一個多月，戚繼光在台州附近先後作戰九次，連戰連捷，斬倭寇一千四百多人，燒死、溺死者不計其數，給倭寇

一五五九年
戚繼光在浙江組織民軍抗擊倭寇。

抗倭圖卷（局部）

以殲滅性打擊。

倭寇在浙江難以生存，於是南下福建，攻占了寧德城。朝廷即派戚繼光趕往福建。戚繼光得知倭寇的巢穴在寧德城外數十里的橫嶼島，決定搗毀它。橫嶼島是海邊孤島，地勢險要，易守難攻。漲潮時汪洋一片，退潮時淤泥塞路，涉海或乘船進攻都十分困難。戚家軍兵分兩路，在漲潮時出發，一路攻側面以擾亂敵人，另一路由戚繼光親自帶領攻正面。士兵們都帶著稻草和木板，退潮後立刻鋪上稻草，稻草上放好木板，大軍踏著木板順利地攻上小島。島上倭寇倉皇應戰，忽然後面燃起大火，傳來陣陣喊殺聲，原來另一路戚家軍從側面攻上了島嶼，倭寇無心戀戰，爭相逃命，陸上、海裡到處是倭寇的屍體。倭寇的老窩被平，福建邊境也逐漸安定下來。戚繼光治軍非常嚴格，親屬犯法，與普通士兵一樣處置。一次，戚繼光派兒子帶領副將出戰，結果大敗而歸。當戚繼光得知戰敗的原因是主帥麻痹大意之後，即集合將士，當眾宣布兩人罪狀，喝令依軍法處死。官員們全都跪下求情，戚繼光不為所動。夫人派人飛騎趕來，請求代兒子一死。但使者趕到校場時，他的兒子已經是人頭落地了。

隆慶元年（一五六七），戚繼光被張居正調到北方，鎮守薊州。在練兵、治械、陣圖等方面多有創建；邊備修飭，節制嚴明，軍容為諸邊之冠。萬曆年間，蒙

一五九二年

日本豐臣秀吉帶兵侵略朝鮮，明派兵援朝。

一六〇一年

利瑪竇定居北京，進見明神宗萬曆皇帝。

■利瑪竇來華

利瑪竇是義大利人，十九歲加入耶穌會，二十九歲時來華（一五八二），先後在肇慶、南昌、南京等地傳教。他身著儒服，熟習儒家經典，喜與士大夫交遊，萬曆二十九年（一六〇一）定居北京，深受萬曆帝青睞，萬曆三十八年病故於北京。他在傳播基督教的同時，也把西方的科學文化知識帶到了中國。

古三次前來騷擾，均被擊敗。戚繼光在薊州鎮守十六年，張居正去世後受到排擠，改派鎮守廣東。萬曆十三年（一五八五）因病告退，兩年後去世。

戚繼光在東南沿海抗倭時寫〈馬上作〉一詩道：「南北驅馳報主情，江花邊月笑平生。一年三百六十日，多是橫刀馬上行。」這正是他，一位抗倭名將、民族英雄戎馬一生的真實寫照。

相關連結

倭寇之患

元末明初，正值日本南北朝分裂時期，許多潰兵敗將、逃避徵斂或失去謀生手段的人，流亡海中島上。南朝為北朝兼併後，一些封建武士、失意政客和浪人加入其中。他們勾結不法商人，侵擾中國沿海，歷史上稱他們為「倭寇」。

明初政治穩定，海防整飭，倭寇難以為患。正統之後，隨著明朝的腐朽，沿海武備廢弛，倭寇之患嚴重起來。嘉靖年間實行海禁，對防止倭寇侵擾沒起到什麼作用。當時朱紈在浙江整頓海防，擒殺倭首，但卻被朝廷以擅殺罪懲治，朱紈忿而自殺，此後無人敢言海防之事。不久明廷宣布開海禁，權勢之人、不法商人公然與倭寇勾結，倭寇之患更為酷烈。

倭寇的侵擾激起了民眾的憤怒，他們紛紛自發組織起來，打擊倭寇。地方官員與軍事將領也組織軍民抗倭，嘉靖三十四年（一五五五），張經率軍在王江涇（今浙江嘉興北）大敗倭寇，殲敵兩千餘人。嘉靖四十年（一五六一），戚繼光率戚家軍抗倭，掃除了浙東及福建、廣東一帶的倭寇，東南沿海的倭寇之患得以解除。

魏忠賢專權

明朝末年，浙江巡撫潘汝楨首先倡議為一個專權的宦官建立「生祠」，祠建於風景秀麗的西湖邊上。明熹宗親自題寫了匾額曰「普德」，並立碑記述其功德。從此，內外官僚紛紛效仿，除督撫、巡按外，上自宗室、勳戚、朝廷大臣，下至武夫、商賈及地方無賴等，都爭先恐後地為他興建生祠。一時間，生祠遍及天下，都城內外，連綿相望。有的建在官府旁，有的與文廟並立，南京朱元璋皇陵的旁邊也矗立起一座生祠。朱元璋曾鑄「內臣不得干政」的鐵牌立於宮門外，現在宦官的生祠竟建到了他的陵墓旁，看來他們是要與這位瞧不起宦官的開國皇帝叫板了！建一座生祠的費用，多的用銀幾十萬兩，少的也要幾萬兩。宦官黨羽乘機刻剝百姓，貪污公款，伐人樹木，毀壞民居，弄得天下沸騰。如果有人站出來反對建祠、或拒絕為之撰寫文字、或進入生祠而不下拜，都要下獄論死。

這個宦官的作為真可謂空前絕後了，他是誰？他就是晚明以來人人唾罵的魏忠賢。

魏忠賢是河間肅寧（今河北肅寧）人，小時候便是一個無賴，二十多歲時，賭博欠了一屁股債，為躲避債主追打，狠心自閹，神宗時混進宮中，改名進忠，成了一個宦官。

魏忠賢看到皇太孫朱由校非常依賴他的奶媽客氏，於是千方百計向客氏獻殷勤。眉來眼去，時間久了，深受客氏寵愛。朱由校乾脆把客氏許配給魏忠賢，結成「對食」（宦官和宮女結成名義上的夫妻）。明光宗即位後，朱由校做了太子，魏忠賢在太子東宮管膳食。光宗死，朱由校做了皇帝，是為熹宗，魏忠賢和客氏由此發達起來。不到一個月，客氏被封為奉聖夫人，魏忠賢升為司禮監秉筆太監，這是內廷中最顯要的職務，負責審查管理大臣們的奏章。

中國歷史上，不少皇帝有業餘愛好，明熹宗的愛好最為奇特，那就是做木工活。他每天動手

■閹黨之禍

明英宗以後宦官專權，許多官僚依附於他們，被稱為閹黨。明英宗時宦官王振、憲宗時宦官汪直專權，均有官僚附為黨羽，但勢力未盛。武宗時劉瑾專政，內閣大臣焦芳依附之，閹宦之權乃凌駕於內閣之上。熹宗時魏忠賢專權，內外官僚，多投其門下，排斥異己，陷害忠良，閹黨勢力之盛，登峰造極。思宗崇禎帝即位後，斥逐宦官，窮治其黨羽。及至南明，閹黨勢力死灰復燃。

營造房屋，砍、鋸、鑿、削、刨，樣樣精通。涂文輔、葛九思都是魏忠賢的親信，天天在一旁拍馬讚賞，熹宗也自我陶醉一番，然後丟棄它，重新再建，樂此不疲。在他專心做木工活的時候，如有大臣奏事，他便會心不在焉地敷衍幾句，打發出去。魏忠賢見有空子可鑽，於是每當熹宗引繩削木，全神貫注於木工活的時候，他便上前奏事。熹宗一開始還敷衍幾句，後來乾脆說：「這樣的事你看著辦就行，不要再來稟報。」魏忠賢要的就是這句話，從此他便可以代替皇帝處理政務了。他掌管東廠，操縱生殺大權，朝廷內外，只知有宦官魏忠賢，不知有皇帝明熹宗。

魏忠賢專權，引起朝廷內外的極大不滿。天啟四年（一六二四）初，東林黨人群起而攻之，御史李應升、劉廷左，給事中霍守典等同時上書，彈劾魏忠賢。左副都御史楊漣上疏痛斥魏忠賢二十四大罪狀，如自行擬旨，擅權亂政；斥逐直臣，重用私黨；用人唯親，濫施恩蔭；利用東廠，陷害忠良；生活糜爛，窮奢極欲，等等。魏忠賢有些害怕了，他向熹宗哭訴，求客氏幫助說些好話。結果熹宗竟然下詔安慰魏忠賢，對楊漣嚴加責備，後下獄治罪。這事激起了公憤，先後有七十多位大臣上書彈劾魏忠賢。魏忠賢以結黨營私、把持朝政等罪名，把高攀龍、左光斗等人迫害致死。

為了把東林黨人趕盡殺絕，閹黨編造出黑名單，名曰《天鑒錄》《同志錄》《點將錄》，以鄒元標、顧憲成等人為黨魁，反對魏忠賢的官員，統統列入其中，對不依附閹黨的官員來了一次大清洗。為了鉗制議論，魏忠賢又以剿滅東林黨為名，在全國拆毀書院，禁止講學。

與此同時，魏忠賢安插親信於中央及地方政府部門。天啟三年（一六二三），其黨羽魏廣微、顧秉謙入主內閣。第二年，顧秉謙升至首輔。其親信死黨有所謂「五虎」「五彪」「十狗」「十孩兒」「四十孫」之稱。朝廷內外，自內閣、六部至四方總督、巡撫，都是他的死黨，內外大權，全歸魏忠賢掌握。

魏忠賢權傾朝野，閹子閹孫們對他頂禮膜拜，極盡阿諛討好之能事，稱他為九千歲、九千九百九十歲，和皇帝只差十歲了。起初，魏廣微以同姓稱其為兄，後來自貶

東林舊跡（江蘇無錫）

輩分而稱其為叔。浙江巡撫潘汝楨最有「創新」精神，在西湖邊上給他建了生祠，各地寡廉鮮恥的官吏群起效尤，唯恐落後。

魏忠賢和客氏的親朋好友，無不青雲直上，飛黃騰達，連咿呀學語的嬰兒也被封為「侯」或「少師」，真是荒唐至極。

魏忠賢專權使明朝政治更加黑暗，統治危機空前加劇。天啟七年（一六二七），熹宗死，崇禎帝即位，大除閹黨，魏忠賢被發配去鳳陽，接著又下令逮捕懲治。魏忠賢自知罪孽深重，難逃一死，行至阜城（今河北阜城西）自縊而亡。崇禎帝下令磔其屍，在其家鄉河間懸首示眾。同月，客氏也被笞殺。

魏忠賢專權時間雖然不長，但對國家政治破壞力甚強，崇禎帝雖然改變了閹黨專權的局面，卻無力扭轉國家敗亡的趨勢，這個時候的明朝真可謂「夕陽無限好，只是近黃昏」。

相關連結

東林黨議

明萬曆年間，吏部郎中顧憲成被免官後回家鄉無錫，與高攀龍、錢一本等人在東林書院講學，他們品評人物，議論國政，受到部分官僚士大夫的支援，被稱為「東林黨」。東林黨在政治上主張整頓吏治，重振綱紀，抨擊宦官專權；在經濟上主張減輕人民負擔，反對礦監稅使。後來在朝廷中與浙黨、齊黨、楚黨、宣黨、昆黨及以宦官為首的「閹黨」等產生了矛盾。熹宗天啟年間，東林黨人一度當政，他們嚴厲打擊反對派，與以宦官魏忠賢為首的閹黨展開了更為激烈鬥爭。魏忠賢嚴厲鎮壓東林黨人，東林黨人幾乎被斬盡殺絕。崇禎帝即位後，魏忠賢自殺，東林黨人被平反昭雪。此後，復社興起，崇禎末年大有重組東林內閣之勢。南明時，又遭閹黨阮大鋮打擊。明朝滅亡後，不少復社成員參加了抗清鬥爭。

袁崇煥之死

崇禎三年（一六三〇），崇禎帝下令，將袁崇煥凌遲處死，北京城裡的百姓聽說這個消息，無不稱讚崇禎帝英明。行刑那天，劊子手每割一塊肉，百姓便付錢買去生吃，不一會肉已賣完，於是再開膛取出五臟，截成一寸長短，百姓買去，吃到嘴裡，再喝口燒酒便吞了下去，不少人弄得血流齒頰。作為一代忠臣名將，袁崇煥真沒想到會以這樣的方式離開人世，後人讀史至此，也無不生出莫名的悲哀。

袁崇煥像

袁崇煥字元素，號自如，廣東東莞人，原來是個讀書人，萬曆四十七年（一六一九）考取進士，授職福建邵武知縣。天啟二年（一六二二）正月入京，任兵部職方主事。當時明軍大敗於廣寧（今遼寧北鎮），十幾萬大軍全部覆沒，四十多座城池失守，邊關岌岌可危。袁崇煥單騎出山海關考察地形，回京後自請鎮守山海關。天啟六年（一六二六）努爾哈赤率兵十三萬渡過遼河，攻打孤立無援的寧遠（今遼寧興城），袁崇煥以一萬守軍，打敗了異常剽悍的後金大軍，努爾哈赤也被明軍的紅夷大砲擊傷。努爾哈赤縱橫天下數十年，第一次遭此慘敗，不久鬱鬱死去。

寧遠之戰後，袁崇煥升為遼東巡撫，關外防務，盡歸其籌畫。次年五月，皇太極率軍來攻錦州，袁崇煥識破皇太極佯圍錦州、實襲寧遠的陰謀，堅守寧遠不動，而派精騎四千繞到清軍後面猛攻，致使清軍兩面受敵。皇太極攻錦州不成，便集中兵力強攻寧遠，結果清軍損傷慘重，只好退兵。皇太極也像他父親一樣，慘敗在袁崇煥的手下。寧、錦大捷是袁崇煥部署指揮的結果，但魏忠賢卻將功勞據為己有，封賞自己極厚，其爪牙也人人有獎，唯獨袁崇煥，不僅無封賞，反而因不救錦州受到指責。袁崇煥一怒之下，辭官回鄉。

一五八八年

女真族首領努爾哈赤征服建州女真各部。

一六一四年

努爾哈赤在原來四旗的基礎上，又增建四旗，建成八旗軍，後來又陸續建成「蒙古八旗」「漢軍八旗」，最初所建之八旗則稱為「滿洲八旗」。

一六一六年

努爾哈赤稱帝，建立「金」國，史稱「後金」。

崇禎帝即位之後，即召回袁崇煥，任其為兵部尚書兼右都御史，督師薊、遼，兼督登、萊、天津軍務。崇禎帝親自召見他，商量平遼之事。袁崇煥提出五年收復遼疆的方略，崇禎帝喜出望外，許以封侯之賞。還賜給他尚方寶劍，准其先斬後奏。袁崇煥離京赴任之日，崇禎帝親自前來送行，袁崇煥再次懇請皇上「任而勿貳，信而勿疑」，崇禎帝滿口答應。袁崇煥到任後，正遇軍士缺餉而欲嘩變，他一面懲治貪虐的將領，一面奏請朝廷加餉。不久又擒殺不聽調度的大將毛文龍。崇禎帝見他無寸功而先請餉，又擅殺大將，很不高興。

崇禎二年（一六二九）十月，決心為父雪恥的皇太極採用明朝降將高鴻中的建議，率八旗大軍和蒙古騎兵，繞過袁崇煥鎮守的關（山海關）、寧（寧遠）、錦（錦州）防線，通過蒙古，突破長城，攻陷遵化，直抵北京城下。袁崇煥聞知，心焚膽裂，急點九千兵馬，兩晝夜急馳三百餘里趕到京城。袁崇煥向崇禎帝報告說人馬疲憊，須進城小憩，然後與敵決戰。崇禎帝拒絕了他的要求，袁崇煥沒辦法，只得轉身與十多萬清軍決戰。他身先士卒，率領援軍，背依城牆，臨陣督戰，戰士無不以一當十，奮力殺敵，先後在廣渠門、左安門外，打退皇太極軍隊的猛烈進攻。袁崇煥拚死保住了北京城，可是京城附近的勳官貴戚因莊園財產受損，卻抱怨袁崇煥沒有將敵人擋在距離京城較遠的地方，並向崇禎皇帝告了他的御狀。

在廣渠門之戰中，皇太極俘虜了明朝兩個太監楊春、王成德，把他們囚禁在德勝門外。一天夜裡，兩人聽到隔壁有人小聲談話，好像提到了袁崇煥，他們馬上靠在牆邊側耳細聽，原來是說袁崇煥已與皇太極訂下密約，由袁崇煥作內應，馬上就可攻取北京城。兩個太監如獲至寶，恨不得馬上向崇禎帝報告。沒過了幾天，他們趁著無人看守的機會逃了回去，報告了崇禎皇帝。崇禎帝是個十分偏執而猜忌心很強的人，當即決定召袁崇煥進城，理由是和他一起商議軍餉的數量。

軍隊露宿城外，糧草缺乏，聽到皇帝要議軍餉，袁崇煥非常高興。可他剛一入城，立即被錦衣衛逮捕，投入了大牢。八個月後，他被加上「通虜謀叛」「擅主和議」「專戮大帥」等罪名，處以凌遲之刑。

清軍入關後，才透露出其中的秘密，所謂袁崇煥通敵，不過是皇太極的反間計，他編造了袁

一六一九年
薩爾滸之戰，明軍為後金所敗。

一六二二年
荷蘭殖民者入侵澳門。

一六二四年
荷蘭殖民者侵占我國臺灣南部。

一六二六年
明將袁崇煥在遼東大敗後金，努爾哈赤受傷而死，其子皇太極即位。

一六三〇年
皇太極行離間計，崇禎帝中計殺袁崇煥。

一六四一年
清軍圍困錦州，明軍大敗，被殺五萬餘人。次年，大將洪承疇被俘，降清。

崇煥投降的謊言並故意讓兩個宦官聽到，然後把他們放走。崇禎帝昏聵多疑，不僅使忠臣含恨九泉，而且斷送了自己的江山。

相關連結

努爾哈赤建立後金

明初女真人分為三大部，居住在黑龍江兩岸和烏蘇里江流域的稱「野人女真」，居住在開原以東和松花江中游的稱「海西女真」，居住在長白山北部、牡丹江和綏芬河流域的稱「建州女真」。其中建州女真是奴爾干都司轄下的主要居民，社會經濟最為發達，與明朝關係也最密切。明朝中期建州女真勢力強大起來。

清太祖努爾哈赤像

萬曆十一年（一五八三），建州左衛都指揮使努爾哈赤以祖父、父親在建州諸部內爭中被殺而為其報仇為藉口，正式起兵。他先出兵統一了建州三衛，而後奪取了長白山三部的統治權，逐漸統一了建州女真各部。此後，又向海西女真發動進攻，到萬曆四十七年（一六一九），海西女真各部全被努爾哈赤所兼併。此後，他採用征撫並用，以撫為主的策略，到天啟五年（一六二五）統一了野人女真各部。在統一女真各部的過程中，逐步建立和完善了政治軍事制度，萬曆四十四年（一六一六），努爾哈赤於赫圖阿拉（今遼寧新賓）稱汗建國，建元天命，國號「金」（或「大金」），史稱後金。一六一八年，努爾哈赤發布「七大恨」誓師，公開向明朝宣戰。此後，與明朝展開了二十餘年的征戰。

闖王進北京

崇禎十七年（一六四四）二月初一日，李自成親率大順軍主力渡過黃河東進，初五日便攻克了太原，山西各州縣官望風而降。三月初一日到達大同，明朝的守將投降，僅過了十來天，明朝守衛宣府和居庸關的將領便相繼投降。北京西部的屏障全被打開，明朝危在旦夕。

崇禎皇帝見勢不妙，準備向南方逃跑。可是大臣們報告說，劉芳亮率領的大順軍的另一支隊伍進軍魯豫邊界，控制了運河。接著又北上占領了真定（今河北正定），正準備進攻保定。這支部隊與李自成的主力軍隊相呼應，形成了對北京的夾擊之勢。

三月十七日，李自成率領大軍來到北京城下，城外駐紮著明朝三個大營的禁軍，李自成準備與之血戰一場，但這些禁軍早被大順軍嚇破了膽，還沒交戰便紛紛潰逃。隨後，大順軍將北京城包圍起來，同時對各城門展開猛攻。城中明軍人數甚少，乃令百姓、太監登上城牆，幫助防守。十八日，李自成派投降的太監杜勳進城勸崇禎帝「禪位」，崇禎帝拒絕。太監曹化淳打開彰義門（即廣寧門，清朝改為廣安門），迎接義軍入城，當日德勝門、阜成門、宣武門、正陽門、朝陽門均被打開，起義軍湧入北京城中。崇禎皇帝見城中四處喧囂，急忙召集百官尋求對策，但連個人影都找不到了。崇禎帝知大勢已去，徘徊許久，乃回到乾清宮，先派人送太子、永王、定王等外逃，然後逼周皇后自縊，用寶劍殺死幼女昭仁公主，砍傷長女樂安公主，自己走上煤山（今北京景山），自縊而死。十九日，李自成頭戴白色氈笠，身穿藍布箭衣，乘坐烏駁馬，在眾將簇擁下，由德勝門進入北京城。義軍紀律嚴明，秋毫無犯，城中百姓焚香結彩，夾道歡迎。李自成由大明門進皇城，到承天門下，豪氣大發，立馬持弓，對準「承天之門」匾額一箭射去，恰中「天」字之下。屬下認為是吉兆，預示李自成至少可得天下之半，李自成也沾沾自喜。

一六二八年
陝西發生農民起義，揭開了明末農民戰爭的序幕。

一六三六年
李自成稱闖王。後金皇太極稱帝，改國號清。

一六三八年
李自成為洪承疇所敗，入商洛山中。張獻忠在湖北谷城受降，次年復起，再舉義旗。

一六四四年
正月，李自成在西安建

起義軍占領北京後，明朝的殘餘勢力還在各地負隅頑抗，鎮守山海關的明朝寧遠總兵吳三桂也在觀望形勢，伺機反撲。東北的清軍已厲兵秣馬，準備向關內進攻。大敵當前，義軍卻被勝利沖昏了頭腦，滋長了驕傲情緒和享樂思想。當吳三桂與清軍勾結起來，進攻起義軍時，起義軍倉促應戰，大敗於山海關。清軍直逼北京，起義軍進入北京四十天以後，又被迫離開了他們浴血奮戰十多年才攻取的這座與皇權緊密聯繫著的古老城市，並由此走向了敗亡的道路。

相關連結

明末農民起義

明朝末年，政治腐敗，土地集中，賦稅沉重，小規模農民起義不斷發生。崇禎元年（一六二八），陝西發生災荒，但官府仍向貧民催逼租稅，結果激起民變。七月，王二、王嘉胤等在陝西府谷等地首舉義旗，後高迎祥、張獻忠、李自成等先後起義，轉戰於陝、晉兩省。崇禎六年（一六三三），起義軍由陝西進入中原。崇禎八年（一六三五）初，義軍十三家七十二營首領大會於滎陽，一致同意李自成提出的分兵定向的原則，分兵五路協同作戰。次年高迎祥戰死，李自成統率其部。後李自成戰敗，隱於山中。復出後，於崇禎十四年（一六四一）攻占洛陽，殺福王朱常洵。崇禎十六年，李自成在襄陽稱新順王，建立政權。張獻忠攻克武昌後，稱大西王，也建立了政權。不久李自成攻占

李自成墓碑

立大順政權。三月十九日，入北京，崇禎帝自縊，明朝滅亡。四月二十九日，李自成即皇帝位，次日率眾退出北京。

張獻忠在成都稱帝，建大西國。

西安，崇禎十七年（一六四四）正月在西安建國號為大順。三月十九日李自成攻入北京，明朝滅亡。四月二十九日，李自成即皇帝位。次日退出北京。十一月，張獻忠在四川成都建國號大西。次年四月，李自成在湖北通山縣九宮山遭遇地方武裝襲擊戰死。順治三年（一六四六）秋，清軍大舉進攻大西政權，由於叛徒出賣，張獻忠兵敗被殺。李自成、張獻忠死後，大順軍與大西軍餘部轉入了抗清鬥爭。

清朝

清代《布庫圖》

清朝（一六四四—一九一一）是滿洲貴族建立的中國歷史上最後一個專制主義封建皇朝。當政者繼承前代的統治政策，總結入主中原的少數民族的統治經驗，繼續強化中央集權和君主專制，拉攏漢族和其他民族上層建立以滿洲貴族為核心的政權。清代各民族間的政治、經濟、文化交流更加廣泛深入，民族融合加強，統一的多民族國家進一步發展。康熙末年起實行攤丁入畝政策，將人口稅全部攤入田畝，農民對國家的封建依附關係大大減弱，隨著商品經濟的進一步發展，資本主義萌芽有了一定程度的增長。明中葉以後，西歐國家相繼進入資本主義時代，中國開始從先進退入落後國家的行列，在對外關係方面，也由漢唐的開放政策變為「閉關鎖國」，清前期由於國力強盛，尚能有效抗擊列強入侵，隨著國勢的衰落，逐漸處於被動挨打的境地。鴉片戰爭以後，中國走完封建社會的漫漫長路，墜入了半殖民地半封建社會的深淵。

乾隆 粉彩鏤空轉心瓶

慈禧太后畫像

《康熙南巡圖》中的農耕場景

吳三桂開關降清

清初詩人吳梅村寫長詩〈圓圓曲〉，其中有「痛哭六軍俱縞素，衝冠一怒為紅顏」一句，諷刺吳三桂為小妾陳圓圓，轉而降清。儘管吳三桂降清有多方面的原因，但陳圓圓被掠一事不失為起因之一。

吳三桂是明代遼東人，錦州總兵吳襄之子。天啟末年曾帶二十餘個家丁救其父於四萬滿洲軍中，當時人稱譽他「勇冠三軍，孝聞九邊」。崇禎四年（一六三一）八月，皇太極在大凌河與明軍作戰，吳襄赴援時逃亡，導致全軍覆沒，故崇禎帝囚吳襄於獄而治其罪，同時提拔吳三桂為寧遠總兵，鎮守山海關。吳三桂所率部隊士氣高昂，作戰勇敢，是明末最後一支頗有戰鬥力的隊伍。吳三桂曾參加明軍與清兵的松山大戰，但敗得很慘，後退守寧遠，阻止了清軍的進一步攻擊。從那時起，皇太極便開始招降吳三桂，但吳三桂以明朝忠臣自許，死守孤城，絕不投降。崇禎十七年（一六四

山海關關門舊影

一六四四年

五月初二日，清軍進入北京。十月初一日，福臨在北京即皇帝位，是為順治，並以北京為都城。

一六四五年

李自成進入中原作戰，被殺於湖北通城九宮山。清軍南下，在揚州屠城，史有「揚州十日」之說；在嘉定三次大肆屠殺，史稱「嘉定三屠」。史可法督師於揚州抗清，被俘後慷慨就義。

四），大順軍打到了大同，崇禎皇帝詔令吳三桂領軍還衛京師。吳三桂知道大順軍厲害，心存顧忌，不敢貿然前進，當到達河北豐潤時，傳來李自成攻陷北京的消息，於是他引兵回到了山海關。

吳三桂手握重兵，扼守山海關，而山海關是清軍入關的咽喉，戰略位置十分重要。李自成知道關外清兵一直虎視中原，最怕清兵乘亂入關。而關外的清廷也密切關注著中原戰局的變化，準備伺機而動。雙方的目光同時落到了吳三桂身上。李自成進入北京時僅帶了部分兵員，大量精銳部隊留在了山西、陝西、湖北，準備取得北京、勘定北方之後一舉平定南方。如果吳三桂倒向李自成，遏制清軍南下，那麼已取得中國北方半壁河山的李自成便可揮師南下、飲馬長江，一統天下指日可待。當然，李自成也明白，如果吳三桂投降清兵，後果將不堪設想。

李自成占領北京後，馬上讓吳三桂的父親吳襄寫信勸吳三桂投降，同時派降將、原明朝居庸關總兵唐通帶四萬兩白銀去山海關，犒賞吳三桂的軍隊。吳三桂獲悉不少明朝文官武將歸附了大順政權，而大順也頗有一統天下之勢。再說大順政權畢竟是漢族人建立的政權，吳三桂長期與清廷作戰，與大順軍沒有直接恩怨，況且李自成占領北京後，包括吳三桂父親在內的舉家數十口人都落入李自成手中，這也不能不使吳三桂有所顧忌，所以吳三桂表現出明顯的歸順大順政權的傾向。但他還是暗中與清廷保持往來，做了與大順政權對抗的準備。

為了表示自己歸屬大順的誠意，吳三桂帶兵緩緩向北京方向前進。沿途遇到從北京來的人，他便找來詢問。起初聽說父親吳襄被抓，家產被抄，吳三桂恨恨不已，歸降大順之念消去了大半。後來又有人說他的愛妾陳圓圓已被李自成手下大將劉宗敏霸占。吳三桂聞言，怒髮衝冠，立刻下令回軍山海關，他要將士們一律換上白盔白甲，宣布要給死去的崇禎帝報仇。

幾天後，大順朝的使者帶來吳襄的第二封勸降書信，吳三桂看都沒看，便下令殺死使者。接著率兵擊敗大順援軍白廣恩部，宣告與李自成徹底決

一六四六年

張獻忠於四川西充鳳凰山遇襲身亡。

陳圓圓像

裂。四月十九日，李自成帶十萬大軍前往山海關，從三面猛烈圍攻關內城鎮山海城。同時派出兩萬人馬，繞道山海關西一片石北面的出口，從城外進抵山海關城門，截斷吳三桂逃往關外的通道。吳三桂有兵五萬，自知不是大順軍的對手，於是急遣使出關，去見清攝政王多爾袞，請求入關援救。多爾袞立刻發兵，四月二十一日，在一片石擊敗了投降大順的明將唐通的隊伍。第二天，吳三桂砲轟義軍，乘機衝出包圍，拜見多爾袞，正式向清廷投降。隨後，吳三桂全軍剃髮，表示歸順清廷。李自成騎著高頭大馬，登上高崗，親自指揮攻城，大順軍個個英勇，吳軍漸漸抵擋不住。向遠處眺望，李自成見一支隊伍打著白旗，出現在吳軍右側，便令後軍前去迎戰。突然，塵埃開處，身披鎧甲、頭上留著髮辮的清兵衝殺過來，大順軍沒有思想準備，抵擋不住，一陣激戰，大順軍潰敗，屍橫遍野，死者萬人。二十二日，李自成撤回北京，二十九日匆匆登基，次日便率兵撤離了北京。

相關連結

清軍入關

李自成率軍向北京進發時，清攝政王多爾袞誓師南下，準備搶在大順軍之前占領北京，途中突然收到明山海關總兵吳三桂請求援助的書信，獲悉明朝已被推翻，於是打出「弔民伐罪」「復君父仇」的旗號，加速向山海關推進。李自成在向吳三桂勸降不成的情況下，率主力包圍了山海關。吳三桂降清，多爾袞率領清軍參戰，大順軍猝不及防，戰敗退回北京。隨後，清軍迅速進入關內，進逼北京。在大軍壓境的情況下，李自成率領大順軍向陝西撤退。順治元年（一六四四）五月初二日，多爾袞率清軍進入北京，採取一系列措施，穩定統治秩序。九月十九日，多爾袞迎福臨進京。十月初一日，福臨即皇帝位，宣布建都北京。

鄭成功收復臺灣

順治十八年（一六六一）三月二十三日，金門料羅灣的海面上，帆檣林立，旌旗蔽日，為首的艦船上站著一位年輕的將領，他英姿颯爽，目光堅毅。他一聲令下，只見幾百艘戰艦揚帆競渡、浩浩蕩蕩駛進大海。這位將領就是民族英雄鄭成功，他出兵的目的是收復被荷蘭殖民者占據了幾十年的寶島臺灣。

鄭成功原名鄭森，號大木，福建南安人。明朝滅亡後，唐王朱聿鍵在福州建立隆武政權，鄭成功跟隨父親鄭芝龍入仕為官，頗受唐王賞識，賜姓朱，改名成功，當時人敬稱他為「國姓爺」。

順治三年（一六四六），鄭芝龍不顧兒子鄭成功的苦苦勸阻，投降了清朝。鄭成功寫信給父親，斷絕父子關係，率部至南澳（今屬廣東），以金門、廈門為基地堅持抗清。

和清朝對峙了十幾年，鄭成功雖然取得了一些勝利，但總體上處於被動局面。根據地越來越狹小，士氣越來越低落，處境也就越來越艱難。鄭成功感到抗清大計必須從長計議，於是把目光投向了土地肥沃、物產豐富的臺灣，打算在那裡建立新的抗清根據地。

當時臺灣已被荷蘭人占領了幾十年，他們在島上修建了臺灣城和赤嵌城兩個軍事據點。臺灣地勢險要，易守難攻，荷蘭殖民者善於海戰，有「海上的馬車夫」之稱。要打敗他們，談何容易。

這時候，有一個在荷蘭軍隊裡當過翻譯的名叫何廷斌的人，趕到廈門來見鄭成功，講述了荷蘭人在臺灣的暴行，臺灣居民反抗殘暴統治等情況，更重要的是，他獻給鄭成功一幅親手繪製的臺灣地圖，詳細說明了臺灣的水路通道和荷蘭人設防的情況。經過反覆醞釀推敲，鄭成功確定了

一六六一年
鄭成功驅逐荷蘭殖民者，收復臺灣。

一六八三年
清軍攻占臺灣。次年設一府三縣進行管理。

一六八四年
康熙第一次南巡，其一生共六次南巡。

完備的作戰方案：首先收復澎湖作為前進基地，然後乘漲潮之機，通過鹿耳門港登陸，切斷臺灣城與赤嵌城兩地荷軍的聯繫，分別予以圍殲，最後收復臺灣全島。一切準備就緒，鄭成功率領二．五萬名將士從料羅灣出發了。

順治十八年三月二十四日晨，鄭成功的船隊到達澎湖列島。次日，鄭成功到各島巡視，認為澎湖軍事地位十分重要，遂令四位將領留守，自己率軍繼續東進。二十七日，鄭成功率軍駛抵柑橘嶼（今東吉嶼、西吉嶼）海面，突然狂風大作，只好返回澎湖。大風不止，而鄭軍攜帶的糧食已所剩無幾。鄭成功力排眾議，當機立斷，決定強渡。

三十日晚，鄭成功親自率船隊冒著暴風雨橫渡臺灣海峽。四月初一日拂曉行至鹿耳門港外。荷軍的據點臺灣城、赤嵌城位於今臺南市。這裡海岸曲折，兩城之間有一個內港，叫做臺江。從外海進入臺江有兩條航路：南航道口寬水深，船容易駛入，但港口有敵艦防守，陸上有重砲瞰制，必經大戰才能通過。北航道水淺道窄，漲潮時大船才能行駛，這條航道敵人沒有派軍防守。鄭成功決定從敵人疏於防守的北線進軍。四月初一日中午，鹿耳門海潮大漲，鄭成功命令將士按原定路線迂迴而進。大小戰艦順利通過鹿耳門，而後兵分兩路：一路登上北線尾，一路駛入臺江。臺灣的漢族和高山族人民見祖國的大軍到

鄭成功像

達，爭先恐後，出來迎接，幫助他們登陸。

鄭成功軍隊迅速包圍了赤嵌城，割斷了赤嵌城與臺灣城之間的聯繫。赤嵌城的荷軍較弱，鄭軍向他們發起猛烈攻擊；臺灣城荷軍發兵支援，但被鄭軍阻擋。其守將派出兩位代表前來談判，鄭成功嚴詞拒絕。鄭成功採納當地居民建議，從上游堵塞赤嵌城水源，敦促荷軍投降。四月初四日，彈盡糧絕、饑渴難耐的荷軍見援兵無望，不得不掛起白旗。鄭成功只用了四天時間就收復了赤嵌城。

鄭成功派人前往臺灣城勸降，但荷蘭人拒絕了。臺灣城是荷蘭殖民者的統治中心，城堡堅固，防禦設施完備，他們妄圖憑藉城堡頑抗，等待巴達維亞（今雅加達）的荷蘭軍隊前來支援。鄭成功發動了幾次進攻，都沒有成效。為了減少傷亡，鄭成功改變戰術，他一方面派遣提督馬信率兵紮營臺灣城外，圍困荷軍，一方面讓兵士分駐各地屯墾。鄭成功到高山族人聚居的地區巡視，受到當地人的熱烈歡迎。

五月初二日，鄭軍的後續部隊六千人在黃安等將領率領下，乘船二十艘抵達臺灣。從五月初五日開始，鄭成功令兵士在通向城堡的道路上築起防柵，挖了很寬的壕溝，以圍困荷軍。

八月，鄭成功率軍打敗從巴達維亞前來救援的荷蘭軍隊。十二月初六日清晨，鄭成功下令強攻臺灣城，二十八門巨砲的響聲打破了長達八個月的僵持局面，二千五百枚砲彈呼嘯著飛向城外的烏特列支堡。占領了該堡後，鄭軍居高臨下，建築砲臺，向臺灣城猛烈轟擊。荷蘭人走投無路，只好投降。

順治十八年十二月十三日（一六六二年二月一日），荷蘭駐臺灣長官揆一簽字投降後，帶領殘兵敗將，攜帶私人財產，灰溜溜地走了。至此，荷蘭侵略者在臺灣三十八年的殖民統治宣告結束，寶島臺灣回到祖國的懷抱。

鄭成功在臺灣組織墾荒，興辦學校，設置官職，制定法律，促進了臺灣地區經濟文化的發展。

康熙統一臺灣

鄭成功收復臺灣後，當年病死，子鄭經繼位。康熙帝對臺灣實行招撫為主、不事輕剿的態度，多次派使者赴臺灣勸降，均遭拒絕。康熙二十年（一六八一）鄭經死，鄭氏集團發生內訌，部將馮錫範、劉國軒等殺鄭經長子，另立其年方十二歲的兒子鄭克塽，以便專政擅權。時值連年災荒，民不聊生。康熙帝平定三藩之後，社會安定，兵力增強。劉國軒等自度無力與清抗衡，乃與清議和，提出的條件是：稱臣進貢，但不登岸，與清廷關係如同琉球、高麗。康熙帝斷然拒絕，指出臺灣民眾多閩人，不能與琉球、高麗相比。康熙二十二年（一六八三）六月十四日，令臺灣鄭氏降將、富有海戰經驗的福建水師提督施琅率二萬餘兵士，乘三百餘艘戰船，突襲澎湖。雙方鏖戰七日，鄭軍一．二萬人被殲，守將劉國軒狼狽逃回臺灣島。臺灣屏障既失，精銳喪失殆盡，無力繼續抵抗，於是兩次遣使議降。八月十一日，施琅自鹿耳門登陸，頒布告示，安定民心。鄭克塽將印信簿冊上繳施琅，奉表歸降。次年，清廷在福建省下設臺灣府，下轄三縣，駐軍屯守。自此，臺灣在行政機構設置上與內地完全劃一。

康熙帝智除鰲拜

康熙帝即位之初，鰲拜為輔政四大臣之一，他培植黨羽，把持朝政，為所欲為，完全不把皇帝放到眼裡。康熙親政後加恩輔臣，仍命佐理政務。蘇克薩哈知道自己鬥不過鰲拜，便於皇上親政之機上了一表，請求准許他去守護順治帝的陵墓，以安度晚年。可蠻橫的鰲拜硬是不放過他，他誣陷蘇克薩哈心懷怨望，以守陵要脅皇上，不想交出輔政大權。沒等康熙帝表態，鰲拜就讓人將蘇克薩哈治成死罪砍了頭。鰲拜如此專橫跋扈、濫殺大臣，康熙帝十分生氣。可鰲拜在朝中經營多年，遍布黨羽，如果操之過急，後果不堪設想，所以康熙帝決定做好準備，等機會成熟時再制服他。

過了些天，康熙帝從侍衛中挑選出幾個身強體壯的年輕人，讓他們到宮中來，練習「布庫戲」。「布庫」是滿語，意思是相互決鬥看誰的力氣大，大約相當於現在的摔跤。康熙帝在一旁觀賞。鰲拜的親信報告說經常有幾個年輕侍衛到宮中去，鰲拜還真有些緊張，但聽說是康熙帝叫了去玩摔跤的遊戲，只是傲慢地笑了笑，心想皇上畢竟是小孩子，胸無大志，只知玩耍。

過了兩年，康熙帝十六歲了。鰲拜的親信、大學士班布爾善幾次提醒鰲拜：皇上長大了，身

布庫圖

一六六九年
康熙帝智除鰲拜。

邊有一幫少年侍衛，可別做出什麼對您不利的事來，我看不如趁早下手，把大權奪過來。鰲拜下不了這樣的決心，但也加緊了對康熙帝的防範。這年初夏，鰲拜常常稱自己有病，不去朝見皇帝。有一次，鰲拜又稱病沒有上朝，康熙帝決定親自去看望他。進入鰲拜的臥室後，康熙帝的御前侍衛看他神色有些不對頭，於是急忙走到他的床邊，一掀床上的席子，立即露出一把閃閃發光的利刃。會見皇帝藏有兇器，這可是滅門的大罪啊，鰲拜大驚失色。可康熙呢，只見他神色自如，笑了笑說：「刀不離身，是咱滿洲人的風俗，你到現在還保持這樣的習俗啊！」鰲拜嚇得半天才緩過神來，連忙點頭稱是。

回宮以後，康熙帝表面十分平靜，但心裡知道再不制服鰲拜，說不定哪天就會生出變故來。一天，康熙帝說是要下棋，讓人把索額圖召進宮來，棋擺好以後，康熙帝讓侍從全都退下，二人秘密商議了大半天。

自從康熙帝來府探望之後，鰲拜一直放不下心來，想著皇上會不會將他治罪。等了幾天，一點兒動靜也沒有。又過了幾天，忽然接到皇上的詔書，將他從二等公提升為一等公。鰲拜大大鬆了一口氣，心想皇上現在畢竟還不是自己的對手。

鰲拜像

康熙八年（一六六九）五月，康熙帝先把鰲拜的親信派往外地，打發他們遠離京城，又安排自己的親信掌握了京師的軍權。六月十四日一早，康熙帝又把在身邊練習布庫戲的少年侍衛們召了來，對他們說：「你們都是我的股肱近臣，你們是聽我的，還是聽鰲拜的？」大家齊聲說：「聽皇上調用！」康熙帝對他們作了周密的安排和交代，然後下令召鰲拜進宮議事。鰲拜沒有覺察出這次召見與以往有什麼不同，於是大大咧咧地走進了朝堂。剛一進門，康熙帝一聲令下，年輕的摔跤手們一擁而上，鰲拜猝不及防，被摔倒在地，束手就擒。不可一世的鰲拜就這樣戲劇性地敗在一群少年手下。

與此同時，康熙帝派一批侍衛直奔鰲拜宅第，逮捕了他的兒子和死黨。鰲拜多年來橫行不法，朝臣敢怒而不敢言，如今被擒，他們紛紛控告鰲拜，最後歸納為「欺君罔上」等三十條罪名，按照當時的刑律要處以死刑。鰲拜這才慌了神，再三要求面見康熙帝。見到康熙帝後，他「撲通」跪到地上，一把扯下自己的衣服，讓皇上看他為救太宗皇帝而留下的傷疤。累累傷痕和赫赫戰功，終於保全了他的性命。康熙帝以他屢立戰功，亦無篡弒之謀，對他寬大處理，免死，禁錮。不久，鰲拜在禁所死去。

相關連結

康熙帝親政

順治十八年（一六六一），清世祖福臨病逝，其年僅八歲的兒子玄燁即位，改元康熙。鑒於多爾袞專權的教訓，玄燁的祖母孝莊太后以順治遺詔的名義，宣布由異姓大臣四人輔政。後來，四大臣中索尼病死，蘇克薩哈、遏必隆軟弱遷就，一切聽從鰲拜擺布，給鰲拜以獨擅大權的機會。他專橫跋扈，獨斷專行，將康熙皇帝視為傀儡。由此引起了康熙帝尤其是孝莊太后的警覺與不滿。清制，皇帝親政以前無權頒布上諭，不能干預政治。大婚後方可親政，而大婚一般是在十六歲。康熙帝十二歲那年，孝莊太后便讓他舉行了大婚禮，十四歲開始親政。但鰲拜的囂張氣焰毫無收斂。兩年後，康熙帝智擒鰲拜，將其革職拘禁。此後，康熙帝平定了三藩之亂，統一臺灣，粉碎噶爾丹叛亂，並抗擊沙俄入侵、簽訂「尼布楚條約」，清代社會進入了鼎盛的時期。

康熙帝朝服像

平定「三藩」之亂

康熙親政後，把「三藩」「河務」「漕運」看作國家三件大事，寫下來掛在宮中的柱子上，以提醒自己切切莫忘。河務、漕運涉及國計民生，當然十分重要，而「三藩」為什麼能成為國家大政，且居三件大事之首？

原來，在推翻明朝、鎮壓各地抗清力量的戰爭中，明朝降將吳三桂、耿仲明、尚可喜三人功勞最大，均受封為王。他們各自擁有強大的軍隊，是八旗以外的重要武裝力量。其中，平西王吳三桂據守雲南、貴州，靖南王耿精忠（耿仲明之子）據守福建，平南王尚可喜據守廣東。這就是所謂三藩。三藩當中，吳三桂地位最高，地盤最大，實力也最強。他被封為平西親王，是雲南的土皇帝。吳三桂自行在轄區內選派官吏，稱為「西選」。他還鑄造錢幣、廣設關卡、徵收賦稅，聚斂財富、擴充軍隊。

三藩的存在，特別是平西王吳三桂勢力的膨脹，已嚴重威脅到中央政權的完整。康熙帝決心撤除三藩，但又怕引起政治動盪，遲遲不敢動手。

康熙十二年（一六七三）三月，平南王尚可喜想回遼東老家養老，請求把爵位讓兒子尚之信承襲。康熙帝見機會來了，馬上答應了他回鄉養老的請求，但不准他兒子接替爵位繼續鎮守廣東。吳三桂、耿精忠感覺形勢不妙，捉摸不透康熙帝的想法。這年七月，二人假意向朝廷提出「撤藩」請求，一來試探康熙的態度，二來向朝廷施加壓力。

怎麼給吳三桂他們答復？康熙帝也犯了難。他召集眾臣商議。多數人認為吳三桂力量雄厚，撤藩請求非其本意，動了他必然導致叛亂。只有尚書米思翰和明珠主張就此撤藩。康熙帝經過慎重考慮，認為吳三桂反叛蓄謀已久，撤藩亦反，不撤亦反，與其被動受制，不如先發制人。他力

一六七三年

吳三桂起兵反清，「三藩之亂」開始，歷時八年被平定。

一六九〇年

噶爾丹進犯蒙古。康熙帝第一次親征，清軍大敗噶爾丹。此後，康熙帝又兩次親征，平定噶爾丹叛亂。

吳三桂像

排眾議，斷然發出同意撤藩的詔令。

吳三桂本以為皇上年輕怕事，不敢得罪他，沒想到康熙帝動了真格，他惱羞成怒，立刻布置，起兵造反。吳三桂自稱「天下都招討兵馬大元帥」，以「興明討虜」為號召，傳檄天下，派兵出擊。清軍準備不充分，被打了個措手不及，各個戰場均處劣勢，江南大部落入吳三桂手中。次年，耿精忠在福建、尚之信在廣東起兵回應。陝西提督王輔臣也發動兵變，回應吳三桂。

三藩叛亂、江南失守的消息傳到京城，朝廷上下一片驚慌，有人主張殺了主張撤藩的大臣，趕快求和。康熙帝嚴詞批評他們的言論，面對作戰的不利形勢，決定採取剿撫並用、分化瓦解的策略。

對於吳三桂，康熙帝採取堅決打擊、毫不退讓的政策。戰爭一開始，康熙帝便下令捕殺吳三桂之子、額附吳應熊，以堅定平叛決心。康熙帝任命順承王勒爾錦為寧南靖寇大將軍，率軍討伐吳三桂；同時，起用綠營兵（清軍入關後收編的明軍和各省改編的隊伍，用綠色軍旗，故稱綠營兵），以湖南為主要戰場，阻擊吳三桂軍渡江。

對耿精忠、尚之信和王輔臣，康熙帝則採取軟硬兼施，招撫勸降為主，軍事打擊為輔的兩手政策。他下令停止撤銷平南、靖南二藩，還多次下詔赦免耿、尚、王之罪，派他們在京城的親朋好友前往福建、廣東和陝西進行招撫，一再保證既往不咎。同時，派兵前往軍事要地，保持對他

一七一二年

宣布實行「滋生人丁，永不加賦」。

一七一三年

清政府封西藏班禪呼圖克圖為「班禪額爾德尼」。

們的軍事壓力。

康熙帝征撫並用的政策擊垮了王輔臣、耿精忠和尚之信。王輔臣兵敗降清，西部叛亂被平定。耿精忠力盡勢窮，不得不請求投降。不久，尚之信也宣布投降，東南叛亂被平定。

同盟軍相繼降清，吳三桂知道大勢已去。但他太想當皇帝了，於是決定在自己的有生之年圓一下皇帝夢，同時也給屬下將士打打氣。康熙十七年（一六七八）三月初一日，吳三桂在湖南衡陽稱帝，國號「大周」。可這皇帝當得太艱難了，他每日每夜都在戰爭失利的報告中遭受著煎熬。五個月後，他實在支撐不下去了，發病而死。他的孫子吳世璠繼承皇位後，放棄衡陽，逃到了雲南。康熙二十年九月，清軍包圍了昆明，吳世璠走投無路，服毒自殺。長達八年之久的「三藩」之亂至此結束。

在平定「三藩」之亂的過程中，康熙帝處事果斷、臨危不懼，表現出傑出的政治和軍事才能。他正確的策略，出色的調度，避免了國家的混亂和分裂。吳三桂在不該降清時降清，又在不該反清時反清，出爾反爾，反覆無常，成為千夫所指的歷史罪人。

雅克薩抗俄之戰

沙俄本是一個歐洲國家，與我國並不接壤。外興安嶺以南、黑龍江以北、烏蘇里江以東及庫頁島一帶，唐朝以後一直在我國政府的有效管理之下。十六世紀後期，沙俄越過烏拉爾山脈，開始向東擴張，到十七世紀中葉，占領了西伯利亞，成為與我國毗鄰的國家。

外興安嶺以南及黑龍江、烏蘇里江兩岸，水草豐茂，土地肥沃，森林遍布，礦藏豐富。沙俄垂涎不已。清朝入關前夕，沙俄以葉尼塞斯克為基地開始向東擴張。順治元年（一六四四）沙俄殖民者勢力到達貝加爾湖，後又向東推進。同時，沙俄勢力又大舉向我國的黑龍江以北的地區進犯。康熙帝即位後，多次與沙俄政府交涉，均無效果，於是決定出兵反擊。

康熙二十一年（一六八二），康熙帝到盛京祭祖，後北上抵吉林烏喇，蕩舟松花江上，看似遊山玩水，實則欲前往視察形勢。康熙派副都統郎坦裝作捕鹿者，到雅克薩城附近偵察俄軍的工

清軍在雅克薩之戰中使用的「神威無敵大將軍」砲

一六八五年
清軍於雅克薩擊敗入侵黑龍江地區的沙俄軍隊。

一六八六年
清軍再次於雅克薩擊敗沙俄軍隊。

一六八九年
與俄國簽訂劃分邊界的「尼布楚條約」。

事及兵力部署。同時命當地官員修造戰船，建立城堡，準備出擊。次年夏，康熙帝下令設立黑龍江將軍，由副都統薩布素擔任，駐守璦琿（今愛輝）。

康熙二十四年（一六八五）二月，康熙帝派遣都統彭春、副都統郎坦率水陸軍隊，與薩布素會師後進軍雅克薩。六月，彭春率軍到達城下，先派人送去康熙帝致沙皇的信和他本人給雅克薩俄軍的諮文，要求俄軍撤離，否則將予以打擊。此前俄國人曾揚言用一支不大的軍隊就可以制服中國，所以他們根本不把康熙帝的警告當回事，不僅不撤退，而且出言不遜。清軍立即包圍雅克薩城，架起大砲，猛烈轟擊，俄軍傷亡嚴重。龜縮在城中的俄軍頭目不得不樹起白旗乞降，並發誓不再侵占雅克薩。

按照康熙帝的諭旨，清軍釋放了城內侵略者及家屬七百餘餘人，允許他們攜帶武器、財產出城。另有幾十名俄人不願回國，留居清朝，被編入上三旗。

沙俄軍隊從雅克薩退到尼布楚後，由彼頓率領的六百名援軍也到達了那裡，俄軍力量增強了，聽說清軍已全部撤回璦琿，並沒有留兵駐守，於是，這年的八月，托爾布金和彼頓率軍重新占據了雅克薩，並全力構築城堡工事，籌集糧草，妄圖負隅頑抗。

第二年三月，康熙帝令薩布素、郎坦等所部兩千人，再次進攻雅克薩。七月，薩布素進抵雅克薩，三面掘壕築壘，用大砲轟城，沿江一面，則以戰船駐守。經過兩個多月的圍攻，俄軍損失慘重，其頭目托爾布金被擊斃，八百多俄軍大多戰死或病死，最後只剩幾十人，糧食彈藥也消耗殆盡。

九月，清政府委託從北京回國的荷蘭使者帶信給俄國沙皇，建議兩國休兵，談判議定邊界。十一月，俄國使者來到了北京，遞交沙皇要求解除雅克薩之圍和派使臣來華議定邊界的信件。康熙帝傳諭薩布素等人解除對雅克薩的包圍。次年五月，清軍撤回璦琿。

兩次雅克薩自衛反擊戰的勝利，在中華民族反對外國侵略的鬥爭史上，寫下了光輝的一頁。

■「尼布楚條約」

清軍在雅克薩重創俄軍後，雙方同意通過談判解決邊界爭端。經過反覆交涉，雙方於康熙二十八年（一六八九）七月二十四日簽訂「尼布楚條約」。條約共六款，主要是規定了中俄東段邊界。條約規定：格爾必齊河和額爾古納河以東至海，外興安嶺以南，整個黑龍江流域和烏蘇里江流域（包括庫頁島在內）的廣大地區都是中國的領土；俄人撤出雅克薩，所築城堡全部毀除；不得收容對方叛逃人員；雙方僑民悉從舊居。這是中國歷史上第一份與西方國家簽訂的平等條約。在此後近兩百年的時間裡，這段邊界一直比較平靜。

馬嘎爾尼使團來華

西元一七九二年九月二十六日，從英國的普茨茅斯港駛出了三艘艦船——海軍軍艦「獅子」號、商船「印度斯坦」號和供應船「豺狼」號，這是英王喬治三世派遣的訪華使團的船隊。使團的專使是喬治·馬嘎爾尼勳爵，副使是喬治·斯當東男爵，訪華成員共七百多人，船上裝載著天文地理儀器、樂器、鐘錶、車輛、武器、艦船模型、氈毯等禮品。他們說，遠渡重洋，前往古老的中國，為的是參加乾隆皇帝八十三歲壽誕的典禮。

在此之前，英國從來沒派使團來過中國，乾隆皇帝得知遙遙數萬里之外的英國人誠心向化，前來「進貢」祝壽，自然高興萬分，多次發布諭旨，要求沿海各省在使船泊岸時迎送犒勞，熱情款待。

乾隆五十八年六月十八日（一七九三年七月二十五日），使團的船隊到達天津大沽，乾隆帝指派直隸總督梁肯堂負責接待，並派長蘆鹽政徵瑞陪同使團來熱河避暑山莊，接受皇帝的召見。使團成員在北京稍事休息，留下一部分人在圓明園安放「進貢」的儀器及禮品，其他人高高興興地趕赴熱河。

眼看快到熱河了，徵瑞以為這些化外之人不懂中國禮儀，於是想教他們如何行三跪九叩之禮。馬嘎爾尼一聽，當即翻了臉，說自己是英王派來的「欽差」，只能按英國的禮節向乾隆帝行鞠躬之禮，要跪下來叩頭，那不是對英國的侮辱嘛！雙方幾經交涉，互不相讓。徵瑞沒了辦法，只得報告乾隆皇帝。乾隆帝從來沒遇到這樣「妄自驕矜」的「外藩」貢使，心中大為不快，即下令降低接待規格，所有賞賜之物也都取消，只差下驅逐令了。馬嘎爾尼見這樣僵持下去，肯定見不了乾隆皇帝，自己的使命也無法完成，只好妥協，答應按中國的禮節拜見皇帝。

一七二三年
開始推行「地丁合一」「攤丁入畝」。

一七二七年
中俄簽訂「恰克圖條約」。
設駐藏大臣，加強對西藏地區的管理。

一七三二年
雍正帝改「軍機房」為「軍機處」，後權力日益增大，成為總理軍國要務的機構。

■軍機處
清初承明制，設置內閣和六部。雍正時因長期對西北用兵，軍政機密要事八月初十日，乾隆帝在避暑山莊的萬樹園宴請了馬嘎爾尼等人。九月十七日，英國使團參加了在澹泊敬誠殿舉行的慶壽大典，馬嘎爾尼呈上了英王的國書和禮品清單，乾隆皇帝也向英王和馬嘎爾尼等人回贈了禮物。此後，清廷將英國使團送回了北京，讓他們在那裡等待乾隆皇帝回覆英王的敕書。清政府的官員們天真地認為，英使參加了慶壽大典，觀瞻了華夏天國的威儀，接受了天子的恩賜禮品，自然該打道回府了。等把英王的國書翻譯出來以後，才發現事情並不這麼簡單。原來英王的國書裡提出了許多無理要求：允許英國商船在舟山、寧波、天津等港口自由貿易，且要在北京建立貨棧，在各地自由傳教，還要求清政府在舟山、廣州附近各劃出一塊地方，供英國人存放貨物和自由居住，由澳門運往廣州的貨物免稅或減稅，並且要派使節常駐北京。

乾隆帝聽了，大為震怒，對英人的要求，一概拒絕，說天朝物產豐富，無所不有，用不著和你們互通有無。對他們提出割地居住的要求，尤其痛加批駁，說「天朝尺土，俱歸版籍，疆址森然，即島嶼、沙洲，亦必劃界分疆，各有專屬」。他下令馬上送英人回國，不准在北京逗留，指示沿途官員，只派人護送，不可接見，也不許他們上岸逗留。

馬嘎爾尼帶著幾百人，歷時一年多，好不容易見到乾隆皇帝，但最後一無所獲，只好帶著乾隆皇帝的一封「敕諭」，悻悻地回到了英國。敕諭上說：你們遠在重洋，傾心向化，特意派使者來上表賀壽，並進獻方物，足以說明你們恭順之誠，實在令人嘉許。英王見了這樣的國書，有些哭笑不得。馬嘎爾尼使團要求與中國建立外交通商的目的未能達到，但卻搜集到大量情報，為英國的侵華戰爭做了準備。

需及時處理，於雍正七年（一七二九）在宮中設軍需房，雍正十年（一七三二）改稱「軍機處」。軍機大臣從大學士、各部尚書侍郎中選任，皇帝通過軍機處將諭旨直接寄送地方督撫，各督撫也將重要事項直接報送軍機處，交皇帝審批，不再經過內閣。從此，皇帝真正做到了「朝綱獨攬」，君權大大加強。

一七九三年
英國使臣馬嘎爾尼一行來到中國。

一八一六年
英國政府又派阿美士德使華。

相關連結

阿美士德使團來華

馬嘎爾尼使團來華二十多年以後，嘉慶二十一年（一八一六），英國政府再次派遣阿美士德為首的外交使團出使中國，以敦請中國政府多開商埠，與之進行自由貿易。二月初九日，使團六百多人乘英國皇家海軍軍艦「阿爾塞特」號啟航，七月二十八日到達大沽，經天津前往北京。在覲見嘉慶皇帝的禮儀上，阿美士德表示可以脫帽三次或九次點頭致意，中國官員則堅持說當年馬嘎爾尼曾行過跪拜禮，因此阿美士德也要仿行，否則皇帝不會接見他們。阿美士德斷然拒絕，使團因此而滯留於通州。經過十天的談判，終無結果。阿美士德一行七十五人繼續向北京進發，在覲見皇帝的日程上又與中國官員產生摩擦。他們上奏皇帝，斥責英國使者態度惡劣、妄自尊大。嘉慶帝立即決定終止使團的一切活動，阿美士德使團就此被驅逐出中國。

大貪官和珅

嘉慶四年（一七九九）正月，乾隆帝死去。嘉慶帝親政伊始，便宣布和珅的二十條罪狀，將其賜死，並查抄其家產。儘管人人都知道和珅的豪富，但抄家的結果，還是讓人瞠目。據說他的田產有八千多頃，當鋪七十五處，銀號四十二處，古玩鋪十三處，花園樓臺一〇六處，另外還有大量金銀珠寶、衣飾器皿、稀世古董，折合白銀大約有八億多兩，相當於和珅當權二十年中國家財政收入的一半，用富可敵國來形容他，真是一點都不過分。和珅到底是什麼樣的人物，他為什麼能聚斂這樣多的財富？

和珅原名善寶，字致齋，鈕祜祿氏，滿洲正紅旗人，生於乾隆十五年（一七五〇）。他三歲喪母，十歲喪父，雖然出身於官宦之家，但幼年孤苦零丁，生活充滿著坎坷與不幸，因此他做事勤勉，讀書刻苦。十八歲那年，官居正二品的內務府總管大臣英廉看中了他，將自己唯一的孫女嫁給了他。和珅時來運轉，擺脫了早年的貧寒。二十歲時，他承襲了祖上三等輕車都尉世職，以官學生任鑾儀衛侍衛，有了接近乾隆帝的機會，洞悉人情世故的和珅也就有了施展才幹的舞臺。只過了兩年，和珅便當上了官階正五品的三等侍衛，隨即充任經常隨皇帝出巡的黏竿處侍衛。有一天，乾隆皇帝突然下令出宮巡視，侍衛們慌亂中怎麼也找不到儀仗隊用的黃蓋。

和珅像

一七五一年
乾隆效法祖父康熙南巡江浙。先後亦六次南巡。

一七五八年
平定回部大和卓木與小和卓木叛亂，重新控制天山南路。

一七七四年
山東陽谷發生王倫領導的白蓮教起義。

乾隆帝大為惱火，大聲斥問侍衛官員。侍衛們面面相覷，沒一個敢回答。這時，一位青年侍衛走上前去，從容不迫，應答自如。這人便是和珅。乾隆帝抬頭一看，眼前的青年眉目清秀，溫文爾雅，且言辭得體，處亂不驚，心裡暗自高興。他問了和珅的名字和家庭境況，讓他做了御前侍衛。

據說和珅為官之初，倒也清廉，還曾經以清官自詡。但是逢迎拍馬、納賄行賄是升官道路上的通行證，和珅也深諳此道。他摸透了乾隆帝晚年志得意滿、愛聽諛言、以明君自居的心理，每日裡儘是挑些乾隆帝愛聽的話說，整天琢磨著怎麼樣斂財送給他。再加上他工於心計，做事幹練，善於駕馭下屬，所以不久，便受到乾隆帝寵信，成為心腹大臣。乾隆四十一年（一七七六），和珅升任戶部侍郎、軍機大臣。沒過多久，又升任大學士兼戶部尚書。後來，他的兒子豐紳殷德成為乾隆帝女兒和孝公主的額駙，他的弟弟和琳當上了四川總督，一門顯赫，勢傾朝野。

和珅博學多才，文武皆通，懂得用兵之道，通滿漢文字，對蒙文、藏文也略知文意，喜好書法，在詩詞方面也能與乾隆帝相應對。在乾隆皇帝看來，這樣有學問、會說話、能幹事的人，實在不可多得，和珅便成了乾隆帝晚年須臾不可離開的人物。當然，像和珅這樣有能力的人比比皆是，但像和珅那樣位極人臣，在皇帝面前，卻比一般宦官還恭順的人，實不多見。據說為了討好乾隆帝，他親自給太后抬轎子。有一次乾隆帝忽然咳了口痰，沒等侍應宦官捧上痰盂，和珅便馬上伸出雙手，把痰接在了手裡。

和珅身兼多職，掌有用人、理財、施刑、「撫夷」大權，朝中官員，爭相依附。他廣受賄賂，公開勒索；暗中貪污，明裡掠奪。內自朝廷大員，外到督撫司道，不向和珅納銀獻寶，就無法接近皇帝，無法升官。地方官員向皇帝進獻貢品，也都要經過和珅之手。他把最精緻的留下來，剩下的再送到宮中。乾隆帝一味聽信和珅，根本不去查問。大臣們都知道和珅的威勢，所以不僅沒人告發他，反而是競相效仿。從此以後，和珅貪污受賄變得肆無忌憚，大臣們亦步亦趨，弄得朝野上下，貪污成風，賄賂公行。

和珅不失時機地索賄受賄，更善於尋找機會斂財聚財。乾隆帝搞八十大壽慶典，和珅以為是

一七八二年
《四庫全書》修成。

一七九六年
白蓮教大起義。

一七九九年
乾隆帝死，嘉慶皇帝處死和珅，查抄其家產，當時有「和珅跌倒，嘉慶吃飽」的民謠。

一八一三年
河北發生林清、李文成

個斂財的好機會，於是向乾隆帝奏道，這慶典不用動用國庫和皇家一分一文，我自有辦法操持。乾隆帝當然高興，讓和珅全權辦理。和珅下令王公大臣按俸祿多少捐獻，地方官員從養廉銀中拿出四分之一上交，商人也須捐獻銀兩。這些銀錢統算起來，可是個天文數字。最後和珅拿出一半多點為乾隆帝辦了壽誕慶典，其餘的全歸自己所有。

乾隆帝當了六十年皇帝，便把帝位傳給了嘉慶帝。嘉慶帝忌恨和珅在乾隆帝面前得寵，對和珅受賄斂財的事情，更是一清二楚。看著和珅富比皇家的財產，他實在眼紅得很。嘉慶帝表面上不露聲色，私下裡卻下定決心除掉和珅。嘉慶四年（一七九九）正月，乾隆帝駕崩，嘉慶帝馬上處死了和珅，並查抄了他的家產。嘉慶帝把小部分財寶賞賜給親信官員，其餘統統收歸己有。

解除了自己的心頭之恨，得到了和珅的大部分財產，又落了個懲治貪污的美名，可謂是一石三鳥，嘉慶帝自然得意之極。民間流傳著一句順口溜，叫做「和珅跌倒，嘉慶吃飽」。

相關連結

乾隆內禪

乾隆帝二十五歲即位的時候，曾焚香告天，若得在位六十年，當傳位給嗣子，不敢上同於祖父康熙皇帝在位六十有零的年數。到了乾隆六十年（一七九五），乾隆帝乃召集王公大臣於勤政殿，宣布要了此夙願，同時取出乾清宮「正大光明」匾額後面所藏立儲密緘，宣示以皇十五子嘉親王永琰（後改名顒琰）為太子。同時決定明年傳位給太子，改元「嘉慶」。嘉慶元年（一七九六）正月初一日，乾隆帝在太和殿舉行內禪大典，親授太子御璽。顒琰遂即皇帝位，尊乾隆帝為太上皇帝。此後，乾隆帝仍操縱朝政。嘉慶四年正月，乾隆帝死，政歸嘉慶。

領導的「天理教」起義。

一八二七年　清政府出兵鎮壓了新疆地區的張格爾叛亂。

林則徐虎門銷煙

一八三九年六月，廣州城東珠江口沙灘上一改往日的寧靜，每天濃煙滾滾，直衝雲霄，官員們前來視察，成千上萬的百姓前來觀看，這樣的場面一直持續了二十三天。是什麼冒起了濃煙？是一度殘害過中國人民的毒品——鴉片。

從十八世紀末葉起，英國向中國大量傾銷鴉片，引起中國白銀外流，物價飛漲。鴉片給中國社會帶來的毒害更為嚴重：不少百姓染上了鴉片癮鬧得家破人亡，大量士兵抽上了鴉片無力打仗，官員財主們為了買鴉片加緊了對老百姓的搜刮。鴉片嚴重地摧殘了中國人的身體健康，也嚴重戕害了中國人的精神品格。許多有識之士極力呼籲政府打擊鴉片商人，禁止鴉片貿易，代表人物是著名政治家林則徐。一八三八年九月，他在湖廣總督任上向道光帝上了一份奏摺，大聲疾呼道：「如果再不嚴禁鴉片，幾十年以後中國幾乎沒有可以派出抵抗敵人的軍隊，沒有可以發放軍餉的白銀，國家會被鴉片蛀空！」面對財政拮据、民不聊生的現狀，聽著朝野上下要求禁止鴉片的強烈呼聲，清廷不能再坐視不管了。這年年底，清政府任命湖廣總督林則徐為欽差大臣，派他到鴉片貿易最為猖獗的廣東查禁鴉片。

林則徐到達廣州禁煙的消息，像一陣風似的傳開了，當地百姓無不拍手稱快。兩廣總督鄧廷楨和廣東水師提督關天培，也都主張禁煙，對於林則徐的到來，他們深感高興。在他們的幫助下，林則徐一面加緊整頓海防，嚴拿煙販；一面限令外國煙商交出鴉片。他首先發通知給外國煙商，警告他們說：「若鴉片一日未絕，本大臣一日不回。」外國煙販及與之相勾結的中國商人，向來不把政府官員看在眼裡，他們知道，是官都愛錢，只要花上銀子，沒有過不了的火焰山。對於林則徐的警告，他們當成了索賄前的敲榨，便派怡和洋行的老闆伍紹榮為代表，求見林則徐，

一八三九年
林則徐在廣東虎門銷毀大量鴉片。

一八四〇年
英國發動鴉片戰爭。英軍艦北犯至天津，道光皇帝派人求和。

一八四一年
奕山與英方簽訂《廣州條約》。

一八四二年
英軍兵臨南京城下，清政府與英方簽訂《南京條約》。

一八四四年
美國逼迫清政府與之簽

暗示賄賂的數目。但這回煙販們的如意算盤打錯了，林則徐沒等他說完便拍案而起，怒斥道：「本大臣要的不是錢，是你的腦袋！」他再次警告所有鴉片販子：三天以內必須把所帶鴉片全部交官，並訂立永遠不夾帶鴉片的保證書，有敢違令者，一經查實，貨物充公，販賣鴉片者處死。英國煙販顛地，是外國鴉片商人的頭目，手中擁有走私武裝，懾於林則徐的威嚴，拿出一千箱鴉片交官。林則徐早已調查過海上的鴉片商船的情況，知道他弄虛作假，於是傳訊他，並提出嚴厲警告。顛地回船後，故意拖延時間，並對緝私人員進行武力挑釁，林則徐決定逮捕他，殺一儆百。

虎門銷煙

顛地這次害怕了，他找到英國駐華商務監督義律，躲到了他的商館裡。義律拒不交出顛地，還以發動戰爭威脅林則徐。林則徐並不退讓，派兵封鎖了黃埔一帶的江面，包圍了義律的商館。廣州百姓自願參加巡邏，防止顛地潛逃和內奸混入。懾於中國禁煙鬥爭的威力，義律和外國煙販被迫交出二萬多箱二十餘萬斤鴉片。

一八三九年六月三日，林則徐下令在虎門將鴉片公開銷毀。他帶領大小官員親自前往監督，廣州城的老百姓，紛紛趕來觀看這壯觀的場面。虎門海灘一時人山人海，萬眾歡騰。銷煙開始了，一隊隊兵勇把箱子劈開，將鴉片傾倒在早已挖好的長寬各十五公尺的兩個大銷煙池中，摻入海鹽，把大量生石灰撒入池內，用力攪拌。一切準備就緒，士兵們決開水道，灌入海水，生石灰一遇海水，立刻產生

訂「中美望廈條約」，法國政府逼迫清政府與之簽訂「中法黃埔條約」。

高溫，鴉片不燒自燃，滾滾黑煙沖天而起，霎時間彌漫了海灘的上空。經過二十三天時間，繳獲的鴉片全部銷毀。這就是歷史上著名的「虎門銷煙」。

林則徐主持下的震驚世界的虎門銷煙壯舉，向全世界表明了中國人民反抗外來侵略的決心，譜寫了近代史上中國人民反對資本主義侵略的光輝篇章的第一頁。

相關連結

鴉片戰爭

清朝中期以後，英國等西方國家在中國推銷商品、占領中國市場的努力，受到了清政府閉關政策的限制，也受到了中國自給自足的自然經濟結構的抵抗。在中外貿易中，中國始終處於出超的地位，這使西方列強不能忍受，特別是與中國貿易額最大的英國。英國政府用外交手段打開中國大門的嘗試失敗以後，便增派商船到中國沿海進行走私活動，後來竟用卑鄙的手段向中國輸入鴉片。鴉片像瘟疫一樣侵害著中國人，英、美等國的鴉片販子從中獲取了高額利潤，造成中國白銀大量外流，對外貿易由出超變為入超。清政府不得不採取措施，派林則徐赴廣州收繳、銷毀鴉片，實行全國範圍內的禁煙，中英之間的矛盾急劇激化。

一八四〇年六月，英國派兵侵華。七月，攻陷定海，北犯大沽。清政府派琦善赴廣州與英議和。一八四一年一月，英軍單方面公布包括割讓香港、賠款六百萬元在內的「穿鼻草約」。隨後，英軍侵占香港。道光帝又轉向主戰，派奕山赴廣州，對英宣戰。英軍進攻廣州，奕山恐慌，遂與英方簽訂「廣州條約」。一八四一年五月，廣州三元里人民自發抗英，殲英軍數百人。一八四二年，英方再度發起戰爭，攻陷廈門、定海、鎮海、寧波，清廷派耆英前往議和，英軍又攻陷吳淞、鎮江，抵南京江面。清政府大為恐慌，乃與英國簽訂「中英南京條約」，規定中國割讓香港島；賠款二千一百萬元；廣州、廈門、福州、寧波、上海五個口岸城市對外通商；英國享有協定關稅權。這一條約嚴重損害了中國的主權。隨後英國又通過「南京條約」補充文件「五口通商章程」和「虎門條約」，獲得了領事裁判權、片面最惠國待遇等特權。不久，美國、法國接踵而至，先後脅迫清朝政府簽訂了不平等條約。中國的獨立和領土完整遭到破壞，開始淪為半殖民地半封建社會。

洪秀全金田起義

一八五一年一月十一日，廣西桂平縣金田村犀牛嶺古營盤上人山人海，旌旗飄揚，高高的臺階上一位頭裹紅巾、身材魁梧的男子舉起右手，在黃緞大旗下莊嚴宣布：拜上帝會正式起義了！這男子就是拜上帝會的創始人，太平天國農民起義領袖洪秀全。起義這天，正好是他三十八歲生日。

洪秀全生於嘉慶十九年（一八一四），他家境貧寒，七歲時，父母節衣縮食供他入村塾讀書。十六歲失學後曾幹過農活，十八歲為本村塾師，此後在家鄉教書多年。讀書及教書期間曾幾次赴廣州應考秀才，均未考中。一八三七年第三次參加考試，仍未考中，他於「失意悲苦之中」，大病了四十天，病中精神異常，時有幻覺，曾經夢見一位頭披金髮、身穿黑袍的老人在天庭接見了他，並贈給他一把寶劍，讓他斬除鬼魔。在病中他常自稱是「太平天子」，說「天下的糧食歸我食，天下的百姓歸我管」。顯然，他是在借生病發洩對當時社會的不滿，表達推翻舊世界的意願。

洪秀全第二次應試時，曾在廣州街頭得到一本華人牧師梁發編寫的基督教布道的小冊子《勸世良言》，裡面講的是拜上帝、敬耶穌，反對崇拜偶像、神靈，鼓吹天堂永樂、地獄永苦等內容。一八四三年，他最後一次參加考試，可仍名落孫山。他回到家鄉，決心不再求取功名，反覆閱讀《勸世良言》，從中受到啟發。他決定用一種新的宗教信仰，清除種種社會弊端，拯救民眾脫離苦海。洪秀全的主張得到族弟洪仁玕和好友馮雲山的支持，他們共同組建了「拜上帝會」，決心締造人世間的公平社會。

第二年，洪秀全與馮雲山等人離家到廣東、廣西各地傳布拜上帝教。轉眼又過了兩年，但他

一八五一年

洪秀全在廣西桂平金田村領導農民起義，建號「太平天國」。

一八五三年

太平軍攻克南京，定此為都城，稱天京。

們的宗教在群眾中卻沒造成多大的影響，洪秀全意識到只憑西方人的「上帝」，無法征服中國百姓，於是他下決心製造出自己的「上帝」，寫出簡明易懂、百姓容易接受的傳道書來。一八四五年，洪秀全回到家鄉，用了兩年的時間，寫出〈原道救世歌〉〈原道醒世訓〉〈原道覺世訓〉，他把基督教教義和傳統的儒家思想結合起來，把皇帝指作「閻羅妖」，把官吏說成是閻羅妖的「妖徒鬼卒」，認為上帝是宇宙間唯一真神，天下人都是上帝之子，要建立人人平等的社會，就必須剷除「閻羅妖」及他的走卒。後來，他與洪仁玕一起去廣州拜見了美國傳教士羅孝全，進一步研讀了《聖經》，豐富了基督教宗教知識，發展了他的宗教政治思想。

在此期間，馮雲山到了地處偏僻、生活貧困的桂平縣紫荊山一帶活動。經過兩年多的艱苦工作，在那裡建立起了有會眾三千多人的拜上帝會組織，培養了楊秀清、蕭朝貴等骨幹力量。洪秀全聽說後極為振奮，他來到這裡，把〈原道救世歌〉等交給馮雲山。隨後，他們用貼近百姓生活的實例，通俗的語言，宣講自己的主張，深得群眾的擁護，參加拜上帝會的人越來越多，連富家出身的韋昌輝和石達開也參加了進來。洪秀全又與馮雲山等人制定了拜上帝會的各種宗教儀式和「十款天條」，進一步發動組織群眾。

太平天國天王璽

拜上帝會規模一天天擴大，影響也越來越大，他們詆毀傳統，破壞廟宇，到象州搗毀了甘王廟，由此引起了封建勢力的恐懼和不安。一八四八年，桂平縣地主王作新調集團練，將馮雲山逮捕下獄。洪秀全趕到廣州，設法營救，馮雲山被釋放。當時廣西全省到處發生天地會領導的群眾反抗鬥爭，拜上帝會的力量乘機擴大了，其基本群眾多是漢、壯、瑤族的貧苦農民，其次是礦工、運輸工人，還有些小販、挑夫及農村失意的知識分子。

一八五〇年九月初，洪秀全發布「團營」令，號召各地會眾到金田村集合，整編隊伍，準備舉行武裝起義。十二月，拜上帝會眾在平南思旺圩打敗清軍，迎接洪秀全到金田村。次年元旦，他們又打敗了前來圍剿的清軍，殺副將伊克坦布等三百多人。

一八五一年一月十一日，馮雲山、楊秀清等人率眾前來為洪秀全祝壽，隨後，會眾雲集金田村犀牛嶺古營盤，舉行隆重儀式，洪秀全乘機宣布起義，號召群眾起來推翻清王朝。接著，他們蓄起頭髮，裹上紅頭巾，拿起武器，攻城掠地，轟轟烈烈的太平天國運動從此開始了。

相關連結

太平天國運動

鴉片戰爭以後，社會矛盾空前激化，農民起義風起雲湧。一八五一年一月十一日，洪秀全率領「拜上帝會」信徒在金田村起義，建國號「太平天國」。九月，太平軍攻克永安，在此進行了軍政建設。一八五三年一月，攻克武昌，而後順流東下，占領九江，攻占安慶。三月十九日，攻克江寧（今南京市）。洪秀全以兩江總督衙門為天王府，改江寧為天京，定為都城，正式建立起農民政權。隨後頒布「天朝田畝制度」，制訂出一個帶有濃厚空想色彩的平均主義分配方案，以解決土地問題為中心，內容涉及政治、軍事、經濟和文化等方面。五月，太平軍分兵北伐和西征。經過將近三年的征戰，太平天國地盤擴大，實力大增，軍事上也達到了全盛。此後領導集團發生內訌，北王韋昌輝殺東王楊秀清，兩萬多將士死於非命。洪秀全召石達開入京輔政，韋昌輝被殺。後石達開受排擠出走，全軍覆沒。太平天國由盛轉衰，從戰略進攻轉為戰略防禦。為了克服危機，洪秀全提拔陳玉成、李秀成、洪仁玕等，重新組建了領導核心。一八五八年九月，陳、李率軍攻破清軍圍困天京的江北大營。一八五九年，頒布了洪仁玕的〈資政新篇〉。一八六〇年五月，攻破清軍的江南大營，並乘勝東進占領蘇、杭，開闢了蘇浙根據地，一度出現了重新振興的局面。這時，曾國藩率清軍圍攻安慶，陳玉成力戰，但敵我力量懸殊，一八六一年九月，安慶失守，天京告急。洪秀全固守天京，不肯撤離，李秀成乃率軍回援天京，與湘軍大戰四十餘天，損失慘重。一八六四年六月，洪秀全病逝。七月，天京陷落，太平天國運動失敗。

太平天國運動是中國歷史上規模最大的農民革命，勢力擴展至十七個省，堅持鬥爭達十四年，有力地打擊了清王朝的腐朽統治，加速了封建社會的崩潰，延緩了中國殖民化的進程，在中國歷史上留下了光輝燦爛的一頁。

英法聯軍火燒圓明園

「有一天，有兩個強盜闖進了圓明園。一個強盜洗劫，另一個強盜放火……將受到歷史制裁的這兩個強盜，一個叫法蘭西，另一個叫英吉利。」這是法國著名作家雨果對英法聯軍劫掠、焚燒圓明園的憤怒斥責。

圓明園位於北京西郊，原為一座普通園林，康熙帝把它賜給第四子胤禛，並親題「圓明園」三字。後經雍正、乾隆、嘉慶、道光、咸豐歷代皇帝經營，成為規模宏偉、景色秀麗的皇家園林。圓明園占地五千多畝，由圓明園、萬春園、長春園三園組成，三園毗鄰相連，通稱圓明園。園中有一百五十餘處景區，最著名的有作朝會用的「正大光明殿」，祭祀祖先的「安佑宮」，宴會用的「山高水長樓」，模擬「仙山樓閣圖」建造的「蓬島瑤臺」，再現桃花源境界的「武陵春色」，許多江南名園勝景也被仿建於其中。長春園內還有一組歐式建築，俗稱西洋樓。圓明園是一座大型的皇家博物館，收藏有大量珍寶、文物、書籍和藝術作品。圓明園是集古今中外造園藝術之大成的園林，一向有「萬園之園」的美稱。這麼一座珍貴的園林，是怎麼樣遭到英、法軍隊的搶劫和焚燒的？

一八六〇年九月，咸豐皇帝北逃承德後，把繁華的京城和滿城的百姓，統統丟給了英、法兩國強盜。九月二十一日，清軍在八里橋阻擊英法聯軍失利。十月六日，英法聯軍繞經北京城東北郊，直撲圓明園。僧格林沁、瑞麟殘部在城北一帶稍作抵抗，便跑得無影無蹤了。法軍先行，當天下午至海淀，傍晚闖到了圓明園大門口。守園的官員、技勇太監同敵人力戰，但寡不敵眾，技勇首領任亮等人戰死。晚七時，法國軍隊攻占了圓明園。管園大臣文豐投水而死。

一八五六年
第二次鴉片戰爭爆發。

一八五八年
沙俄脅迫清政府簽訂「中俄瑷琿條約」，割讓黑龍江以北的六十多萬平方公里土地。俄、美逼清政府與之簽訂「天津條約」。後英、法以軍事相威脅，亦強迫清政府簽訂「天津條約」。

一八六〇年
英法聯軍攻占北京，搶掠並燒毀圓明園。清政府被迫與英、法簽訂「北京條約」。後與俄簽訂「北京條約」，強行割讓了烏蘇里江以東的四十多萬平十月七日，英、法侵略軍頭目闖進圓明園，商議怎樣劫掠園內珍寶文物。法軍頭目當即函告法國外務大臣，說要取藝術與考古方面最有價值的物品，運藏於法國博物院。英軍頭目也立刻派人收集他們認為最有價值的寶物。但是第二天，這夥強盜便不再做文明分贓的計畫，而變成毫無約束的肆意搶劫。園內珍寶太多了，他們一時不知該拿何物為好。有的背著大口袋，見了好東西就往裡裝。口袋裝滿了，就往外衣寬大的口袋裡塞金條、金葉；有的身上纏著織錦綢緞，帽子裡放滿了紅蘭寶石、珍珠和水晶，脖子上掛著翡翠項圈。法軍總司令的兒子掠得的財寶價值三十萬法郎，裝了好幾輛馬車。一個名叫赫利思的英軍二等帶兵官，竊得二座金佛塔及其他珍寶，找了七個腳夫給他運回了軍營。據說這個人因在圓明園劫掠致富，後來得了個「中國詹姆」的綽號。侵略者除大肆搶掠，糟踏的珍寶更不計其數。綢緞、衣服被從箱子拖出來扔了一地，任人踩踏。工兵們把傢俱砸碎，取下上邊鑲嵌的寶石。有人以打砸財物、射擊珍寶取樂。這些強盜幾乎人人手持木棍，將不能帶走的東西隨意砸碎。

十月九日，法國軍隊暫時撤離圓明園，這座秀麗園林，已面目全非。英國侵略軍頭目額爾金、格蘭特，為了掩飾其搶劫罪行，藉口英國被俘人員遭到虐待，竟下達了火燒圓明園的罪惡命令。十八日和十九日，三四千名英軍到處縱火，園內建築及各種寶藏焚毀殆盡，到處都是斷壁殘垣，倖存的建築僅有二三十座，但也是門窗殘破，室內之物盡遭劫毀。據說英國侵略軍燒毀安佑宮時，宮門被反鎖，宮中太監、宮女、工匠等共三百人被活活燒死。

英法聯軍火燒圓明園後，揚言砲轟北京城，搗毀皇宮，躲在長辛店的恭親王奕訢經過俄國人的斡旋，才敢會見英、法代表，並於十月二十四、二十五日先後與列強交換了「天津條約」批准文本，並與英、法簽訂了「北京條約」，中國的九龍半島被割讓給了英國，英、法兩個強盜又獲得了一千六百萬兩白銀的賠款。後來俄國也趁火打劫，利用「北京條約」獲得了中國烏蘇里江以東的大片土地。

方公里土地。

圓明園遺址

第二次鴉片戰爭

鴉片戰爭後，英、美等西方列強不滿意在中國獲得的政治特權與經濟利益，提出修改與清政府簽訂的條約，遭拒絕後，再次發動了侵華戰爭。

一八五六年十月，英國軍艦進攻珠江沿岸砲臺，砲轟廣州城。次年，法國派兵協同英軍行動，攻破廣州。一八五八年四月北上抵大沽口外，照會清政府，要求談判，俄、美兩國提出居中調停。五月，英、法軍艦砲轟大沽砲臺，大沽失陷，接著到達天津城郊，揚言進攻北京。六月，清政府被迫與英、法分別簽訂「天津條約」。主要內容是允許外國公使常駐北京，增加通商口岸，降低稅率，向英、法賠款等。俄、美也獲得了除賠款之外的相同權益。

後來，英、法等國利用換約之機，再次挑起戰爭。一八六〇年八月，相繼攻陷塘沽、天津。九月二十一日，清軍與英法聯軍激戰於八里橋，清軍統帥僧格林沁臨陣逃跑，清軍潰敗。二十二日，咸豐帝率后妃、大臣逃往承德，留下恭親王奕訢等人與英、法議和。十月，侵略軍進入北京城，一路燒殺擄掠，大肆搶劫圓明園中的珍貴文物，後將園內建築付之一炬。不久清政府被迫與英、法簽訂「北京條約」，英、法獲得了更多的政治特權和經濟利益。俄國因調停有功，也與清政府簽訂「北京條約」。

這些條約簽訂後，中國喪失了更多的領土和主權，西方侵略勢力由個別口岸擴大到沿海各省和長江中下游地區。中國社會的半殖民地化程度進一步加深。這次戰爭是鴉片戰爭的繼續和擴大，所以被稱為第二次鴉片戰爭。

慈禧垂簾聽政

西元一八六〇年對於清政府來說真是一個多事之秋，南方太平天國革命如火如荼，北方英法聯軍已經打到帝國的首都北京附近。年輕但無為的咸豐皇帝倉皇逃到承德避暑山莊，雖美其名曰「狩獵」，但卻沒有一絲馳騁獵場的豪氣。他雖然是遠在數百里之外，但還是風聲鶴唳，心驚膽戰，當聽到英法聯軍火燒圓明園的消息後，一下子病倒在床上，從此纏綿病榻，再也回不到北京城了。

一八六一年八月二十二日，咸豐帝病危，遂召見宗人府令、御前大臣、軍機大臣等安排後事，宣布立六歲的載淳為皇太子，指定八大臣輔政，同時分賜給皇后鈕祜祿氏與皇太子以「御賞」印和「同道堂」印（載淳年幼，「同道堂」印由生母那拉氏掌管），以後凡有諭旨，須先由輔政大臣擬定草稿，蓋上「御賞」印和「同道堂」印以後，方能生效。次日，咸豐帝駕崩。

慈禧太后作為載淳的生母，眼看自己的兒子當了皇帝，但政權卻被肅順等人掌握，她當然不能容忍，於是拉攏慈安太后，憑藉手中的兩枚印章，以拒絕在發給內閣和地方官員的諮文上鈐印，要脅幾位顧命大臣，迫使他們同意將官員的奏疏送兩太后披覽，任用高級官員須交兩太后最終裁定。接著，慈禧又通過醇郡王奕譞以及親信太監、侍衛，設法與留守北京的奕訢取得聯繫，回到北京後，即除掉了八大臣，肅清了他們的黨羽。

十一月，新皇帝在太和殿舉行登基大典，皇帝年幼，由兩太后垂簾聽政。慈安太后柔順而無主見，不過是慈禧手中的傀儡，實權掌握在慈禧一人之手。

面對內外交困的局面，慈禧對外一改肅順集團的強硬立場，承認列強在華既得利益，取得了列強對新政權的承認和支持，出現了中外「和好」的局面。對內依靠曾國藩、李鴻章統領的湘

一八六一年

同治帝的生母葉赫那拉氏（慈禧太后）發動宮廷政變，掌握政權。

一八六四年

洪秀全死，不久天京被清軍攻陷。

沙俄強迫清政府簽訂「中俄勘分西北界約記」，奪占我國西部地區四十餘萬平方公里的土地。

軍、淮軍，通過「借師助剿」，先後鎮壓了太平天國、撚軍和西北、西南等地少數民族的反清起義，奄奄一息的清皇朝得以苟延殘喘。表面上她支持洋務派發起了一場以富國強兵為目標的洋務運動，但她骨子裡排擠西方，更沒有自強意識，所以她同樣支持固守傳統的頑固派，使二者互相牽制，以坐收漁人之利。

奕訢在辛酉政變後權勢日盛，引起了慈禧的疑忌，有人上疏彈劾奕訢，她根本不問事實如何，斷然革去奕訢的議政王名號，奕訢的權勢大大削弱了。奕訢罵她過河拆橋、卸磨殺驢，他最終知道了這個女人的厲害。

一八七三年，同治帝年滿十八歲，到了親政的年齡，兩宮太后不得不撤簾歸政。可同治帝比他的父親更荒淫。據說，他在宮中玩弄女性不能盡興，便經常帶著太監出宮嫖娼，結果染上了梅毒，親政不到兩年，就一命嗚呼了。兒子死了，可慈禧並不悲傷，因為她又有了再次垂簾聽政的機會。她專門挑選了醇親王奕譞之子也就是她的外甥、年僅四歲的載湉繼承皇位，是為光緒帝。這個小皇帝還穿著開襠褲，什麼事都不懂，大權自然又歸入慈禧之手。

一八八一年，年僅四十五歲的慈安突然病故，有人說是慈禧下毒致其死亡，有人說是患了腦血管病而死亡，但不管怎麼說，這又是令慈禧大為高興的事，沒了慈安這個傀儡，她更可以為所欲為了。中法戰爭後，慈禧藉口奕訢平庸無能免去了他的一切職務，取而代之的是平庸無為、惟慈禧之命是從的禮親王世鐸和慶郡王奕劻，他們分別主持軍機處和總理衙門事務。

慈禧像

一八八九年，光緒帝年已十八歲，慈禧只得戀戀不捨地把政權交還給他。不過光緒帝得到的只是部分行政權，大政方針的決策權還在慈禧手中。光緒帝想通過維新變法，救亡圖存。但慈禧想的卻是如何培植個人的勢力，視維新派如眼中芒刺，她見又有了獨攬大權的機會，於是在一八九八年再次發動政變，囚禁光緒帝，廢除新政，以訓政的名義重新執掌了最高權力。

慈禧為了維護個人權力，在與列強打交道的時候，常以國家民族利益為交換條件，割地、賠款成了家常便飯，在她的指示下，李鴻章與列強簽訂了喪權辱國的「辛丑條約」，全盤接受了列強提出的各項條件。她還自我表白說，這是「量中華之物力，結與國之歡心」。

慈禧生活極其奢侈腐化。甲午戰爭前，北洋海軍一直想添置新式戰艦，可朝廷不批准，理由是財政拮据。據說，當時慈禧太后一天的生活費用達四萬兩銀子；修建頤和園一項，就花去白銀三千萬兩。而當時，英國和德國最先進的戰艦價格約為五十萬兩。

一八九四年，當中日甲午海戰方酣，北洋將士們與日軍浴血奮戰的時候，京城皇宮裡，卻歌舞昇平，一片祥和景象，滿朝文武正在給慈禧過六十大壽。這壽日慶典可真排場，慈禧為自己生日準備的首飾折合黃金一萬兩，合白銀三十八萬兩；置辦衣服花去黃金二十三萬兩；從頤和園回紫禁城所經道路的景點設置與裝飾，花去白銀二百四十萬兩。據統計，她這個生日，約花了白銀一千萬兩。

章太炎曾就慈禧太后等誤國賣國的行徑寫過一副對聯：「今日到南苑，明日到北海，何時再到古長安，歎黎民膏血全枯，只為一人歌慶有；五十割琉球，六十割臺灣，而今又割東三省，痛赤縣邦圻益蹙，全逢萬壽祝疆無。」如果慈禧能看到這對聯，不知作何感想？

一九〇八年（光緒三十四年）十一月十四日，光緒帝含恨死去。慈禧太后命立醇親王載灃之子、年僅三歲的溥儀為帝，年號宣統，眼看她第三次垂簾聽政的機會又來了。只可惜這時她的生命也已經走到了終點，次日便一命嗚呼，離開了人世。她長達四十七年的統治結束了，大清皇朝也很快走到了盡頭，成為歷史的陳跡。

■總理衙門

全稱「總理各國事務衙門」，又稱「譯署」「總署」。清政府為辦理洋務及外交事務而特設的機構。由恭親王奕訢等人，於一八六一年奏請設立。官員分大臣、章京兩級。下設英國、法國、俄國、美國、海防諸股與司務廳、清檔房等。下屬機構有同文館、海關總稅務司署，還管轄南北通商大臣。總理衙門負責一切牽涉外交的事務和部門，但不與各省督撫直接發生聯繫。一九〇一年，總理衙門改組為外務部，班列六部之首。

辛酉政變

一八六一年八月，咸豐皇帝病逝於熱河，遺詔令年方六歲的兒子載淳繼承皇位，同時任命怡親王載垣、鄭親王端華、戶部尚書肅順等八人為「贊襄政務王大臣」，總攬朝政。咸豐皇帝的弟弟恭親王奕訢被排除在執政大臣之外，載淳的生母慈禧太后參與政治的要求也遭拒絕。慈禧是個權力欲極強的女人，她內結東太后鈕鈷祿氏，外聯恭親王奕訢，拉攏在北京握有兵權的勝保等人，策劃政變。奕訢在北京爭取到了外國侵略者的支持，後以奔喪為名趕赴熱河與慈禧祕密策劃。十一月一日，慈禧帶著載淳回到北京，次日凌晨突然發動政變，載垣、端華沒有防備，當即被逮捕。慈禧又派人去密雲逮捕護送咸豐靈柩回京的肅順，將其抄家處斬，迫使載垣、端華自盡，其餘五大臣或被革職，或被充軍。載淳正式即位後，將八大臣擬定的年號祺祥改為同治。不久，兩太后垂簾聽政，大權落入慈禧一人之手。這一年是舊曆辛酉年，故史稱「辛酉政變」。

奕訢創設同文館

一八六〇年，恭親王奕訢在與英、法等列強談判簽訂「北京條約」時，由於身邊沒有精通外語的中國人，只好讓法國傳教士孟振生擔任翻譯、起草文件。孟振生乘機在條約中上加上了允許法國傳教士在各省租地、買地，建造房屋的條文，法國由此獲得了許多特權。這件事著實讓奕訢感到惱火，也十分難堪，對朝廷其他官員也產生了強烈的刺激，他們認識到，培養本國精通外國語言的人才是多麼重要。

一八六二年，奕訢等奏請設立培養翻譯人員的「洋務學堂」，學堂的名稱定為「同文館」，附屬於總理衙門。開辦之初，同文館中只設英文、法文、俄文三個科目，招收的對象限於八旗子弟，年齡在十四歲以下。

奕訢像

一八六六年十二月，總理衙門大臣奕訢等又上奏說，洋人製造船砲和機器、火器的技術，都來自於天文算學，現在我們也要製造這些東西，所以首先應該向洋人學習這方面的學問。他們建議在同文館中設立天文算學館，招生對象不再限於八旗子弟，而擴大到滿漢舉人及五品以下京外官員，聘請洋人為教師。這項議案引起了京城中守舊官僚的強烈不滿。

一個月後，奕訢又上一奏摺，重申前議，批駁朝野士大夫的守舊言論，同時提議擴大招生範圍，翰林院編修、進士等，也可以和舉

人、五品以下官員一樣參加同文館的招考。這樣一來，同文館發生了根本變化，由原來的語言學校變成了集語言與技能為一體的綜合學校，學生也由原來的八旗子弟擴展到科舉正途出身的官員。這個摺子呈上以後，守舊的官僚士大夫再也沉不住氣了，於是引發了同文館之爭。

山東道監察御史張盛藻首先上摺反對設立天文算學館，他說天文算學是「機巧之事」，不是學問的正途，「讀孔孟之書，學堯舜之道」的儒家君子豈能學它？如果要學，也只能是欽天監的天文生與算學生的事。該摺呈上後，當天就遭到皇上的訓斥，並告訴大臣們，不要理會張盛藻的意見。

不久，理學名流倭仁站了出來。他說：「自強的根本在於禮義人心，天文算學只是末節，即便不學，對國家也沒大損失。過分講求天文算學只能讓人沉湎於奇技淫巧，治理國家需要的是精通儒家之道的士人，用不著這些東西。」倭仁認為讓科甲正途士人向「夷人」學習，將會出現「變夏為夷」的危險，培養出來的人只能為洋人所用。他認為即便要學習天文算學，也不必向洋人學習，中國自有這方面的人才。倭仁當時為翰林院學士、工部尚書，是同治皇帝的師傅，平日以理學巨擘自居，在士大夫中有很高的聲望。掌握實權的慈禧太后將他的奏摺轉給了總理衙門。

奕訢於一八六七年四月上摺反駁倭仁，指出科甲正途人員學習天文算學的重要性。他說：「要使國家強大，非得學習洋人的機器製造技術不可，要製造機器，又非從算學入手不可。空談忠信禮義，是不能有效抵禦敵人的。」倭仁也不相讓，上摺再次重申自己的看法，認為請洋人教授科甲正途士人，上虧國體，下失人心，忠信禮義才是立國之本，如果沒有忠信禮義，結果必然是奇技到手，國運喪失。並聲言中國地域遼闊，不要擔心沒有這樣的人才。奕訢針鋒相對，上奏摺指責倭仁浮言惑眾，且抓住倭仁奏摺中講的話，要他保舉通曉天文算學的中國人到同文館當教習。倭仁被將了一軍，上奏摺辯解說自己是說不要擔心中國沒有天文算學人才，那只是泛言，並非實指。奕訢見倭仁已無還手之力，便步步緊

京師同文館

逼，奏請皇上讓他到總理衙門任職，倭仁只會講儒家的仁義禮智，哪裡做得了與外國人打交道的事情？於是堅決推辭，可是朝廷偏偏不答應。倭仁沒有辦法，只好稱病辭職。

據說，起初倭仁曾授意候補知州楊廷熙上奏說，現在久旱不雨，河水枯竭，原因是同文館學習洋人，不合於天理，不得人心，引來「天象示警」。慈禧太后看了很不高興，說一個小小的知州也敢詆毀朝廷，實在是不成體統，由此嚴厲斥責了倭仁。實際上，慈禧支援開辦同文館，不單單是想學習西方技術，更重要的是想博得西方列強的好感，便於和他們打交道，獲取他們的支持。

表面上看，奕訢在同文館之爭中取得了勝利，但實際上倭仁等保守派並沒有失敗。且莫說在論爭中京城士大夫多站在倭仁一方，再看看報考同文館的人數，就更能說明問題。那時正途出身者幾乎無人報考同文館，有的省只報十二人，有的省連一人都沒有，如果有人報考，則為同鄉同僚所不恥，甚至會有人提出與之絕交。總理衙門沒了辦法，只得放寬招生資格，允許雜項人員報名，即便這樣，半年內也僅有九十八人報名，勉強錄取三十名，因學生素質太差，半年後就有二十人退學。

一九〇二年，同文館走完了四十年的辦學歷程，併入京師大學堂。

相關連結

洋務運動

十九世紀中葉，經過第二次鴉片戰爭和太平天國運動的衝擊，一些開明官僚和士大夫清醒地認識到必須學習西方「長技」，方能抵禦列強而自立。於是他們發起了以學習西方科學技術和機器生產為主要內容的「洋務運動」。從六〇年代開始，洋務派以「自強」為目標，開辦了近代軍事工業，如江南製造總局、福州船政局等。七〇年代開始，又以「求富」為口號，興辦了民用工業，如輪船招商局、漢陽鐵廠等。他們積極籌畫海防，建立北洋、南洋、福建三支水師。創辦了新式學堂，向國外派遣留學生。洋務運動的派系甚多，其中李鴻章系、張之洞系為前後兩個最大的洋務派別。一八九五年中日甲午戰爭後，清政府被迫簽訂屈辱的「馬關條約」，標誌著洋務運動的失敗。洋務運動是清朝統治集團為挽救危亡而進行的自救運動，它並沒有達到使中國富強的目的，但是揭開了中國資本主義生產方式的序幕，加強了中國的國防力量，促進了民族資本主義的產生和發展。

左宗棠收復新疆

一八七六年三月，祁連山下河西走廊的古道上，一支由步兵、騎兵組成的隊伍正向西前進。一位六十多歲的老人，身著戎裝，騎著駿馬，左右一群剽悍的騎兵、將官護衛，身後的大旗上赫然書一「左」字。這個老人就是左宗棠，他被任命為欽差大臣，前去新疆督辦軍務。

新疆是中國西北部的邊陲重地。同治年間，浩罕國軍官阿古柏趁清政府無暇外顧之機，侵入新疆。沙俄趁火打劫，侵占伊犁，並向準噶爾盆地滲透。西北邊防危機重重。有識之士紛紛呼籲，出兵新疆，收復失地。清廷內部對出兵新疆卻有不同的意見：李鴻章堅決反對出兵，陝甘總督左宗棠則力主出兵。經過一番激烈的爭論，朝廷決定任命左宗棠為欽差大臣，前去收復新疆。

左宗棠研究了新疆的政治形勢及地理特點，制定了「先北後南」「緩進急戰」的戰略方針。他積極籌運糧餉，改善裝備，整頓軍隊，編建了以道員劉錦棠部、都統金順部、提督張曜部為主的作戰部隊。當年四月，左宗棠抵達肅州（今甘肅酒泉），部署進兵方略：令劉錦棠部分批出嘉峪關，經哈密前往巴里坤，會合金順部攻取北路；張曜部固守哈密，防止敵人由吐魯番來犯。

左宗棠像

阿古柏聽說清軍西進，急忙從阿克蘇趕到托克遜，部署防禦。他以一部兵力防守烏魯木齊等北疆要地，阻擊清軍；一部兵力防守勝金台、闢展一線；主力二萬餘人分守達阪、吐魯番、托克遜。三支隊伍成犄角之勢。

八月上旬，劉錦棠、金順二部清軍從阜康出發後，軍士們便開始修築堡壘，作出與敵人對峙的姿態。過了幾天，劉錦棠突然下達命令，取近道連夜進軍，突襲敵人。

一八七五年

清政府任命左宗堂為欽差大臣，督辦新疆軍務。

一八八一年

「中俄伊犁條約」簽訂，俄強占了伊犁以西中國七萬多平方公里的土地。

敵人沒有什麼準備，慌亂地抵抗了一陣，古牧地落入清軍之手。清軍乘勝於十八日攻取了烏魯木齊。爾後，左宗棠命劉錦棠部駐守烏魯木齊，防止阿古柏軍北犯，繼續清剿山中殘敵；命金順部繼續西進，昌吉、呼圖壁及瑪納斯北城之敵聞風潰逃。九月初，金順部抵達瑪納斯南城，攻打了一個多月，敵人始終不肯投降。後來，劉錦棠、伊犁將軍榮全先後前來增援，十一月六日終於占領這座城市。至此，天山北路被阿古柏軍侵占的地方全部收復了。

左宗棠原打算繼續向南推進，但當時已是冬季，大雪封山，無法前行。第二年四月，左宗棠指揮清軍大舉進攻南疆，在達阪城、托克遜、吐魯番三戰告捷。阿古柏見大勢已去，倉皇逃命，不久暴病而死。

左宗棠決心消滅阿古柏殘餘勢力，盡復南疆。這年秋天，遂以劉錦棠部為「主戰」之軍，以張曜部為「且戰且防」之軍，長驅西進。南疆各族人民不堪阿古柏的殘酷壓迫，紛紛拿起武器配合清軍作戰。一八七八年一月二日收復和闐。至此，除沙俄侵占的伊犁地區外，整個南疆全部收復。

清政府為收復伊犁，派曾紀澤（曾國藩之子）到沙俄談判。左宗棠再次被任命為欽差大臣，赴新疆統籌軍務。在中、俄交涉過程中，左宗棠主張「先之以談判，繼之以戰陣」，在新疆作了三路出擊收復伊犁的部署。在前往哈密的時候，他讓士兵抬著棺材走在前面，表明他誓死抗擊沙俄、收復伊犁的決心。經過艱難的交涉和軍事鬥爭，中俄於一八八一年簽訂「中俄伊犁條約」，伊犁回到了祖國的懷抱。一八八四年，清政府在新疆設立行省，設置州縣。

左宗棠重視糧餉供給，這幅圖反映了當時運糧食的情形

左宗棠收復新疆之戰，是晚清戰爭史上少有的大勝仗。他統率大軍，連戰連捷，只用兩年時間，便徹底粉碎了英、俄企圖利用阿古柏肢解和侵吞中國西北領土的陰謀。新疆回到祖國懷抱，中國領土的完整得以維護，左宗棠功不可沒。

相關連結

邊疆危機

十九世紀中後期，世界各主要資本主義國家先後過渡到帝國主義階段，他們掀起了瓜分世界的狂潮，中國及鄰國成了瓜分的主要目標。他們不僅在中國內地劃分勢力範圍，更想蠶食鯨吞中國的邊疆地區。於是造成了十九世紀七〇年代到九〇年代的中國邊疆危機。

一八六一年，沙俄出兵侵占了伊犁，實行殖民占領。中亞地區的浩罕國（今烏茲別克境內）軍官阿古柏帶兵入侵我國新疆，一八六七年以喀什噶爾為中心成立了「哲德沙爾」國。俄、英都與阿古柏政權簽訂條約，在那裡取得了許多特權。後來，沙俄通過《中俄伊犁條約》割占了中國七萬多平方公里土地。一八七四年，日本在美國的支持下進攻臺灣，在臺灣人民的抗擊下退兵。後通過與清政府簽訂「臺事專條」，吞併了中國的琉球，並改為沖繩縣。一八八三年底爆發的中法戰爭，是西南邊疆危機激化的結果，戰火從越南蔓延到中越邊境。後來法國通過「中法新約」，打開了中國西南的門戶。英國也加強了在我國雲南及西藏地區的侵略活動。所有這些，都進一步加深了中國半殖民地化的程度。

馮子材大敗法軍

現在廣西壯族自治區與越南交界的地方，有一座險要的關隘，叫友誼關，過去叫鎮南關。在十九世紀八〇年代的中法戰爭中，這裡曾是中國軍隊大敗法軍的重要戰場。

一八八四年，法國侵略軍進犯雲南、廣西邊境，年近古稀的老將馮子材以高、雷、欽、廉四州團練督辦的身分，參與抗擊法軍的戰役。一八八五年初，法軍侵入鎮南關，後因兵力不足、補給困難而退至文淵、諒山，伺機再犯。當時，法國侵略者得意忘形，在關前豎立木牌，用中文寫道：「廣西的門戶已不再存在了。」當地群眾針鋒相對，也在關前豎起木牌，上面寫道：「我們將用法國人的頭顱，重建我們的門戶！」二月，新任兩廣總督張之洞起用馮子材為廣西關外軍務幫辦，率領王孝祺、王德榜、蘇元春等將領進駐鎮南關。馮子材巡視鎮南關防務，看到關內七里的關隘前，兩旁高山峻嶺聳立，中間只有一條狹窄的通道，是個易守難攻的險要地段。於是命令士兵抓緊修築工事，做好在此襲擊敵人的準備。當地百姓探得法軍將於三月上旬偷襲艽葑，馬上報告給了馮子材。馮子材當機立斷，派一支軍隊進駐艽葑，另一支軍隊襲擊敵人的據點扣波。三月十三日，法軍偷襲艽葑，早已做好埋伏的清軍迎頭痛擊，法軍丟盔棄甲，狼狽逃回扣波，途中又遇到馮子材的部隊，被打得七零八落，四散潰逃。

法軍對扣波的慘敗十分氣惱，他們迅速增兵，準備進犯鎮南關。馮子材料定鎮南關外二里多遠的東嶺是敵軍進犯的必經之路，命士兵連夜築起一道七尺高、三里長的土石長牆，並在緊要處修建堡壘，布置兵力。三月二十三日清晨，法軍從諒山方面來犯。法軍的砲火朝著東嶺山梁猛轟，後面的長槍隊緊接著猛撲過來。頓時，山谷動搖，硝煙彌漫，不久，馮子材的五個堡壘就被法軍奪去了三個，形勢萬分危急。老將馮子材站到高處，大聲疾呼：「如果法軍入關，我們有何

一八八三年
法國軍隊向駐越南山西的中國軍隊發起攻擊，中法戰爭爆發。

一八八五年
馮子材在鎮南關（今友誼關）大敗法軍。

面目見家鄉父老！」在馮子材的帶領下，將士們奮不顧身，衝出長牆，拚命殺敵，壓倒了敵人的氣焰。這時援軍也已趕到，法軍的進攻被打退了。

三月二十四日，法軍傾巢出動，在開花大砲掩護下，猛攻長牆，有的法國兵登上了長牆，有的已越牆而入。馮子材下令各軍：凡臨陣脫逃者，一律殺無赦。他自己足蹬草鞋，身著短衣，手執長矛，大吼一聲，率兩個兒子躍出戰壕，撲向敵人。頓時，全軍士氣大振，將士們一起吶喊殺出，衝進敵陣，展開肉搏戰，法軍被迫離開長牆，退入山谷中。這時，越南義軍、邊境各族民眾也趕來助戰，敵人三面受敵，全線崩潰。

馮子材取得鎮南關保衛戰勝利後，乘勝出擊，收復了諒山。法軍戰敗的消息傳至巴黎後，法國茹費理內閣因此倒臺。

鎮南關大捷扭轉了中法戰爭的整個戰局，抗法鬥爭勝利在望。可惜的是，昏聵的清政府並沒有因此而振奮精神，它仍舊走了屈膝求和的老路子。

相關連結

中法戰爭

一八六二年以後，法國通過「自貢條約」「順化條約」，逐步將越南變成了殖民地，並把侵略的矛頭指向了中國。一八八三年十二月，法軍首先向駐在越南山西的清軍和劉永福率領的黑旗軍發動進攻，中法戰爭爆發了。法軍攻占山西後，又接連攻占北寧、太原，戰火燒到了中越邊境。一八八四年五月，法國強迫清政府簽訂中法「簡明條約」，承認法國對越南的「保護權」，清軍撤退。六月，法軍又以接收諒山為名，向駐守諒山附近觀音橋的清軍發動進攻，被中國守軍擊退。法軍以此為藉口，派海軍侵入福建閩江口。八月，法國軍艦進犯臺灣基隆，被擊退後，又轉而進攻馬尾港。八月二十三日，法軍向福建水師發起突然襲擊，擊沉軍艦十一艘，清官兵傷亡七百多人。二十六日，清政府被迫對法宣戰。接著法軍進攻臺灣、浙江鎮海，均遭失敗。一八八五年二月，法軍又在西線發起對諒山的進攻。諒山、鎮南關相繼失守。三月下旬，清軍老將馮子材率軍反攻，在鎮南關大敗法軍，克復諒山。在法軍慘敗的情況下，四月，清廷下令停戰撤兵，乘勝向法國求和。一八八五年六月九日，清政府與法國簽訂了「中法新約」(「中法會訂越南條約」)，承認越南是法國的被保護國，同意在中越邊境開埠通商。當時有人評論說：「法國不勝而勝，中國不敗而敗。」這種結果助長了列強對中國鄰近國家和中國邊疆的侵略野心。

中日黃海大戰

在浩瀚無邊的黃海中，一艘傷痕累累的軍艦上，站著一位渾身被砲火灼燒得焦黑、但仍威風凜凜的海軍將領，他用仇恨的目光盯著前方，指揮部下開足馬力，向敵艦撞去，決心要與敵人同歸於盡。很多人都知道，這位將領就是中日甲午海戰中的北洋海軍管帶鄧世昌。

鄧世昌像

一八九四年七月二十一日，北洋海軍派「濟遠」號等三艘軍艦組成護航隊，護送運送兵士和糧餉的艦船分批前往朝鮮，增援牙山的清軍。七月二十五日，「濟遠」號到達牙山附近豐島海面時，遭到日本海軍的突然襲擊，中日甲午戰爭拉開了戰幕。

九月上旬，中日兩軍在朝鮮的戰事一觸即發，清政府命北洋艦隊再次護送四千名陸軍士兵渡海，支援平壤前線。九月十六日，清海軍提督丁汝昌奉命率領北洋艦隊十二艘艦艇，護送清軍到鴨綠江口的大東溝。十七日上午北洋艦隊完成任務後準備返航，突然發現西南方向的黃海海面上，出現了一支掛著美國國旗的艦隊。到了中午，這支艦隊的十二艘軍艦接近北洋艦隊時，突然換上了日本國旗。

丁汝昌急忙召集軍隊將領研究對策。「濟遠」號管帶主張逃跑，「致遠」號管帶鄧世昌主張迎戰，並提出了具體的作戰方案。他的建議得到了多數人的支持。丁汝昌決定採納鄧世昌的建議，命令各艦起錨迎戰。

當時中國艦隊由於準備不充分，彈藥缺乏。日本參戰的十二艘軍艦，航速快，砲的射程遠。

一八九四年
中日甲午戰爭爆發。孫中山在檀香山組織興中會。

顯然這次海戰對日軍是有利的。

戰鬥打響了，日本軍艦單列成縱隊，向中國艦隊直衝過來。中國艦隊排成人字陣勢，把速度慢的小軍艦放在了後面。

雙方剛一交手，戰鬥總指揮丁汝昌所在的「定遠」號就被敵人的密集砲彈擊中了。艦上的桅杆、飛橋被打斷。丁汝昌身負重傷，仍在「定遠」號的飛橋上指揮戰鬥。可沒堅持多久，他便倒了下去。艦隊失去了統一指揮，只好各自為戰。

日軍見此狀況，集中兵力攻擊「致遠」「經遠」「來遠」三艘艦艇。清軍官兵毫無懼色，沉著應戰，日軍主力艦「吉野」號被擊中負傷。

「致遠」號管帶鄧世昌看到「定遠」號的指揮帥旗被打斷，丁汝昌負了重傷，果斷地在自己的艦上升起了帥旗，主動挑起指揮戰鬥的重任。他決定集中火力攻擊日軍的指揮艦——「吉野」號，用來扭轉戰局。「經遠」號也駛了過來，同他並肩作戰。

「吉野」艦上的日軍十分驚慌。急忙命令五艘巡洋艦集中火力轟擊「經遠」號，企圖將「經遠」與「致遠」分開。但「致遠」號緊緊咬住「吉野」不放，砲手們瞄準目標，猛烈轟

奮勇衝向敵艦的致遠艦

一八九五年

李鴻章赴日簽訂「中日馬關條約」。康有為「公車上書」。

■公車上書

一八九五年四月，在北京參加會試的各省舉人聽說日本逼簽「馬關條約」的消息後，個個義憤填膺。康有為連夜書寫上萬字的「上皇帝書」，痛陳形勢的危急和變法的迫切，在京的舉人紛紛在上面簽名，第二天送呈都察院。結果都察院拒絕接收，皇帝也沒有見到這篇上書。漢代以公家的車馬迎送地方向中央舉薦的人才，後用來「公車」代指參加科舉者，這次上書是在京參加會試的舉人參與的，所以叫做「公車上書」。

擊，「吉野」號多次中彈。艦上的日軍嚇壞了，慌忙掉頭逃跑。鄧世昌下令緊追不捨。就在這時，「致遠」號上的砲彈打完了。「吉野」號發現這一情況後，掉轉過頭，向「致遠」號撲來。

「致遠」號負了重傷，又沒了砲彈，按理說，他們應該選擇逃避：或駛出戰場，或想法避開敵艦砲擊。但是管帶鄧世昌是個鐵骨錚錚的漢子，他沒有選擇躲避，更沒有選擇逃跑，而是毫不猶豫地命令兵士開足馬力，正對著敵艦「吉野」號駛去，他要撞沉「吉野」號，與它同歸於盡。起了火的「致遠」號，像一條火龍衝向「吉野」號，「吉野」號上的日軍嚇呆了，不少人跳下水去逃命。就在這時，只聽轟地一聲，「致遠」號爆炸了，鄧世昌和全艦二百五十多名官兵全部殉難。原來他們遇到了日軍放出的魚雷。

日本海軍完全被清朝將士的氣勢嚇住了，下午五時三十分，他們率先撤退，中國艦隊也返回了旅順駐地。

黃海大戰進行了六個小時，中國損失了五艘軍艦，傷亡一千多人；日本軍艦也有五艘負重傷。

消息傳到京城，朝野為之震動，光緒皇帝親自為鄧世昌撰寫挽聯：「此日漫揮天下淚，有公足壯海軍威。」李鴻章為了保存北洋海軍的實力，下令北洋艦隊躲進威海衛港，致使日本海軍掌握了黃海的制海權。所以老百姓也編了歌謠道：「通商賣國李鴻章，戰死沙場鄧世昌。」

相關連結

甲午戰爭

一八九四年，朝鮮爆發了東學黨領導的農民起義，請求清政府出兵協助鎮壓，清政府即派直隸提督葉志超率兵一千五百人赴朝鮮，駐守牙山。日本以保護本國使館和僑民為藉口，也出兵一萬多人進入朝鮮，並逐漸包圍駐守牙山的清軍，不時進行挑釁。七月二十五日，日本軍艦不宣而戰，突然襲擊中國駛往朝鮮的運兵船，中日戰爭爆發。八月一日，清政府對日宣戰。因為這一年是舊曆甲午年，所以稱之為「甲午戰爭」。這次戰爭可分作兩個階段。

第一階段，從一八九四年七月二十五日到十月中旬，戰場在黃海海面和朝鮮境內，主要戰役有豐島海戰、牙山的成歡之戰、平壤之戰和黃海海戰。結果日軍占領了朝鮮，李鴻章的北洋艦隊躲進威海衛，日軍掌握了黃海的制海權。一八九四年十月下旬到一八九五年三月是戰爭的第二個階段，主要經歷了遼東之戰和威海衛之戰。日軍分兩路侵入中國的遼東地區，十一月七日進攻大連，守將不戰而逃。二十二日，攻占旅順，對當地居民實行了野蠻的大屠殺。次年一月，日軍一面從海上封鎖威海衛港口，一面從陸地包抄威海衛後路。二月初，日本海陸軍一起砲轟劉公島和港內的北洋艦隊。丁汝昌與愛國官兵奮勇抵抗，打退敵人多次進攻。後丁汝昌、劉步蟾（「定遠」號管帶）等自殺。日軍進入劉公島，北洋艦隊全軍覆沒。

一八九五年四月，清政府同日本簽訂了喪權辱國的「馬關條約」。條約承認了日本對朝鮮的控制，割讓遼東半島、臺灣及澎湖列島給日本，賠償日本白銀二億兩。這是繼「南京條約」之後損害中國利權最嚴重的條約，它不僅加重了清政府的財政危機，同時使遠東的政治形勢發生新的變化，日本迅速成為東方強國，野心勃勃地走上了侵略中國和亞洲其他國家的道路。

光緒帝變法維新

一八九八年九月二十八日是個血腥的日子，這天，譚嗣同、楊銳、林旭、劉光第、康廣仁、楊深秀等「戊戌六君子」被殺於北京菜市口，戊戌變法悲壯地失敗了，以慈禧太后為首的守舊派，抱定清廷這具僵屍，將中國社會一步步拖向苦難的深淵。

中日甲午戰爭之後，康有為、梁啟超等極力鼓吹按照西方國家的政治模式，推行政治、經濟改革，以求國家富強。他們在各地組織學會，創辦報刊，設立學堂，宣傳維新變法主張，受到一些官僚讚賞，光緒帝也接受了他們的觀點。一八九八年六月十一日，光緒帝頒布「明定國是」詔書，宣布變法維新，黑暗腐朽的清朝統治透露出一絲新生的光芒。

六月十六日，光緒帝第一次召見康有為，設計變法的具體步驟與措施，特許康有為專摺奏事。根據康有為等人的建議，他先後發布了上百條變法的詔令，主要內容有：政治方面，精減機構，裁汰冗員，刪改制度；允許百姓向朝廷上書，訓練新式軍隊。經濟方面，提倡開辦實業；獎勵發明創造；改革財政，編制國家預算。文化教育方面，廢除八股，改試策論；設立學校，開辦京師大學堂；設立譯書局，編譯書籍；允許自由創辦報刊、學會；派人出國留學。從內容上看，這些措施對於變更中國的陳腐政治，促進資產階級思想文化的傳播，促進民族資本主義工商業的發展，推進中國社會進步是十分有益的，是利國利民的好辦法，但在當時的情況下，要貫徹下去，困難重重。

光緒帝像

一八九八年
六月十一日光緒皇帝下令推行新政，到九月二十一日，慈禧太后發動政變，囚禁光緒帝，殺死主張變法者，變法失敗，史稱「百日維新」。

一八九九年
河南安陽發現甲骨文。

瀛台舊照

變法法令一公布，就遭到頑固守舊派官僚的強烈抵制和反對，地方總督、巡撫大多是守舊官僚，他們觀望敷衍，置若罔聞，甚至強行抵制。湖廣總督張之洞、兩江總督劉坤一那樣的洋務派官員也是拖延應付。直隸總督榮祿、兩廣總督譚鍾麟，則是全面抵制。只有湖南巡撫陳寶箴支持新政，認真執行。新政觸犯了社會各腐朽階層的利益。下自地方鄉紳、綠營官兵、八旗子弟，中到遍布全國的舉人、秀才，上到擔心精簡機構而丟烏紗帽的官僚，都把變法看成是一場大禍，恨之入骨。反對派的代言人奕劻、李連英跪請太后「垂簾聽政」；御史楊崇伊多次到天津與榮祿密謀；甚至宮廷內外傳言將廢除光緒，另立皇帝……老謀深算的慈禧太后早就在尋求時機，準備復辟了。變法開始不久，她就免去了光緒皇帝的老師、軍機大臣翁同龢的職務，將他驅逐回原籍，同時把二品官職以上的任免權、中央及京城附近軍隊的指揮權都抓到了自己手裡。

面對慈禧太后的干涉、打擊，光緒皇帝也作了反抗。儘管這種反抗柔弱而無力，但還是惹惱了慈禧，她決心撲滅新政，便與直隸總督榮祿密謀，發動政變。

光緒皇帝聞知後，驚惶失措，維新派對此也是一籌莫展。但他們不願束手就擒，坐以待斃，於是打算冒險以求勝：拉攏袁世凱，以對付榮祿。

甲午戰爭後，袁世凱被李鴻章舉薦到天津小站編練新軍，掌握了一支七千多人的武裝力量。後來，袁世凱參加了強學會，表示支持維新。維新派把他當作可以依靠的力量。九月十六、十七日，光緒皇帝兩次召見袁世凱，授予他侍郎職位。十八日夜，譚嗣同密訪袁世凱，勸他殺死榮祿，舉兵救駕。袁世凱滿口應承，表示一定效忠光緒皇帝，但背地裡卻向榮祿告密，投靠了慈禧太后，加快了政

■瀛台

瀛台位於北京中南海的南海。始建於明朝，清朝順治、康熙年間曾兩次修建，是帝王、后妃的避暑和遊覽地。三面臨水，與陸地只有一個木板橋相連。戊戌政變後，慈禧太后把光緒帝囚禁在瀛台的涵元殿，並派人日夜嚴密監視。

變的進程。

一八九八年九月二十一日凌晨，慈禧太后突然從頤和園趕回紫禁城，徑直走進光緒皇帝寢宮，指揮屬下將他囚禁於中南海瀛台。然後，宣布光緒皇帝生病，她親自臨朝聽政，同時下令逮捕維新派人士。康有為、梁啟超得以逃脫。有人勸譚嗣同逃跑，但他拒絕了，他說：「各國的變法，無不從流血開始，現在中國還沒有因變法而流血的人，所以我們的國家不能昌盛，要有為變法流血的人，那就從我譚嗣同開始吧！」九月二十八日，譚嗣同等六人同時遇害。其他維新派人士、參與新政及傾向變法的官員，或被逮捕囚禁，或被罷官放逐。除京師大學堂被保留下來外，其餘各項新措施全部取消。

從一八九八年六月十一日光緒皇帝下詔變法，到九月二十一日慈禧發動政變，新政總共經歷了一〇三天，所以歷史上稱為「百日維新」。

相關連結

戊戌變法

早在十九世紀七、八〇年代，隨著洋務運動的開展，便出現了早期的維新思想家。中國在甲午戰爭中戰敗，民族危機空前嚴重，維新思想得以迅速發展和傳播，資產階級維新派登上了政治舞臺。他們認為，只有維新變法才能實現民族獨立和國家富強，挽救民族危機。要維新變法就要實行西方資本主義的政治制度，走西方資本主義的道路。維新思潮經過幾年的醞釀和發展，終於催生出一場帶有一定群眾性的政治運動。這個運動的領導者是以康有為、梁啟超、嚴復、譚嗣同等為代表的資產階級維新派。他們主張維新變法，提出了系統的理論和明確的施政綱領，要求實行君主立憲，發展資本主義經濟和文化。

一八九五年「馬關條約」簽訂後，康有為發起「公車上書」，要求「拒和」「遷都」「練兵」「變法」。隨後，維新派在全國設立學堂，創辦報刊等，宣傳變法維新思想。維新運動對清廷產生了巨大的震動。一八九八年六月，光緒皇帝宣布實行變法，剛剛過了一百多天，慈禧太后突然發動政變，維新派被鎮壓，變法宣告失敗。這一年為舊曆戊戌年，史稱「戊戌變法」。戊戌變法是資產階級維新派面對帝國主義陰謀瓜分中國的嚴重危機而發動和領導的愛國救亡運動，是維新派學習西方以改變中國貧窮落後面貌的改革運動，也是一次思想解放運動和新文化

八國聯軍侵華

一九〇〇年八月十五日這天，應是慈禧太后一生中過得最窩囊的一天。清晨六點鐘，她還沒來得及梳洗，便滿臉淚水，帶著光緒皇帝及皇室、大臣等千餘人，倉倉皇皇，出京城地安門，一路西行。大概老天也故意跟他們過不去，淅淅瀝瀝下起雨來，把他們一個個淋成了落湯雞。慈禧一天都沒吃上飯，那淚水一天也沒有乾。是誰能讓天不怕地不怕的老佛爺如此狼狽逃命？不用說，只有洋鬼子了。

中日甲午戰爭以後，西方列強加緊了對中國的侵略，轟轟烈烈的義和團運動提出了「扶清滅洋」的口號，這不僅喚起了社會許多階層的支持，而且使得清政府投來青睞的目光。不過這目光中總是有幾分猶豫和猜疑：清廷很想借義和團與列強對抗，但又擔心義和團會擾亂它的統治秩序。

清廷對義和團的曖昧態度與依違兩可的政策，引起了西方列強的強烈不滿和極度不安，他們害怕中國的局勢失控，更不想讓義和團取代奴性十足的清政府。於是，他們多次發出照會，要求清政府盡快剿平義和團。

一九〇〇年四月六日，英、法、美、德四國駐華公使聯合發出通牒，限令清政府在兩個月內消滅義和團，不然就派軍「代勞」。可是，義和團運動已成燎原之勢，清政府內部主剿、主撫兩派意見相持不下。列強決定以「保護使館」的名義，派兵進入北京，慈禧太后下諭同意洋兵進京。自五月三十日起，第一批侵華聯軍四百多人分乘清政府提供的火車，從天津到達北京東交民巷使館區，同時聯軍二千多人在天津租界集結，準備進兵北京。

六月六日前後，各國政府相繼批准了聯合出兵侵華的計畫。十日，俄、英、美、日、德、

一九〇〇年

六月，義和團主力進入北京和天津城內。八月，自天津出發的八國聯軍逼近北京城。慈禧太后帶光緒皇帝倉皇逃往西安。八國聯軍進入北京後，屠殺義和團，四處侵擾。

一九〇一年

九月，清政府與德、美、法、英等十一國簽訂了喪權辱國的「辛丑條約」，從此帝國主義加強

法、意、奧八國組成的侵略軍兩千餘人，由英國海軍中將西摩率領，從天津乘火車進犯北京，拉開了八國聯軍侵華的序幕。

西摩率領的侵略聯軍，遭到京津鐵路沿線義和團和清軍的奮力抵抗，他們走了四天才到達廊坊，在此遭到義和團的襲擊，只好退回到楊村，打算沿運河北上，可又遭到義和團和清軍的聯合攻擊。侵略軍損失慘重，不得不折回天津。

當西摩率聯軍向北京進犯時，列強軍艦已雲集大沽口外，策劃更大規模的軍事行動。十七日凌晨，他們從海面和大沽砲臺後側同時向砲臺發起攻擊。鎮守大沽砲臺的清軍將領羅榮光帶領官兵，堅決予以還擊，附近義和團也來參戰，奮戰六小時，砲臺失守。大沽是京津門戶，大沽砲臺失陷後，聯軍兵士由此登陸，侵華戰爭進一步擴大。

義和團運動時期的民間宣傳畫

面對列強的入侵，在戰與和的問題上，慈禧太后左右為難，舉棋不定。列強兵犯北京，她十分氣憤，但不到萬不得已，她又不想與列強決裂。但當她聽到聯軍進攻大沽砲臺的報告後，才最終下了決心，於二十一日頒布「向各國宣戰諭旨」，聲稱「與其苟且圖存，貽羞萬古，孰若大張撻伐，一決雌雄」！慈禧先後發給義和團米糧銀錢，徵調各省軍隊赴京「勤王」。作了一番部署以後，她的心情稍微平靜了下來，開始考慮一旦戰敗，如何向各國求和的事情了。

八國聯軍從大沽乘火車開到天津，進入紫竹林租界。在天津城南的八里台，聯軍受到聶士成軍的有力抗擊。最後，因力量懸殊，聶士成戰死，聯軍占領了八里台。七月上旬，各國的援軍陸續到達天津，聯軍已達到兩萬多人。十四日，聯軍占領了天津。

了對中國的政治、經濟和軍事控制。

一九〇二年

一月，慈禧太后及光緒皇帝回到北京。

八月四日，聯軍分兵兩路，沿運河兩岸向北京進犯。這時，北京城中，慈禧太后已下令清軍和義和團一起進攻各國使館，久攻未下，她意識到事態嚴重，於是又打算與聯軍議和。八月七日，李鴻章被任命為議和全權代表。這時，慈禧已對戰爭的勝利失去了信心。八月十三日，聯軍進逼北京城下，對東便門、朝陽門、廣渠門發起了進攻。十五日凌晨，慈禧太后得到了聯軍攻入東華門的報告，倉皇逃往西安。京城內的部分清軍與義和團戰士，與敵人進行了三天激烈的巷戰，但終究無法挽回敗局。

在北京，聯軍統帥部特許各國官兵公開搶劫三日。皇宮、頤和園內的大量珍貴文物，被洗劫一空。就連安放在大殿前面的存水防火用的大銅缸表面的鎏金，也被他們用刺刀刮走。我國古代最大的一部類書《永樂大典》被焚燒搶劫，有的至今還在紐約、倫敦和巴黎的博物館裡。

侵略軍不光搶劫財物，更以殺人放火為樂事。不管是衙門、寺院，還是百姓住宅，搶劫之後，便一火焚之。莊王府、端王府、大光明殿等許多地方，均被聯軍放火燒毀，熊熊火光三晝夜未熄，僅莊王府一處，被燒死者就有一千七百多人。

占領北京後，聯軍又分兵四出攻掠，東占山海關，南犯保定，北侵張家口，西擾娘子關。八國聯軍所到之處，姦淫燒殺，京津一帶的許多地方變成了瓦礫場。

慈禧太后在逃往西安的途中，做出了兩項「重要」決定，一是頒布「剿匪」上諭，正式宣布「痛剿」義和團；二是催促議和全權大臣李鴻章會同慶親王奕劻

八國聯軍侵入大清門

迅速辦理「和局」。後來，又宣布懲處放任義和團的載漪、載勳、剛毅等親貴重臣，加派親英、日的劉坤一等人參與和談。

當李鴻章將侵略者擬定的「議和大綱」呈送給慈禧的時候，老佛爺看到「通情達理」的聯軍竟沒有將自己列為禍首，終於鬆了一口氣，立刻表示完全接受，並要「量中華之物力，結與國之歡心」。一九〇一年（舊曆辛丑年）九月七日，清廷與列強十一國（除參與出兵的八國外，還有比利時、西班牙和荷蘭）簽訂了喪權辱國的「辛丑條約」，清廷向列強的賠款數額達四・五億兩，同時列強取得了在北京城內使館區及北京附近軍事要地駐軍等權力，中國的主權再次受到嚴重的侵犯。

相關連結

義和團運動

甲午戰爭前後，魯西北及周圍地區出現了許多名稱各異、互不統屬的反教會組織及民間習拳練武、強身保家的群眾團體。他們沒有形成統一的領導機構，但在反對外國侵略的目標下，相繼打起了義和拳、義和團的旗幟。一八九八年，山東冠縣義和拳和直隸威縣、廣平等地義和拳聯合行動，推舉趙三多為「大師兄」，正式拉開了義和團運動的序幕。由於清政府與列強的矛盾持續激化，對義和團的政策由起初的堅決鎮壓轉變為默許以至支持利用，因而義和團運動迅速在直隸地區發展起來，北京和天津成為義和團活動的中心地區。山西、河南、東北、內蒙等北方省區，也很快掀起義和團運動的高潮。

自一九〇〇年初開始，英、美等國公使通過各種方式，向清政府施加壓力，要求鎮壓義和團。六月十日，英、俄、日、法、德、美、意、奧八國組織侵略軍兩千餘人，從天津進犯北京。義和團為捍衛民族獨立，在大沽、天津、廊坊、北京等地奮起抗戰，給侵略者以沉重的打擊。最終在列強的絞殺和清政府的破壞下，義和團運動遭到失敗。義和團運動顯示了中國人民巨大的抗爭力量，打亂了帝國主義陰謀瓜分中國的計畫，加速了清朝的崩潰。

武昌起義的槍聲

一九一一年十月十日晚，武昌城內一聲槍響劃破長空。這是再普通不過的槍聲，但又是具有偉大歷史意義的槍聲，它震撼了中國，也震撼了世界，它宣告了辛亥革命的爆發，也宣告了統治中國二六八年的清皇朝即將覆滅。

在全國保路風潮不斷高漲的形勢下，湖北武漢的兩個革命團體文學社和共進會積極準備發動武裝起義。共進會一九〇七年八月成立於日本，文學社一九一一年一月成立於武昌，他們的領導人都是同盟會會員。這兩個團體在湖北新軍中進行了長期的工作，新軍中大約三分之一的士兵和下級軍官參加了這兩個組織，總共有五六千人。後來他們決定聯合行動，並推舉文學社領導人蔣翊武為總指揮，共進會領導人孫武為參謀長，擬定於一九一一年十月六日（舊曆八月十五日中秋節），發動起義，後來由於準備不充分，乃決定延期。

十月九日，革命黨人孫武在漢口俄租界寶善里十四號共進會機關製造炸彈時，不慎引起爆炸，俄國巡捕聞聲前往搜查，受傷的孫武出逃，但起義的文件、印信、旗幟等均被搜走。與共進會機關相鄰的革命黨人劉公的住宅也被查抄，劉公的弟弟劉同等四人被捕。湖廣總督瑞澂深感事態嚴重，立即下令全城戒嚴，搜查革命黨機關，按名冊搜捕革命黨員。武漢三鎮籠罩在一片白色恐怖中。當天下午五時許，武昌小朝街起義總指揮部的蔣翊武、劉復基等得知漢口出事，起義計畫暴露，意識到當時處在千鈞一髮之際，如不盡快動手，不僅前功盡棄，且必定損失慘重。於是他們斷然決定提前起義，以中和門（今起義門）外砲聲為號。他們派人向新軍各兵營革命黨人秘密傳達了起義命令。

當晚小朝街起義總指揮部被包圍，軍警破門而入。劉復基、彭楚藩被捕，蔣翊武乘隙出逃。

一九〇五年

八月，同盟會在日本東京成立，孫中山任總理。

一九〇八年

八月，清政府頒布〈欽定憲法大綱〉。

十一月，光緒皇帝、慈禧太后相繼死去，溥儀即位。

十月十日晨，彭楚藩、劉復基等在湖廣總督署被槍殺。

革命黨人失去了指揮機關，他們便自行聯繫，堅定地舉起義旗。武昌城內新軍第八鎮工程第八營的革命黨人熊秉坤聞聽情況緊迫，當機立斷，召集起義骨幹開會，商定當晚七點鐘起義。七點前，效忠於清政府的工程營二排長陶啟勝查哨，見士兵們情緒振奮、躍躍欲試，不禁起了疑心，後與正在擦拭槍械的起義士兵金兆龍、程正瀛發生爭吵、廝打。程正瀛扣動扳機，向陶啟勝打了一槍。這槍沒有命中，陶啟勝慌忙越牆逃走。金兆龍縱身而起，高舉步槍，大聲喊道「反了吧」！在這槍聲與喊聲中，武昌起義爆發了。

熊秉坤率領義軍打死了九個反動軍官，帶領四十餘名士兵直奔楚望台軍械庫。守衛軍械庫的是革命黨人羅炳順等，軍械庫迅即被占領。起義部隊得到軍火，士氣大振。他們臨時推舉原日知會員吳兆麟任總指揮，派人與城內外其他革命部隊取得聯繫，革命黨人的部隊紛紛向楚望台集結。吳兆麟、熊秉坤則率部向湖廣總督署發起進攻。

總督署位於武昌城西南角文昌門與望山門之間，右負城郭，左鄰市街，緊靠大江，易守難攻。總督瑞澂憑藉守衛督署的三千名兵士，負隅頑抗。革命軍兵分三路，三面猛攻，砲隊也趕來支援，督署被攻破，瑞澂命人鑿開圍牆，登上江中的兵艦，逃往漢口。

經過一夜激戰，革命軍控制了武昌城，十一日晚到十二日晨，漢口、漢陽的新軍先後起義，武漢三鎮全部被革命軍所占領，武昌起義勝利了。

武昌起義後，全國許多省份相繼宣布脫離清廷獨立，腐朽的清皇朝統治土崩瓦解。

湖北軍政府原址

一九一一年

四月二十七日，孫中山、黃興領導廣州起義，革命者戰死甚多，後有七十二人埋葬於黃花崗，史稱「黃花崗七十二烈士」。十月十日晚，湖北新軍士兵中的革命黨人在武昌舉行起義，辛亥革命爆發。十一月底，全國大多數省區宣告脫離清政府獨立。十二月，革命軍攻占南京。

一九一二年

一月，孫中山在南京就任臨時大總統，宣布中華民國臨時政府正式成立。

二月，溥儀宣布退位，清朝滅亡。

辛亥革命

孫中山像

二十世紀初，中華民族的災難持續加深，社會矛盾繼續激化，風雨飄搖中的清皇朝自上而下搞起了「新政」。與此同時，以孫中山為代表的民族資產階級革命力量迅速登上了歷史舞臺，勇敢地擔負起領導民主革命的重任。

早在一八九四年，孫中山就發起成立了革命團體興中會，開始了建立資產階級共和國的努力。一九〇五年八月，孫中山在東京成立的中國同盟會，是第一個全國性的資產階級革命政黨。同盟會提出了「驅除韃虜，恢復中華，建立民國，平均地權」的革命綱領，孫中山把它概括為「民族」「民權」「民生」三大主義，也就是「三民主義」。此後，同盟會領導下的革命黨人發動多次武裝起義，同時資產階級改良派推動的立憲活動也日益高漲，群眾性的自發反清鬥爭遍及全國各地，這些起義和鬥爭動搖了清朝的統治。

清朝當政者感到舊的政治體制難以維繫下去，於一九〇八年宣布「預備立憲」。一九一一年五月，清政府出賣國家路權給列強，湘、鄂、川、粵四省掀起保路運動，清政府急忙派兵鎮壓。武漢的兩個由同盟會員參與領導的革命團體文學社、共進會，決定乘機發動起義。十月十日，武昌起義終於爆發了。起義勝利後，革命黨人建立軍政府。全國各地相繼響應，不到兩個月便有十四個省宣布獨立，清朝統治土崩瓦解。十二月二十九日，孫中山當選為臨時大總統。次年一月一日，孫中山在南京宣誓就職，宣告中華民國臨時政府成立。因為一九一一年是舊曆辛亥年，所以稱這次革命為「辛亥革命」。辛亥革命推翻了清朝統治，結束在中國延續了兩千多年的封建專制政體，在東方建立起第一個資產階級共和國。

一本就通：中國史

2010年1月初版
2016年4月初版第十八刷
2017年4月二版
2019年1月二版三刷

定價：新臺幣390元

編著者	李　泉
叢書主編	簡美玉
校　對	陳龍貴
整體設計	翁國鈞

出版者	聯經出版事業股份有限公司
地　址	新北市汐止區大同路一段369號1樓
編輯部地址	新北市汐止區大同路一段369號1樓
叢書主編電話	(02)86925588轉5322
台北聯經書房	台北市新生南路三段94號
電話	(02)23620308
台中分公司	台中市北區崇德路一段198號
暨門市電話	(04)22312023
郵政劃撥帳戶第	0100559-3號
郵撥電話	(02)23620308
印刷者	文聯彩色製版印刷有限公司
總經銷	聯合發行股份有限公司
發行所	新北市新店區寶橋路235巷6弄6號2F
電話	(02)29178022

總編輯	胡金倫
總經理	陳芝宇
社　長	羅國俊
發行人	林載爵

行政院新聞局出版事業登記證局版臺業字第0130號

本書如有缺頁，破損，倒裝請寄回台北聯經書房更換。　ISBN 978-957-08-4931-8 (平裝)
聯經網址 http://www.linkingbooks.com.tw
電子信箱 e-mail:linking@udngroup.com

本書中文繁體字版由中華書局（北京）授權出

國家圖書館出版品預行編目資料

一本就通：中國史/李泉編著．二版．
新北市．聯經．2017.04．
368面．17×23公分．
ISBN 978-957-08-4931-8（平裝）
[2019年1月二版三刷]

1.中國史　2.通俗史話

610.9　　106004593